企业知识状态
企业技术核心能力形成与提升

曹 兴 著

科学出版社

北京

内 容 简 介

本书以企业知识的特征和作用为切入点，提出并界定了企业知识状态的构成；从核心能力和技术能力的角度分析了技术核心能力的知识本质，详细阐述了企业知识状态与企业技术核心能力形成的关系。在此基础上，分析了构成知识状态的五个知识属性与技术核心能力间的关系，明晰了技术核心能力不同阶段所需的企业知识状态，并进一步明确了通过知识状态实现技术核心能力提升的具体方式。采用结构方程模型分别进行了五个知识属性对技术核心能力单独影响的检验，同时综合所有变量，进行整体模型的实证数据分析。结合实证结论与我国实际情况，构建了提升企业技术核心能力的优化体系，提出了相关的政策建议。

本书适合从事企业知识、核心能力、技术创新、知识创新等研究人员及高等院校相关专业师生阅读，也适合从事企业技术核心能力发展、技术创新管理的企业中高层管理人员阅读。

图书在版编目(CIP)数据

企业知识状态：企业技术核心能力形成与提升/曹兴著.—北京：科学出版社，2023.11
ISBN 978-7-03-077012-7

Ⅰ.①企… Ⅱ.①曹… Ⅲ.①企业管理–知识管理–研究 Ⅳ.①F272.4

中国国家版本馆 CIP 数据核字（2023）第 220703 号

责任编辑：林　剑／责任校对：周思梦
责任印制：徐晓晨／封面设计：无极书装

科学出版社 出版
北京东黄城根北街 16 号
邮政编码：100717
http://www.sciencep.com
北京建宏印刷有限公司 印刷
科学出版社发行　各地新华书店经销

*

2023 年 11 月第 一 版　　开本：720×1000　1/16
2023 年 11 月第一次印刷　印张：21 3/4
字数：400 000
定价：258.00 元
（如有印装质量问题，我社负责调换）

作者简介

曹兴，男，管理学博士，湖南第一师范学院二级教授，中南大学博士生导师，"百千万人才工程"国家级人选，国务院政府津贴获得者，获"国家有突出贡献的中青年专家"荣誉称号，入选教育部"新世纪优秀人才支持计划"。主要学术与社会兼职为：湖南省社会科学界联合会常委，湖南省系统工程与管理研究会常务理事、副理事长，《系统工程》杂志编委，湖南管理科学学会副会长，湖南省人力资源管理学会副会长等。

学术研究专长于"技术创新、技术管理与技术核心能力构建，技术联盟、网络组织与知识管理，高技术企业、新兴技术企业及其成长性，投、融资决策分析"等领域的理论及实践问题，是国家创新群体主要成员。主持了国家自然科学基金项目、国家社会科学基金项目、教育部新世纪优秀人才计划项目、湖南省哲学社会科学重大委托项目等多项科研项目，作为主要人员参加了国家创新群体项目、国家哲学社会科学重大招标项目、教育部哲学社会科学重大招标项目等项目研究。主持和参与的科研成果荣获国家科技进步奖二等奖，国家级教学成果二等奖，省部级一等奖、二等奖、三等奖等多项。在《中国软科学》《管理科学学报》《科研管理》《科学学研究》《经济日报》等报刊发表学术论文100余篇。

前　　言

知识作为企业发展的关键要素，正逐渐取代传统的生产要素——劳力、资本和土地，成为企业最重要的核心资源。来源于企业拥有的独特性知识决定了企业的竞争优势。知识贯穿于企业发展全过程，带来了企业组织结构、运行模式、管理方式的变化，对其内在规律、机理和作用方式等产生影响。企业现有的知识，决定了企业内部各种资源效能发挥的程度，决定了企业资源配置、创新能力和未来发展机会，从而最终在企业产品及市场力量中体现出竞争优势。因此，建立以知识为基础的企业技术核心能力发展体系，探究企业知识与技术核心能力的关系，深入分析其所蕴含的内在机理，对提高我国企业技术创新能力发展和核心能力提升至关重要，成为当前企业成长和技术核心能力形成研究过程中迫切需要解决的重要问题。

随着新兴技术不断涌现和快速发展，企业面临的市场环境和竞争形势愈加复杂，进一步加剧了企业外部环境的不确定性，对企业核心能力体系构建提出了新的要求和挑战。增强企业的核心竞争力，并在激烈的竞争中立于不败之地，是每个企业面临的重要问题，而企业技术核心能力是企业在技术领域占据核心地位的关键，只有重视技术核心能力的形成和提升，才能保证企业技术和产品的创新性与持续性。

为此，笔者于 2005 年承担了国家自然科学基金项目"基于知识状态的企业技术核心能力形成与发展机制研究"（编号：70572061）的课题研究工作，本书也是该课题资助的研究成果之一。在课题研究过程中，通过查阅大量的国内外文献，总结和梳理了知识与企业知识、企业技术核心能力研究等方面的研究成果。在此基础上，深入剖析了知识的内涵与特征，首次提出并界定了企业知识状态，研究了知识状态属性与技术核心能力的关系，通过对企业核心能力和技术能力本质的分析，探究了技术核心能力的形成与成长。在问卷调查与实地调研基础上，运用调研数据，验证了企业知识状态对技术核心能力的影响，实证结果有助于构建企业技术核心能力发展体系，为企业核心能力的形成与成长提供可操作的理论与技术方法。

本书主要包含以下五方面内容：一是基于对企业知识内涵与特征分析，提出并界定了企业知识状态，详细阐述了企业知识状态的内涵与构成，认为企业知识状态是企业知识属性的总体体现，由企业知识存量、知识结构、知识分布、知识水平和知识流动五个基本属性构成，同时探究了各个知识属性间的相互作用关系，明确之间所存在的影响；二是详细阐述了技术核心能力的内涵与知识本质，深入剖析知识存量、知识结构、知识水平、知识分布和知识流动五个知识属性对技术核心能力形成与发展的重要影响，进一步明确了技术核心能力形成的不同阶段所需的不同知识状态情况；三是深入剖析技术核心能力的形成机理，认为技术核心能力的形成和提升的过程，实质上就是知识的运动过程，主要体现为通过知识整合、知识创造、知识转化将知识状态提升到更高层次，同时将技术核心能力的形成分为激活、创新、沉淀三个阶段，在三个不同阶段所包含的作用机理与影响因素存在差异；四是基于理论分析，论述了构成企业知识状态的五个属性分别对技术核心能力的影响，并提出相应研究假设，构建了技术核心能力影响因素的概念模型，并对相关变量进行测量指标选择与调查问卷设计，采用 SPSS15.0 与 AMOS7.0 软件分别进行五个知识属性对技术核心能力单独影响的结构方程检验，同时综合所有变量，进行整体模型的结构方程分析，验证了企业知识状态对企业技术核心能力的影响；五是提出企业知识状态的优化是企业技术核心能力形成和提升的充分必要条件，通过结合研究结论与我国企业实际情况，提出并构建了提升企业技术核心能力的对策建议与优化体系，支持企业技术核心能力的形成和发展。以上相关研究成果能够为我国企业的核心竞争力的提升及构建企业技术核心能力实践的运行，提供具有重要价值的参考和借鉴。

  本书的出版标志着我们承担的"基于知识状态的企业技术核心能力形成与发展机制研究"（项目编号：70572061）课题的完成，但围绕企业知识状态、技术核心能力提升，尤其是对促进企业成长等还有大量的理论和实践问题亟待解决。因此，本书仅是抛砖引玉，希望更多的专家和学者提出宝贵意见。

  因笔者能力有限，书中不足之处在所难免，敬请各位读者批评指正！

曹 兴

2023 年 8 月于长沙

目 录

前言
第一章　绪论 ··· 1
　　第一节　我国企业技术核心能力发展现状 ······························ 1
　　第二节　企业技术核心能力形成的重要性 ······························ 5
　　第三节　企业技术核心能力形成的机遇与挑战 ······················· 8
　　第四节　主要研究内容 ·· 12
第二章　国内外相关研究进展 ·· 16
　　第一节　知识与企业知识研究 ·· 16
　　第二节　企业知识属性研究 ··· 23
　　第三节　企业技术核心能力研究 ··· 33
　　第四节　知识属性对技术核心能力的影响研究 ························ 41
第三章　企业知识状态的构成及其基本属性 ································ 49
　　第一节　企业知识特征 ·· 49
　　第二节　知识对企业产出的作用分析 ····································· 52
　　第三节　企业知识状态提出及其构成 ····································· 56
　　第四节　企业知识状态的属性分析 ·· 58
第四章　企业知识状态与企业技术核心能力的关系 ······················· 92
　　第一节　企业技术核心能力的定义和内涵 ······························ 92
　　第二节　企业技术核心能力的知识本质分析 ··························· 93
　　第三节　企业知识状态属性与企业技术核心能力的关系 ············ 97
　　第四节　企业知识状态与企业技术核心能力演化 ···················· 125
第五章　企业技术核心能力的形成与要素分析 ···························· 129
　　第一节　企业技术核心能力形成过程模型 ····························· 129
　　第二节　企业技术核心能力形成过程的阶段分析 ···················· 131
　　第三节　企业技术核心能力形成的要素分析 ·························· 141
第六章　企业知识状态对企业技术核心能力影响的模型与假设 ······ 145
　　第一节　概念模型 ··· 145
　　第二节　企业技术核心能力 ··· 146

| iii |

第三节　影响因素与研究假设 ·· 148
　　第四节　实证模型 ·· 165
第七章　企业知识状态对企业技术核心能力影响的研究设计 ·············· 168
　　第一节　调查问卷设计 ·· 168
　　第二节　变量的定义与测量 ·· 169
　　第三节　问卷调研与数据收集 ··· 209
第八章　企业知识状态对企业技术核心能力影响的实证分析 ·············· 212
　　第一节　数据分析 ·· 212
　　第二节　结构方程模型与假设检验 ·· 223
　　第三节　实证结果分析 ·· 256
第九章　企业技术核心能力发展体系的构建 ···································· 262
　　第一节　企业知识存量的增长 ··· 262
　　第二节　企业知识结构的改善 ··· 268
　　第三节　企业知识分布的改进 ··· 274
　　第四节　企业知识水平的提高 ··· 278
　　第五节　企业知识流动的提速 ··· 282
　　第六节　整体优化与对策建议 ··· 285
第十章　研究结论与展望 ·· 304
　　第一节　研究结论 ·· 304
　　第二节　不足与展望 ··· 307
参考文献 ·· 308
后记 ·· 336

第一章 绪 论

第一节 我国企业技术核心能力发展现状

在经济全球化的背景下,我国经济快速发展,市场化、国际化进程进一步加快,尤其是新一轮科技革命和产业变革迅猛发展,技术发展呈现跨学科边界、群体性突破的新态势,我国企业面临着更为激烈的竞争环境。因此,增强企业的核心竞争力,并在激烈的竞争中立于不败之地,是每个企业面临的重要问题。

核心竞争力主要体现为企业的核心能力,关键是技术核心能力。企业必须在核心技术上不断实现突破,掌握更多具有自主知识产权的核心技术,才能掌握企业发展的主导权(张媛媛,2020)。核心能力是企业持续竞争优势的源泉,是企业对多种知识、技能和技术的有效整合,是企业最重要的战略资产,也是企业获取竞争优势的源泉。

一、我国企业技术能力与创新能力不断提升

随着新兴技术产业的快速发展,知识经济在经济结构中起着主导作用,成为产业结构调整和经济发展的重要驱动因素(黄鲁成和杨学君,2014)。新兴技术产业对世界各国的综合国力和国际竞争力都有重要的影响,在产业结构中的战略地位不断提升,其发展水平也代表着国家和地区的经济实力与竞争地位。世界各国和地区高度重视科技发展和新兴技术发展战略,加大对科技发展的投资力度,加速发展前瞻性和战略性的技术与产业,现代经济的竞争范式已经发生了重要转变,科学和技术的竞争逐步成为国家、地区与企业之间竞争的焦点(杨治成和谭娟,2022)。企业若想构建长久竞争优势,就必须重视把握新技术和新知识的发展趋势,对新技术和新知识进行战略投资,以技术和知识为核心进行持续创新,构建核心竞争力。因此,技术竞争逐渐成为经济竞争的核心领域,企业要想在激烈的竞争中获得生存和发展,必须大力开展技术创新,推动技术进步,提升企业技术能力(陈峰,2019)。

企业自主创新能力的提高，其根本是企业技术能力的提升。据国家统计局发布的最新数据，2021年我国研发（R&D）总支出为27 864亿元，比2020年增长14.2%，扣除价格因素实际增长9.4%。研发支出占国内生产总值（GDP）的比例达2.44%，比2020年提高0.03个百分点。其中，基础研究支出1696亿元，增长15.6%，增速较2020年上升5.8个百分点，占研发总支出的6.09%，比2020年提高0.08个百分点。据国家统计局《中国创新指数研究》课题组测算，2021年中国创新指数达到264.6（以2005年为100），比2020年增长8.0%。其中，创新环境指数、创新投入指数、创新产出指数和创新成效指数都比2020年有较大幅度的增长（表1-1）。

表1-1　2021年创新指数情况

项目	创新环境	创新投入	创新产出	创新成效
指数	296.2	219.0	353.6	189.5
年增长率/%	11.3	4.4	10.6	2.8

（1）创新环境指数

2021年我国创新环境指数为296.2，比2020年增长11.3%。创新环境指数5个评价指标指数全部实现增长。其中，享受加计扣除减免税企业所占比例指数、劳动力中大专及以上学历人数指数实现两位数增长，增速分别达20.4%和14.8%；人均GDP指数、理工科毕业生占适龄人口比例指数、科技拨款占财政拨款的比例指数分别增长8.1%、7.0%和6.7%。

（2）创新投入指数

2021年创新投入指数为219.0，比2020年增长4.4%。创新投入指数6个评价指标指数五升一降。其中，基础研究人员人均经费指数实现两位数增长，增速为12.0%；每万人研发人员全时当量指数也实现较快增长，增速为9.2%；开展产学研合作的企业所占比例指数、有研发机构的企业所占比例指数、R&D经费占GDP比例指数分别增长6.3%、4.8%和1.6%；企业R&D经费占主营业务收入比例指数下降6.4%。

（3）创新产出指数

2021年创新产出指数为353.6，比2020年增长10.6%。创新产出指数5个评价指标指数全部实现增长。其中，每万名R&D人员专利授权数指数、每万名科技活动人员技术市场成交额指数和每百家企业商标拥有量指数均实现两位数增长，增速分别达16.2%、16.2%和13.6%；每万人科技论文数指数、发明专利授权数占专利授权数的比例指数分别增长4.2%和3.5%。

(4) 创新成效指数

2021年创新成效指数为189.5，比2020年增长2.8%。创新成效指数4个评价指标指数三升一降。其中，人均主营业务收入指数实现两位数增长，增速为10.8%；单位GDP能耗指数、新产品销售收入占主营业务收入的比例指数分别增长2.8%和0.8%；高新技术产品出口额占货物出口额的比例指数下降2.8%。

目前，我国创新发展水平加速提升，创新环境明显优化，创新投入稳步提高，创新产出较快增长，创新成效进一步显现，为推动我国经济高质量发展提供了有力支撑，如高速铁路、特高压输变电、第五代移动通信（5G）网络、对地观测卫星、北斗导航等重大装备和战略产品均取得重大突破，并已走向世界。同时，也涌现出一批在国内甚至国际有影响力的企业，如华为、小米、中兴通讯、联想等，通过对技术、产品、商业模式等开展持续地创新，不断克服后发企业的劣势，进一步改变作为后发企业嵌入的全球价值链的低端位置，使得原有行业出现新的竞争格局。以互联网平台为基础的全球生产网络和市场网络，使得我国后发企业的追赶具有十分特殊的开放式情境，越来越多的企业通过不断提升其独特的技术核心能力，在技术变革的进程中不断创造价值。

二、我国企业技术核心能力提升中的制约因素

目前，我国企业技术核心能力提升中还存在许多问题，企业在重视技术的同时也常常受制于自身能力的不足，无力进行高水平的技术创新，在提升技术核心能力仍存在许多制约因素。

(1) 企业整体上缺乏技术创新的活力

技术核心能力是企业在其发展过程中，建立并发展起来的资源与知识的互补体系，是企业竞争优势的基础。培育和发展技术核心能力是企业成功进行技术创新、建立与保持竞争优势的关键所在。我国企业技术创新动力不足是妨碍企业技术核心能力提高的重要原因之一，很多企业仅仅着眼于降低成本和扩大生产规模，在技术提升和产品差异化上开展创新有所欠缺。由于技术创新存在风险高和投资回收期长的特点，创新资金在流向创新活动时会受到限制，许多企业会将有限的资金投入到设备购置等环节，在研发新产品、新工艺等上的投入较少，使得我国企业核心技术水平进步缓慢。除了存在资金瓶颈问题外，知识产权保护制度不完善、政府支持力度不足，也降低了企业进行技术创新的积极性。

(2) 企业技术创新缺乏长远战略性思考

虽然我国部分企业已初步培育了自身的技术核心能力，且深谙技术核心能力

的培育途径，但总体上缺乏对技术创新的长远战略性思考。在技术创新和创新项目选择上，企业更多关注当前是否获利，对企业未来长远的经济利益缺乏战略性考虑，尤其是在企业核心能力的培养和发展上，作为企业未来竞争优势的基础，常常被企业决策层所忽视。虽然我国部分国有大型企业注重技术核心能力的长期培养，但绝大多数中小企业和民营企业缺乏持续培育技术核心能力的意识，主要因为中小企业和民营企业技术力量比较薄弱，仅能维持基本的经营能力，无暇思考技术核心能力的长远战略性的发展。目前，我国大部分企业在技术创新项目的选取上，着重在一些可用经济指标直接量化的经济收益的项目上，即在短期项目的改进和成本减少上投入过多的资源，在对有利于企业核心能力和自主创新能力提高的长远项目上，资源投入偏低甚至不投入。

（3）企业技术核心能力的培养缺乏系统性思考

随着我国加入世界贸易组织，行业间壁垒大部分被破除，市场透明化、运作法制化、法制国际化的环境，更适合国外企业来我国扎根发展，也给我国企业生存和发展带来了巨大压力。技术核心能力是一个系统性的概念，不仅仅是企业某个项目或领域，而是需要企业内部资源的有机组合，产生协同效应，才能促进企业技术创新的持续发展。企业技术核心能力的培养，能使企业的资源得到有效配置和利用，进而提高企业的创新效率和市场竞争力。因此，企业应该把重点放在资源组合上，特别是技术、资金等资源的合理分配，使企业获得持久的竞争优势。然而，许多企业大多只关注自身的短期绩效，从近期利益出发，注重单个项目的管理，忽视了将技术创新项目作为系统进行整体管理，过多强调产品创新，忽略了产品创新和工艺创新的组合匹配与整体一致的协调考虑。

（4）企业技术创新缺乏知识管理的意识

知识管理的目的是在企业中构建人文与技术兼备的知识系统，通过知识的获取、创造、分享、整合、更新等过程，帮助企业不断创新。多数企业对知识管理的认知不够清晰，把知识管理等同于信息管理，导致企业内部投入较多资金，并没有显示出知识管理带来的成效。员工培训是企业进行知识管理的关键环节，通过员工培训，接受企业技术研发创新的新知识，理解企业技术的发展战略，有利于企业技术核心能力的构建。有些企业注意到了员工培训工作的重要性，但忽视了员工接受的显性知识与隐性知识比例。显性知识是以文字、符号等表示的知识，理解与接收较为简单，隐性知识是在行动中所蕴含的未被表述的知识，不易学习。目前我国多数企业的企业主要培训以显性知识为主，导致员工能力提高效果不明显。因此，企业应以实现隐性知识的共享作为目标来提高企业员工的素质。

（5）企业技术创新缺乏战略管理思维

企业要想求得生存与发展，就必须制定技术战略，持续不断进行创新，将各种资源变成客户所需的产品和服务。我国许多企业技术战略模糊不清，甚至根本就不存在战略。一些企业即使形式上有相应的战略，但并没有被企业员工广泛理解和接受。企业制定的技术战略对外部技术依赖程度较大，而对内部的技术组合均衡与技术核心能力提升考虑得较少。另外，在 R&D 资源的分配上，表现出过多注重现有产品和工艺的维持，以及短期发展计划，较少关注长期发展计划，以及新产品、新技术的基础研究活动、在技术创新上，研究水平较低，核心技术发展缓慢，技术创新还处于有待提高的阶段，技术战略与企业发展的总体战略相脱节的现象普遍存在。

第二节　企业技术核心能力形成的重要性

随着市场化、国际化进程的加快，企业面临的竞争环境越发激烈，如何增强企业的竞争力，使企业在日趋激烈的竞争中立于不败之地，是企业需要着重关注的核心问题。企业技术核心能力是企业获得持续竞争力的关键，为了在激烈的市场竞争中求得生存与发展，企业迫切需要提升自身的技术核心能力来保持和提高自身的市场竞争力。

一、技术核心能力是企业竞争优势形成的关键

企业的发展是技术变革的产物，技术发展则是推动企业经济增长的主导力量，技术创新是企业发展壮大，并获得持续竞争优势的根本出路。随着国际竞争趋势的日益激烈，核心技术成为竞争的关键，各个产业部门和企业都面临着国际竞争的新挑战，需要适应世界新科技革命和新经济发展的趋势。技术创新能力是企业不断从事技术创新活动，积累丰富的技术与管理经验，积极调动内外部创新资源，应对环境不确定性带来的风险，在长期创新活动过程中逐渐形成和强化的。企业技术创新能力的高低，是其能否在激烈的国际化竞争中占有一席之地的关键因素。企业技术创新能力内化于企业文化与历史，与整个组织的结构体系融合，使得技术创新能力难以被其他企业模仿。因此，技术创新是企业获得持续竞争优势，在激烈的市场竞争中获胜的关键。

近年来，我国涌现出一批在国内甚至国际有影响的企业，究其快速发展的原因，就是高度重视技术创新。2022 年 10 月，世界经济论坛发布的新一期全球制造业领域灯塔工厂名单，我国三一重工长沙 18 号工厂等 5 家工厂上榜，其中，三一重工长沙 18 号工厂是继三一重工北京桩机工厂后，全球重工行业第二座获得认证的灯塔工厂。获得世界灯塔工厂的认证，体现了三一重工在先进制造、数

字化转型的卓越成效，标志着三一重工在新的工业革命中赢得先机。目前，三一重工已是全球领先的装备制造企业，2021年实现营业收入1061亿元，同比增长6.82%，核心竞争力和主导产品市场份额持续提升，挖掘机械全球销量突破10万台，连续两年居全球第一。从研发费用来看，其研发费用占支出规模逐年增长，2022年的前三季度，研发费用45亿，同比增长3.5%，在行业下行收入承压阶段，仍然保持研发投入增加，研发投入占营业收入比例达到7.68%。截至2022年6月30日，三一重工累计申请专利14 618件，授权专利9547件，申请及授权数居国内行业第一。三一重工已经迈入高质量发展通道，引领其驰骋全球的就是自主技术创新这一强大"核引擎"。同样，成立于1995年的比亚迪汽车公司，坚持自主创新，全力打造国际品牌，铸就了市场增长的奇迹，经过二十多年的高速发展，比亚迪已经在全球设立30多个工业园，实现全球六大洲的战略布局，在新能源汽车领域，比亚迪全面掌握电池、电机、电控和芯片等全产业链的核心技术。2021年，比亚迪新能源汽车生产突破60万台，实现新能源汽车连续9年国内销量第一。2022年度又以1 868 543台的成绩，同比增长152.5%，霸榜行业年度销量成绩单。2022年6月10日，比亚迪市值突破万亿元大关，成功跻身万亿市值俱乐部的汽车自主品牌。比亚迪的成功之处在于其自成立伊始，就高度重视企业的技术创新，秉承"技术为王，创新为本"的企业发展理念，持续打造具有全球竞争力的领先科技。以上企业发展历程表明，企业要适应新的环境，赢得市场竞争，必须加强技术创新能力的培养，构筑和保持自己在某一领域的绝对优势。

二、技术核心能力是企业核心能力提升的关键

企业核心能力是提升竞争优势，促进企业快速成长的根本动力，对外表现为整体性，是企业各种能力组合而成的，具有独特的、难以模仿的、难以替代的特性；对内则表现为系统性和层次性，即核心能力由多种要素构成，可划分为不同的层次。技术核心能力是企业在技术领域中竞争优势的体现，包含了不同技术要素的组合，是核心能力的关键组成部分。随着全球化的深入，培育企业技术核心能力、提升企业竞争力已成为共识。

企业的竞争优势体现在企业技术的不断发展与创新，以及不断推出创新型产品来满足市场需求的能力。企业通过建立技术开发中心，组织重点产品的研制开发和引进技术的消化吸收，推动产学研结合，培育和扶持拥有自主知识产权和市场前景的高新技术产品。技术发展与新产品开发、技术改造相关，决定着企业的产品市场拓展能力、成本水平和技术水平。企业技术核心能力是企业竞争力的最

重要的决定因素，技术核心能力的强弱反映了企业技术竞争水平乃至整体竞争实力的高低，是企业核心能力构成的关键。Prahalad 和 Hamel（1990）认为，"短期而言，公司产品的质量和性能决定了公司的竞争力；长期而言，起决定作用的是造就和增强公司的核心能力——孕育新一代产品的独特技巧"。企业间竞争的实质是企业核心能力的较量，企业如果缺乏核心能力，在市场中不具有竞争力，就无法迎接经济快速发展的挑战。在知识经济时代，企业技术核心能力是企业核心能力构成的关键，在激烈的市场竞争中，企业想要获取市场上的优势，就必须不断提供令消费者满意的产品，通过产品创新保持竞争地位。技术核心能力的强弱决定了企业技术创新的深度，影响企业产品的技术水平，最终影响企业的成长与发展。

从华为技术有限公司（以下简称华为公司）的发展历程看，华为公司坚持围绕客户需求持续进行技术创新，加大基础研究投入，厚积薄发，在电信运营商、企业、终端和云计算等领域构筑了端到端的解决方案优势。华为公司在技术创新方面的投入巨大，2021 年的研发费用投入达到 1427 亿元，占销售收入的 22.4%。截至 2021 年底，华为公司是中国获得授权专利最多的企业，其在全球范围内的发明专利累计申请量已经超过 20 万件，累计授权量超过 11 万件，连续 5 年位居全球第一。根据欧盟委员会发布的《2022 年欧盟工业研发投资记分牌》（2022EU *Industrail Research and Development Scoreboard*），华为公司 2022 年研发费用投入达到 1409 亿元，全球排名第四。目前，华为公司有 36 个联合创新中心和 14 个研究院/所/室，掌握了 5G 通信技术、云计算、大数据、人工智能技术、石墨烯技术、网络安全技术等世界领先技术。华为公司的成功实践说明，企业强大的技术核心能力是其获得竞争优势的重要手段，通过技术创新能够更好地满足客户需求，为客户创造更多价值。

三、技术核心能力是企业核心技术突破的关键

关键核心技术是指在一个系统或产业链中起着重要作用且不可或缺的技术，具有高投入、高风险、高门槛、长周期、人才密集与颠覆性等特征。实现关键核心技术的突破，对我国突破"卡脖子"问题，实现科技自立自强具有重要意义。2020 年 9 月，习近平总书记主持召开科学家座谈会并发表重要讲话，强调在激烈的国际竞争面前，在单边主义、保护主义上升的大背景下，必须走出适合国情的创新路子，特别是要把原始创新能力提升摆在更加突出的位置，努力实现更多"从 0 到 1"的突破。在 2021 年 3 月 16 日出版的《求是》杂志中，习近平总书记指出："关键核心技术是要不来、买不来、讨不来的。只有把关键核心技术掌

握在自己手中，才能从根本上保障国家经济安全、国防安全和其他安全。"

当前，企业发展已由生产驱动型向知识驱动型、创新驱动型转变，技术创新的频率越来越快，创新的时间间隔不断缩短，对原有的技术格局和市场格局产生巨大影响。技术创新能力是企业核心竞争力的关键要素，企业要获取并保持自身的优势与竞争力，就需要不断地突破已有的技术核心能力，提升创新实力。技术核心能力是企业在发展过程中，建立与发展起来的一种资源与知识的互补体系，是企业竞争优势的基础。企业应把资源相对集中在有利于核心能力的培养和发展的创新项目上，助力企业的长期稳定发展，促进企业市场收益的获取和增长。因此，推动我国经济高质量发展，就必须紧紧抓住核心技术创新，提升核心技术创新能力，加快形成自主可控、安全稳定的技术创新体系，筑牢高质量发展的科技基石。

科大讯飞股份有限公司（以下简称科大讯飞）是我国人工智能产业中少数拥有自主知识产权并掌握关键核心技术的企业，其智能语音技术实现了从最开始的跟随发展，到目前成为我国语音行业的领导者，在语音技术领域表现出广泛的影响力。目前，科大讯飞语音识别技术经过产业实践和国际平台的验证，成绩斐然。2019年8月，科大讯飞研制的新一代语音翻译关键技术及系统，获得世界人工智能大会最高荣誉SAIL（Super AI Leader）应用奖；同年9月，该技术及系统成为2022年北京冬奥会和冬残奥会官方自动语音转换与翻译独家供应商；2021年，科大讯飞"语音识别方法及系统"发明专利获第二十二届中国专利金奖。以上奖励不仅是对科大讯飞的知识产权工作认可，更是对科大讯飞的核心技术高度肯定。关键核心技术突破的一条重要路径是在原有技术的基础上，通过交叉、融合，最终实现技术突破。科大讯飞从跟跑到并跑，再到领跑，自始至终坚持扎根于语音技术，坚持"基础研究、应用研究到产业技术研发"路径，在语音技术方面深耕，使其技术核心能力在这个过程中得到持续发展。

技术核心能力是指特定的技术、技能以及关于它们的整合机制，必然与掌握技能的企业人力资本及其管理因素密切相关，其中人是企业技术核心能力的主要载体，技术核心能力提升的过程也是企业的人力资本不断提升的过程，是企业突破关键核心技术的坚实基础。

第三节　企业技术核心能力形成的机遇与挑战

一、国际竞争日益激烈

当前，国际形势复杂多变，国际竞争日益激烈，推动企业形成和发展技术核心能力的机遇更加明显，需求更加迫切。因此，加快实施创新驱动发展战略，实施关键核心技术攻关工程，突破关键技术瓶颈，集聚力量进行原创性引领性科技攻关，提高企业技术核心能力已刻不容缓。

2022年9月29日，世界知识产权组织（WIPO）发布了2022年"全球创新指数"（GII），我国从2013年排名第35名上升至2022年排名第11名，且拥有21个区域性科技集群，科技集群数量首次赶上美国，并列世界第一。并且，在多个重点领域上我国取得关键性突破，如5G标准必要专利占比居全球首位，北斗卫星导航系统全球组网、量子通信、新能源汽车等技术走在世界前列，核电技术、大飞机制造、人工智能等领域创新成果不断涌现，高端芯片设计、制造工艺水平加快提升，封装技术与国际主流水平同步，以上说明我国实施创新驱动发展战略成效显著，科技创新综合能力不断提高，部分领域已经处于世界领先水平。但在大多数技术领域我国依然处于"并跑"和"跟跑"状态，在一些基础研究领域和前沿科技领域，我国还存在亟待突破的短板弱项，如芯片、新材料、数控机床等关键核心技术，面临国外"卡脖子"的威胁，很多产业还处于全球产业链、价值链的中低端。企业发展技术核心能力仍然受研发投入不足、融资难、创新成本高、技术创新人才和创新意识欠缺、创新动力机制不足、技术储备不够和知识应用欠缺等因素的制约。当前国际竞争日益激烈，要求企业必须大力提升技术核心能力，尽快突破关键核心技术，不断推动高质量供给，引领和创造新的需求，催生新的发展动能，推进创新链、产业链、资金链和人才链的深度融合。

国际竞争带来企业发展技术核心能力契机。当前，我国已将发展技术核心能力作为抢占新一轮经济和科技发展制高点的重大国家战略，从根源上形成了对技术创新的强势促进，激励企业积极提高自身技术核心能力，加快传统产业改造升级步伐，加速发展新兴产业，全面推进数字化转型，提高国际竞争力。国际化的技术流通使得我国企业可以更多地接触国外先进技术经验，有助于提升企业技术创新能力，进一步将技术与市场进行有效整合，从而创新出新的技术和产品，推进企业的国际化发展，赢得更多的国际市场，增强其整体竞争力。例如，海尔集团作为传统制造业企业，积极培育技术核心能力，实现传统产业的转型升级。海尔始终以用户为中心，围绕用户需求不断进行研发，以用户的需求倒逼海尔技术能力的提升。海尔还建立HOPE创新平台，实现研发资源的整合与技术合作，一方面进行开放式创新，通过与其他企业合作或兼并、收购其他企业取其技术精华部分，利用外部先进技术，辅助提升自己的技术能力；另一方面积极开展自主创新，打造共创共赢的创新生态系统，融入自己的技术，使自己的技术能力在技术生态系统演化过程中得到不断提升。

在国际化发展中，一方面我国企业创新技术得到提升；另一方面由于我国知识产权保护体系还不够完善，造成部分自主创新技术流失，不利于企业技术创新的保护，造成企业技术创新动力不足，不愿意进行或加大研发投入。同时，激烈的国际竞争也使得企业部分研发人才被跨国公司和外资研发机构吸引，削弱了我国企业和研发机构的研发力量，对我国企业技术创新能力的提升产生了一定的不利影响。另外，由于一些贸易壁垒和国家政策等方面的原因，导致我国企业在激烈竞争下丧失相关发展优势，造成国际市场的流失，不利于企业创新产品市场维系，降低企业创新的积极性。

二、数字经济蓬勃发展

随着我国数字经济基础设施建设不断加强，数字经济呈现出较快的发展趋势。工业和信息化部数据显示，截至 2022 年 7 月底，我国建成开通 5G 基站 196.8 万个，所有地级市市城区、县城城区和 96% 的乡镇镇区实现 5G 网络覆盖，5G 移动电话用户达到 4.75 亿户，比 2021 年末净增 1.2 亿户。2022 全球数字经济大会公布的数据和指标显示，我国数字经济规模连续多年稳居世界第二，数字经济规模从 2012 年的 11 万亿元增长到 2021 年的 45.5 万亿元，占 GDP 的比例由 21.6% 提升到 39.8%，数字经济已成为促进我国经济发展的新引擎，正在推动我国经济向更加创新、更加智慧的方向发展。

数字经济的蓬勃发展，营造了开放、包容、创新、有序的市场环境，促进了企业间的知识流动和共享，丰富企业技术创新资源，有利于企业核心竞争力的形成。数字经济时代，企业更需要优化自身的知识体系和知识状态，重构和再造以知识与技能为关键要素的人力资本，从而不断适应快速变化的市场环境，创造出更高的生产力和生产效率。5G、云计算、大数据等技术发展，打破了生产要素的空间局限，使得生产要素实现了更充分的流动、更广泛的传播、更高效的共享，知识的传播速度提高，知识流动更加容易，企业可以借助数字平台共享知识资源，促进企业内外部的知识有效融合，优化企业知识状态，进而增加企业知识存量、优化企业知识结构和知识分布、提高企业知识水平和改善企业知识流动，从而为企业技术核心能力发展提供支持。

借助数字技术，一方面企业可以更加准确地掌握消费者的特点和需求，提供具有特色的个性化、差异化产品，实现以用户为中心的定制生产，高效进行产品开发和市场拓展。另一方面通过数字技术的应用，帮助企业挖掘隐性知识，并对之进行数字化和自动化，这是当前企业数字化转型的重要方向。数字经济的发展，带来了信息传递和沟通效率的提高，间接促进企业技术核心能力的提升。企业可借助数字技术，优化自身的组织结构，促进企业的组织结构从金字塔型向扁平化方向转变。对于企业而言，组织层级的减少，可以有效地避免多层级之间传递带来的信息失真和扭曲，提高企业信息传递的清晰度，降低企业沟通、协调和管理的成本，提升业务、管理和决策水平，大幅提高生产效率和创造力，有利于企业发掘已有资源的潜在创新价值，并优化创新流程体系，在现有技术路径的基础上推动技术创新，提升企业技术核心能力。数字经济发展为企业创新融资开启了新"窗口"，由于众筹融资等新型金融形式的不断涌现，"多、小、散"的投资者被吸纳到金融体系之中，充实了金融供给。作为数字经济的重要组成部分，数字金融以共享、便捷、低成本、低门槛等优势为企业提供多样化融资渠道，缓解企业融资约束，为企业创新发展提供必要的资金支持，从而提升企业技术核心能力。

数字经济的发展为企业提高技术核心能力带来挑战。数字经济具有跨界融合的特点，很多新兴企业以技术加持，凭借全新的商业模式杀入传统行业，使得传统企业措手不及，也使数字经济领域内部的竞争更加白热化。为了避免错失发展机会，企业必须快速、充分地获取足够的信息，并且对其进行有效甄别，对经营环境做出合理分析，制定正确的战略决策。除此之外，数字技术的不断发展引发了新的信息安全问题，传统的网络安全策略已无法全面应对现有的数据风险，对企业的技术研发和数据保护提出新的要求与挑战。因此，企业只有具备核心技术和持续的创新，才能在激烈的市场竞争中获得优势，只有依托企业的核心竞争力，不断地转换思路，适应环境发展，快速响应需求，提供市场急需的产品，才能在市场中占有一席之地。

三、国家战略政策支持

新一轮科技革命和产业变革蓬勃发展，为企业技术创新拓展了新的空间，支持技术创新的各项意见和政策相继出台，为企业进行创新活动提供了制度支持和保障。

国家战略政策的实施为企业提升技术核心能力提供了良好的外部环境。2019年8月，科学技术部发布《关于新时期支持科技型中小企业加快创新发展的若干政策措施》，提出以培育壮大科技型中小企业主体规模，提升科技型中小企业创新能力为主要着力点，完善科技创新政策，加强创新服务供给，激发创新创业活力，引导科技型中小企业加大研发投入，完善技术创新体系，增强以科技创新为核心的企业竞争力，鼓励科技型中小企业制定企业科技创新战略，完善内部研发管理制度，推广应用创新方法，支持有条件的科技型中小企业建立内部研发平台、技术中心等，引进培育骨干创新团队，申请认定高新技术企业，并支持参与建设国家技术创新中心、企业国家重点实验室等，为推动高质量发展、支撑现代化经济体系建设发挥更加重要的作用。2021年4月，国家发展和改革委员会、科学技术部发布《关于深入推进全面创新改革工作的通知》，提出全面创新改革的重点任务主要包括：构建高效的科研体系、打好关键核心技术攻坚战、促进技术要素市场体系建设；审慎监管新产业新业态；坚持科技创新和制度创新"双轮驱动"，推动科技创新力量布局、要素配置、人才队伍体系化和协同化；坚决破除影响和制约科技核心竞争力提升的体制机制障碍，激发创新创业创造活力，提升创新体系整体效能，加快实现高水平自立自强；加快推动科技型中小企业走创新驱动发展道路。

国家战略政策积极推动了互联网、大数据、人工智能等新一代信息技术与实体经济深度融合。2021年，国务院颁布了《"十四五"数字经济发展规划》，明确指出要坚持把创新作为引领发展的第一动力，突出科技自立自强的战略支撑作用，促进数字技术向经济社会和产业发展各领域广泛深入渗透，推进数字技术、应用场景和商业模式融合创新，以技术发展促进全要素生产率提升，通过领域应用带动技术进步的发展格局，为实体经济提质增效提供新动能。

国家战略政策的支持成为企业关键核心技术突破的关键。关键核心技术具有高投入、长周期、复杂性、战略性和垄断性等突出特点，因此，需要围绕国家战略需求，优化配置创新资源，提升科技攻关体系化能力，形成竞争优势、赢得战略主动，打好关键核心技术攻坚战，加快攻克重要领域"卡脖子"技术。2022年9月30日，中央全面深化改革委员会第二十七次会议审议通过了《关于健全社会主义市场经济条件下关键核心技术攻关新型举国体制的意见》，提出健全关键核心技术攻关新型举国体制，要把政府、市场、社会有机结合起来，科学统筹、集中力量、优化机制、协同攻关，加强关键核心技术攻关的组织整合，解决科技计划、投入、管理分散以及创新资源碎片化等问题，集成优势创新资源，统筹科研精锐力量，将任务和目标聚焦到补短板、挖潜力、增优势的关键点上，塑造良好的创新生态，为形成关键核心技术攻关强大合力，发挥我国制度优势、市场优势和人才优势，加快实现高水平科技自立自强奠定基础。

第四节　主要研究内容

技术核心能力是企业在吸收、运用和更新知识的过程中逐渐形成的独特能力，企业知识状态的优化是企业技术核心能力形成和发展的关键因素。因此，针对企业技术核心能力形成及其存在的问题，结合我国企业技术核心能力发展现状，分析企业知识状态、技术核心能力以及两者之间的关系，为进一步推动我国企业技术核心能力提升提供理论与经验支持。

本书提出并界定了企业知识状态的概念，系统研究企业知识状态属性的构成要素，深入分析企业知识状态属性之间的关系和作用机理，探究企业知识状态属性对企业技术核心能力形成、优化和发展的机制，明晰了企业知识状态与企业技术核心能力的相互作用关系，阐述了知识状态对企业技术核心能力形成和提升，以及激活、创新、沉淀三阶段的作用机理。结合文献研究、理论分析和企业现场调研等方式，构建知识状态对企业技术核心能力影响的概念模型，采用结构方程方法，运用调研数据进行实证分析。结合理论分析和实证研究结论，建立企业技术核心能力的发展体系，为企业技术核心能力形成和成长提供较为完整、有现实指导意义、可操作的理论与技术方法。本书内容共分十章。

第一章，绪论。这是本书研究的起点和基础，主要对我国企业技术核心能力发展现状、企业技术核心能力形成与发展的重要性，以及企业技术核心能力形成与发展机遇与挑战等内容展开分析。

第二章，国内外相关研究进展。本章的主要研究内容包括知识与企业知识、企业知识属性、企业技术核心能力，以及知识与技术核心能力之间的关系，围绕这三个方面对现有文献研究进行归纳与梳理。

第三章，企业知识状态的构成及其基本属性。本章探究了隐性知识默会性、显性知识易获得性、边际收益递增性等企业知识特征，从生产函数和企业利润最大化的角度分析知识对企业产出的作用。在此基础上，提出企业知识状态这一新概念并对其进行界定，认为企业知识状态是对企业知识的系统和整体的描述，是知识特征和知识属性的总体体现，深入研究了知识存量、知识结构、知识分布、知识水平和知识流动五种知识属性及其属性之间的关系。

第四章，企业知识状态与企业技术核心能力的关系。本章从企业核心能力和技术能力角度出发，对技术核心能力进行定义，同时剖析了核心能力、技术能力和技术核心能力的知识本质。在此基础上，系统地分析企业知识状态中的知识存量、知识结构、知识水平、知识分布和知识流动，以及知识属性与技术核心能力之间的相互关系，探究企业技术核心能力形成和提升的不同阶段的演化过程，提出企业技术核心能力的形成、循环发展和提升对于企业竞争优势的获得和保持至关重要。

第五章，企业技术核心能力的形成与要素分析。本章从企业知识状态的角度，对企业技术核心能力的形成机理进行理论研究，提出技术核心能力的形成和提升过程实质上就是企业知识状态不断升华，进而将原有的知识状态提升到更高层次的知识状态的过程。把企业技术核心能力形成分为激活、创新、沉淀三阶段，深入分析企业技术核心能力形成各阶段的影响因素、作用机理，在此基础上，对企业技术核心能力形成的三阶段要素进行提炼。

第六章，企业知识状态对企业技术核心能力影响的模型与假设。本章分析了企业知识状态五个知识属性与技术核心能力的关系，提出了知识状态对技术核心能力影响的概念模型，把技术核心能力作为反应变量，把影响技术核心能力的知识存量、知识结构、知识分布、知识流动、知识水平作为解释变量，结合文献研究提出了研究假设。

第七章，企业知识状态对企业技术核心能力影响的研究设计。本章对知识存量、知识结构、知识分布、知识水平、知识流动及企业技术核心能力六个变量的测量指标进行选择和初步设计，并形成专家调查问卷。依据分析结果和专家提出的相关建议，对调查问卷进行调整和修改，设计出用于数据收集的正式调查问卷，并进行问卷调研工作。

第八章，企业知识状态对企业技术核心能力影响的实证分析。为了检验本书所提出的各项假设，本章采用 SPSS 对数据进行效度、信度检验，在此基础上，采用 LISREL 进行结构方程模型分析。对问卷指标进行验证性因素分析，以确定观察变量是否足以反映潜伏变量；分别对知识存量、知识结构、知识分布、知识水平和知识流动对企业技术核心能力的作用情况进行结构方程检验；把所有变量合在一起，进行综合模型的结构方程分析，以对本书假设进行检验。

第九章，企业技术核心能力发展体系的构建。根据企业知识状态及技术核心能力的理论分析和实证研究结论，分别从知识状态五个属性角度出发，对企业现有的知识状态进行优化、提升，详细阐述形成和提升企业技术核心能力的路径，构建企业技术核心能力发展体系，提出相应对策建议。

第十章，研究结论与展望。本章基于前述研究得出了五个方面的研究结论，同时，提出了本研究中的三个不足之处，为今后研究的进一步深化提供借鉴。

研究思路如图1-1所示。

第一章 绪 论

```
研究主线          研究内容                                          研究方法

              ┌─────────────────┬──────────────────────┐
              │企业知识状态与    │企业技术核心能力       │
              │企业技术核心能力  │形成与要素分析         │
              └────────┬────────┴──────────┬───────────┘
                       │                    │                    ● 文献研读
              ┌────────▼────────┐  ┌───────▼────────┐           ● 理论分析
              │企业知识状态的    │  │基于企业知识状态│           ● 比较归纳
理论分析      │内涵与构成        │  │的企业技术核心   │
              ├─────────────────┤  │能力形成过程模型│
              │企业技术核心能力  │  ├────────────────┤
              │内涵与知识本质    │  │基于企业知识状态│           ● 文献研读
              ├─────────────────┤  │的企业技术核心   │           ● 理论分析
              │企业知识状态与    │  │能力形成三阶段分析│          ● 模型构建
              │企业技术核心能力关系│├────────────────┤
              ├─────────────────┤  │企业技术核心能力│
              │企业知识状态与    │  │形成要素分析     │
              │企业技术核心能力演化││                │
              └────────┬────────┘  └────────────────┘
                       │
              ┌────────▼──────────────────────────────┐
              │企业知识状态对企业技术核心能力的影响    │
              └────────┬──────────────────────────────┘
                       │
              ┌────────▼────────┐
              │构建概念模型      │                              ● 模型构建
实证分析      ├─────────────────┤                              ● 测度方法
              │实证研究设计      │                              ● 实证分析
              ├─────────────────┤
              │实证结果检验      │
              └────────┬────────┘
                       │
              ┌────────▼──────────────────────────────┐
              │企业技术核心能力发展体系构建            │
              └┬───────┬──────┬───────┬──────┬───────┘
               │       │      │       │      │
            ┌──▼──┐ ┌─▼──┐ ┌─▼──┐ ┌──▼─┐ ┌─▼──┐
体系构建    │增长 │ │改善│ │改进│ │提高│ │加速│          ● 归纳演绎
            │知识 │ │知识│ │知识│ │知识│ │知识│          ● 评价体系
            │存量 │ │结构│ │分布│ │水平│ │流动│          ● 专家研讨
            └─────┘ └────┘ └────┘ └────┘ └────┘
```

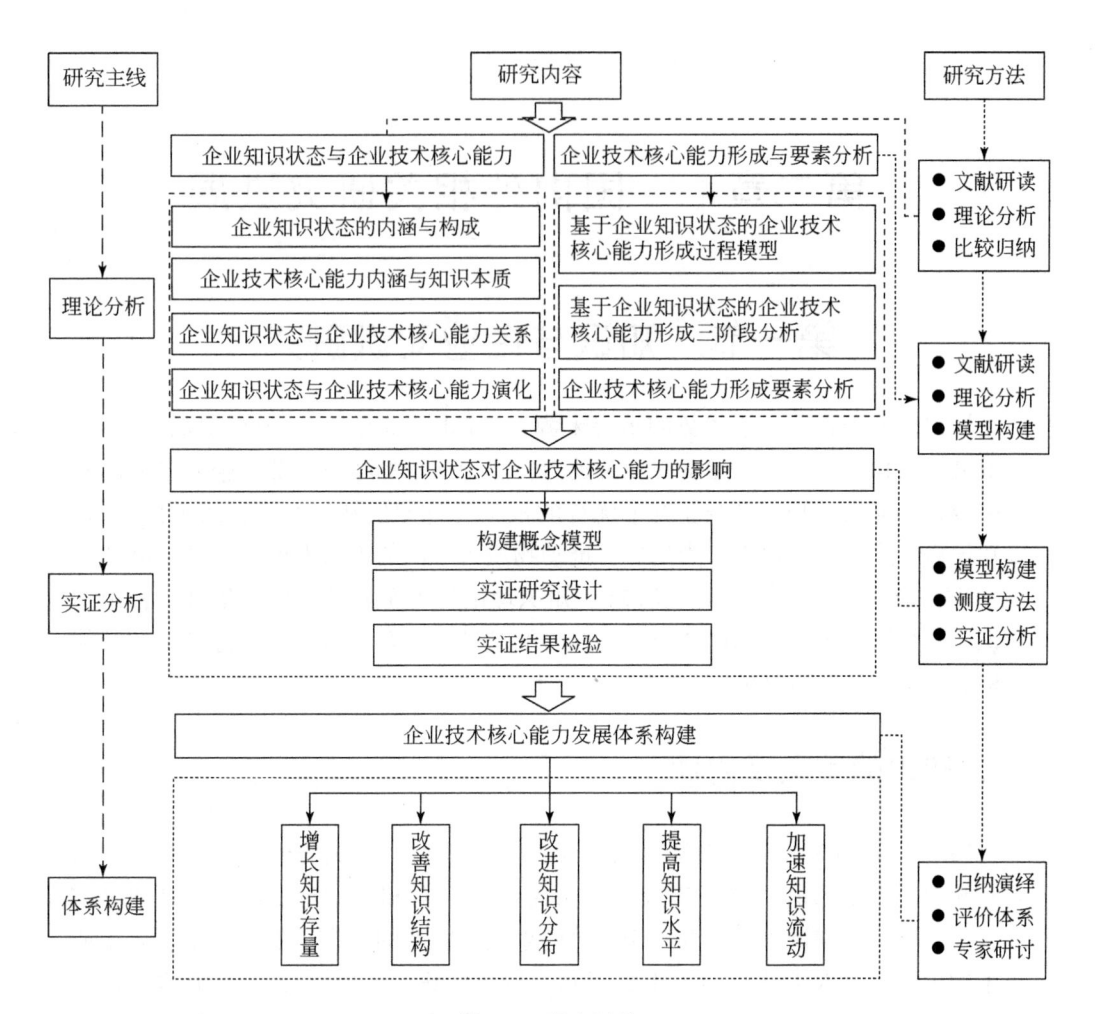

图 1-1 研究思路

第二章 国内外相关研究进展

第一节 知识与企业知识研究

知识已成为企业竞争优势的重要来源，Nonaka（1991）认为在知识社会中，知识已经取代了资本、自然资源和劳动力，成为基本的经济资源。企业掌握的知识决定企业能力，知识是企业竞争优势的根源（许照成和侯经川，2020）。企业以知识再生产和智力再生产为先导，推动物质再生产的不断发展，提高产品的市场竞争力（陈清爽和蒋丽梅，2019）。知识理论认为企业是知识的集合体，组织知识尤其是隐性知识是构成企业核心能力的基础，而企业的竞争优势是由核心能力构成的知识体系带来的。

一、知识的定义及内涵

1989年版的《辞海》对知识的解释：知识是人类认识的成果或结晶，包括经验知识和理论知识。1997年版的《韦氏词典》对知识的定义：知识是通过实践、研究、联系或调查获得的关于事物的事实和状态的认识，是对科学、艺术或技术的理解，是人类获得的关于真理和原理的认识的总和。2012年版的《现代汉语词典》对知识的定义：知识是人们在改造世界的实践中获得的认识和经验的总和。

关于知识的含义，许多学者从不同角度对知识进行了解释。从认识论来看，认为知识的本质是认识，把知识和认识等同起来。知识是人类在自然界进化和社会发展过程中，对获取的主观认识进行组织整合，使之成为规律、经验等，可以发展、传播的信息单元和集合（高继平等，2011）。Davenport和Prusak（1998）将知识看作是一种有组织的经验、价值观、相关信息和领悟能力的动态结合体，它能够持续地评估和吸纳新的经验与信息，起源并作用于有知识的人的头脑。认识论将知识诠释为验证"语言"逻辑的科学与规范，指出知识不是一种符号化的陈述，而是一系列的标准、测验、机构和行为（徐金雷，2018）。尽管现有的研究承认知识来源于学习，但是在如何通过学习获得知识，以及对知识性质和作用等方面，都存在着不同的理解。理想主义表示，认识是一个观念的思考过程，而非感官的实践。尽管经验对知识的形成起到了重要作用，但是知识并不等同于经验。从知识的角度看，经验只能作为构成知识的材料或内容，只有用先验性的概念结构来处理，才能使经验成为知识。经验主义主张没有先天的知识，人的知识都是从生活中获得的。亚里士多德表示，人类的知识来自于获得的经验，并通过联想和归纳形成知识，也就是说，知识是从具体的感官活动中获得（詹文杰，2021）。Van der Spek 和 Spijkervet（1997）认为知识是一整套被认为是正确的、真实的，并且可以用来指导人们的思考、行为和沟通的预见、经验和程序。

从经济学来看，其观点认为知识是一种资本，是生产力的潜在要素，对经济发展有着重大的作用。马歇尔（2007）认为资本大部分是由知识和组织构成，知识是最有力的生产动力，组织则通过多种形式有助于知识的发展。阿瑟·刘易斯（1996）提出知识是生产的动力、经济增长的重要要素，认为促进经济增长的因素有知识积累和资本积累等，知识作为要素资本存在得到进一步地证实。在市场经济条件下，每一家企业都拥有相同的、确定的知识，而这些知识可以利用价格信息实现利润的最大化。Hayek（1945）表示能够使每个经济主体获得最大利益的知识是其所拥有的独特知识，而不是由各经济主体共同所有的知识。德鲁克（1999）提出了"知识被用于知识"的观点，认为通过提供知识，找到利用已有知识来创造利益的最好方式；管理知识就是把拥有不同知识背景、掌握不同类型技术的人员组织在一起，为了同一个目的而工作。他还指出，知识并不是一种抽象的笼统的概念，而是具体的专门化知识，认为知识是企业最重要的资源，知识创造和知识运用的能力已经成为企业获得竞争优势的重要源泉。姜春等（2023）认为，知识是企业最宝贵的财富，它既能以无形资产的形式表现出来，又能对企业的生存、绩效和成长产生积极的作用。

从本体论出发，其观点从物质本源入手，认为知识实际上是一种特殊资源，是在生命物质与非生命物质的交互作用下，由自然进化到特定阶段所形成的文明资源。本体论对知识的界定，指出了知识的生成过程和价值（李柏洲等，2015）。从资源基础观来看，知识价值性、稀缺性、难以模仿性和不可替代性等属性，是企业特殊资源的组成部分（张璐等，2022）。知识资源是创新过程的重要输入变量，能够帮助企业获得合法性并求得生存和成长（陈岩等，2018）。知识资源获取有助于企业精准理解客户需求，把握市场环境动态变化及产业发展方向，并做出敏捷性响应，在混乱的商业环境中展开有序的技术创新，从而扩大存量和增量市场，使创新绩效得到更快的增长和发展（张保仓，2020）。在信息论中，知识指的是一种信息的累积，它是为了达到某种特定的目的而进行的抽象和概括的信息集合（陈伟等，2011）。曹平等（2021）提出在创新行为中，人是信息的载体，而"知识"是被承载的信息，企业在探索新的商业模式、发展路径和经济机会的过程中创造出新的知识。在知识经济时代，知识是一种被融入了一般性表述的信息，它是数据、图像、联想、信念、价值观等社会符号的产物（相丽玲和张云芝，2018）。

综上所述，知识既存在于编码化信息中，也存在于人脑和组织行为中，是一定的行为主体，通过生产活动和社会实践，从相关信息中过滤、提炼和加工而得到的系统性结论。从静态来说，知识表现为有一定结构的知识产品；从动态来讲，知识在不断流动中产生、传递和使用。企业的核心能力已经从有形的物质形态转变成了无形的知识形态，它表现为由核心技术、组织管理知识和市场知识等要素组成的互补知识体系，而不再是传统的厂房、设备、产品等有形的物质资源。企业作为知识的"仓库"，如何对其进行有效的整合与运用，对于企业获取可持续的竞争优势至关重要。

二、企业知识的定义

现有文献对企业知识的界定主要有以下几个方面：一是从企业知识的功能出发，提出企业知识能够提高生产力和创造价值。以知识为基础的企业理论认为，知识是生产的关键投入，也是企业价值最主要的来源，企业的生产是在知识的指引下展开的，企业的各项经济活动都必须有与之相对应的知识来支持（程雅馨等，2022）。二是从企业知识的性质出发，指出企业知识具有通用性、动态性和认知性的特点，知识既可以看作一种产品，也可以看作一种过程（郭建杰和谢富纪，2022）。三是根据企业知识的内容和构成，认为企业知识不仅包含了知识本身，还包括支持知识的技术和结构。企业业务流程包含了研究与开发、原料供应、产品生产、市场营销、人力资源管理及财务管理等在内的经济活动。随着经济活动的差异，企业对知识的要求也发生了变化，从而形成了不同的知识类型（张俊娟和李景峰，2010），企业现有的知识存量和知识结构，对企业发现未来机会的能力形成和资源分配的方式起到了决定性作用（沈丹和梁战平，2008）。

因此，企业知识与个人知识、组织知识不同，企业是一个吸收、集成、创造和应用新知识的组织体系。企业知识是企业所拥有的、能直接或间接创造商业价值的个人知识与组织知识，以及知识资源与支持系统的有机整合。在企业的生产、经营、管理等活动中，以及与客户、供应商的交流过程中，知识不断更新迭代，以诀窍、经验、程序等多种形式呈现出来。知识是企业生存与发展的根本，是企业最重要的战略性资源。

三、企业知识的特征

企业知识是个人知识和组织知识的有机统一。企业所拥有的知识决定了其活动范围和生存空间（陈通和程国平，2001），企业知识包含个人知识和组织知识。个人知识是以企业员工为载体的、内在的、无声的知识储备，包括专业知识、个人技巧、技术诀窍及直觉、价值观等。组织知识是指组织内各层次知识，经过形成、发展、转化、融合等过程，固化于组织中（张苗苗，2017），既属于组织，又属于个人，但个人无法单独占用，只能被组织成员所共有（卫武和韩翼，2012）。组织知识依附于企业外在既有知识体系，具体包括了程序、方法、发明、文件、流程、图纸、数据库和设计，同时也包括了专利、版权、商标和商业秘密等知识产权。个人知识属于员工所持有的私有知识，它是企业知识的重要来源和重要组成部分，对企业至关重要（李勇等，2006）。无论是个人还是组织，都具有各种各样的隐性知识和显性知识，并且持续地将隐性知识转变成显性知识，推动了知识在个人和组织中的流动，伴随着知识在个人和组织两个层面上的转化，知识在每一个主体层面上实现了沉淀、积累和创造，为知识在个人和组织间跨层级的扩散创造了一些先决条件（卫武和韩翼，2012）。组织知识是从个人知识中衍生出来的，它是个人知识的外化和整合，组织知识又反过来将其内化到个人知识之中，两者之间产生互动，相互转换，在传播知识、积累知识的过程中推动知识创新（朱方伟等，2015）。

企业知识是软件与硬件的有机结合。企业知识之所以能够对企业的价值增值起到推动作用，就是因为它能够让各种因素的投入产生综合效应（程雅馨等，2022）。在企业内部，知识不仅仅是以文件、资料库的形式呈现出来，更是以一种内在的方式，融入企业的日常工作、流程、实践与规范之中。企业要想获得能够被使用的知识，需要具备以下两个因素：一是硬件，具体包含建立数据库、企业内部网络及与供应商构建交流网络，提供一个进行知识交流与积累的平台（刘凤朝等，2022），通过构建知识库和知识平台，企业可以对不同来源、不同层次和不同内容的知识展开有效的整合，可以让单一的、零碎的知识有序地流动起来，从而提升企业内部知识的传播利用率，这是企业进一步发展和实现持续竞争优势的保障（王金凤等，2020）。二是软件，建立便于内外部知识积累的企业文化，具体包含构建学习型组织、人员岗位流动、定期交流，还需要构建起鼓励积累的激励制度（王思明，2021）。合作能够带来跨区域、跨主体的知识互动，企业可以用合作的方式来促进企业与客户、高校、科研院所、具有竞争力的企业之间的联系，合作双方共同承担风险，共享成果收益，不仅具有强烈的市场竞争力，还具有一定的不可复制性（贺正楚等，2022）。合理的激励机制能够使股东和管理层之间激励相容，减轻高管的短视行为，减少高管对创新活动的抑制，是促进知识创新的重要举措（许金花等，2021）。

企业知识的来源是多方面的，并以各种方式呈现出来。企业在生产、经营、管理等内部组织活动中，以及在与上下游企业交流的过程中，持续地进行着知识的流动和整合，产生的知识存在于人们的技能、理解和关系中，也存在于体现知识的工具、文件和过程之中。高质量技术创新多指前沿技术，更是产生于多元化异质性知识的交叉与碰撞，企业自主创新知识来源的多样性、异质性与复杂化，有助于满足企业技术创新对多样化和异质性知识来源的巨大需求（Phene et al.，2006）。企业建立技术联盟、产业集群等，进一步构建了知识网络，给内部的知识要素提供了一条便捷和灵活的流动路线，从而提高了各类知识的跨界融合的可能性（Kianto et al.，2017）。知识获取和知识学习不但可以加快企业的知识资本积累速度，还可以帮助企业在未来更好地实现内部和外部的知识整合，从而产生新的产品和知识。知识获取和知识学习不但可以加快企业知识资本积累的速度，还可以帮助企业在未来更好地实现内部和外部的知识整合，从而产出新的产品和知识（邱洋冬，2022）。企业的知识资源一般会通过正式的沟通方式，以及群体在协作劳动中自发表现出的隐性沟通方式等，将企业知识资源传承下来，其精髓都将会积淀于企业劳动者的头脑中，代代传承下去（于士营和张国旺，2008）。

企业知识可直接或间接地创造价值。企业知识并不是各种知识的简单累加，而是知识的有机整合，是用来解决问题和创造方法的关键资源（刘立和党兴华，2014）。企业知识具有价值性、稀缺性和难以模仿性等特点，企业可以通过知识的扩散和积累，新旧知识与内外知识之间的碰撞形成自有知识库，并在持续充实知识库的同时，提升核心竞争力（程雅馨等，2022）。企业知识应为所拥有的组织内部知识，以及企业利用的组织外部所获取知识的总和，其中最关键的是直接或间接创造商业价值的那部分知识（赵艺璇和成琼文，2021）。企业价值的获得，直接或间接来源于企业知识，知识重组对企业解决问题有很大的帮助，有助于企业及时地调整自己的创新战略，提升知识资源的整合效率，从而更好地完成价值创造，提升企业竞争力（辛冲等，2022）。原有领域知识通过融合重构，有助于促进企业现有领域业务提升，稳步提升企业现有产品与服务（姚艳虹等，2019）。新旧领域知识融合过程中，外部新领域知识与企业原有知识通过碰撞与组合，提高了单一知识的价值或效应，这对完善企业。

四、企业知识的分类

根据知识外在化程度，可以将知识划分为显性知识和隐性知识（Malone，

2002）。显性知识（explicit knowledge）指的是以语言、文字等形式，被记录在物质媒介上，并可以通过一定的方式进行传播的结构化知识，它具备确知性、客观性、有形性和可表达性等特征。显性知识采用某种固定的媒体方式，如纸面形式、电子形式等，保存在知识储备库中，通过交易或交流的途径，为特定或非特定对象所共享，并且通过推理等方式，产生新的有价值的知识。隐性知识（tacit knowledge）是指难以表述、隐含于过程和行动中的非结构化知识，通常物化在机器设备上，体现于企业价值文化之中，存在于员工的头脑里面，无法用语言或书面材料进行准确描述，不易被他人获知，也不易被编码。隐性知识一般以经验、感悟、技术诀窍、团队默契、组织文化、惯例等形式存在。Lubit（2001）按功能将隐性知识分为四类：技巧、心智模式、解决问题的方法和惯例，其中，前三种形态主要存在于组织员工的身体或大脑之中，而在惯例中所隐含的隐性知识主要有对直觉的理解、关注什么样的信息及在竞争的要求中应该具有优先权等；而惯例即使在管理者离职之后也会保持不变，并持续对企业的文化和行为产生影响。由于隐性知识存在于人的脑海里，具有内在性特征，不能通过外在的市场交易行为获取，因而隐性知识构成了核心能力的基础。

从知识的功能角度出发，可以将知识划分为基本知识、一般知识和核心知识。基本知识是集成到一项业务中的知识，在行业中具有普遍性，能给企业带来短期的利益。一般知识指的是在企业生产过程中具有较小影响的知识，但它是建立一个企业所必须具备的知识，也是企业谋求一定的产业地位或市场份额的必备条件。核心知识是一个企业区别于另一个企业的主要内容，是构成公司核心竞争力的重要组成部分。基本知识的知识域宽、知识量大，这为一般知识和核心知识的形成和增加提供了必要的前提条件，企业可以有区别地加以吸收利用。核心知识是形成企业异质特性的基本要素和企业竞争优势的基本来源，核心知识的持续积累是企业成长的基本动力，而这种知识的获得既来自于基本知识，也来自于一般知识，上述三种类型的知识都处在一个不断地交换和补充的循环中（贾生华和邬爱其，2003）。企业的异质性起源于企业在生产过程中存在的知识差异性，而知识的特征是企业特有的核心优势和异质性的来源（王双，2018）。

知识按照企业中的分布，可以划分为个人和组织两个层次（张庆普和张伟，2013）。个人知识是指存在于个体脑海中，以个人所掌握的技术来体现，它可以单独运用于某一具体的工作或问题，并且随着个体的活动而不断地转移。组织知识指的是在组织成员之间进行分配和分享的知识，它依赖于组织的个人成员，代表了组织的记忆，被存储在组织的规则、程序、惯例和共同的行为准则之中，且伴随着组织成员之间的互动，呈现出一种流动的状态。在一个组织中，知识呈现出来的是个人未编码的知识和技能，在组织学习及组织成员之间的交流、对话过程中，让个体的知识得到整合，从而成为组织的共同知识。组织的共同知识只能在特定的组织环境下形成和生存，离开此环境，组织共同知识将不复存在。无论是个人知识还是组织知识都包含了显性知识和隐性知识。个人显性知识是通过个人的技巧、技巧和处世之道来体现的，这些都是可以"言传"的；个人隐性知识是指个体所拥有的技能、信念和生活态度，只能"意会"。组织显性知识以组织的规则、制度、流程和技术的形式呈现出来，因为它们易于编码，便于交流，易被竞争对手所掌握，因此难以构成企业的竞争优势；组织隐性知识主要体现在一些难以表达出来的技能、诀窍、经验、协作、心智模式、价值观和共同愿景等。因为这些知识难以被编码，交流和转化速度较慢，而且成本也较高，所以它们是企业核心竞争力的来源。

企业知识具有层次性，不同层次的知识有所不同。从企业的运作过程来看，知识可以分成作业层知识、管理层知识和战略层知识（应力和钱省三，2001）：作业层知识指的是企业业务流程的基本知识，是企业实现某种产品或服务所必需的知识，它包含了专业技术知识、产品知识、工艺技术知识等。在技术性质上，专业技术知识决定了企业的发展方向，企业的竞争就是专业技术知识存量及其组合之间的竞争。产品知识包含了两种类型：一种是技术应用知识，另一种是功能应用知识。技术应用知识来源于企业技术创新的技术特性，功能应用知识来自于用户的功能性需求。工艺技术知识涉及制造技术有关的能力、质量控制等方面，其有效使用可以使工艺创新的硬件和软件都得到改善（陈玉川和赵喜仓，2008）。管理层知识是管理者针对本企业所提供的产品或服务进行销售、推广等相关的销售和市场知识。管理层知识和作业层知识是企业价值优势的表现，有助于企业在创造价值和降低成本上具有竞争优势，同时，也为消费者提供了特殊的使用价值和效益。战略层知识指的是以现有的作业知识和管理知识为基础，确定企业发展战略所需要的各种辅助知识，具体包括规划、决策、市场、金融、博弈、人力资源等知识。企业战略决策能力，实质上是企业家对战略层知识进行应用的能力，要提升企业战略决策能力，就必须提高企业家对战略层知识的掌握及运用能力。

从知识性质角度，经济合作与发展组织（OECD）把企业知识分成事实知识（know-what），即只叙述事实的知识；原理知识（know-why），即关于自然规律和原理的知识；技能知识（know-how），即做某事的才能和能力；人际知识（know-who），即关于谁知道什么和谁知道做的信息。其中，事实知识和原理知识是系统化的公共知识，通常以显性的方式存在，可以通过教育和知识传播获得，并可以被重复使用，一般不必付出高昂代价，不会被损耗，具有非竞争性和非排他性。技能知识和人际知识大多是专有知识，由组织或个人独创，与其运作的内在机制和个人机能密切相关，需要努力学习和实践才能获得，通常以隐性的方式存在，具有竞争性、排他性、保密性与商业性，难以量化和信息化，也难以通过正式的信息渠道转让。所以，在知识经济的背景下，事实知识与原理知识已经达到了高度信息化与网络化的程度，企业的重点应放在技能知识和人际知识的学习上。

第二节 企业知识属性研究

基于企业知识的定义、特征及分类，从属性角度对企业知识的深入剖析，可以帮助理解企业知识与技术核心能力之间的关系，以便从知识本质上寻找提升技术核心能力的有效途径。

一、知识存量

知识存量（Knowledge Stock）概念最早由经济合作与发展组织（OECD）发布。知识是企业最重要的资源，分为知识存量与知识流量（Dierickx and Cool，1989；De Carolis and Deeds，1999），体现了静态与动态两个彼此矛盾的特征。知识流量是知识存量增长的关键，知识存量是知识流量得以实现的重要条件。知识存量指的是一个组织或经济系统在某阶段内对知识资源的占有总量，是占有、使用知识资源的过程中，保存在组织或系统中的知识资源（赵奇平和赵宏中，2001）。在一个经济系统中，知识存量是可以发生变化的，这种变化既可以由知识流量引起，也可以从经济系统内部产生。换言之，知识存量具有累积性和自衍性，知识的自身增长、外界流入或向外流出，都可以导致知识存量的变化（杨志锋和邹珊刚，2000）。因此，知识存量是指特定时点某个组织系统的知识总量，是知识经过流量路径选择而被积累的、企业能够控制的，在某一时点上的集合、程序、陈述性的组织记忆等（Sirmoon et al.，2007），是依赖于组织系统内的人员、设备及组织结构中的一切知识的总和，是人类在生产生活过程中所积累起来的、通过"学习"而形成的，反映出一个组织系统创造知识的能力与潜能，是组织系统的竞争力的一种表现（陈亮等，2009）。从形成过程分析，组织在技术引进、技术创新等活动中，通过内外部知识整合和知识吸收的过程，获得包含组织内外部的各种知识，从而形成知识存量的原始积累（He and Wong，2012）。知识存量指的是知识的静态表征，包含了有形和无形两种知识存在形式，是编码化知识和隐含经验类知识的各种存在形式的总和，体现了组织系统的竞争力（王斌，2014）。

Leonard 和 Insch（2005）在 Sternberg 研究成果的基础上，提出了隐性知识多维模型和测度体系。Boudreau 和 Ramstad（2003）从知识存量、知识流量和知激发者三个层次，提出了组织知识的测量。纳里莫夫和弗莱杜等用逻辑斯蒂曲线（Logistic curve）描述科技知识和科学文献的增长规律。针对指数增长理论和逻辑斯蒂曲线的局限性，普赖斯文和纳里莫夫将指数增长模型与逻辑增长模型进行综合，得到了"普赖斯文-纳里莫夫循环曲线"的增长模型（Price，1986）。王君和樊治平（2002）在分析组织中的知识存量和组织知识构成的基础上，提出了一种基于有向无环图的组织知识度量模型，既易于实现组织知识的量化分析，又反映了组织知识结构。邓仲华等（2006）提出了提升企业知识存量的 E-learning 有效模式，包含了研究培训模式、案例研习模式、资源型学习模式、协作模式等。基于对组织知识存量的结构与储存状态的分析，席运江与党延忠（2007）提出了组织知识存量的加权知识网络模型，并对模型建模方法进行探讨，并结合实例对该方法进行验证。曾德明等（2010）以知识协同为基础，通过建立基于知识协同供应链企业的知识存量增长机理模型，对其内部运作机制进行深入分析，发现知识协同可以促进供应链企业知识存量的增长，进而促进供应链整体竞争力的提高。骆以云和李海东（2011）构建知识存量模型，对知识存量和企业生命周期的关系进行了分析，认为企业的发展基础是受限于其所掌握的知识存量，为了给顾客提供更高知识含量的产品，或提供更好的服务，就必须拥有更多的知识资源，因此知识存量是企业成长的必要条件。王斌和郭清琳（2020）通过构建焦点企业的"知识存量—分裂断层—知识传递效率—情境嵌入"关系模型，提出焦点企业知识存量会对联盟组合分裂断层产生影响，而知识传递效率发挥中介效应，情景嵌入发挥调节效应。

知识存量是企业重要的知识属性，如何有效地激发企业的知识存量，并推动其成长，也是学者们重点关注的研究方向。Gaarud 和 Nayyar（1994）认为企业需要激活技术知识存量，并从组织和个人两个层面上获得知识，使其在技术创新中得到最大程度的利用。Howells 等（2003）认为，核心企业是知识存量增长的"守门人"，因此知识协同机会识别对于促进其知识产出具有重要意义。杜静和魏江（2004）认为国家、组织与个体是不同层次的知识主体，其在对应层次上所具有的相对经济地位与竞争状态很大程度上依赖于其自身所具有的知识存量，并分别从静态与动态两个视角，探索了知识存量成长的内在机制。冯博等（2005）基于"信息超载""知识饥渴"等理论，对知识存量效率的内涵及测度进行了定义，通过知识积累流程，分析了知识存量有效性的影响因素。魏江和张帆（2007）认为企业技术存量激活的关键是激活以科技人员为载体的知识存量，使其技术知识资源通过创新活动转化为外在技术竞争优势，运用动态能力理论和知识管理理论，提出基于知识应用与知识重构的科技人员知识存量动态激活模型。张少杰等（2008）从知识流、创新和学习三个角度，归纳了影响知识存量变化的因素，探讨知识转化行为对知识存量的影响，论述了企业知识存量增长的途径，认为企业通过加速知识流动、提升研发能力、建立学习型组织，以及促进个人知识的转化等途径，实现企业存量的增长。葛秋萍和余青（2014）指出可以通过开放式创新范式，提高知识转移效率，通过激活和再利用企业的知识存量，并使之适于分享与传播，能够有效地提高企业的竞争能力。周健明等（2016）基于社会网络分析，提出了测度企业员工知识存量的方法，实证研究了企业研发部门员工知识存量的影响因素。程刚和吴娣妹（2018）在研究科技型中小企业知识创新的知识服务模式中指出，使用各种信息技术从企业内外部知识服务部门（机构）的资源库中搜索相关知识，在采集、组织、分析、重组的基础上，进行各种知识匹配，从而激活企业知识存量，提升知识创新水平。魏玲和郭新朋（2018）在构建知识存量动态激活模型基础上，以自动阈值调节为手段，对知识广度与深度进行度量，结果表明，通过对知识存量的动态量化，可以有效地提高隐性知识的抽取效率。

二、知识结构

组织中的人员、设备、信息、组织机制等构成了知识的主体，而人员又是组织中最重要、最有创造力的知识载体。Leonard-barton（1995）认为企业的知识结构主要包括两个部分，一个是员工知识，另一个是嵌入在物理系统中的知识；员工知识是独立知识的一部分，而嵌入在物理系统中的知识则是系统知识，系统知识主要表现为小组或企业组织层面上对资源的联合操作知识；两种知识相互作用，共同构成了企业的知识结构体系。Dorsey 等（1999）认为个体层次的知识结构体系，包括拥有参与组织活动所必需的知识结构与技能的个人、信息、设备等。Anand 等（2003）认为，知识结构是一种知识在各成员之间的分布状态，它会对企业的知识处理能力及创新行为产生重要影响。马璐（2004）指出，知识的存储方式因知识载体的不同而有所不同，一般知识、产业特有知识和企业特有知识的比例，组成了企业内部的知识结构，而企业外部的知识结构是各类资源的类型和来源。徐彪和张骁（2011）把组织知识划分为顾客知识、竞争者知识和技术知识，这三类知识对新产品市场绩效与创新效率具有不同的影响。张发亮和谭宗颖（2015）认为，知识结构是由相互关联的各个子结构与要素组成的，最主要的特点是其内部结构的分布与关联性，其整体规模和内部结构都是随着时间的推移而不断变化的。

根据知识在企业中体现价值类型，Becker（1964）将构成企业知识结构划分为通用知识（general knowledge）、企业特有知识（firm-specific knowledge）和产业特有知识（industry-specific knowledge）。通用知识是指对所有企业具有相同价值的一般知识，可以在劳动力市场上购买，不会因为在不同企业之间发生转移，使雇员的生产能力受到影响；企业特有知识是锁定于企业的特定文化、人员构成和设备等，具有这种知识的雇员只有通过培育开发获得，不能经常性地在市场购得，在不同企业之间的转移中会降低其劳动生产率；产业特有知识虽然对于同产业的企业而言具有相同的价值，常被视作一般知识，但在特定企业员工的劳动生产率的形成与提高上，要依靠该产业获得工作经验和知识（贾生华和邬爱其，2003）。应力和钱省三（2001）将企业知识结构分为核心知识、基本知识和一般知识三个层次。核心知识是指提供或可以提供竞争优势的知识；基本知识是指能够给企业带来短期效益的综合性知识；一般知识是指对企业生产过程没有主要影响的知识。许强和施放（2004）从企业的活动特性，对企业的内在知识结构进行研究，将企业的活动分为功能性活动和协调性活动，相应地把企业的知识结构分为功能性知识和组织性知识。曹兴和向志恒（2007）将知识结构划分为公共知识、基础知识和核心知识三个层次，不同层次知识的特性和价值不同，对企业技术核心能力形成的影响也不同。马淑文（2008）将企业知识划分为创意知识、核心知识、基础知识和公共知识四种类型。创意知识是指能够引发企业经营变革的知识；核心知识对企业的独特地位有重大影响，体现为企业的核心竞争力；基础知识是指完成企业各项经营活动所必需的和最基本的知识，是企业核心能力形成的基础；公共知识类似于产业特有知识，对处于同一产业的不同企业具有相同的价值。Lyles 和 Schwenk（1992）认为组织的知识结构可以分为两部分，一部分是核心知识，另一部分则是外围知识。核心知识指的是包含了企业最基本的目的和目标的知识，它是由组织成员间一致同意的信念所构成；外围知识包括次要的目标和实现那些目标所需的行动和步骤。

在知识呈现方式上，Polany（1958）将构成企业知识结构的知识分为可表达的知识（articulated knowledge）和隐性知识（tacit knowledge），这种分类在组织学习及知识管理中被广泛采用，只是用显性知识（explicit knowledge）代替可表达的知识。宋耘和王婕（2020）认为隐性知识是企业保持竞争优势的重要基础和唯一源泉。对知识结构研究，还从知识的认知程度（Hall and Andriani，2003）、知识创新起源、知识传播难易程度和效率（汪应洛和李勖，2002）等方面展开研究。张朝阳和赵涛（2008）认为企业知识结构是多维的、超立体的，从内外部知识角度，分为公共知识、行业知识、企业知识、核心知识；基于显隐性知识角度，分为个人知识、团队知识、组织知识。丁宝军和朱桂龙（2008）认为技术创新的本质是知识创新，企业知识结构影响着技术创新绩效，结合企业与外部企业知识交流，提出了 R&D 获得显性知识投入和获得隐性知识投入与企业创新绩效的关系模型。蔡宁伟等（2015）研究认为，企业通过提升核心竞争力来促进内部隐性知识的转化，而拥有企业内部隐性知识的主体就是该领域的专业人员。企业所获得的外部知识大多来自于个人层面上的技术要素，企业内部隐性知识转化为显性知识是一个动态过程。

在创造顾客价值上，Henderson 和 Clark（1990）提出组织知识分为元素知识和架构知识。元素知识是指关于元件的核心设计原理、概念的各种知识，以及在特殊元件或任务中实现的知识；架构知识是指关于元件间整合方式的知识，以及连接成为一个有机系统的知识，具体表现为组织的沟通渠道、信息过滤机制和问题解决策略。Yayavaram（2008）认为，企业的技术创新同时伴随着元素知识的变化和架构知识的变化。元素知识和架构知识是了解企业创新绩效差异的关键，元素知识组合模式的变化将导致架构创新，这也是行业内竞争型企业创新绩效差异的根源所在。张晓玲等（2006）认为企业的知识结构由元素知识和架构知识构成，在不同的价值活动中，架构知识的内容与所涉问题的广度与深度都不尽相同，而与之相对应的元素知识和架构知识所组成的知识结构，则是对某种价值活动的功能发挥起到了支撑作用。董广茂等（2010）指出企业之间的知识转移除了增加企业的知识存量，还会使企业内部的知识结构发生变化，进而导致知识集群及相应的核心设计概念和架构关系发生变化，更能全面地分析企业间知识转移的创新性质。姚艳虹等（2018）认为，无论是元素知识和架构知识，都会对企业突破式创新起到积极作用，知识动态能力在知识结构与突破式创新的关系中起中介作用。贾慧英等（2019）对组织控制、知识结构形成的关系进行了研究，认为企业的知识在层级控制和宗族控制下，分别形成了以流程知识为主导的知识结构，以及以结果和个人知识为主导的知识结构。

三、知识分布

企业内部知识分布均衡或聚集，与企业的组织结构、人员构成、业务流程等有着直接或间接的联系，并对企业的生产经营及研发活动有着显著影响。企业是一组知识资源的集合体，企业的价值创造过程是知识获取、知识应用、知识转化和知识创新的过程，而企业外部的知识分布则是知识资源的聚集状态（战伟萍等，2010）。Prescott 和 Visscher（1980）认为企业是一个信息的存储仓库，在企业内部，存在着有效积累和使用信息的动机，知识的积累使得企业内部知识分布状况更为显著。曹明华（2004）从知识存在方式定义知识分布，认为第一类知识体现在书本、资料、说明书、报告书中的编码知识，第二类知识为物化在机器设备上的知识，第三类知识为存在于员工头脑中的意会知识，第四类知识体现在管理形式、企业文化中的知识，其中第一、二类知识是明晰知识（articulated knowledge），第三、四类知识是隐性知识（tacit knowledge）。Penrose（2009）将企业看作是一种具有不同用途的、随着时间变化而变化的生产资源，而企业的外部知识分配则具有集聚效应。

知识分布在很大程度上影响决策权的配置，程德俊和陶向南（2001）认为企业内部的知识分布状态，与其转移成本、权利转移成本的对比，是决定企业是否采取集权或分权的组织架构的重要因素，并对不同阶段的企业内部的知识分配状况进行分析，进而引发权力在企业内的分布。孙晓琳等（2003）从降低成本的角度提出，企业会采取有效措施使得决策权所在的层级向最优匹配层级接近。陈颉（2004）解释了虚拟企业分权化的原因，以为在虚拟企业中，最主要的是以隐性知识为主导的知识，通常情况下，这些知识很难被高层管理者所掌握，因此，在企业中，知识的分布是分散的，从而导致了决策权的分散。企业内部的知识分布具体体现在战略层、管理层、执行层，在这三个层次上的知识分布称为理念知识、协调知识、操作知识的分布（杨忠和张骁，2007）。知识分布存在"领地行为"现象，Vasudeva和Anand（2011）以权力组成为切入点，提出了知识拥有者对知识享有的占有感，认为知识分布具有明显的领地倾向。Huong等（2011）从非对称性角度，认为联盟企业之间知识内部结构，即显性知识与隐性知识、组分知识与架构知识，存在非对称性，是形成知识领地在联盟内分布不平衡的基本原因。刘闲月等（2014）提出，企业内的知识分布依赖于其关键知识在企业内的表现，根据知识分布与决策权相匹配的观点，分析了虚拟企业的知识分布如何实现决策权有效管理，并阐述了知识的层次分布，认为知识分布是企业在不同部门（针对同一企业）、行业（针对不同企业）中知识的分散状况。王斌（2019）构建知识分布模型，认为企业知识分布会经历边缘型、收敛型、离散型和均衡型四种类型的演化过程，提出要积极引导中小企业向核心企业聚集等建议，以期形成良性、均衡的知识分布。

知识在企业内部与企业之间的分布是不对称的，诸多学者在知识分布研究中引入了数理模型，并取得了一定的成绩。李苏（2006）建立数学模型，从成本量化方式角度，描述了知识分布与组织层级之间的关系，并在此基础上提出了在知识分布的影响下，组织层级的优化模型，使得知识分布研究迈向了定量化。王海芳（2007）认为特定领域内的知识的获取与学习模式，导致了知识的积累与学习的路径依赖，使得知识在个人与组织中呈现出非对称的分布状况，而企业间、团队间的知识协同与集成，往往以一种有别于企业正规的等级结构的形式出现，并且在企业中也表现出非对称的分布状况。陈萍（2007）通过概念格提取组织知识分布评价项目集中蕴含规则的相关信息，以关联函数为工具，对组织内部的知识分布状况进行综合评价。曹兴和曾智莲（2008）认为知识载体中的知识形态影响并决定了组织内知识转移的方式，组织中知识分布的聚集度与知识转移的效率紧密相关，知识分布载体的数目与层次影响发生知识转移的范围，进而影响知识转移的效率。马勤（2009）提出企业知识分布的不均衡，不仅表现在数量和存在形态上，还表现在知识与组织目标的关联度和贡献度上。易明等（2010）从社会网络视角，构建了虚拟团队知识分布模型，将虚拟团队生命周期分为形成期、震荡期、执行期、解体期四个阶段，讨论了各个阶段虚拟团队知识分布状态，指出虚拟团队每个阶段所涵盖的知识类型具有明显差异，知识共享的机制也不同。季丹和郭政（2012）提出了知识分布不均衡性产生的理论模型，分析了由企业员工的心智模式、知识传递中的企业场，以及隐性知识自身特征组成的知识分布不均衡性形成机制，会对企业的知识转移效率和企业的决策效率产生影响，进而对企业的智力资本价值的实现产生影响。张应青等（2018）认为知识分布的差异会极大地影响到产业集群内的知识专业化、模块化程度，进而影响到知识的传递路径与企业的学习效率，从而对集群创新的行为与绩效产生影响。汤超颖等（2020）提出，知识以一种广泛而非均质性的方式在企业的外部伙伴间进行分布，并对外部知识的获取产生影响；知识在企业内部研发人员中进行了分配，这种分配方式呈现出了异质性和重叠性，从而对外部知识的吸收产生了一定的影响；通过实证发现，企业外部合作伙伴间的知识分布与企业内部研发人员间的知识分布，在公司二元学习平衡中存在着相互影响。

四、知识水平

企业知识水平的高低是企业获取持续竞争优势的重要基础，Malipiero等（2005）认为企业对外界信息、知识、技术的吸收和应用能力，与企业本身拥有的知识水平及知识内涵密切相关，企业的知识水平对企业的知识吸收能力具有重要作用。Wersching（2006）认为，企业的知识水平以企业创新能力的形式呈现，知识水平高的企业比其他企业在开发同一种技术的时候，更具有优势。李焱（2007）认为企业的知识水平与技术创新能力一起构成企业竞争的核心。董睿和张海涛（2022）认为企业的知识水平越高，企业的知识吸收能力就越强，是提升创新生态系统知识转移绩效的重要体现。

在知识水平的内涵研究上，曹兴等（2008）认为，知识水平指的是在一个特定的时间段内，企业所积累的知识的数量和质量，它代表着企业某一种知识的相对先进程度，它主要依赖于企业的人力资本，表现在企业的员工所掌握的知识的质量上，也反映在企业的产品中。知识水平是一个静态的，具有时间性和空间性的指标，又是一个优劣指标，是对企业知识在特定时期内的使用、积累状况的定性评价。从时间性来看，这种比较只能是在同一个时间段进行；从空间性来看，除了要在特定的时间段进行，还需要在特定的空间进行，否则就会失去意义。企业知识水平是一个抽象出来的比较体系，它主要是对企业知识价值及能力进行度量。从间接性来看，知识水平衡量的是企业所拥有知识的质量，只能通过企业知识的外部表现来认识。企业知识水平具有隐默性，要借助一定的媒介才能外在表现出来。知识水平在某种程度上可以看成知识能力，即某一种知识相对来说水平越高，说明这项知识所拥有的能力就越大。郭慧和李南（2011）基于SECI模型，用螺旋的高度表示知识的质，即知识水平，并认为知识水平是指知识能够被团队转移、吸收和利用的难易程度，或者说知识的可用性，螺旋上升表示知识水平上升到一个更高的层次，可以更有效地用于知识的创造。孙静娟和陈笑（2009）认为知识水平应包括经济、社会、文化等各个领域，是一个宽泛的、综合性的、系统化的范畴，并以知识的创新、知识的传播、知识的运用为基础，构建了一套以知识的创新能力、知识的传播能力、知识的运用能力为基础的知识水平评价指标体系。

在知识水平影响因素研究上，李率锋（2007）认为企业的知识水平及其技术创新能力，在一定程度上取决于企业对技术知识获取、共享和创新的能力。廖列法和王刊良（2009）认为，当外部环境发生变化时，适度的员工流动性将会对企业的知识水平产生积极影响，而员工流动性的速率必须与环境的变化速率相适应，方能使企业的知识水平得到最佳的提升；当组织中的人员流动与环境变化时，组织中的成员间的学习速率与组织中的知识水平呈现出正向的关系，并且组织内的人际间的学习速率可以有效地抵消外部环境变化对组织中知识水平的影响；合理的组织知识编码循环可以促进组织知识水平的提升，但过于频繁的编码会导致未经检验的知识被迅速地转化为组织的知识，从而抑制新的知识的生成。薛求知和李亚新（2007）通过对跨国公司研究，认为知识水平取决于内部的研发活动，以及海外子公司从当地外部网络吸收那些难以通过市场机制实现的、具有当地特定知识的能力。郭慧和李南（2011）认为企业家经验、企业家的学习风格和企业家网络是影响企业家隐性知识水平的主要因素，并构建了企业家隐性知识水平差异的概念模型。张磊和郭东强（2010）分析了虚拟企业知识状态的特性，认为知识水平普遍较高的企业，所组建的虚拟企业能提供的产品与服务的质量一般都比较高。成员企业所掌握的知识水平，会对企业之间的知识传递与共享产生影响，同时也会对虚拟企业的运营水平与效率产生制约，进而对整个虚拟企业的知识水平产生影响。阳志梅（2009）认为任何公司的成长都需要一定程度的知识积累，环境的变动势必会引起企业知识水平的相应波动，进而造成企业优胜劣汰。企业必须对构成知识水平的基本因素及竞争环境的演变有一个深刻的理解，并在垂直和水平上对企业的知识进行持续地调整和创新，突破现有格局，更好地挖掘潜能提高企业知识水平。黄玮强等（2012）认为，具有无标度特征的集群创新合作网络，能够极大地促进集群内的知识扩散，提高集群内的整体知识水平。王国红等（2015）研究认为在创新孵化网络背景下，选择知识扩散对象时，应综合考虑知识势差，以及联系强度的扩散策略，能够最大限度地提高网络中整体企业的知识水平。马永红和张帆（2017）运用仿真模型研究发现，企业通过影响集群知识深度和宽度的宏观分布，会进一步对网络结构及知识水平产生影响。余谦和朱锐芳（2020）研究创新网络中的知识扩散时发现，当企业在地理上的距离缩短时，企业人员面对面交流的机会和频率得以增加，促进了知识扩散，从而提高了企业知识水平。

五、知识流动

知识流动源于"国家创新系统"，在创新主体之间知识和信息的流动能够对创新的绩效产生巨大的影响，创新与科技发展是各种知识主体在创造、传播和应用的过程中，所产生的错综复杂关系的结果，创新主体之间只有通过知识的传播、共享、使用，通过生产要素的重新组合才能完成创新，实现可持续发展。知识流动主要有企业间的相互作用，企业、大学和公共研究实验室之间的相互作用，知识与技术向企业的扩散，以及人员的流动等四类。OECD（1996）提出了知识流量的概念，认为知识流量是指某一时间段内进入经济系统的知识存量的比例。随着世界经济一体化的加速，跨国公司的创新与研发活动已经从原来的单一地区走向全球，人员和技术的跨国转移必然伴随知识的转移、溢出和扩散，因此知识流动的范围也呈现出全球化的趋势。曹兴等（2008）认为知识流动是不同组织之间相互学习、吸纳，共同创造新的知识的过程，其实质是促进知识资源的有效组合。李顺才和邹珊刚（2003）认为知识流动的实质是一些有用的思想在不同的知识主体之间的运动。Nonaka（1994）认为知识流动是组织内部隐性知识和显性知识在不同主体间的流动过程。Boisot（1995）认为知识流动包含了知识的扩散、知识的吸收、知识的扫描及问题解决四个阶段。杨志锋和邹珊刚（2000）提出由于经济系统间存在对知识资源的需求，教育层次与知识资源应用水平的不同，就产生了知识流，同时也认为知识流动是某阶段内进出经济系统的知识资源的量，其净值就是某阶段的知识流动的量化反映。Zhuge（2002）认为知识流动就是知识在不同主体之间的传递的过程，或者是用于处理知识的某种特殊机制。他认为知识流动至少包含流动主体、流动客体、流动方向三个要素。顾新等

(2006)从创新的角度出发,认为知识流动是指在创新活动中,知识在不同主体之间的扩散与转移的过程。他们根据创新主体,将知识流动分为个体之间、团队之间和组织之间知识流动三种类型。陈良民（2009）从组织的角度出发,认为知识流动是知识从知识势能高的组织向低的组织转移的过程,知识流动的过程包含五个步骤,即知识的创造、编码、转移与扩散、共享与交流。

在研究知识流动的影响因素时,学界通常从企业内部与外部影响因素两方面来考虑。在企业内部,有三个重要因素会影响企业的知识流动:第一个因素是知识的不易流动性,Kogut 和 Zander（1993）认为知识的不易流动性是阻碍知识流动的主要因素,知识复杂性和隐性程度越高,知识的可传授性程度越低,知识流动的难度就越大。第二个因素是知识的专用性,知识的专用性程度越高,越不利于知识在企业内部的流动。Phene 等（2006）研究发现影响跨国企业知识流动的重要因素是母子公司的技术专用性,这进一步说明了知识专用性对跨国企业知识流动的影响。第三个因素是知识的粘性。Szulanski（1996）在研究企业内部的最佳实践经验的流动时,发现了内部知识流动的粘性。他认为企业内部粘滞知识流动是一个包含发动、实施、加速与整合四个阶段的过程,然后他从知识流动过程出发,提出内部知识粘性的影响因素有四类,即知识特征、知识源特征、知识接收方特征、流动背景特征。伴随着知识流动的深入进行,知识源企业的影响开始减弱,而知识接受者的影响开始增强。知识流动背景的影响因素由最初的双方是否具备良好的关系逐渐转变为知识接受者是否具备适应新知识运用的制度和文化。Szulanski（1996）发现克服知识粘性,促进内部知识流动的一个有效方法就是模仿先行范例,因此他提出了复制战略,并指出复制战略并非简单的模仿,而是要在复制的过程中克服知识粘性。复制战略的成功实施要求具备以下几个条件:企业内部具备大范围的知识流动,公司总部发挥应有的积极作用,公司运用相应的模板,抓住流动的知识内核等。Lenox（2002）的研究证实在知识粘性与激励的关系上,管理者的异质期望会显著影响知识流动。Schulz（2001）研究发现企业内部知识流动会受到知识存量以及企业内部个人或部门的知识创造的影响。周晓东和项保华（2003）在研究企业内部知识转移的影响因素的基础上,提出在企业内部建立知识转移机制的途径,在企业内部知识转移所涉及的知识有技术、营销、管理等方面的知识。曹兴等（2009b）等在知识流动网络模型的基础上分析了企业内部知识网络的构成,认为企业内部知识流动主要受到知识主体、知识受体和知识距离三方面因素的影响。

在企业外部知识流动研究上,目标单位的吸收能力对知识流动产生重大影响。Cohen 和 Levinthal（1990）最先提出"吸收能力"这一概念,认为吸收能力是知识存量的函数,并在一定程度上影响知识流动。Hamel（1991）分析了战略联盟企业中学习意图、透明性、吸收能力、保持能力对知识流动的影响，结果表明并非所有伙伴在学习的熟练程度上相等；学习不对称改变了伙伴间相对讨价还价能力；合作稳定性与合作期限并非合作成功的充分条件；合作伙伴之间除了合作目标之外，还可能存在竞争性目标；在决定学习成果方面，过程比结果更重要。Badaracco（1991）指出联盟可以促进知识流动，但管理层需要对当前和未来能力进行战略规划，在联盟之前，需要明确潜在合作伙伴的价值、承诺与能力，最后需要警惕机会主义、知识渗漏和退化的风险。辛德强等（2017）在研究企业知识联盟中知识转移的主要制约因素的同时，提出了我国企业与跨国企业知识联盟的四层次"知识阶梯"。阮平南和顾春柳（2017）通过定性比较发现节点属性、网络结构及关系程度会对知识流动产生影响，且知识流动需要知识主体具备一定的知识存量，以及知识主体之间具备密切的合作。

第三节　企业技术核心能力研究

自 Prahalad 和 Hamel 于 1990 年提出核心能力理论以来，学术界开始将企业竞争优势的研究视角从企业外部转向企业内部，并逐渐成为学术界研究和关注的重点。企业核心能力理论认为，核心能力是各种技能和能力的集合，是知识的集体学习技能，尤其是关于协调各项生产技能，整合多种技术的学识。

一、企业技术核心能力的内涵

核心能力理论提出后，国内外学者从多个角度对企业核心能力展开了深入探讨，使该理论不断得到发展和丰富，并形成不同的流派观点。在此过程中，技术核心能力作为核心能力在技术方面的延伸受到广泛关注。技术核心能力是一种整合与协调的能力，是能够为企业带来竞争优势的能力。通过对相关文献的梳理研究，将技术核心能力定义为：企业运用特有技术与技能或独特的技术要素组合，创造独特、稀缺、难以模仿的并能提升企业竞争力的能力。技术核心能力理论进一步丰富和拓展了核心能力理论，强调了技术在构建企业核心能力中的关键作用。

资源的企业核心能力观强调企业获得高利润和持续竞争优势的基础是企业拥有的稀缺资源，并认为企业的核心能力就是获取和控制这些特殊资源的能力（Penrose，2009）。获得具有潜在租金价值的资源是企业成功的基础，企业通过积累稀缺的异质资源并进行合理配置，可以获得核心能力和竞争优势。Wernerfelt（1984）将企业视为是由有形资源与无形资源组合而成的，并认为企业资源的差异导致了企业之间的异质性。企业拥有的特殊资源及配置资源的方式是其竞争优势的基础，企业核心能力体现在获取战略资源过程中决策及过程上的异质性（Oliver，1997）。超常的租金在一定程度上可以通过有价值、稀缺性、难以替代性、难模仿性的资源获得（Barney，1991）。因此，该观点把竞争优势研究的视角从企业外部产出转变到内部资源投入，将企业内部资源的异质性与核心能力相联结，推进了对企业内部机制的探索。资源的企业核心能力观为企业核心能力理论的发展提供了新的视角，强调了资源的战略作用，开创性地打开了企业内部"黑箱"研究。

技术的企业核心能力观强调核心能力是企业内部的一种集体性学识，特别是关于协调企业生产技能与整合企业技术的学识，认为核心能力是能够为客户带来价值的技术与技能。芮明杰（1999）认为企业是由技术与技能组合而成的组织，企业的核心技术代表了企业在某个领域长期的知识和技术积累。Coombs（1996）认为企业的核心能力是由企业特定的技术能力与组织能力相组合构成的。Patel和Pavitt（1997）认为技术创新是企业形成核心能力的关键所在，只有不断进行技术创新，才能获得持续竞争优势，核心能力可以用专利来表述其相对技术能力。依托核心技术，企业可以更快抓住市场机会，实现技术突破，从而在竞争中获得领先。总之，技术的核心能力观认为核心技术创新和积累是企业获得竞争优势的决定性因素，核心技术可帮助企业在复杂多变的市场中脱颖而出，并实现价值链从低端到中高端的跨越。

知识的企业核心能力观认为核心能力的本质是企业所拥有的知识，知识被视为企业形成核心竞争力的基础，知识代表了企业内部一系列相互补充的技能和认知的组合。具备独特知识的企业能在关键业务上达到行业顶级水平，从而形成核心竞争力；企业通过学习，不断培育和提升自身的核心竞争力。Leonard-Barton（1992）认为企业的持续竞争优势来源于企业内部的专有信息和知识所组成的体系。Szulanski（1996）认为那些难以被竞争对手模仿和复制的知识，才是企业的战略资源。Civi（2000）认为企业通过管理知识，可以不断获取核心竞争力。魏江（1999b）提出技术核心竞争力的提升，实质上是企业知识结构不断升级的结果。曹兴等（2009a）认为技术核心能力的本质是企业的知识状态，技术核心能力提升的过程就是企业知识状态不断升华，由原有的知识状态提升到更高的知识状态的过程。王思明（2021）指出企业核心能力的本质是企业长期积累形成的特有知识的组合，这种知识专属于企业，其载体是企业的人员、设备、信息和组织结构，正是这种独特的知识结构，使得企业形成了难以被复制的核心竞争力。

整合协调观认为核心能力是企业各种资源、知识与技能等的组合。企业拥有的核心资源，如果不能进行有效的整合与协调，最终也难以形成给企业带来持续竞争优势的核心能力，反而可能导致资源的浪费。霍春辉和芮明杰（2008）认为核心能力是企业独有的能力，是企业产品或服务取得领先地位所必需的关键能力，企业的这种核心能力不仅仅是某项单一技术或能力，而是各种技术与能力的组合。Durand（1997）提出企业核心竞争力既包含了企业内部可获得的各类资产、知识和技能，也包含了这些资产与技能的协调配置能力，资源配置与协调能力是核心能力的关键组成部分。王宏起等（2018）指出企业通过企业战略、组织、市场等各种过程的交互作用，获得竞争优势的能力；提升核心竞争力的关键在于高效地协调企业内各类资源、能力，使其发挥最大价值与效用。

综上所述，技术核心能力是企业长期积累的，能够通过对企业资源进行独特整合，不断形成核心技术，并通过核心产品不断扩散核心技术，从而产生持续竞争优势的组织能力。技术核心能力既是企业核心能力的核心部分，也是技术能力的核心部分，是企业技术能力的高级形态。

二、企业技术核心能力的知识本质

（一）技术能力的知识本质

技术是企业获得竞争优势的核心因素，它推动着企业效率的提升和创新发展。技术与知识有着密不可分的关系，在很大程度上技术可以视为知识的一种表现形式。技术在实践中被视为科学知识的应用，它不仅具备知识的共性特征，还具有难以言传、专用性、累积性、路径依赖性等自身的特点（Galbraith，1967；李率锋，2004）。知识通常被定义为人们在解决问题过程中产生的思想和技巧，而技术则被人们视为由解决问题所需的相关知识和使用的工具两者组合而成的（Monck，1988）。经济增长的关键在于知识增长，而知识增长的内生变量就是技术进步，因而技术进步对于企业获得持续竞争优势具有重要意义（Romer，1986）。因此，知识与技术是一体的，知识可以视为技术的本质，技术是知识的外在表现和应用形态。归根结底，技术依靠知识而存在，同时又推动知识进一步发展。

技术的本质是知识，掌握与运用技术的能力也与知识相关。从知识的视角来看，企业技术能力的本质有两层理解：第一，它是企业实现技术变革所必须具备的技能、知识和经验的结合，具有创造、运用和改进技术知识的能力，这取决于企业的自主努力（Lall，1992）。第二，它可以理解为各种知识的组合，其静态特征是知识的存量，而动态特征是对知识存量的操作。技术能力既可以看作附着在企业内部的人员、设备、信息和组织上的内生化知识存量的总和，也可以看作是对知识的选择、获取、吸收、改进和创新，并与其他资源整合进行产出的过程（魏江，1997；郭斌，1998；安同良，2004）。因此，技术能力的本质是知识，企业通过积累和运用知识不断提高技术能力。

基于资源基础理论，技术能力也可以看作是企业以外部技术资源与内部知识资源为基础，致力于消化、使用、适应和改变现有技术，从而有效地使用技术知识的能力（Kim，1997）。魏江和许庆瑞（1996）认为技术能力的内涵包括学习吸收外部技术并将其与内部知识结合进行技术创新，创造出新的知识、技术变革和经济效益的能力。Wu（2010）认为技术能力包含依托现有知识和外部资源进行技术活动、改进产品和开发新产品的能力，反映了知识运用和新知识创造的综合能力。Figueiredo（2002）指出技术能力可以分为技术基础能力和技术创新能力，前者是决定当前产出水平的技术知识存量，后者是构建和更新基础能力的更高层次的动态能力，即"能力的能力"。

企业技术能力的本质在于内部与技术知识相关的全部知识。技术指企业解决问题的知识和工具的综合，而技术能力则是创造具企业特色的知识并与外部知识结合的过程中所产生的能力。技术能力提高需要组织和个人的经验与知识的积累。技术和技术能力通过知识得以联系，最终达到统一。

（二）核心能力的知识本质

核心能力是企业获得和保持竞争优势的源泉，是企业获得盈利并保持持续发展的关键。企业长期的知识和经验的积累在一定程度上决定着核心能力的形成与演化。核心能力与企业的技术、结构、文化、价值观等性质相关，呈现出独特性、学习积累性和路径依赖性等特征。在知识经济的背景下，企业核心能力正从有形的物质形态转向无形的知识形态，由核心技术知识、管理知识和市场知识等资源，取代传统的厂房、设备、产品等有形的物质资源（陈颖翔，2004）。

企业的核心能力具有知识特性，与知识资源息息相关，体现出知识本质。从知识的角度，能够全面地、深入地了解核心能力的知识本质，并将核心能力定义为不同于其他的、能提供竞争优势的知识集，而是整个知识管理系统，是企业具有独特特征，并为企业带来竞争优势的知识体系（Leonard-Barton，1992；1995）。企业发展的第一要素就是知识，组织内部一系列互补性技能与知识的组合就是企业核心能力。企业核心能力以知识的形式存在于企业的各个方面的能力之中，能使企业的一项或多项关键业务达到业界一流水平（魏江，1999b）。Markides 和 Williamson（1994）认为核心能力是存在于企业内的经验、知识与系统的组合，可为企业扩大现有战略资产存量或组建新的战略资产降低成本或节约时间。在企业长期生产过程中，核心能力是以知识为基本构成要素的实体性与过程性相统一的成长协调系统，包括核心知识竞争力和核心能动力两个维度，其协调匹配成为企业持续竞争优势的源泉（Leonard-Barton，1992）。李怡靖（2004）认为核心能力是以知识为基本要素的知识体系，这一知识体系是企业在长期的发展过程中形成的，并且能促使企业获得超额利润。核心能力不是一个无生命的东西，它是有活力的，是学识的累积，也是一种如何协调企业资源服务的知识（Hamel，1994；Eriksen and Amit，1996）。因此，由特有知识和知识体系所构成的企业核心能力，是企业获得持续竞争力的根本基础。

核心能力作为企业能力集合中的子集，是对能力的协调与整合，是组织知识的集合，具有知识属性。企业核心能力的本质在于长期积累的专有知识组合，这种知识是企业的专属资源，其载体包括企业的人员、设备、信息和组织结构。核心能力来源于战略要素在企业发展过程中被积累、激活和运用而形成企业内在的、具有异质性、价值性和持续性的能力。可以说，核心能力是建立在知识基础之上企业能力系统的子集，是区分企业并保持其竞争优势的特定能力组合。核心能力具有专属性和组织依赖性的特征，企业核心能力本质上是对专属知识资源的长期积累、激活与运用的产物。

（三）技术核心能力的知识本质

技术核心能力是企业核心能力中的技术组成部分，同时也是技术能力的核心部分。技术核心能力对推动企业跨越市场边界、提升竞争地位和产品竞争力具有重要作用。由于企业核心能力和技术能力都反映知识本质，技术核心能力也由相关知识和能力构成，可以视为企业核心知识的外在体现。

企业核心能力包含战略、市场、文化等方面的核心知识，以及运作这些核心知识的知识。技术能力是企业运作技术的知识和技术自身体现的知识，是所有与运作技术知识相关的知识的总和。曹兴等（2009c）认为技术核心能力作为两者的交集，覆盖了核心技术知识和运作相关知识，是核心能力的组成部分。技术核心能力通过获取、选择、应用、改进技术以及长期学习和积累形成，能够整合协调各技术知识，是核心能力的核心。Lall（1992）指出技术核心能力的本质是企业拥有的技能、知识与经验，需要企业不断积累和学习才能获得技术核心能力。技术核心能力是由以研发为表现形式的隐性知识与以核心技术和一般技术为表现形式的显性知识两者构成的知识集合。从知识的内部构造来看，存在于个体中的元素知识和存在于联结中的知识共同构成知识系统，而技术核心能力同样也是由元素知识与构架知识构成（王毅，2002a；魏江，1999b）。Antonelli（2007）指出知识的积累可以带来技术变化和突破，最终形成技术核心能力。林昭文和张同建（2009）认为知识转化推动企业技术核心能力生成，技术核心能力可视为企业以技术发展为导向，具备行动指向的知识资源。Joo 等（2010）指出企业知识基础与技术核心能力密不可分，在企业进行技术追赶的过程中，知识基础的变化会影响技术核心能力的形成。

技术核心能力作为企业核心能力的技术部分和技术能力的核心部分，无论从哪个角度看，都反映了知识的本质属性。技术核心能力可以视为由核心技术知识和相关运作知识构成。其中，核心知识是技术核心能力的直接来源和根本特征，其他相关知识起到辅助作用，使核心知识能够更好地被获取、吸收、转化、应用和积累，从而有效发挥作用。

三、企业技术核心能力的形成

探究在不同的研究视角下技术核心能力的形成，将有助于企业正确认识其核心竞争力的来源，促进企业培育和提升技术核心能力。

从资源视角看，Prahalad 和 Hamel（1990）认为核心能力的生成其实是资源和能力两者之间相互转化的过程。企业能力来源于对资源的有效配置和开发，进而成为建立业务能力的重要支撑。核心能力既是从资源转化而来的关键能力，也是企业的战略资源。梅姝娥和仲俊伟（2000）认为企业资源转化为企业能力是一个包含三个阶段的过程，具体而言，第一阶段是标准资源逐渐转化为企业的工作业务，第二阶段是工作业务转化为能力，第三阶段就是企业能力最终形成核心能力，这个三阶段的转化过程反映了从一般学习到能力学习再到战略学习三个不同种类的学习过程。简兆权和毛蕴诗（2003）指出动态核心能力通过综合学习得以建立，媒介是补充性资源或能力，表层能力与核心能力进行相互转化，从而促进核心能力的更新。吴价宝（2003）认为技术核心能力的形成同样依赖企业的组织学习和资源整合与协调。

从技术视角看，张宗臣和苏敬勤（2001）认为技术平台的建设与技术核心能力密不可分，两者之间存在相互促进支持和相互统一的关系。李振球（2001）认为核心竞争力是一个动态概念，需要通过技术创新来不断更新企业的核心竞争力以获得持续竞争优势。李龙一（2001）指出企业核心能力的建立依赖于技术能力的培育和技术创新，核心技术是形成核心能力的基础。蹇明等（2004）认为核心能力的提出更加强调的是技能和技术，技术创新是增强企业核心能力的重要途径。朱桂龙和周全（2006）从技术创新的角度出发，认为企业的技术创新机制是企业持续竞争优势的来源，是企业核心能力构建的基础。石惠和甘仞初（2007）认为基于技术要素和技能的核心能力是企业通过技术的组合而获得。曹兴等（2009d，2010）则认为技术核心能力的形成来源于一个复杂的过程，这个过程包括由企业资源研发形成的核心技术，然后经过创新形成企业的核心产品，并经过产品和工艺创新形成异质产品，最终实现商业化应用。

从知识的视角，Meyer 和 Utterback（1993）认为技术核心能力是企业解决问题过程中，创造具有企业特性的知识，并与外部知识结合，解决新问题的能力，其能力提升过程是通过组织和个人知识，以及经验积累得以完成。Garud 和 Nayyar（1994）认为企业技术能力是通过知识的积累、储备、维持和激活实现的，是不同知识面相互交叉产生新知识的结果；企业技术核心能力的构筑和拓展，是附着在个体和组织中的知识库的积累，以及有效的技术项目组合。Antonelli（2007）认为企业知识搜寻成本的降低和知识的有效累积，会引发企业技术产生微小变化，这些变化能够引起企业技术突破性创新。安同良（2004）认为企业技术核心能力是企业在持续的技术变革过程中，通过选择、获取、吸收、学习、改进和创造技术，使之与其他资源整合，从而形成产品和服务的累积性学识。曹兴等（2009a）分析了企业技术核心能力的形成及其影响，认为技术核心能力形成和提升是企业知识创新与知识积累的结果。李顺才等（1999）认为企业技术核心能力的形成，是知识转化过程，通过创新和积累知识，进而形成了富有特色的企业核心能力。林昭文和张同建（2009）认为知识转化是企业核心能力形成的最根本的推动力，并对我国企业知识转化行为在核心能力形成过程中的微观效应进行了实证分析。

四、企业技术核心能力的提升

随着企业间和行业间的竞争愈发激烈，技术核心能力的提升就成为企业获取竞争优势的重要因素。分析技术核心能力的决定因素，有助于明晰企业技术核心能力提升的路径，帮助企业快速获取竞争优势。

企业文化是企业提升技术核心能力的基础。企业文化是企业在长期的生产经营过程中形成的，是企业独有的，难以被竞争对手和其他企业所模仿，具有技术核心能力的特性。价值观是企业文化的核心内容，决定了企业员工的思维模式，为企业员工形成共同的行为准则奠定了基础。当员工接受了企业的核心价值观，就会自觉对照企业价值观进行检查，使自己的行为符合企业的经营战略。因此，企业文化中的核心价值观是企业技术核心能力的基础（王秀方，2014），培养企业的独特文化对企业技术核心能力发展起着重要作用。企业文化具有导向、凝聚、激励和规范功能，是企业技术核心能力的重要支撑和关键因素（李书学和冯胜利，2014）。企业文化已成为企业实现可持续发展和提升技术核心能力的基础（秦德智等，2013）。文化的积累是形成技术核心能力的必要途径（刘啸，

2012）。企业文化对技术核心能力的影响并不是直接的，而是间接的，是企业文化作用于企业技术核心能力的中间变量（王德胜，2012）。企业文化通过动态能力对企业技术核心能力产生正向影响，动态能力在企业文化与企业技术核心能力之间具有完全中介效应（梁雯和凌珊，2015）。

组织学习是企业获取技术核心能力的源泉。企业技术核心能力的本质是知识，由于知识的吸收、积累、传播、应用和创新，必然依赖于学习的过程，知识视角下技术核心能力研究，涉及组织学习。组织学习能够促进企业对现有的管理规范、标准、制度与文化进行反思与变革。同时，通过组织学习，可以让企业及时了解外部显性知识，提升对外部环境变化的适应能力，确保企业战略的适用性与即时性，稳固和提升企业技术核心能力。只有持续学习、善于学习的企业，才能在激烈的市场竞争中赢得最后的胜利。由于组织学习具有路径依赖性，经组织学习所产生的知识，有很大一部分是隐性知识，具有特定的组织专属、难以交易和难以模仿等特性，成为组织提升竞争优势和核心能力的来源，尤其企业高度投入组织学习时，常常形成难以观察和模仿的新知识与新的核心能力（Kogut and Zander，1993）。信息技术能够帮助企业迅速捕获内外部环境信息，高效传递各种知识，并提供各种迅捷的知识共享平台，从而大幅提高组织学习的效率，保证企业知识资源获取顺利进行，为企业构筑技术核心能力提供根基（杨隽等，2010）。组织学习并非直接作用于企业的技术核心能力，而是通过影响知识整合，提升企业技术核心能力（谢洪明等，2007），或通过知识创新影响企业动态能力产生，从而提升企业技术核心能力（曾萍和蓝海林，2009）。组织学习与知识管理配合，能够推动持续的技术和管理创新，从而对企业的技术核心能力产生间接的影响作用（易凌峰等，2015）。

知识转化是企业获取技术核心能力的途径。知识只有被企业系统性吸收，才能形成企业的能力，知识转化就成为企业吸收外部知识过程中的重要环节。Nonaka 等（1996）认为知识有隐性知识和显性知识两种形态，其转化过程需要经历社会化、外部化、组合化和内在化四种模式，在四种模式的转换过程中，知识由隐性知识转化为显性知识，继而又转化为隐性知识，随着知识的不断积累和创造，完成企业知识的螺旋上升。已有文献通过大量的实证研究，证实知识转化是企业知识管理的关键环节，在提升企业技术核心能力过程中，具有显著的推动作用。知识转化过程中所产生的知识动力，有利于提升企业技术核心能力（徐建中和朱美荣，2012）。知识转化在知识管理体系中居于主导性地位，而隐性知识转化是知识转化的主体形式，隐性知识转化对技术创新能力的培育，具有直接促进作用（赵健等，2010），有助于提升企业技术核心能力。Penrose（2009）提出企业内在成长需要特别重视企业固有的、能够拓展其产生机会的知识积累倾向。

企业技术核心能力的形成与提升，一是在原有技术水平上的提高，二是通过引进一项新的技术并对其消化、吸收，以上都需要对已有的技术进行整合，或者引进、吸收、消化，进而创造并形成自己的核心技术。企业学习、整合、创造技术的过程是知识流动的过程，企业技术核心能力的提升同样也是知识流动的过程（曹兴等，2009c）。

技术核心能力具有价值性、难以模仿性等特征，是企业获得潜在利润或竞争优势的基础。由于市场环境的高度不确定性，企业技术核心能力难以在市场中获取，导致企业的技术核心能力呈现出易逝性的特征，只有经过不断模仿与学习才能积累起来。因此，在激烈的市场竞争中要赢得先机，企业就要不断更新并提升自身的技术核心能力，只有通过培育良好的企业文化，强化组织学习，不断获取先进知识，并经过知识转化和充分吸收，才能不断提升企业技术核心能力。

第四节　知识属性对技术核心能力的影响研究

一、知识存量对技术核心能力的影响

企业知识存量为技术核心能力提供了知识基础，是企业为支持技术创新的实现而附着在内部人员、设备、信息和组织中所有内在知识存量的总和（魏江，2002）。技术核心能力的形成和提升需要一定的知识存量作为支撑，企业知识存量的变化，必将引起企业技术核心能力的相应变化，从而表现为企业技术核心能力的提升（曹兴和郭志玲，2009）。知识存量及其构成是企业成长的基本条件，不仅有助于增强企业吸收外部知识的能力，还可以突破企业保持知识流的限度（贾生华和邬爱其，2003）。

以人为载体的知识存量是形成企业技术核心能力的关键因素，主要体现为企业内部的知识性员工。企业的知识性员工是企业知识的生产者、存储者和使用者，知识性员工数量和质量的储备是企业知识存量的重要组成部分，也是企业进一步发展和进行技术创新的重要源泉（曹兴和郭志玲，2009）。企业的大部分知识最初是分散在员工的头脑中，企业必须将员工的个人知识转化为组织知识，将分散的、对企业有价值的知识收集起来，加以整理，并在企业内部有效分享，才能为企业的发展打下坚实的基础（曹兴和许媛媛，2004）。

以物为载体的知识存量主要体现为技术知识和设备水平，是技术核心能力形成和提升的基础，从信息化、决策支持系统等方面影响组织运行机制和管理体制，进而对组织结构产生影响。以物为载体的知识存量，主要通过技术知识和设

备水平形式，影响企业技术核心能力的形成和提升。由于不同载体的知识存量之间存在一定的内部联系，从而使得以物为载体的知识存量与以组织结构为载体的知识存量，存在相互影响关系（曹兴和郭志玲，2009）。

以组织结构为载体的知识存量是技术核心能力形成和提升的保障。组织技术知识存量是支持组织技术活动的所有内在资源总和。组织内部资源的获取，是一个不断学习和积累的过程。组织只有不断地学习，使知识积累到某一阈值，才能使整个组织的竞争能力，从相对静态的量的积累，激发为动态的质的变化。组织激活其技术存量，最终目的是实现组织的持续稳定、协调发展。联结技术存量和经济绩效要素则是组织通过技术创新提供独特的产品或服务（魏江，2002）。

知识存量的增加，体现了企业各方面资源、能力的变化，影响着技术核心能力的形成和提升。市场知识能力是"创造和整合市场知识的流程"，流程则是一系列的公司活动（Li and Calantone，1998），可以把市场知识能力看作是有关如何创造和整合市场知识的"组织中累积性的知识"（Prahalad and Hamel，1990）。市场知识的创造与综合会形成企业的市场知识能力，是一种核心组织能力，决定企业竞争优势（王明华和王长征，2004；曹兴和罗会华，2005）。市场知识的多寡、推广产品的路径等都取决于企业的知识状态。企业通过与外部市场的交流，可以持续创造、丰富企业内部知识，提高市场水平，进而提高企业知识存量（曹兴和郭志玲，2009）。

二、知识结构对技术核心能力的影响

企业的知识结构是各种不同类型的知识在企业内部的构成状况，反映了知识存量中各种类型知识所占比例及其相互关系（曹兴和向志恒，2007）。企业知识结构具备一定的层次性，按照知识对企业的作用，企业知识结构分为公共知识、基础知识和核心知识三个层次（曹兴等，2006）。

公共知识是对于所有企业都具有相同价值的知识，主要以显性知识形式存在，具有易获取性（Guenzi et al.，2007）。公共知识主要包括政府的政策信息、公开的相关市场历史数据、公共刊物上发表的经济评论等公共信息，以及英语、财务、电脑基础知识等人力资本所拥有的通用知识。由于公共知识"公用"的特性，不构成企业的竞争优势，但公共知识是企业日常运营必备的知识，贯穿整个企业组织，也是形成基础知识和核心知识的基础，因此公共知识对企业技术核心能力形成存在一定的影响。

基础知识是指对企业核心能力的形成及竞争优势的获得起奠基作用的知识，是企业正常运行的保障。基础知识既有显性知识，又有嵌入到特定组织和文化之中的隐性知识，具有企业的个性，却不是企业独有的知识，需要企业自身培育，如通过特定培训、干中学等方式获得（Laursen et al.，1999）。基础知识是获取核心知识和形成企业技术核心能力的基础，一方面，企业员工在企业工作中通过对基础知识和自身经验的积累，发现新的市场机会，发明新技术和新方法，创造新知识，这些新的知识经过整合和结构化形成核心知识；另一方面，员工在这些过程中加强了自身的研究能力、制造能力和学习能力，进一步增强了企业的技术核心能力。因此，基础知识对技术核心能力的形成起着基础性的、直接或间接的影响。

核心知识是一个企业区别于另一个企业的标准，是形成企业核心能力的最主要部分。构成企业核心知识的绝大多数是缄默的、心照不宣的、只能意会不能言传的隐性知识，体现为特定企业的特定文化、人员构成和设备等。核心知识中的技术部分即核心技术，直接构成了企业的技术核心能力，是企业拉开与其他企业的技术差距，保持技术竞争优势的基础；其他部分的知识则保证了核心技术作用的有效发挥，使得核心技术能够转化成核心产品，并在市场上处于领先地位，确保企业的超额利润，从而为企业提升技术核心能力和继续保持竞争优势提供经济保证。

核心知识又分为竞争的核心知识和超竞争的核心知识，竞争的核心知识是企业当前竞争优势的来源，建立在行动经验的基础上，存在转化为显性知识的可能性（汪应洛和李勖，2002），体现为企业竞争所需的共享式解决问题的方法，构成了企业当前技术核心能力的核心部分。超竞争的核心知识是隐性知识的极端，如 Hall 和 Andriani（2003）所描述的知识谱，属于想象力层次的知识，是对企业未来发展的战略、技术和市场等方面的一种科学的设想，代表着企业未来的核心能力。经验、技能和心智模式等隐性知识，具有稀缺性、不易模仿性和复制性，并隐含巨大的客户价值，是企业持续竞争优势的真正源泉（王江和金占明，2004）。企业特有的知识是其形成竞争优势的基础，隐性知识可以根据对企业竞争优势的作用，分为竞争的隐性知识和超竞争的知识。隐性知识是企业形成其竞争优势的源泉，围绕"超竞争的知识、竞争的隐性知识到显性知识"模式，形成持续快速的知识创新链，是知识管理的关键（陈晔武和朱文峰，2005）。

综上所述，技术核心能力形成要求企业必须具备一定的知识基础，不但有数量上的要求，而且在结构上也必须合理。知识结构的优劣，直接影响到企业技术核心能力的形成与发展。现有知识结构状况影响着企业的知识吸收能力和知识创造能力，也影响着技术核心能力的形成。从动态的角度，知识结构优化与技术核心能力提升是互相促进，形成良性循环；而知识结构恶化，则影响技术核心能力提升（曹兴和向志恒，2007）。企业的知识结构不是各种类型知识的简单相加，也不是简单的数量关系，而是不同比例的各种类型知识在企业中相互交叉、作用、融合过程中，形成的彼此之间相对稳定，又不断进行动态调整和更新的错综复杂的关系。因此，企业的知识结构越合理，越易促进技术核心能力的形成。

三、知识分布对技术核心能力的影响

知识分布反映了以不同的知识或技术形式，以及不同的存在方式，分布在一个系统或组织的内部和外部（程德俊和陶向南，2001）；知识在企业或组织中表现为不同知识元，并以不同的方式和形态分布在企业或组织的某一区域，实现知识最优匹配（许学国等，2016）。技术核心能力的形成，需要企业内部知识与外部知识的完美融合，只有从外部获取的知识或技术，通过合理分配到企业内部，才能达到最佳效果的知识使用与整合。在知识转移过程中，需要了解企业现有知识，以及如何把分布在各个载体间的知识进行合理配置，才能促使知识转移的效果达到最优。

合理的知识分布，使得企业各个部门间易于协作、交流，使学习能力得以加强，有利于企业间的有效知识的获取、共享、传播与运用（赵涛和艾宏图，2004）。知识在不同类型企业中的分布状况不同，主要取决于企业所在行业特征、企业的规模、企业所在的发展阶段、企业的战略、企业的经营范围等因素的影响。企业知识的增加和企业核心能力的培养，有赖于组织中知识的学习，既包含了个人学习，也包含了组织学习，更重要的是还包含了个人学习与组织学习之间的转化（耿新和彭留英，2004）。知识在企业中的分布，还取决于企业中关键知识的存在形式（程德俊和陶向南，2001）。

知识在企业内部分布分为横向分布和纵向分布。知识在企业内部横向分布是指同一时点上企业知识在各部门中的分布，反映企业内部横向分布的知识，主要包括创新水平、管理者的技术背景、开发产品的市场接受度、对市场行情的掌握程度、企业的管理能力、员工学历结构等。知识在企业内部纵向分布是指同一时点上企业知识在各个层次上的分布，反映企业内部纵向分布的知识，主要包括企业注册类别、产品品种丰富程度、企业规模、企业生命周期阶段、企业战略明确程度、企业的文化氛围等。企业的内部知识分布是不均衡的，从而会影响企业内部知识转移速度、企业整体知识创新能力、企业决策效率（季丹和郭政，2012）。因此，应将知识分布向均衡化过渡，促进企业组织成本的降低和决策效率的提高。

知识在企业外部分布反映了知识资源的聚集程度，企业外部分布的知识主要包括：解决改造国外企业的设备或产品的难度，与国内大学、科研院所合作开发次数，引进国内外先进企业或大学科研院所的研发人才数量，参与国外先进企业的研发活动次数，等等，体现了企业与外部企业、大学、科研院所的合作与联盟的经验。知识在企业的外部分布具有广泛性和不均匀性（汤超颖等，2020），不同类型的外部知识来源，会对企业的创新过程产生不同影响，企业与外部建立联系及相应的协调能力，会形成良性的学习机制，从而影响企业创新水平（吕萍，2011）。外部可用知识的丰富程度取决于行业的知识分布范围，企业间知识分布结构及强度的差异，会影响组织的竞争力（王冬玲，2020）。因此，加强企业外部合作，能够提高企业解决问题的能力，促进技术核心能力的形成。

四、知识水平对技术核心能力的影响

企业知识水平体现了企业主动获取和运用新知识的能力。企业知识水平的构成主要由企业信息化水平、企业人力资源状况、企业主导逻辑及行业技术轨道等构成，前三者体现了对企业知识水平绝对量的内在影响，行业技术轨道相比前三者变化速度要慢，但却从深层次上决定着事物的发展。企业总是处于某一特定的行业技术轨道之内，行业技术轨道所处的不同阶段是企业知识水平高低的外在影响（曹兴等，2009）。

企业信息化是影响知识水平的物质基础，是企业不断加大信息资源投入、开发和应用的过程。曹兴等（2009）认为信息化水平高的企业，为员工提供了更多、更先进的沟通和交流渠道，如内部员工网络、知识地图等，有利于企业员工更好地分享隐性知识。蒋含明（2019）发现不同类型的知识，即可编码的知识和缄默知识，主要依靠不同的传播渠道传播，在传播的过程中，均会受到企业信息化的影响，一方面，伴随着网络通信技术等信息基础设施建设的发展与完善，可编码知识传播的速度与幅度大幅增加；另一方面，高效便捷的互联网及信息技术的广泛应用，普遍拉近了人与人之间的距离、降低了人与人之间的交际成本，并显著提升了缄默知识的传播效率。企业信息化优势在于可以从战略高度对整个网络的知识分配加以规划，从整体上促进知识的共享、利用、创造，对企业的知识水平有正面影响。

企业的人力资源状况是企业知识水平的本质核心。Stewart（1984）认为知识必须依附于一定的载体，如人、产品、工具、文档、知识库、制度、流程、运营网络等，知识不能离开载体独立存在。其中，人是企业知识的主要载体，知识水平是企业人力资源状况的函数，即企业具备的人力资源决定了企业的知识水平，一个企业知识水平的体现，必须由人来完成。企业成长源于不同的人力资本存量（贾生华和邬爱其，2003），不同类别的劳动者吸附着不同量和质的知识，其人力资本是一种满足企业研发过程并决定其成长率的资源，即企业的人力资本情况与企业成长率之间存在着正相关性，企业的知识跟企业成长之间存在着正相关性。企业人力资源管理水平也影响着技术核心能力的形成和提升，但人力资源管理更多应集中于管理层面的操作，重点在于对员工的激励和约束上，以保证企业组织的有效运行（曹兴等，2009d）。

企业主导逻辑水平主要体现在企业对政策环境的反应能力、核心技术是否具有优势且难以模仿、员工对核心价值观认同程度、企业对市场环境的反应能力等。Prahalad 和 Bettis（1986）提出企业主导逻辑是一个信息过滤器，将无用的信息排除在企业决策之外，而将分析过滤出来的相关有用信息，用于企业的战略及经营之中，从而在复杂、动态、无序、信息丰富的环境中，识别企业所接受的信息，保障企业的稳定运行。曹兴等（2009d）将主导逻辑的概念加以引申，认为主导逻辑体现了企业对相关信息的处理能力，从而体现了对企业知识水平的指导作用，主导逻辑的不断完善对企业知识水平的提升有积极影响。

行业技术轨道的发展代表了影响企业知识水平的外在环境条件。技术轨道最早由 Dosi（1982）明确提出，认为沿着由范式定义的经济权衡与技术折中的技术进步活动就是技术轨道。Jenkins 和 Floyd（2001）认为技术轨道有三个关键属性：能量、动力和不确定性的程度。由于技术轨道决定了技术发展的方向和强度，使得行业所处的技术轨道对企业的技术发展有深远的影响，从而影响到企业知识水平的发展。行业技术轨道由某项技术在该行业的主导程度、行业技术的成熟程度、顾客接受度等因素构成。企业处于行业技术轨道的顺轨阶段，表明企业掌握了行业的主流技术，行业的知识运用和知识标准化程度达到最高峰。

五、知识流动对技术核心能力的影响

知识流动是不同组织之间相互学习、吸纳，共同创造新的知识的过程，包含基础环境、内部流动和外部流动，其实质是促进知识资源的有效组合。企业技术核心能力的提升过程就是企业获取知识的过程，其实质是知识从企业外部流入企业内部的过程。知识转移能力决定了企业获取知识的多少，先进性和互补性的知识能帮助企业提升自身竞争优势，同时外部环境也为知识流动提供了外部支持和动力，三者对企业技术核心能力的提升都产生影响。

知识转移对企业技术知识存量的增加，以及知识质量的提高具有十分重要的作用。如果没有知识流动，企业就获取不到知识，而知识获取的多少则由知识转移能力决定。周建和周蕊（2006）指出知识是企业持续竞争优势的重要来源，而联盟方式的出现为企业提供了获得知识的有效途径，在联盟过程中，知识转移能力直接影响到了联盟的效果，决定了企业技术核心能力和竞争优势的形成。徐晓钰和李玲（2008）研究发现知识转移能力对企业的信息化过程中以及核心能力的提升具有积极的作用，通过对信息化过程中知识转移的能力的多级指标体系进行综合评判，为企业提供了决策及改进的依据。Nakamura 和 Nakamura（2004）通过实证研究跨国公司间知识转移与公司绩效的关系发现，知识转移可以培育核心能力和建立持续的竞争优势。Grant（1996）认为知识唯有流动和整合才能构成组织的核心能力。企业内外部知识流动越频繁、通畅，就越容易促进技术核心能力的形成。曹兴等（2009d）通过实证研究发现知识流动及构成的内部流动、外部流动对企业技术核心能力有显著正向影响。孙红霞等（2016）认为组织需要重视知识流动的作用，这对组织知识库的扩充与利用知识形成竞争优势至关重要。

先进性知识是指某一特定知识、技术具有显著的优越性、前瞻性和实践性，代表着相关产业发展的方向。具有先进性和互补性的新知识，才能使原有的专门知识优势有所增强，巩固其优势，或者快速形成新的专业知识，为进入某一新领域做好准备。后发优势理论认为，发达国家位于全球知识创新和技术进步的前沿，处于技术赶超的广大发展中国家能够以较低的成本和风险在国际贸易过程中学习、消化和吸收这些先进知识和技术，进而转化为自身的创新能力，促进技术进步和经济增长。已有文献研究认为，通过吸收国际市场先进知识和技术可以提升企业全要素生产率。在发达国家进行投资有利于吸收发达国家的先进知识，这些先进知识对于自己国家企业生产率有较大的提升作用（李梅和柳士昌，2012）。先进知识有助于企业获得核心能力与竞争优势，与其他只具有核心知识的对手相比，占有先进知识优势的企业是市场领导者（宋天和和莫祎，2008）。

互补性知识与企业核心知识相对应，没有或缺少互补性知识，核心知识难以发挥作用，而且核心知识和核心能力难以模仿的重要原因之一就是大量复杂的难以模仿的互补性知识的存在（张钢，2002）。难以复制的互补性知识资产构成了防止模仿和提高竞争优势的第二道防线（Teece，1998）。企业之间的知识互补性是形成集群协同创新的条件，促使产业集群产生明显的协同创新绩效，增强集群成员在技术创新、知识积累等方面的能力，缩短创新时间和创新周期，从而获得竞争优势（万幼清和邓明然，2007）。孔昕源（2009）对汽车制造行业工人知识互补性进行了测量，认为人工知识与其他类型知识形成的互补性，有利于企业的持续发展和形成技术核心竞争能力。因此，对于企业管理者而言，首先需要明确的是哪些互补性知识是可以在市场上或外部关系网络中获得的，哪些是必须自己创造并保有的。在确认了企业内部互补性知识的性质之后，大量管理工作将集中于互补性知识的结构化。在互补性知识结构化的同时，还应设立隔离性保护机制，以使内生型互补知识和外购型互补知识有所区别，防止关键性互补知识外溢。

知识流动的外部环境是支持企业的知识，以及流入企业的知识达到共享、应用、创新的动力，知识流动的外部环境越好，则越使得企业的知识、技术资源得到整合与积累，企业知识结构得到优化，从而推动企业知识的更新和知识水平的提升。企业知识流动外部环境的复杂性，使得企业的行为依赖于多种因素，如果仅仅依靠个人所拥有的技能、知识，难以解决跨领域的复杂问题。只有通过个人之间的协作、交流等，分享各自的知识，并对知识加以整理，形成组织知识，才能应对迅速变化的外部环境（曹兴和许媛媛，2004）。华连连和张悟移（2010）认为仅仅靠知识的自发流动难以满足知识主体发展的需要，知识流动的实现需要一定的条件和要素及外部环境的配合。Wolfe和Loraas（2008）认为企业外部环境的动态性和复杂性是影响知识流动的重要因素之一，引导企业之间知识转移的内容、流量及流向等的调整。也就是说，企业外部环境是随着市场需求、竞争程度、法规政策等因素的变化而变化的，外部环境变动越频繁，企业就越需要通过知识流动来加强与外部往来企业的合作。

第三章 企业知识状态的构成及其基本属性

要认识技术核心能力的本质特征，就要对企业知识构成要素、基本属性有一个深入的了解。因此，本书提出并界定了企业知识状态，深入研究企业知识状态的构成和基本属性，为企业技术核心能力研究奠定理论基础。

第一节 企业知识特征

知识与资金、土地、劳动力等资源不同，知识具有默会性、易获得性和边际收益递增的特征，是支撑企业长期发展、保持企业持续竞争优势的真正源泉。在企业中，知识不是单独存在，其依附于载体进行交流与发展。从主体来看，企业知识是个人知识和组织知识的有机统一，既包括以员工为载体的专业技能、个人经验、价值观等知识，也包括融于组织之中的各层次知识，体现为企业的专利、版权、文件等。从企业内部设施来看，企业知识是硬件和软件的统一，不仅依附于机械仪器、数据库与数据平台之中，也融于组织的日常工作、文化建设与主体交流之中。不同的知识载体体现了企业知识不同的外在表现形式，究其内核，是知识显性和隐性在企业中的体现。显性和隐性是知识的重要特征，也是知识的不同存在形式，知识内化于企业之中，显性知识与隐性知识依附于不同的载体之内，通过载体的行动，促进知识的转化，带动知识的流动。因此，显性知识与隐性知识是企业的重要知识构成，为了更好认识企业知识特征，将企业知识分成隐性知识和显性知识，分别论述其特征。

一、隐性知识的特征

（一）隐性知识定义及内涵

Nonaka（1994）提出隐性知识的概念，认为隐性知识是指未经正式化（formalize）的知识，包括企业、经营者和员工的经验、技术、文化、习惯等，是属于个人经验与直觉的知识，不易以言语来沟通和表达，表现为难以形式化、无法被具体化的技能。在个体中，隐性知识具有私人性和特殊性，体现为个人的经验、直觉和洞察力，获取其的唯一方法就是领悟和练习（Allee，1997）。在组织与团队中，隐性知识具有相对性，某组织内部所拥有的显性知识，相对于其他组织来说有可能是隐性知识，即使在同一组织内部和不同部门间，也可能拥有其他部门所不知的隐性知识。从隐性知识类型来看，企业的隐性知识可以包括两个层面：一是"技术"层面上，体现为非正式或难以明确的技能或手艺，常常可称之为"秘诀"；二是"认知"层面上，包括信念、领悟、理想、价值观、情感、心智模式等，影响我们对周围世界的感知方式。

因此，隐性知识存在于个体或团体中，是通过实践、协作、领悟、反馈和矫正等过程，逐渐学习、积累所形成的一种"惯例"，难以被表示和传播，具有排外性，难以规范化，也不易于传递，但却可以进行更新或升级，也可以通过某些方法显性化，达到共享目的。

（二）隐性知识的特征

（1）默会性

隐性知识不能通过语言、文字、图表或符号明确表述，是非语言活动的成果，体现出隐性知识最本质的特性。隐性知识是经验类知识，体现出"只可意会，不可言传"，其不能直接公开表明，但可以暗示或学习理解。企业中的技术类隐性知识是通过员工个人行为和"此时此地"的直接经验创造的，需要通过"学徒制"，或者是"干中学"的方式获取操作诀窍和经验，并不要求使用语言。

（2）个体性

隐性知识是高度个人化的知识，具体体现在三个方面：一是隐性知识与其载体无法分离，必须依附于载体进行交流；二是隐性知识的领会、获得需要个人亲身参与，是一种置身其境的体验、领会过程，当隐性知识处在与获取时相似情境中，更容易被激活；三是只有被个人表达出来的隐性知识才能同他人分享，没有表达出来的知识，只能留在个人自身的实践活动中。因此，蕴含在员工脑中的技能类和认知类的隐性知识，可以通过其进行自愿的交流活动，实现知识共享。

（3）内嵌性和稳定性

隐性知识内嵌于组织的社会文化、沟通方式、作业流程及职位定义之中，难以剥离这些情境而孤立地转移。企业中的认知类隐性知识具有较强的内嵌性，企业整体的发展理念、价值观都具有企业自身的特点，也会影响着员工在工作中的理想与目标。隐性知识是个体内部认知整合的结果，其能长久存在于人的大脑中，特别在技能操作方面，一旦学会了某种技能，是很难被遗忘的，具有一定的稳定性。所以，员工和组织都追求技能、经验的获取，帮助增强自身优势，实现能力的稳步提升。

二、显性知识的特征

（一）显性知识的内涵

Nonaka 和 Takeuchi（1996）认为显性知识（explicit knowledge）可用正式的系统语言来表述，采用数据、科学公式、说明书和手册等形式来共享，容易被处理、传递和储存。OECD（1996）提出事实知识和原理知识是可表述出来的知识，即为显性知识。因此，显性知识包括一切以文件、手册、报告、地图、程序、图片、声音、影像等方式所呈现的知识，不论是传统的书面文件或电子档案，还是用形式化、标准化的语言文字或图像所传递表现的知识，体现出客观的、有形的、可见的知识。

因此，显性知识是客观存在的，不以个人意志为转移，在特定的时间里具有特定能力的人，通过文字、公式、图形等表述，或通过语言、行为表述，并体现于纸、光盘、磁带、磁盘等客观存在的载体介质上的知识。显性知识易于管理，是有形的、可识别的，可以用语言、文字和数字等表达、传递，显性知识容易编码和转移。

（二）显性知识的特征

（1）易获得性

显性知识是可采用编码表达，并且易于学习和交流的知识。在企业中，员工可以通过查阅资料、学习研讨等各种渠道获得显性知识。互联网的普及，给显性知识的传播提供了更直接、更有效的途径，网络对知识的传播突破了地域的界限、时间的界限、场所的界限，使得企业外部的知识更容易被企业所捕捉、获取，同时企业内部的知识也能更好地交流与转化，不局限于特定的时间与场所。

（2）客观存在性

显性知识能用明确的编码语言表达出来，与隐性知识的难以描述、只能意会的特征相比，它具有极强的客观存在性。其可以通过准确的书面语言描述、精确的图形或图片等方式将自身呈现在大众面前，以期达到交流与共享的目的。显性知识一旦表达出来就是脱离人脑的知识，通过言传身教，或附于某种介质上的编码等方式表现出来，其不依赖于个人而客观存在，如企业中已用明确的语言进行表述的文件、报告等。

（3）静态存在性

显性知识是静态的结论性知识，是通过逻辑推理过程，获得的确定性知识，它不随时间或环境的变化而变化，一旦表达出来就不再变化。随着时间的推移，显性知识的积累所带来的优势会被明显地弱化，因此，企业应不断地进行内部员工间以及与外部企业的学习和交流，促进个体与组织隐性知识向显性知识的转化。

（4）可共享性

显性知识比较容易获得、理解和交流，能够通过公式、数字、文字等语言符号表现出来，具有公共性，可以存储在企业的数据库、数据平台中，其传播和复制的成本较为低廉。因此，显性知识更易于在员工间与组织间传播，带来知识溢出效应。而隐性知识不具有这个能力，要实现知识的传播和共享就必须将隐性知识转化为显性知识。当知识从隐性转化为显性后，知识的主体发生了转移，它不再从属于某一个体，具有了共享性。

第二节　知识对企业产出的作用分析

对于企业产出，传统的生产函数定义是：在给定的技术条件下，一定的要素投入量所能生产的最大产量。以上生产函数有一个重要的前提条件，就是假定技术条件是不变的，而且还隐含了这样一个假定，即影响产量水平的因素除劳动和资本之外，其他的所有影响因子都归结为技术或知识的影响。实际上，通过以上对知识及其特征分析可知，影响一个企业产出的最重要的是企业的知识，而且企业的知识并不是一成不变的，是一个随机变量。因此，对于生产函数的分析，就不得不考虑企业知识的演化，把生产函数中的技术进步系数用知识的价值来代替，这将更加科学、合理。

一、知识演化的生产函数

根据知识的特征，作以下假设。

假设1：企业知识是有价值的。企业知识的价值增长与企业的知识投入有关，这种投入包括知识共享激励投入、R&D投入、员工培训等。假定知识投入转化为企业生产需要的知识转化率为$\theta>0$，为简单起见，假设企业是根据目前的知识水平来决定知识投入的，即投入$I=iS$，S为当前知识的价值，i可称为知识投入强度，那么知识状态的增长率为$\beta=i\theta$。企业的知识价值有一个确定的衰减

率 b，这种衰减可能是由于技术的老化、知识被淘汰等原因引起的。

假设2：企业知识的价值变化还受外部经济系统，以及内部自然演化等一些随机因素的影响。因此，假定知识价值的演化服从随机过程，且假设造成知识价值的波动系数为 σ。

假设3：企业突发的技术创新会引发知识价值的突变，假定这种突变服从泊松过程，平均到达率为 λ。

假设4：企业的生产函数的形式为 Cobb-Douglas 生产函数。

根据以上假设，参考杨海生等（2006）的研究，知识的价值（S）的演化可描述为如下的随机过程。

$$dS = (a-b)Sdt + \sigma Sdz + \beta Sdq \tag{3-1}$$

式（3-1）中，a、b 为常数；dz 为维纳增量；dq 为平均到达率为 λ 的泊松过程增量；dq 和 dz 相互独立。如果企业发生了技术创新，q 将以概率1上升固定的百分比 $\beta>0$，实际上，在每一时间间隔 dt，这种事件发生的概率只有 λdt。

由于企业用于提升知识价值的投资是有机会成本的。假定企业知识投入的机会价值为 $V(S)$，并且企业是风险中性的，也就是说，其贴现率等于无风险利率 r，则机会价值必须满足下面的 Bellman 方程

$$rVdt = E[dV] \tag{3-2}$$

利用 Ito 引理并取期望，

$$E[dV] = \left[(a-b)SV' + \frac{1}{2}\sigma^2 S^2 V''\right]dt + \lambda[V(S+\beta S) - V(S)]dt \tag{3-3}$$

r 联合以上两式有

$$\frac{1}{2}\sigma^2 S^2 V'' + (a-b)SV' - (r+\lambda)V + \lambda V[(1+\beta)S] = 0 \tag{3-4}$$

其边界条件如下：

$$V(0)=0; V(S^*)=S^*-iS^*; V'(S^*)=1$$

以上条件中，后两个条件的含义是：企业知识的价值的最优值在知识投入所带来的价值增加值与机会价值相等时获得。

方程的通解可表示为：

$$V(S) = AS^\delta$$

式中，δ 是以下方程的一正一负两个解中的正解：

$$\frac{1}{2}\sigma^2\delta(\delta-1) + (a-b)\delta - (r+\lambda) + \lambda(1+\beta)^\delta = 0 \tag{3-5}$$

根据边界条件可得到下式

$$i = \frac{\delta-1}{\delta} \tag{3-6}$$

因为必须满足 $i>0$，所以可得到如下结论

$$\delta>1$$

通过以上分析，可知在知识投入的机会价值与知识的产出相等时，企业才会停止知识投入。因此，企业的产出与知识的价值之间必然有如下关系：

$$Q=BS^{\delta} \qquad (3-7)$$

式中，B 可解释为资本、劳动以及其他随机因素对产出的影响。上式表明，知识资产的边际报酬是递增的。考虑资本与劳动，并联系 Cobb-Douglas 生产函数，可建立新的生产函数形式

$$Q=MS^{\delta}K^{\gamma}L^{\rho} \qquad (3-8)$$

式中，$\delta>1$，$1>\gamma>0$，$1>\rho>0$；M 可解释为除资本、劳动、知识对产出的影响外，其他一切随机因素对产出的影响。

对此生产函数的规模报酬进行分析。假定对知识、资本、劳动的投入同时增加 ω 倍，有

$$Q=M(\omega\theta S)^{\delta}(\omega K)^{\gamma}(\omega L)^{\rho}=M\omega^{N}\theta^{\delta}S^{\delta}K^{\gamma}L^{\rho} \qquad (3-9)$$

式中，$N=\delta+\gamma+\rho>1$。显然，当 $\theta\geqslant 1$ 时，规模报酬必然是递增的；当 $\theta<1$ 时，规模报酬可能是递增、递减或者不变。直观上来理解，一个企业知识投入的转化率高，说明其生产效率也越高。

二、企业利润最大化分析

（一）总成本函数的确定

在以上确立的生产函数中，所有的生产要素都是可变的。不失一般性，假设资本的价格是 P_1，劳动的价格是 P_2。总成本就是购买所有生产要素的费用之和，设总成本为 TC，参考唐小我等（2005）的研究，将 TC 的表达式表示为

$$\mathrm{TC}=P_1\left(\frac{S}{\theta}+K\right)+P_2L \qquad (3-10)$$

式中，θ 为知识投入的转化率。推导 TC 关于产量 Q 的数学表达式，问题即为求解如下约束问题

$$\begin{cases}\min \mathrm{TC}=P_1\left(\dfrac{S}{\theta}+K\right)+P_2L\\ \mathrm{s.t.}\ Q=MS^{\delta}K^{\gamma}L^{\rho}\end{cases} \qquad (3-11)$$

拉格朗日函数如下

$$Y=P_1\left(\frac{S}{\theta}+K\right)+P_2L+\eta(Q-MS^{\delta}K^{\gamma}L^{\rho}) \qquad (3-12)$$

TC 取极小值的必要条件是 $\partial Y/\partial S=0$, $\partial Y/\partial K=0$, $\partial Y/\partial L=0$, $\partial Y/\partial \eta=0$，可求得 $S=\eta\delta Q\theta/P_1$, $K=\eta\gamma Q/P_1$, $L=\eta\rho Q/P_2$，代入 Q，并简化后可得到 η 为

$$\eta = M^{-1/N}\theta^{-\delta/N}Q^{1/N-1}\left(\frac{P_1^{\delta+\gamma}P_2^{\rho}}{\delta^{\delta}\gamma^{\gamma}\rho^{\rho}}\right)^{1/N} \tag{3-13}$$

式中，$N=\delta+\gamma+\rho$。从而总成本函数可表示为

$$TC=(Q)=N\eta Q=N\,M^{-1/N}\theta^{-\delta/N}\left(\frac{P_1^{\delta+\gamma}P_2^{\rho}}{\delta^{\delta}\gamma^{\gamma}\rho^{\rho}}\right)^{1/N}Q^{1/N} \tag{3-14}$$

（二）利润最大化分析

假设产品的价格为 P，则企业的利润 π 为

$$\pi = PQ-N\,M^{-1/N}\theta^{-\delta/N}\left(\frac{P_1^{\delta+\gamma}P_2^{\rho}}{\delta^{\delta}\gamma^{\gamma}\rho^{\rho}}\right)^{1/N}Q^{1/N} \tag{3-15}$$

利润取极值的一阶条件如下

$$\frac{d\pi}{dQ}=P-M^{-1/N}\theta^{-\delta/N}\left(\frac{P_1^{\delta+\gamma}P_2^{\rho}}{\delta^{\delta}\gamma^{\gamma}\rho^{\rho}}\right)^{1/N}Q^{1/N-1}=0 \tag{3-16}$$

从上式可得利润取极值时的产量 Q_0 及利润分别为

$$Q_0 = P^{N/(1-N)}M^{1/(1-N)}\theta^{\delta/(1-N)}\left(\frac{P_1^{\delta+\gamma}P_2^{\rho}}{\delta^{\delta}\gamma^{\gamma}\rho^{\rho}}\right)^{1/(N-1)} \tag{3-17}$$

$$\pi = (1-N)P\,Q_0 \tag{3-18}$$

因为 $N>1$，上式表明在 Q_0 处，企业是亏损的，所求出的极值是企业的最大亏损值。再求二阶条件可得

$$\frac{d^2\pi}{dQ^2}=(1-1/N)M^{-1/N}\theta^{-\delta/N}\left(\frac{P_1^{\delta+\gamma}P_2^{\rho}}{\delta^{\delta}\gamma^{\gamma}\rho^{\rho}}\right)^{1/N}Q^{1/N-2}>0 \tag{3-19}$$

上式说明企业的利润是先递减，到达最小值后，然后上升。

求盈亏平衡点，由下式可得到盈亏平衡点的产量

$$PQ=N\,M^{-1/N}\theta^{-\delta/N}\left(\frac{P_1^{\delta+\gamma}P_2^{\rho}}{\delta^{\delta}\gamma^{\gamma}\rho^{\rho}}\right)^{1/N}Q^{1/N} \tag{3-20}$$

显然，Q 等于零是上式的一个解，另一非零解为

$$Q_1 = N^{N/(N-1)}P^{N/(1-N)}M^{1/(1-N)}\theta^{\delta/(1-N)}\left(\frac{P_1^{\delta+\gamma}P_2^{\rho}}{\delta^{\delta}\gamma^{\gamma}\rho^{\rho}}\right)^{1/(N-1)} = N^{N/(N-1)}Q_0 \tag{3-21}$$

显然有 $Q_1>Q_0$。

综上所述，只要企业产量大于 Q_1，企业就是获利的，且产量越大，企业利润越大。当然，在此假设产品价格不变的情况下进行分析的，受市场需求的影响，产量越大，价格越低，但这不是本书分析的重点。

从 Q_1 的表达式中还可以看出，因为 $\delta/(1-N)<0$，所以 Q_1 与 θ 之间呈反方向

变化的关系，也就是说，企业知识投入的转化率越高，那么企业达到盈亏平衡点的产量越低，如果考虑产量对市场价格的影响，显然相等产量下，利润会越高。

在知识分析的基础上，针对传统生产函数的缺陷，提出了一种新的更加科学合理的生产函数形式，此函数将除资本、劳动因素考虑进去之外，着重分析了知识的演化对企业产出的影响，可以看出，知识对产出的作用是很重要的。在此基础上，对企业的利润进行了分析，得出一个很重要的结论：企业利润的大小与企业知识投入的转化率之间存在十分紧密的联系。知识作为企业一种重要的生产要素，已成为企业获取利润的重要来源，使企业在短期内保持竞争优势。

第三节 企业知识状态提出及其构成

企业作为一个知识系统，体现了对知识的获取、转移、共享和运用的动态过程，企业的竞争优势来源于企业所拥有的独特性知识（芮明杰和方统法，2003）。现有文献从知识角度研究企业核心能力，认为存在以下缺陷：一是现有研究大多数将企业的知识当作一个笼统的概念，对企业核心能力展开研究，无法有效解释知识是怎样构成企业技术核心能力。知识作为企业重要的生产要素，已经成为影响企业获取利润的重要因素，并使企业在短期内保持竞争优势，如果把企业知识当作一个笼统整体进行研究，难以解析企业获取竞争优势的微观机理。二是从知识的某一个特性或某一个属性研究核心能力，存在一定的片面性，很难从整体上把握住企业知识的总体属性。知识作为企业的一种资源，具备特有的属性，正是这些属性反映了企业能保持持续竞争的内在原因，反映了企业能力的知识本质。企业的知识属性并非简单加总，体现了静态和动态的结合，属性的量变与质变都会引起企业知识的变化和进一步演化，只有企业知识属性配置合理，才能体现企业的竞争优势（曹兴等，2008）。

因此，本书提出一个新的概念——企业知识状态，认为企业知识状态是企业竞争优势的源泉，用来解释企业技术核心能力形成的微观机理。企业知识状态由企业知识存量、知识结构、知识分布、知识水平和知识流动五个基本属性构成，是企业知识属性的总体体现。技术核心能力的形成和提升的过程，实质上就是知识的运动过程，主要体现在知识整合、知识创造、知识转化等过程。技术核心能力与企业的知识状态紧密相关，不同的企业，其知识状态属性表现不同，导致了企业技术核心能力的差异，体现了知识决定企业技术核心能力的本质。最能直接体现企业知识状态的是知识存量和知识水平。

知识存量包含企业的隐性知识和显性知识，知识水平体现为知识的边际收益递增。一般而言，企业知识水平越高，其知识存量会相应降低，如图 3-1 所示。

如果在知识存量中技术含量少、知识价值低，即使知识存量再多，也很难形成企业技术核心能力。所以，企业追求知识存量的同时，应注重知识水平的提高，既有数量又要体现出质量，才能形成企业竞争优势的基础。因此，企业对其拥有的知识资源，特别是关键知识资源的利用效率和效果，对于企业提升竞争力具有重要的作用（吴隽等，2003）。

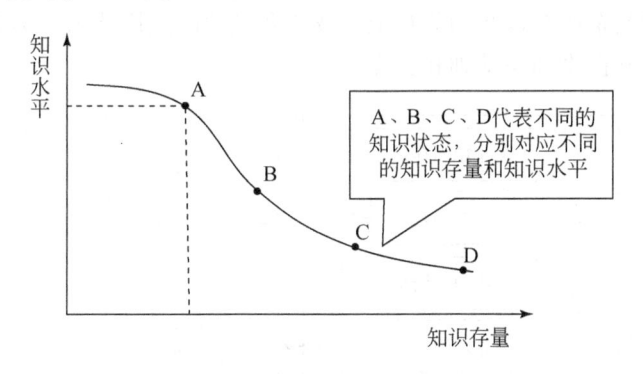

图3-1　企业拥有知识存量和知识水平的状况

知识结构反映了知识状态的组合功能。通过对企业知识类型分类，从而划分为公共知识、基础知识及核心知识三种结构层次。三种结构层次的知识在企业中相互融合、相互作用，不断进行动态调整和更新。只有通过知识的分类排列，构建合理的企业知识结构，才能发挥企业知识状态的结构性功效（曹兴等，2006）。

知识分布是企业对知识利用的另一特性，体现了不同企业知识在企业中的分布状况。在企业内部，知识分布往往呈现不均衡性，无论是因为知识水平差距引起的知识分布不均衡，还是因为专业领域的不同所引起的知识分布不均衡，最终都会导致组织决策效率低下。只有对企业知识合理分布，使处于活跃状态的个体知识形成具有结构效能的组织知识，才能达到知识合理匹配（曹兴和许媛媛，2004）。

知识流动促进企业知识状态的整体提升。正是企业内知识分布不均衡，促进了不同知识结构、技术偏好、认知偏好的形成，为知识创新提供了"资源库"。企业的知识流动实现了内部知识的整合与扩散，以及与外部知识之间的相互转移。企业内部的知识流动发生在同一层次的知识结构中，以及不同层次的知识结构中。企业外部的知识流动有利于企业对外部知识的吸收、整合及创新。知识流动贯穿于企业知识系统的整个过程中，促进企业知识存量的增加及知识水平的优化，进而提升企业的知识结构和知识分布的效率。

综上所述，本书将企业知识状态界定为：企业知识状态是对企业知识的整体描述，是特定时间点上企业各种类型知识相互作用所表现出来的企业知识的特征和属性，既体现了各种类型知识相互作用、相互影响的知识特征，也体现了企业内部各种知识与外部环境之间的交流与联系，同时也反映了企业知识的整体状况，如图 3-2 所示。知识存量和知识水平构成企业拥有知识的状况，知识结构、知识分布和知识流动构成企业利用知识的状况。因此，企业拥有的相关知识、技能和经验，以及企业对这些相关知识、技能和经验的运用能力，为企业技术核心能力形成和提升提供知识基础和支撑。

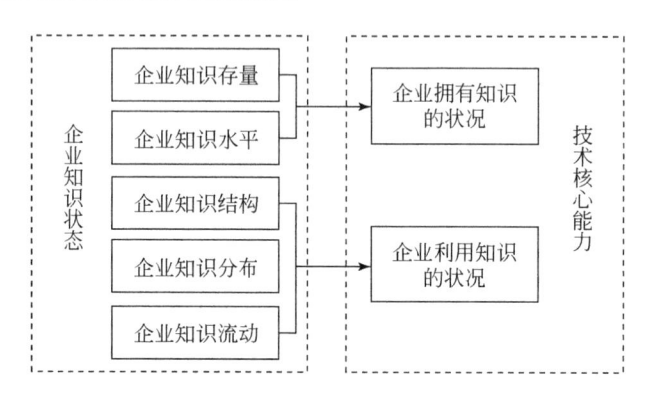

图 3-2 企业知识状态构成与技术核心能力的关系

第四节 企业知识状态的属性分析

一、知识存量

（一）知识存量的定义

知识存量是某个特定时间点上组织或系统所拥有的、直接或间接为组织创造价值和效益的知识总量，是依附于组织或系统内部人员、设备和组织结构中的所有知识的总和。知识存量是组织在生产和生活实践中知识的积累，是学习的结果，反映了组织生产知识的能力和潜力，为组织的竞争能力提供基础支持，构成了企业成长的基础和潜在动力。知识存量涵盖了企业内部知识的广度，即知识面的多样化，又涵盖了知识的深度，即在知识演化链上单一知识面所处的相对位置。

（二）知识存量的特征

(1) 静态性

知识存量是相对于知识流量的概念提出的，前者指的是一个时点上知识总量的静态表现，而后者则指的是知识在时间维度上的动态流动。知识存量是以一个时间点的知识总量为标准进行衡量的，反映人们在生产和生活实践中运用知识、积累知识的结果，是"学习"的直接产物，不同于知识流量的动态特征，知识存量具有静态性。

(2) 定量性

知识存量具有量的特性，反映组织中拥有的知识的总量的多少，不具有优劣性，不能体现各类知识之间的融合、转化、相互作用及效率的情况。因此，评价一个组织或企业的知识状态，或对比不同组织或企业间的知识状态时，不能将知识存量作为唯一的评价指标，即知识存量多的组织或企业未必优于知识存量少的组织或企业，还需要结合知识结构、知识分布等知识属性进行综合分析。

(3) 累积性

知识的历史累积特性与时间特性密切相关。知识的时间特性表现为知识是不定型的，处于不断在变化之中。在知识演化过程中，人们对世界的认知和理解不断加深，新的知识不断涌现，使得人类知识总量呈现指数规律增长的趋势。知识的累积不仅是社会系统中的一种现象，也是推动社会进步和发展的关键因素。知识的不断积累可以提高人们的生产力和创造力，从而推动经济的发展。对于企业而言，要保持竞争力，必须不断进行技术创新和知识创新，这需要企业持续不断地积累知识，掌握先进的科学技术和市场信息，开展研发活动，并将新的知识和技术应用到企业的生产和经营中。通过知识创新，企业可以不断提高自身的技术水平和竞争力，从而实现可持续发展。

(4) 自衍性

知识存量具有自衍的特性。在现代企业或组织体系中，通过持续汇聚、吸纳各种内外部知识，并不断与体系内的原有知识进行交互作用。这种作用可以激活体系内的知识资源，从而通过内化、组合、外化和社会化等方式对知识进行整合、重组，并产生新的知识，实现知识创造，进一步增加企业或组织系统内部的知识总量，体现了企业创新活动的本质。

（三）知识存量的要素构成

从知识存量的特征来看，企业知识存量不只是企业相关的人、物、组织结构和外部市场知识的简单加总，更是多重要素综合作用的结果。

(1) 企业内部的知识性员工

知识性员工是指从事或有潜力从事知识的生产、传播、应用和管理等活动的企业内部员工。人是知识的生产者、储存者和使用者，知识是人们在学习和实践活动中所掌握的各种技巧、经验和理论，对人具有高度的依存性，尤其是隐性知识更是以人为载体。知识性员工是企业发展和技术创新的重要源泉，也是构成企业财富的基础，知识性员工数量与质量是企业成长的关键因素（郁义鸿，2000）。奈斯比特和阿布尔丹（1987）认为"在工业社会里，战略资源是资本，而在新的信息社会，这种关键性的资源都转而变为信息、知识、创造力。可供企业开采这些有价值的新资源，就是它的员工"。因此，企业内部知识性员工的储备是知识存量的重要组成部分。

(2) 企业内部的软硬件设施

企业研发的科学成果，以及以实验为依据所创造出的新产品、新设计、新材料、新工艺和新装置，或对现有产品、材料、设计、工艺方法、工艺流程及装置进行技术上的重大改进，都会影响企业的知识存量。良好的硬件设施、精密的机械仪器，承载着先进的知识，代表企业的技术实力，是企业产品和服务达标的重要保障。科技文献、专利和研发能力等，提供有关发明活动详细信息的最重要的指标，是面向应用的研发活动的典型产出，记录着企业辉煌的成就和未来发展的潜能，在企业知识存量库中占据重要地位，是企业技术知识存量的一个重要构成因素。

(3) 企业内部的组织运行结构

企业内部的组织运行结构，主要包括管理体制、运作机制，它反映企业的整体水平，使企业安全、有序、高质量地运转。企业组织结构模式及其管理运行机制，影响组织内部的学习模式、学习重点和企业知识的来源，无疑对企业知识存量有很大影响。组织学习以员工的个人学习为前提，无论是靠内部开发新知识，还是采取外部引进的方式，都会实现组织学习，使企业知识存量增加。因此，灵活的管理体制能快速地区分、调配、整合有效的知识，制定适宜的发展战略。

有效的运作机制能迅速地推行战略，重组不同知识，形成新的知识储备。所以，企业内部的组织运行结构是构成企业知识存量的一个重要要素。此外，企业对市场的把握程度、对市场发展趋势的预测，以及应对市场变化的敏感程度，反映了企业自身的市场知识储备，使企业在市场上具有竞争优势，也可作为企业市场知识存量的构成要素方面。

（四）知识存量要素间的关系

知识存量要素间存在着联系，每个要素变化都会直接或间接引起其他要素的改变，如图3-3所示。

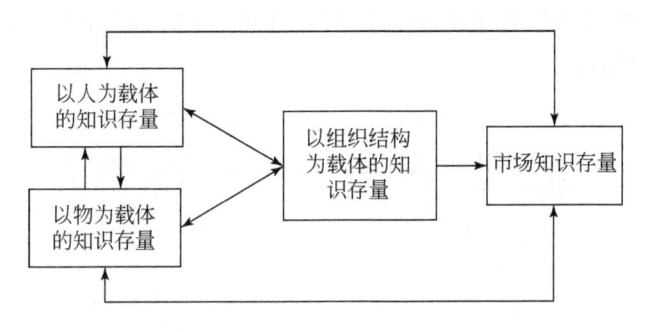

第三章 企业知识状态的构成及其基本属性

图 3-3 知识存量要素间的关系

（1）以人为载体和以组织结构为载体的知识存量要素间的关系

从组织因素来看，员工周转率、员工满意度、信息交流等，影响组织创新、组织灵活性及组织发展。在组织中，权力集中程度（即组织集权化）越高，越会导致较高的员工周转水平。人作为知识存量的载体，企业员工的周转和新员工的介入，给组织注入了新鲜血液，此时组织内成员间的相互融合程度及信息交流的畅通程度较高（Price，1989；Price and Mueller，1981），带来新知识、新观念、新的工作方法和技能等，提高组织整体的知识存量，从而改进和提高组织的工作效率。员工的流动不仅为员工增加了职业生涯发展及接受多种培训的机会，同时员工的离职会给组织提供降低成本的机会，如通过撤销或合并由流失而产生的空闲职位，或对工作进行重新设计，以及新的自动化的设备引进、承载着各异知识的员工的调整等，都会对组织的结构调整起着积极的催化作用，有利于组织创新、组织灵活性和适应性的提高。因此，以人为载体的知识存量与以组织结构为载体的知识存量之间存在着密不可分的关系，如图3-4所示。

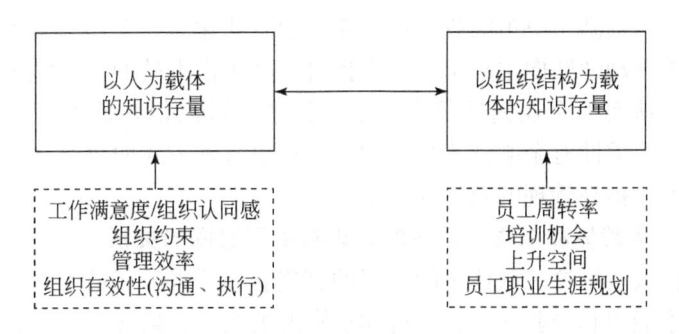

图 3-4 以人为载体与以组织结构为载体的知识存量的关系

（2）以物为载体和以组织结构为载体的知识存量要素间的关系

以物为载体的知识存量可以编码和传递，主要体现为技术知识和设备水平。以物为载体的知识存量对组织结构的影响体现在运行机制和管理体制方面，如图 3-5 所示。

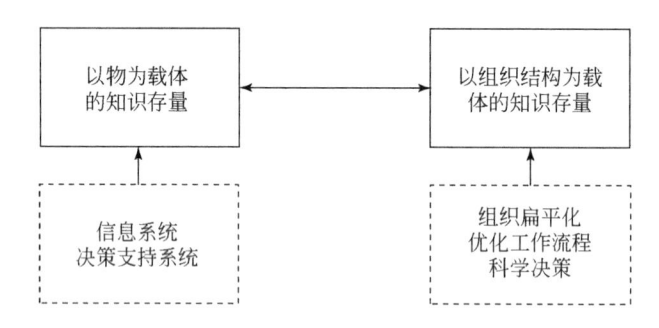

图 3-5 以物为载体与以组织结构为载体的知识存量的关系

在运行机制上，信息技术发展促进了组织扁平化，以信息系统为辅助工具进行管理，有效地扩大了管理者的控制跨度，减少了中间管理层次，促进了组织的扁平化，减少了中层管理者的需求量，既节约了人力成本，又降低了信息畸变发生的可能性，有利于知识转移和知识共享效率的提高。信息共享方便了工作流程的再造和优化，实现了不同部门的信息共享，避免了信息重复处理所造成的浪费，给工作流程优化创造了条件，增加了组织的灵活性，解决了工作效率低下问题。具有先进知识的信息技术在组织中的应用，弱化了地域界限对企业经营带来的影响，不同地点的员工可通过信息系统组成工作小组，协同工作，实现企业知识存量的有效提高。

在管理体制上，决策支持系统具有激活企业知识存量的功能，使决策者在全面了解情况的前提下进行决策，避免了依靠经验或由于决策信息不完备，导致的盲目决策现象，提高了决策的科学性。企业信息化建立起工作、学习、研究的平台，使员工由被动学转向主动学，从而提升每个工作人员的业务能力、创造能力和学习能力，从而为企业创造更大价值。信息化可以很好地解决管理中随意性大、规范性差、柔性有余刚性不足等问题，促进管理方式的改进和优化，促进管理制度的落实，提高管理的效果和质量。

(3) 以人为载体和以物为载体的知识存量要素间的关系

人是对内嵌于物这一载体中的知识的创造者和开采者。员工在工作中运用自身存储的技术能力和经验知识，进行知识资源的投入，最终开发出新产品或产生新技术等。以人为载体的知识存量注入新产品等物质成果中，从而转化或增加以物为载体的知识存量。

员工通过使用企业的软硬件设施，借助自身的知识能力，对以物为载体的知识存量进行开发和运用，发挥了存储于企业内部软硬件设施中的知识能力和作用，实现其对企业的基础支撑作用。

物是以人为载体的知识存量的应用和展现途径，员工只有通过使用企业提供的软硬件设施，才能创造新的价值和效用。因此，以物为载体的知识存量是以人为载体的知识存量的具体体现，如图 3-6 所示。

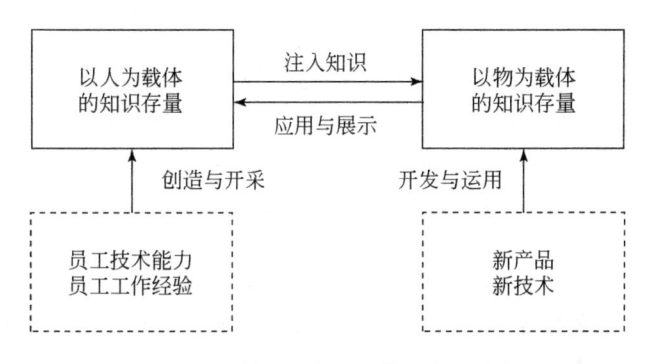

图 3-6 以人为载体与以物为载体的知识存量的关系

（4）以人为载体、以组织结构和以物为载体的知识存量与市场知识存量间的关系

以人为载体的知识存量和市场知识存量的关系。市场知识存量体现在顾客满意指数、组织营销水平等方面，企业内部员工的满意是外部顾客满意的前提。员工满意度与企业利润之间是一个"价值链"关系，即利润的增长主要是由顾客忠诚刺激的，忠诚是顾客满意的直接结果，而满意在很大程度上受到提供给顾客的服务价值的影响。服务价值是由满意、忠诚和有效率的员工创造的，员工满意主要来自企业高质量的支持和激励。以顾客满意度作为考核的绩效指标，使得双方的关系发生了微妙的变化，由于共同点都在于"满意"，利益的一致性使双方变得亲近，服务也发自内心。因此，以人为载体的知识存量，直接或间接地影响企业的市场知识存量，而市场知识存量也将通过反馈，进一步提出对以人为载体的知识存量提高的需求，如图 3-7 所示。

以组织结构为载体的知识存量和市场知识存量的关系。企业以顾客需求为出发点，以市场为导向，从全业务流程高度统筹把握，有针对性地补充所需的技术知识，确定业务和服务部门的服务规范与工作流程，并以此为标准，重新考虑各个相关部门的工作流程应该如何调整，以配合业务部门达到预期的目标，即顾客满意，从而实现市场知识存量的提升。同时，改革组织机构，完善绩效考核评价体系，引导全员对接市场、研究产品，加大反映经营成果和竞争力指标的考核权重，促进各经营单元主动关注市场、研究市场，引导员工全身心投入到产品质量改善和满足客户需求上来。同样，市场知识存量也将通过反馈，进一步提出对以

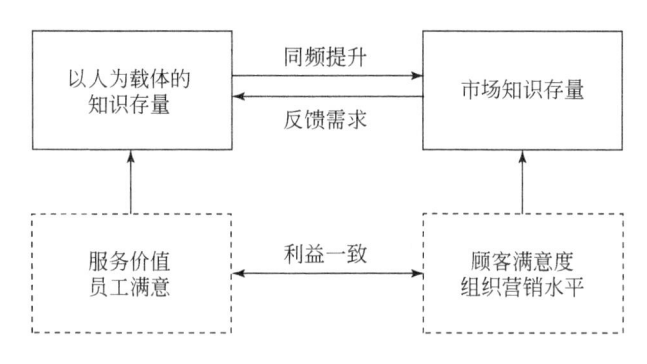

图 3-7　以人为载体的知识存量与市场知识存量的关系

组织为载体的知识存量提高的需求，建立精简的组织机构，减少管理层次，裁减冗余人员，提高决策效率，减少不增值的流程环节，将每一个流程都打造成为高效运作的流程，如图 3-8 所示。

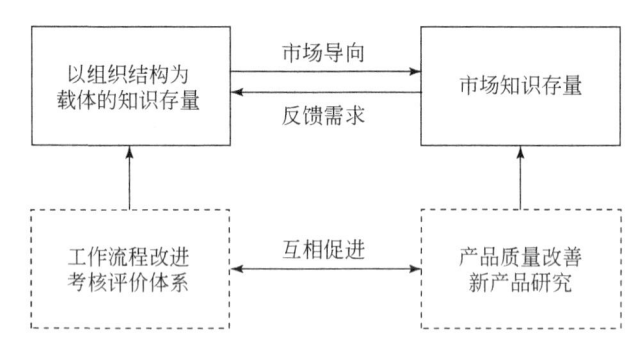

图 3-8　以组织结构为载体的知识存量与市场知识存量的关系

以物为载体的知识存量和市场知识存量关系。以物为载体的知识存量，通过服务价值、员工忠诚度等，影响顾客满意度进而对市场知识存量产生影响。企业创造出的新产品、新设计、新材料、新工艺和新装置，或对现有产品、材料、设计、工艺方法、工艺流程，以及装置进行技术上的重大改进，都是建立在满足市场消费需求和目标客户满意的基础上，决定着顾客满意度和市场占有率，影响市场知识存量。

以市场为载体的知识存量，通过市场需求信息、相关行业的产品信息，以及与企业有关的最新科技信息，调整企业内部知识性员工的结构，及时更新企业内部技术知识，引起以物为载体的知识存量的增加。企业通过市场调研和客户需求，分析得出市场知识存量的特征和要求，进而对产品开发进行重新定位和规划设计，生产出符合目标的产品或改良相关技术，丰富和完善以物为载体的知识存量。

因此，以物为载体的知识存量要与市场知识存量相互匹配，前者以后者为标准和要求，而后者是前者在市场环境下反应的结果。只有两者相互匹配，才能促使企业赢取顾客忠诚度和市场占有率，同时顾客享受到优质的物质和服务，最终达到双赢，如图3-9所示。

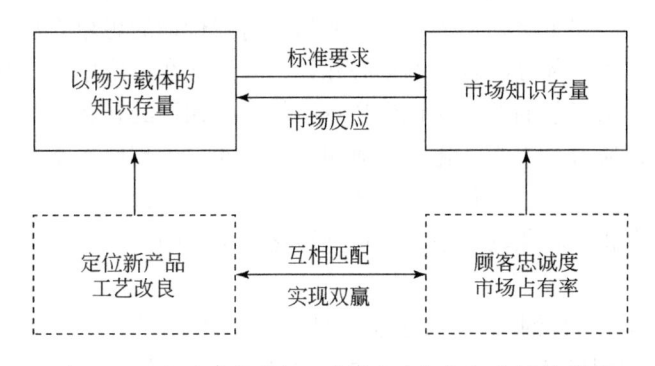

图 3-9　以物为载体的知识存量与市场知识存量的关系

二、知识结构

（一）知识结构的定义

企业的知识结构是各种不同类型的知识在企业内部的构成状况，反映了企业知识存量中各种类型知识分别所占的比例、层次结构，以及各种类型知识之间的相互关系。企业的知识结构不是各种类型知识的简单相加，也不是各种类型知识之间简单的数量关系，而是不同比例的各种类型知识在企业中相互交叉、作用、融合过程中，形成的相对稳定、又不断进行动态调整和更新的错综复杂关系。

（二）知识结构的特征

(1) 层次性
根据分类的准则，把知识结构划分为公共知识、基础知识及核心知识，体现了三个不同层次的知识体系，每个层次都有各自的特点，体现了对企业不同的价值。公共知识是公开的、大众化的知识；基础知识是企业性质特征体现的知识；核心知识是企业拥有的独特的知识，是核心竞争力的重要来源。

(2) 转化性
企业知识结构层次之间不是彼此隔离的，而是存在着相互转化的关系。知识层次也可分为高层次、较高层次和低层次，低层次知识只有经过有效吸收、整合和进一步的创新，才能形成高或较高层次知识，高层次知识只是低层次知识中的很少一部分的有效升华。公共知识经过与特定企业融合，转化为基础知识，基础知识经过整合创新，形成企业的核心知识。核心知识中又可分为竞争的核心知识和超竞争的核心知识，它们之间也会转化。从超竞争的核心知识到竞争的核心知识的转化过程，体现了将存在的意念，或从未付诸行动的想象力层次的知识具体化的过程，通过将一部分超竞争的核心知识，渐渐地在思维中具体化，最终形成明确的新产品。从竞争的核心知识到超竞争的核心知识的转化过程，体现了竞争个体的核心知识通过自组织演化，形成超竞争的知识。高层次知识也可以向低层次知识转化，核心知识先转化为基础知识，然后再向公共知识转化。以上三个层的知识存在一个相互转化的关系，且这种转化是可逆的。

（3）递进性

由于企业所处的行业，以及企业自身的竞争能力等因素不同，企业知识结构中三种层次知识的构成比例是不同的，并且在同一个企业的知识结构中三种层次知识的构成比例也是不同的。公共知识是所有企业共有的知识，是保证企业正常运行所必需的各种知识，公共知识在企业知识结构中处于最基层，且数量是最多的；基础知识是企业在日常的生产经营和管理实践中逐渐积累的知识，是在公共知识的基础上形成的，是公共知识的升华；企业的核心知识是企业独有的具有竞争力的知识，它可能只是某一项技术和服务，它的数量最少，且是最高层次的知识。从公共知识、基础知识到核心知识，知识的特质性在逐渐增强，而知识的数量在逐渐减少，因此企业知识结构具有递进性，并呈现出塔形结构的特点。

（4）异质性

知识结构的主要载体包含了组织中的人员、设备、信息和组织机制等，不同的企业由于经历不同，企业间知识结构具有异质性，导致了不同企业的能力的差异性，使得企业核心能力逐渐凸显。由于知识结构的异质性存在，具有不同背景和知识结构的个体相互影响，差异越大的个体知识结构，越容易引发创新的产生。知识结构异质性对企业制度设计、战略选择、产品或服务的创新性等方面产生影响，根据资源基础理论，资源异质性是企业形成竞争优势的源泉，知识结构差异使企业资源使用和配置能力产生差异，从而对企业创新活动产生不同的影响。

知识结构的形成具有路径依赖和时间累积效应。不同的企业或同一个企业在不同的发展阶段，三种层次知识在企业的构成比例和知识量的变化，则构成不同的企业知识结构。

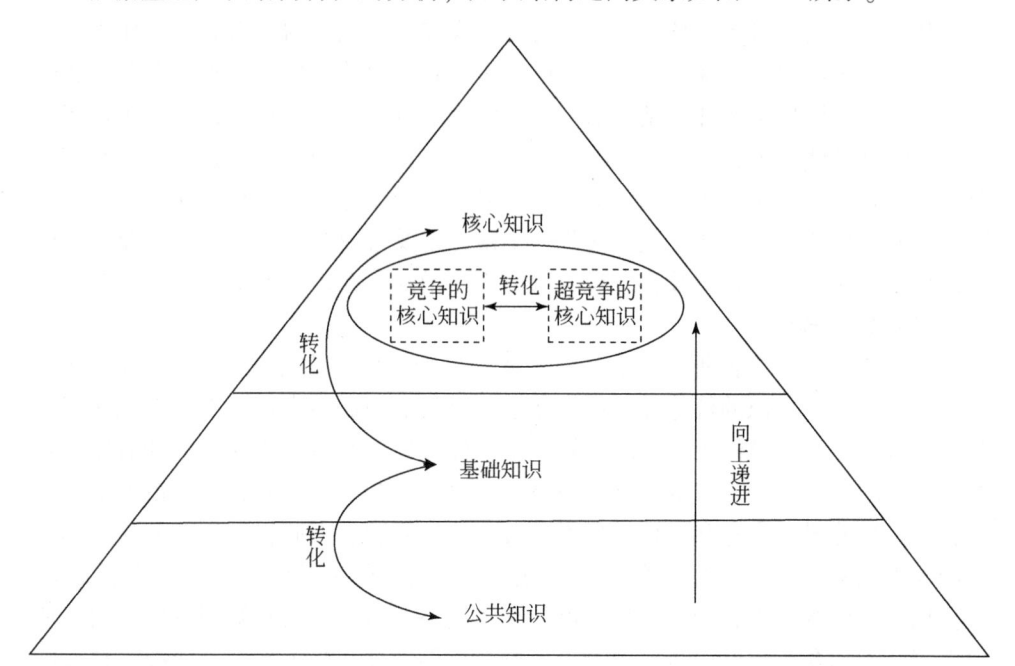

根据企业知识结构特征的分析，知识结构之间关系如图3-10所示。

图3-10 企业知识结构的关系模型

（三）知识结构的要素构成

企业知识结构由公共知识、基础知识和核心知识三个层次构成。其中，核心知识根据其对企业竞争优势的作用，又划分为竞争的核心知识和超竞争的核心知识。公共知识是企业日常运营必备的知识，也是形成基础知识和核心知识的基础。基础知识虽然体现了企业的一些特征，但仍不属于企业独有的知识。核心知识是一个企业区别于其他企业的重要标准，也是形成企业技术核心能力的最主要部分。三个层次知识相互影响、相互作用、相互支撑，共同构成了企业特有的知识结构。

（1）公共知识

公共知识是市场中对于所有企业都具有相同价值的知识，通过公共渠道获得，主要以显性知识形式存在。由于公共知识公开、通用的特性，虽然不构成企业的竞争优势，但它是企业日常运营必备的知识，也是形成基础知识和核心知识的基础。企业公共知识主要包括两类知识：一类是公共信息，如政府的政策信息、公开的相关市场历史数据、公共刊物上发表的文章等；一类是人力资本所拥有的通用知识，如财务、计算机技术运用基础等知识。

(2) 基础知识

基础知识是指对企业核心竞争能力的形成和竞争优势的获得起推进作用的知识,是企业正常运行的保障。企业基础知识具有企业的个性,但不是企业独有的知识。基础知识是企业开展基本活动所需的多个方面的知识集合,构成企业基础知识的既有显性知识,又有内嵌在特定组织和文化之中的隐性知识。基础知识主要包括三方面的知识:企业组织管理、企业创新文化、行业个性化的专业知识。随着企业组织结构的演变,企业文化的丰富,以及行业技术的发展,企业的基础知识也会相应发生变化,并在知识存量上不断增加,在水平上不断提高。

(3) 核心知识

核心知识是一个企业区别于其他企业的标准,成为企业核心竞争力的关键。对于企业而言,知识的价值并不仅仅在于其形式上的显性表达,而更多地体现在其具有缄默性和路径依赖性的隐性知识。隐性知识的获得、传递和创新需要依靠企业内部的人、组织和文化等要素的相互作用,也具有路径依赖性和历史累积性,难以被外界所察觉和模仿,也不易被转移和复制。因此,构成企业核心知识的绝大多数是"只能意会不能言传"的隐性知识,存在于特定企业的特定文化、人员构成和设备之中,为企业提供可持续的核心竞争力。核心知识一般是由企业研发团队长期合作研究而得,很难从市场上获得。核心知识也是企业技术核心能力的最主要部分,而核心知识中的技术部分即核心技术直接构成了企业的技术核心能力,是企业间的技术差距,是保持企业技术竞争优势的基础。

核心知识又分为竞争的核心知识和超竞争的核心知识。竞争的核心知识是企业当前竞争优势的来源,是企业当前竞争所需的共享式解决问题的方法(Leonard-Barton,1992),是建立在行动经验的基础上的,通过运用数学语言、化学语言、机器语言等人工语言转化为显性知识(汪应洛和李勖,2002),它是构成企业核心能力的本质内容。超竞争的核心知识则是知识谱(knowledge spectrum)中隐性知识的极端,是建立在审美情趣的基础上的,属于想象力层次的知识,是对企业未来发展的战略、技术和市场等方面的科学的设想,并以一种真实的客观事物存在,代表着企业未来的核心竞争能力。

(四) 知识结构要素间的关系

公共知识与基础知识是发现新的市场机会、发明新技术和新方法、创造新知识的必要前提,这些知识经过整合和结构化形成核心知识,进一步增强企业的技术核心能力。企业知识结构的三个层次既相互区别又相互依赖,层层递进,如表3-1所示。

表 3-1 企业知识结构三个层次知识的关系

项目	公共知识	基础知识	核心知识	
			竞争的核心知识	超竞争的核心知识
知识形态	所有企业的共用知识	企业日常运行的常规知识	关于做事的经验知识	想象力层次的知识
知识属性	显性知识为主	显性知识和隐性知识	隐性知识为主	隐性知识
知识作用	对企业影响不大	企业竞争力的基础	企业当前竞争力的来源	企业未来竞争力的来源
与创新的关系	影响不大	创新的基础	创新的当前来源	持续创新的真正源泉

（1）公共知识与基础知识间的关系

公共知识是市场中所有企业共有的知识层次，易获取，以显性知识为主。由于其公共性的特征，对企业的经营活动不构成主要影响，与企业创新的关系较为薄弱。尽管公共知识不能带来企业价值的增加，但却是企业日常运营必备的知识，也是形成基础知识的基础。公共知识不能成为竞争优势的支撑，所以要尽量实现公共知识向基础知识的转化。公共知识向基础知识转化有两个方向，即向显性基础知识转化和向隐性基础知识转化。公共知识向显性基础知识转化，可以在组织范围内使新的知识得以共享。公共知识向隐性基础知识转化，体现了知识内部化的过程。

（2）基础知识与核心知识之间的关系

核心知识是建立在公共知识和基础知识之上的，是企业核心竞争力的来源，是企业知识的最高形式。基础知识虽不同于核心知识完全个性化，但也不像公共知识公开、通用，基础知识主要是企业日常经营活动范围的常规知识，是获取核心知识的基础。基础知识作为核心知识的基础，还不能成为企业核心能力的根本源泉。员工通过对基础知识和自身经验的积累，创造新知识，经过整合和结构化，才能形成核心知识。核心知识以隐性知识为主，实现基础知识向核心知识的转化有两条路径，即显性基础知识向隐性的核心知识转化，是知识内部化的过程；隐性基础知识向核心知识转化，是隐性知识之间的转化过程，是把停留在基础层面上的隐性知识转化为核心层面的知识。

（3）核心知识内部转化关系

竞争的核心知识是企业当前竞争优势的来源，是建立在行动经验的基础上的。超竞争的核心知识是属于想象力层次的知识，代表着企业未来的核心竞争能力。企业需要把停留在想象空间中的超竞争核心知识，尽快转变成为竞争的核心知识，使之成为当前的核心能力，需要不停地挖掘新的超竞争核心知识，这就需要不断实现核心知识的内部充分转化。具体来说，核心知识的内部转化关系可分成四个部分，如图3-11所示。

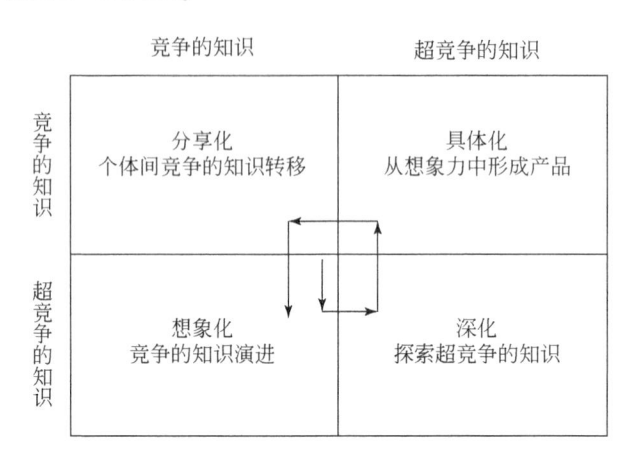

	竞争的知识	超竞争的知识
竞争的知识	分享化 个体间竞争的知识转移	具体化 从想象力中形成产品
超竞争的知识	想象化 竞争的知识演进	深化 探索超竞争的知识

图 3-11 核心知识内部转化关系

第一，核心知识的深化，即从超竞争的核心知识到超竞争的核心知识，这是个体超竞争的知识的探索和分享过程，使超竞争的知识得到发展。第二，核心知识的具体化，即从超竞争的知识到竞争的核心知识，是将存在的意念或从未付诸行动的想象力层次的知识具体化的过程，通过一部分超竞争知识在思维中具体化，最终形成明确的新产品。第三，核心知识的分享化，即从竞争的核心知识到竞争的核心知识，这是个体竞争的核心知识的分享过程，一般可以不通过正规化的语言直接从其他个体那里获得竞争的核心知识。第四，核心知识的想象化，即从竞争的核心知识到超竞争的核心知识，这是个体竞争的知识通过自组织演进成超竞争的知识的过程。通过核心知识内部间的不同转化，企业的知识结构得以优化提升，核心竞争力逐渐强化。

三、知识分布

（一）知识分布的定义

知识分布是指各种形态的知识以不同的存在方式，分布在一个系统或组织的内部和外部，体现企业的不同载体所拥有的知识的状况，并取决于其所在的行业、企业规模、历史惯例等诸多因素。由于企业的性质和构成不同，所要求的知识类型是不同的，合理的知识分布，使得企业易于协作、交流和学习。

(二) 知识分布的特征

(1) 不均衡性

知识分布的不均衡性主要体现在企业内部水平的不均衡、专业领域的不均衡和企业外部知识资源分布的不均衡三个方面。企业内部知识分布水平的不均衡是指企业内部员工所掌握的知识存在不同，企业内部人员的知识结构与知识水平参差不齐，部门间由于员工的文化背景、思想观念、专业等方面的差异，会出现部门间知识分布的不均衡性。专业领域的知识分布不均衡是由于企业各层级的员工所掌握的专业知识不同而造成，比如高层管理者注重对战略性管理知识的掌握，中层管理人员往往拥有更全面的组织性管理知识，基层人员的操作性知识更丰富。企业外部知识资源分布的不均衡性表现为不同知识主体的知识存量及知识结构差异，导致知识资源的差距，形成不同知识主体间的"知识差势"。知识资源高密度区产生"需求势能"，吸引低密度区的知识资源，导致企业外部知识分布的非均衡性更加明显，增加了企业或组织间的知识差距。

(2) 异质性

企业知识分布的异质性来源于知识积累和组织协调。无论是企业内部的横向或纵向知识分布，还是企业外部的知识分布，都是以某种知识的分布为主，其他知识为辅。横向知识分布中，技术部门以技术知识为主，管理知识和市场知识为辅；管理部门则以管理知识为主，市场知识和技术知识为辅。纵向知识分布中，战略知识以理念性知识为主，操作性知识和协调性知识为辅。企业外部的知识聚集是以同行业的知识为主，由于各企业行业性质、经营产品范围的不同，使得企业其他知识分布的聚集度较低，最后导致企业知识分布呈现异质性特征。

(3) 载体依赖性

在企业内部，知识的形式多样，但都借助于载体而存在，并随着载体而移动，这使得知识分布具有载体依赖性。知识依附的载体既可以是个人、团队和组织等（以隐性知识为主），也可以是企业的信息系统、文本、图像等（以显性知识为主）。知识并不仅仅存在于一个载体中，也存在于载体之间的相互活动，通过载体间的交换，可以产生新的知识。各个载体的知识分布存在方式与形态主要体现在知识的隐性与显性形态方面。显性知识是以编码了的文字、图像、声音等形式的知识，能够通过法律的形式获得保护。隐性知识是没有编码的知识，是人们在长期的实践中积累获得的知识，它与个体的体验和经验紧密相关，往往不易通过语言和文字等传播方式来学习（曹兴和曾智莲，2008）。

(三) 知识分布的要素构成

知识分布的构成主要体现在知识在横向部门中分布、知识在纵向层级中分布和知识在企业间的分布三个层面。

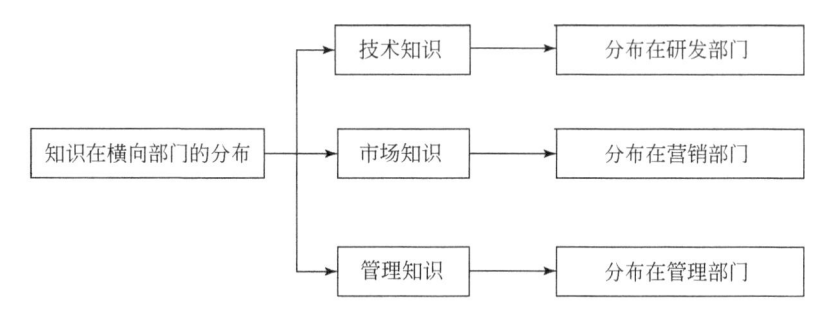

(1) 知识在横向部门的分布

知识在横向部门的分布是指企业内各职能部门的知识分布状况。由于工作性质不同，各职能部门所要求的知识类型是不同的，合理的知识分布有利于提升各职能部门间的协作和交流能力。知识横向分布主要体现在技术、管理和市场知识三个层面，如图3-12所示。

技术知识分布。技术知识主要分布在研发部门，体现为研发知识的分布，有效的研发知识可以通过购买或实施现有的研发成果进行获取，无效的研发知识不仅浪费企业的资源，而且增大机会成本。在生产部门，技术知识主要体现为工艺知识的分布，其主要依附于员工而存在，员工经验越多，工艺知识掌握就越广。技术知识在其他部门分布不多，如在采购部门、市场营销部门、管理部门中，员工对业务越熟悉、效率越高，技术知识流动速度就越快，转化到产品中的可能性就越大。

市场知识分布。市场知识主要分布在营销部门，多数以营销人员为载体，受到企业品牌策划、营销员工学历背景、营销员工的实践经验的影响。因此，当策划人员的专业背景越强，营销员工的实践经验越丰富，市场知识分布会越趋于合理化。市场知识在其他部门的分布，主要体现在采购部门、研发部门、管理部门，包括售后服务、市场调查等先期准备工作和后期服务工作。

图3-12 知识在横向部门的分布

管理知识分布。管理知识主要分布在管理部门，包括人力资源管理、高层决策者的管理等，管理知识的载体是各个管理人员，但管理知识的重要程度依各管理人员的职位不同而存在差异。低层管理人员，管理知识多为业务处理，如果出现错误，会影响整个部门的运作，企业也会受到牵连；高层管理人员，管理知识多为决策制定，如果决策偏离企业发展轨道或者估算错误，会影响整个企业现在与将来的运作。

（2）知识在纵向层级中的分布

企业层级组成体现为最高管理者到一线员工的不同层级，知识在企业中的纵向分布，取决于所在的行业、企业规模、历史惯例等诸多因素，如图 3-13 所示。

企业所在的行业特征。行业的类型主要包括传统成熟行业与新兴行业，在传统成熟行业中，知识和技术处于相对稳定状态，理念性知识和协调性知识完成了由中高层向低层转移的过程（Ikujiro，1991），而且执行层的员工占据多数，知识主要分布在企业的执行层。在新兴产业中，知识多为零散的和隐性的，企业的决策大多属于非程序性决策，主要集中于战略层。

企业的经营范围。企业经营范围越广，其业务会高度分散化，管理者就较难在各个业务领域都掌握足够的专门知识，做出高质量的决策，同时知识在组织内部将被较多的人掌握，操作性知识、理念性知识和协调性知识分布的重心也将适当地下移。

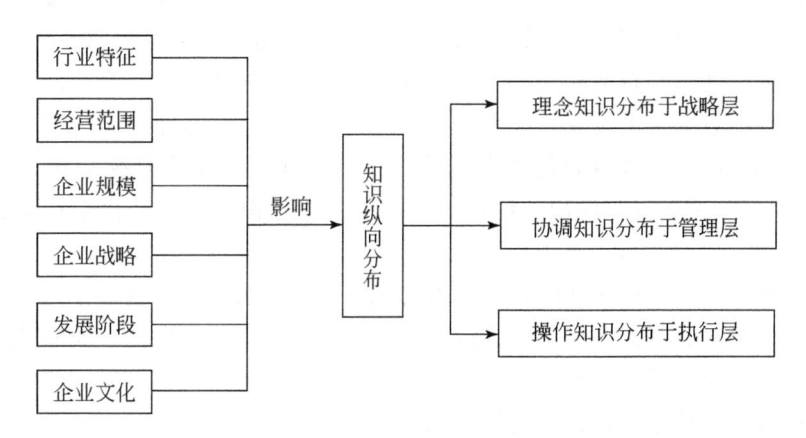

图 3-13　知识纵向分布

企业的规模。企业规模越小，知识更易以较低成本传递给决策者，因而小企业的知识往往集中于战略层。相反，企业规模越大，其管理层级越多，知识往高层集中的难度与成本就越高，知识在企业中的分布更加分散化。

企业的战略。企业的战略主要包括差异化战略和成本领先战略；差异化战略需要了解顾客需求与竞争者情况，组织内部的信息与知识更多由基层人员掌握，知识分布比较分散，企业知识分布重心往执行层倾斜；成本领先战略以生产为核心，强调标准化产品和成本降低，不存在较多信息，更需要高层管理者统一调控，企业知识分布往战略层倾斜。

企业所处的发展阶段。知识在企业中的分布还取决于企业所处的发展阶段。按照生命周期理论，一个组织或企业形成和发展，经历创业期、成长期、成熟期、衰退期（罗险峰和胡逢树，2000）。在创业期，企业的知识主要集中于少数创新者；在成长期，创业者的知识在企业内得到有效传播，员工不断积累专有知识与隐性知识，企业内部知识分散化；在成熟期到衰退期，企业通过规范化的制度进行部门之间的沟通，企业内部的知识沉淀于不同的职能部门与事业部门之中。

企业精神文化对知识分布的影响。企业精神文化是企业文化的核心，也是影响企业知识分布的重要因素。企业精神文化属于理念性知识，对应企业的精神层面，体现了个体或组织已形成的、相对稳定的价值判断、态度和倾向等。好的企业精神文化有利于集中团队优势，鼓舞员工斗志，更大地发挥个人优势，进而影响理念性知识的分布。

（3）知识在企业间的分布

知识不仅分布在企业内部，在企业间也存在着不同的知识聚集程度，并且受到地理邻近性、组织邻近性和技术邻近性的影响，如图3-14所示。

地理邻近性影响企业间知识的空间分布。地理位置越接近，企业间就越方便进行知识和信息的交流与互动（张昕和李廉水，2007），这种交流与互动因双方所属产业的不同，分成专业化溢出（同一产业企业间）与多样化溢出（不同产业企业间）。这两种知识溢出，使得创新主体获得知识和信息的机会增多，知识分布增强。

组织邻近性影响企业间的知识学习与创新。因为新知识的创造往往伴随着不确定性和机会主义行为，为了减少这些现象，存在组织邻近性的企业间建立密切联系，促进复杂知识在企业间的学习与转移，提升知识转化与创新的可能性，确保知识产权和新技术投资得到充足的回报。

技术邻近性影响企业的知识分布。因为各个产业存在特有的知识，在同一产业中，不同企业间的知识溢出较多，而相似的知识和经济活动又能够促进个人之间和企业之间的学习，所以技术邻近性的企业具有较多的知识溢出和较强的学习能力。

（四）知识分布要素间的关系

知识分布反映了某一项知识在整个企业或组织内部的分布情况，以不同的知识或技术形式和不同的存在方式分布在一个系统或组织的内部和外部。本书将横向部门间的知识分布与纵向层级间的知识分布概括为企业内部的知识分布，企业间的知识分布则属于企业外部知识分布。

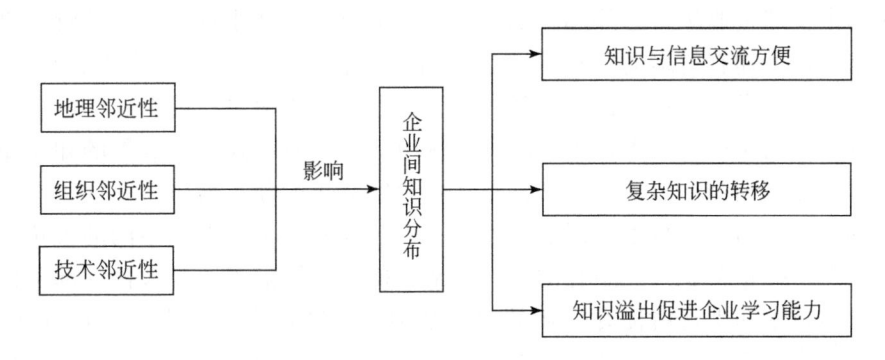

图 3-14　企业间知识分布

企业内部的知识分布主要包括横向部门的知识分布和纵向层级的知识分布。横向部门间以人和物为载体进行技术知识、管理知识和市场知识的转移与分布，部门职能和结构的差异性使得知识资源在企业内部的分布状况有所不同。各部门之间的知识水平越相近、差异越小，部门间沟通、交流越频繁，传播的可靠性及精确性越高，越有利于企业技术核心能力的形成。企业各个部门间的知识分布越不集中，横向知识差异越大，部门整合障碍就越大，沟通与交流越不容易，知识存量就会难以增加，企业的横向知识分布就不容易改变。企业纵向层级间的知识分布受多种因素的影响，如行业性质、经营范围和企业规模等，这些因素导致了企业在发展上存在差异，适合所有企业的最优知识分布并不存在。企业成员间的知识存量越平均，知识势差越难以形成，知识流动缓慢，知识存储更加困难，企业知识存量难以增加，企业的纵向知识分布也不容易改变。横向知识分布和纵向知识分布结合起来，共同影响企业内部的知识分布，知识分布越合理，企业知识整合能力越强，创造新知识的能力也会增强。

横向知识分布和纵向知识分布相互影响，相互联系。横向知识分布越均匀，部门间知识整合的障碍就越小，各部门间就越倾向于分享知识，从而有利于知识转移，部门知识存量增加，也有利于企业纵向层级消化和吸收新知识，进而对企业纵向知识分布产生影响。纵向知识分布越集中，知识势差越大，适当的知识位势差有利于提高知识转移效率，上下层级间联系越紧密，交流越多，知识存量就容易被积累，会在一定程度上增加横向各部门的知识存量，影响企业横向知识分布。

企业外部知识分布主要表现为企业与外部建立联系，形成良性的学习机制，有助于增加知识的多样性，促进技术核心能力的形成。外部知识分布的聚集程度和非均衡性，以及外部知识分布载体间的知识相似性均会影响企业内部知识的搜寻、整合和吸收过程，进而影响企业内部知识分布。分布在企业周围的相关知识越集中，即企业越接近外部知识分布的聚集中心，企业就有机会接触到更多的网络成员，拥有更多的信息渠道，增加了企业吸收外部异质性知识的机会，通过知识重组提高企业的技术创新能力，促进探索式学习与挖掘式学习，企业从外部获取的知识与技术合理分配到企业内部，才能达到最佳效果的知识使用和整合，影响到企业内部的知识分布。企业外部知识分布的非均衡性越强，说明外部企业之间掌握技术知识的差异性越大，这将为企业带来不同的视角、意见和观点，防止企业陷入固有的认知框架和技术路径依赖性。来自外部合作伙伴的异质技术知识也将提升企业的知识基础，促进企业进一步理解自身技术，有利于提升企业知识转移绩效，将外部显性知识转化为内部隐性知识，提高企业竞争力。

企业外部知识分布载体间的知识相似性也会影响载体互动的频率，进而影响载体获取知识的效率。如果双方的知识相似程度太小，将使得知识提供者无法在知识转移过程中了解知识接收者的需求与障碍，造成知识提供者虽然有很丰富的知识内容与分享意愿，却仍会导致知识转移绩效不佳，而且会导致知识接收者的学习步骤明显增多，知识转移的难度加大。但是，知识转移双方的知识相似性程度太高会导致被转移知识中的新知识含量较低，知识接收者获取新知识的数量和质量都十分有限，知识转移双方对知识转移活动过程和成效的满意程度也会较低。因此，有效的知识转移和知识学习需要在知识转移双方存在一个合适的知识相似程度。

企业内部知识分布的合理性也会对外部知识分布的状态产生影响。横向部门间的知识分布与纵向层级间的知识分布的合理性能够在一定程度上降低知识分布的不均衡性，提高企业内部的知识集中化程度，减少内部知识流动阻碍，提高知识流动速度，增加企业的知识存量，增强企业对内外部知识的吸收能力，企业成为网络中知识集聚核心的可能性增强。知识聚集存在"马太效应"，知识聚集得越多，对周围知识的辐射作用越强，吸引越来越多的知识融入企业中，使得企业知识聚集度越来越大，此时企业相对周围知识密度小的载体，会产生一种"知识势能"，促使知识少的企业向自身学习，从而形成知识流动，增强与外部企业发生知识转移的机会。

四、知识水平

（一）知识水平的定义

企业知识水平是企业在某一特定时期所积累的知识的优劣状况，它代表企业某种类型知识相对的先进性或高低，主要依附于企业的人力资本，体现在企业员工拥有的知识水平的高低，并反映在企业的产品（服务）上，体现了企业本身拥有的以信息系统为主的物化知识的先进性和企业主体获取、吸收、消化、整合、创造及应用知识的能力。企业的知识水平是一种累积的结果，不同企业的知识水平具有差异性，知识水平既是一个静态的、具有时间性和空间性的指标，又是一个优劣指标，是对企业知识在特定时期内的使用、积累状况的定性评价，是一个比较性的指标。

（二）知识水平的特征

（1）相对性

知识水平是企业在一定时期所积累的知识的优劣状况，是企业某种类型知识相对的先进性或高低，具有较强的相对性。知识水平的相对性构成了开发新知识的生长点和新起点。知识是时间的函数，时间就是条件，即企业在行业内的知识水平影响着企业技术发展和知识应用能力。相对性是企业知识水平区别于其他属性的最大特征。在同一时期内，对企业进行行业内比较，显现出就是企业知识水平的优劣和所处行业的地位。当企业所在行业内许多竞争者的知识水平普遍高于该企业时，就必须提高其知识水平以弥补知识缺口。按时间序列来看，企业现阶段的知识要与企业历史时期的知识相比较，才能显示出该企业的知识水平是提高还是下降。当企业的知识水平低于企业既定战略所要求的水平，或保持企业竞争地位所要求的水平时，企业必须提高知识水平以弥补知识缺口。

（2）抽象性

知识本身就存在一定的抽象性。企业知识水平是企业抽象化的知识的体现，因此，企业知识水平不是一种实际存在的物质，是抽象出来衡量企业知识价值及能力的概念。企业知识水平的高低可以直接或间接地促进企业的协同工作效率、员工成长和核心竞争力的形成，而知识水平只能通过企业知识的外部表现来认识，如企业的产品（服务）质量、生产设备的状况、研究开发的程度、员工的素质等。因此，企业知识的外部表现在一定程度上代表了抽象化的企业知识水平。

（3）动态性

企业的知识水平不是静止的，具有动态性，这种动态性决定了知识水平的变化性和发展性。企业知识水平的动态演变过程也是知识形成的动态过程，企业知识水平很大程度上与主动学习过程相关。按照知识螺旋理论，随着企业不断地获取、吸收、利用和创造知识，企业的知识水平将会呈现出一种循环往复、螺旋上升的过程。企业知识水平的动态变化是对企业各种知识的一种连续管理过程，以解决和利用企业已有或新获取的知识，为企业开拓新的机遇，实际上是运用企业群体的知识和智慧的整合来提高企业的应变能力、创新能力和可持续发展能力。

（4）整合性

企业的知识水平表征了企业知识状态质的维度，具有整合的特性。企业核心能力的提高主要依靠知识在存量上的增加来丰富企业知识，并借以提升整体核心能力；而知识水平则是在知识存量增长有限的条件下通过知识结构的改善来提升知识的价值，并借以提升企业的核心能力。知识水平的整合是一种多层次、多方面的现象，不是以现有知识的简单相加来衡量，而是一个知识创新的过程。知识水平的整合性主要体现在企业运用科学的方法对不同来源、不同层次、不同结构、不同内容的知识进行综合和集成，实施再建构，使单一知识、零散知识、新旧知识经过整合提升形成新的知识体系。

（三）知识水平的要素构成

企业知识水平主要由企业的信息化水平、企业人力资源水平、企业的主导逻辑水平、行业的技术轨道水平构成。知识水平表征了企业知识状态质的维度，取决于企业内部对知识存量的整合过程。

（1）企业的信息化水平

企业的信息化是指企业不断加大信息资源投入、开发和应用的过程，在此过程中，信息资源广泛被利用，信息网络规模不断扩大，信息技术应用普及化（庞庆华，2007）。企业的知识学习取决于组织学习中的社会化、外在化、组合化和内在化四个过程。如图3-15所示，通过社会化过程，拥有共同经历的人分享隐性知识；通过外在化过程，组织将隐性知识转化为显性知识，以便组织内部成员分享；通过组合化过程，显性化后的隐性知识，根据组织需要加以重新组合，形成组织所需知识；通过内在化过程，组织内部成员成功地掌握了所需的知识，从而直接运用到工作中，增强企业的知识水平，体现知识的价值。

从社会化过程来看，增强共同经历和交流的平台是分享隐性知识的关键所在。信息化水平高的企业，为员工提供了更多的、先进的沟通和交流渠道，如内部员工网络、知识地图等，有利于企业员工更好地分享隐性知识。

从外在化过程来看，隐性知识拥有者往往担心一旦丧失知识独占性，自己在组织中的地位将会下降。因此，增强员工之间的信任感是关键所在，在具有良好信任度的网络结构中，网络成员愿意将隐性知识显性化，通过增进网络利益获取个体利益的增长。显性化后的知识，通过网络也能够更方便地传播、学习和应用，可以较快地提升组织成员的能力，从而提升企业的知识水平。

从组合化过程来看，企业的领导作为整个信息化建设的中枢，一方面可以根

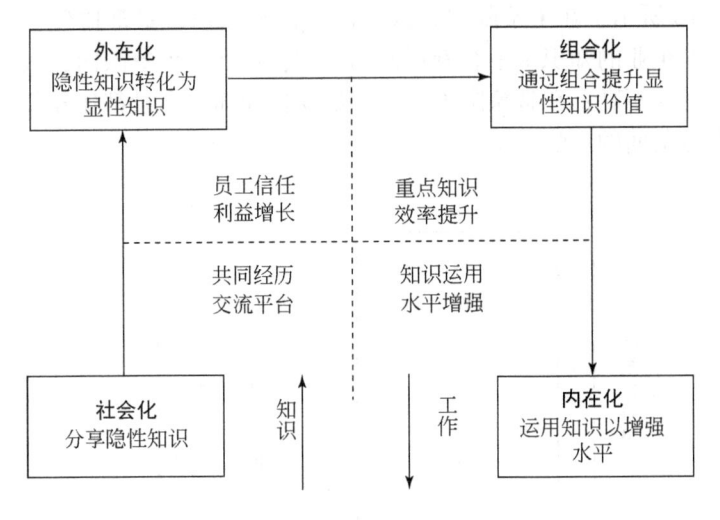

```
┌─────────────┐           ┌─────────────┐
│   外在化    │──────────▶│   组合化    │
│ 隐性知识转化为│           │通过组合提升显│
│   显性知识   │           │  性知识价值  │
└─────────────┘           └─────────────┘
      ▲        员工信任   重点知识
      │        利益增长   效率提升
      │       ─ ─ ─ ─ ─ ─ ─ ─ ─ ─
      │        共同经历   知识运用
      │        交流平台   水平增强
┌─────────────┐  知      工  ┌─────────────┐
│   社会化    │  识      作  │   内在化    │
│ 分享隐性知识 │              │ 运用知识以增强│
│             │              │    水平     │
└─────────────┘              └─────────────┘
```

图 3-15 组织学习过程

据企业战略，通过企业的数据库、知识库等对员工的知识结构和知识存量进行分析和评价，识别对提高知识水平有价值的知识；另一方面，还可以针对识别出来的有价值的知识进行重点的学习，从而提高知识的利用效率。

从内在化过程来看，企业"知识导向"作用是关键所在。信息化水平高的企业能够为特殊的部门提供更高质量的专业知识，并对其运用知识提供更明确的指导。企业要加强自身的研发能力，通过网络提供更多的相关信息，还可以专门为研发部门提供专业的技术资源库；企业要获得更多的人才信息，就应允许人力资源部门搜寻更详细的"猎头信息"等。

通过以上四个学习过程，信息化水平高的企业，一方面能够提高成员个体的知识学习效率，增强网络节点的能力；另一方面能够协调优化整个网络的知识学习流程，提高整个网络的运作效率。企业的信息化，不仅能使企业在沟通上具备更好的结构，更大的优势在于能够从战略高度对整个网络的知识分配加以规划，从整体上促进知识的共享、利用、创造。因此，信息化水平直接反映了企业知识水平的高低。

（2）**企业人力资源水平**

知识水平是企业人力资源水平的函数，即企业具备的人力资源水平反映了企业的知识水平。人力资源不仅是无形资产的源泉，也是无形资产的核心与本质。由于组织中的个人是各种形式、各种类型知识的主要载体，能够通过自身的能动性对零散的知识进行吸收和利用。因此，人力资源水平直接受到人的能动性和知识含量两个方面作用耦合的影响。

如图 3-16 所示，在Ⅰ象限内，人的能动性和知识含量都比较高，两者能较好地耦合，对企业的知识水平有着正面的影响；在Ⅱ、Ⅳ象限内，人的能动性和知识含量匹配性不高；在Ⅲ象限内，人的能动性和知识含量都比较低，对企业的知识水平有着负面的影响。

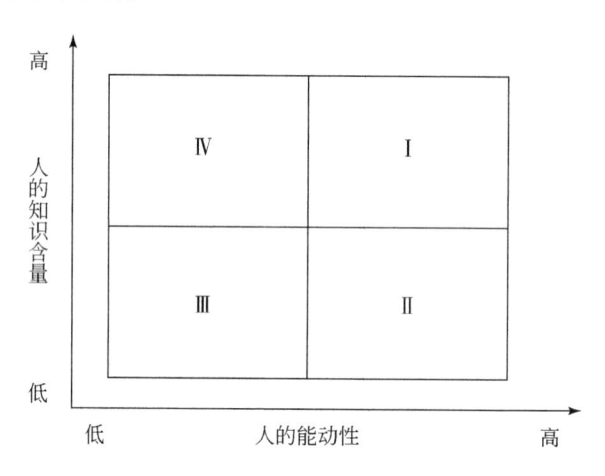

图 3-16　人的能动性与知识含量的关系

（3）企业的主导逻辑水平

主导逻辑最初由 Prahalad 和 Bettis（1986）提出，认为它是一个信息过滤器，将无用的信息排除在企业决策之外，将分析过滤出来的相关信息用于企业的战略和经营，从而在复杂、动态、无序、信息丰富的环境中，识别企业所接受的大量信息，保障企业的稳定运行。本书将主导逻辑的概念加以引申，认为主导逻辑水平体现了企业对相关信息的处理能力，从而体现了企业的知识水平。

在企业成长的早期，创立者试图把企业初始环境条件影响下所形成的经营观念、经营价值观、管理思想等制度化，通过选择自己的继承者使其价值观、经营信念和思维方式在企业中延续下去。在这个过程中，这些制度化的价值观理念、经验管理制度等就形成了企业的主导逻辑。因此，企业创立者们所建立的企业主导逻辑会长时间地影响着企业的发展。

企业主导逻辑水平主要包括企业对环境的反应能力（环境主导逻辑）、企业自身形象及竞争优势的维持能力（物质主导逻辑）、企业的价值观等精神文化层面（精神主导逻辑）和企业实际管理控制层面的政策（制度主导逻辑）等。

企业主导逻辑形成之后，通过提出问题和提供明确的解决问题的方案，影响企业经营管理决策。经过主导逻辑的筛选后，与企业的使命、实力一起形成了企业战略的基础。因此，主导逻辑水平直接影响到企业的知识偏好，也反映企业的知识水平。

(4) 行业的技术轨道水平

行业技术轨道的发展代表了企业知识水平的外在环境条件影响。技术轨道的概念最早由乔瓦尼·多西（Giovanni Dosi）提出，认为沿着范式定义的经济权衡与技术折中的技术进步活动就是技术轨道；帕维特（Pavitt）通过对 1945～1979 年英国近 2000 个不同创新及其过程的研究和分析，提炼出了基于科学的、规模密集型、供应商主导型和专业供应商等四种不同类型企业的技术轨道；和矛和李飞（2006）在此基础上，增加了信息密集型企业的技术轨道，如表 3-2 所示。

表 3-2　五个不同类型企业的技术轨道

	基于科学的	规模密集型	供应商主导型	专业供应商	信息密集型
典型核心部门	电子；化学	大宗材料；汽车；民用工程	农业；服务业；传统制造业	机械；工具；软件	金融业；零售业；出版业；旅游
主要的技术源	研究与发展基础研究	生产工程；学习生产；设计所专业供应商	供应商；生产；学习	设计；高级用户	软件和系统；专业供应商
技术战略的主要任务	探索基础科学；相关产品的开发；获得辅助资产，重构部门界限	对复杂系统中的变化进行整合；对最佳设计和生产实践的推广	使用来自于其他战略地方的技术以增强竞争优势	监测高级用户的需求；渐进的整合新技术	复杂信息处理系统的设计和操作；相关产品的开发
技术轨道	产品功能和物理特性的改善；生产过程的优化	生产过程的优化；产量规模的增加和自动化程度的提高	生产过程的优化	产品功能和可靠性的改善	生产过程和产品的改良
学习方法	搜寻中学习；干中学	干中学；用中学	用中学	干中学；相互作用中学习	搜寻中学习；干中学

技术轨道决定了技术发展可能的方向和强度，使得行业所处的技术轨道对企业的技术发展产生深远的影响，从而影响到企业知识水平的发展。

（四）知识水平要素间的关系

在企业内部，也就是企业层面，企业在不同时期的自身硬件条件，以及企业对知识的积累、使用情况，将影响企业知识水平的变化。在企业外部，也就是行业层面，企业的知识水平必然要与行业中其他企业进行比较，行业层面对于知识积累、使用的情况、优劣情况，都会影响企业的知识水平变化。

如图 3-17 所示，企业知识水平的主要构成因素中，企业的信息化水平、企业的人力资源状况、企业的主导逻辑是企业层面的因素，体现了企业知识水平的绝对量。行业的技术轨道相较前三者变化速度要慢，但却从深层次上决定着事物的发展。企业总是处于某一特定的行业技术轨道之内，行业技术轨道所处的不同阶段直接反映了企业知识水平的高低。

图 3-17　知识水平的影响因素

（1）企业信息化是影响知识水平的物质基础

信息化是企业不断加大信息资源投入、开发和应用的过程，主要由信息化设备投资占企业全部投资的比例、企业信息化应用水平、企业为保证信息化顺利实施而制定的制度完善程度及落实程度、企业实施信息化培训费用占企业全部培训费用的比例、员工对信息化系统的利用率等因素构成。企业的信息化，不仅能使企业在沟通上具备更好的结构，更大的优势在于能够从战略高度对整个网络的知识分配加以规划，从整体上促进知识的共享、利用、创造，从而对企业的知识水平产生正面的影响，也对企业的技术核心能力起到了间接正面的作用。企业信息化水平高，表现为企业搜集外部技术的能力比同行业其他企业要强，学习技术的能力和效率比同行业的其他企业都要高等，进而形成在同行业中知识方面的"比较优势"。

（2）主导逻辑水平影响企业的知识偏好

主导逻辑水平表现为企业对信息的处理和适应能力，体现了企业的知识水平，随着主导逻辑水平的不断完善，对企业知识水平的提升起着积极的作用。主导逻辑水平主要由企业对政策环境的反应能力、核心技术是否具有优势且难以模仿、员工对核心价值观认同程度、企业对市场环境的反应能力等构成。在企业生命周期的初期所形成的经营观念、经营价值观、管理思想等制度化，在这个过程中，就形成了企业的主导逻辑，并长时间地影响整个企业的发展。企业拥有的主导逻辑，将从不同方面，影响企业对所获取信息进行的过滤。企业主导逻辑形成之后，它会通过提出问题和提供明确或含蓄的解决问题的方案，影响企业的经营管理决策。经过主导逻辑的筛选后，企业环境同企业的使命、实力一起形成了企业战略的基础。

（3）企业的人力资源状况是企业知识水平的本质核心

知识水平是企业人力资源水平的函数，即企业具备的人力资源决定了企业的知识水平。人力资源水平是人力资源能力的具体表现形式，企业人力资源的水平对企业的应变、竞争、成长发展、创新等活动，以及各种技术手段的运用，都起到了决定性的作用。从企业内部的层面看，企业知识水平包括部门和员工个人的知识水平，这种类型的知识水平高，意味着企业内部的部门完成一个任务的效果更好、效率更高，而且由于知识水平高，它还会带来知识的辐射性。更为重要的是表现为企业内部学习能力的强弱，知识水平高的员工和部门，学习效果和学习效率都会比知识水平低的部门与员工要更好、更高。

（4）行业技术轨道体现了企业知识水平外在环境条件的影响

企业采用哪种学习方法、哪种技术战略，都与行业技术轨道的互动有关，正是技术轨道决定了技术发展可能的方向和强度，使得行业所处的技术轨道对企业的技术发展有着深远的影响，从而也反映了企业知识水平的发展。本书用技术轨道水平反映技术轨道所处的阶段，也代表了此阶段的知识水平，具体如图3-18所示。

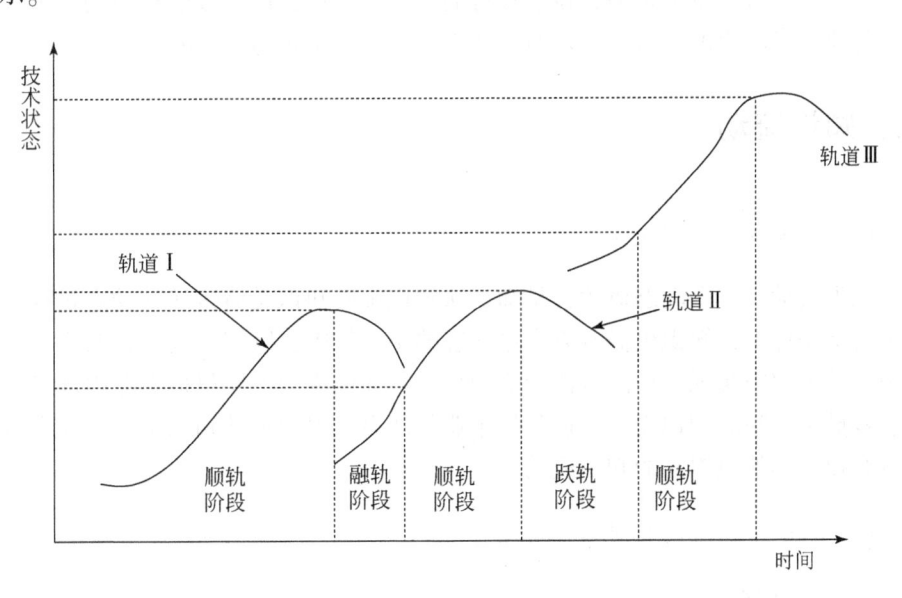

图3-18 技术轨道动态变动示意图

当企业处于行业技术轨道的顺轨阶段时，企业掌握了行业的主流技术。行业的知识运用和知识标准化程度达到最高峰，新知识出现的频率降低，从而导致企业的知识水平变化较慢。

当企业处于行业技术轨道的融轨阶段时，在新旧技术轨道交替的过渡时期，如图 3-18 中表示为轨道Ⅰ和轨道Ⅱ的交替区域，技术范式处于一个混沌区，既需要技术轨道的多途径探索，也需要技术范式之间的相互融合，此时企业在技术发展上就特别需要准确地识别技术轨道，关注技术轨道的形成、延伸，并及时融入轨道Ⅱ。如果企业固守轨道Ⅰ，继续沿用陈旧的技术进行生产，则会对企业的知识水平产生负面的影响。如果企业及时进入轨道Ⅱ，跟上技术的主流趋势，企业则要进行组织学习、提升员工的素质、购买匹配的设备等，从而对企业的知识水平有正面的影响。

当企业处于行业技术轨道的跃轨阶段时，该阶段技术轨道的走向对企业知识水平的影响是革命性的。新的技术轨道比旧的技术轨道更具有生命力和竞争力，如图 3-18 中表示为轨道Ⅱ和轨道Ⅲ的交替区域。技术轨道跃迁的实质是核心技术体系或技术范式的彻底变革，如果企业按原有的方式经营企业，往往很可能是灭顶之灾，企业易陷入次效率的路径依赖，对企业知识水平的负面影响是巨大的。如果企业准确地识别技术轨道，及时进入轨道Ⅲ，企业需要在技术、制度、管理等方面花费大量的精力，摒弃现有的大量的知识，创造或引进新的知识，保持与行业技术轨道的一致，从而对企业知识水平产生正面的影响。

五、知识流动

（一）知识流动的定义

知识流动是一个动态概念，是知识从知识源向知识受体传递的动态过程。在一定时空条件下，知识供需双方通过动态的交互作用，以期达到知识共享，并在知识流动过程中实现知识的价值增值的目的。知识流动不仅包括企业内部各个部门、各员工之间的知识交流，还包括企业与外界组织的某种知识交流，即企业之间或企业与其他组织间的知识流动。

（二）知识流动的特征

（1）合作性

知识流动是不同主体之间、主体与外部环境之间基于合作与共享的双向互动过程。在互补性知识领域存在知识势差的成员各方，通过各自知识、技术的交流，在相互学习、共同创新中，一个企业的知识扩散到另外一个企业，这种知识的流动是建立在合作的基础上完成的，这使得知识流动呈现合作特性。

(2) 矢量性

知识流动是一个矢量概念，具体可以分解为知识流动速率和知识流动方向，知识流动是有方向性的，总是从知识区位高的系统流向知识区位低的系统。知识流动的速度越快，辐射面越大，越有利于企业的快速成长。与此同时，知识流量也具有发散性，当新的知识诞生后，可以同时向多个方向发散式流动，从而使更多的需求者得到它。

(3) 增值性

知识流动是知识存量增长和知识价值实现的重要途径。通过知识流动，企业创造出新的知识，并应用于组织的生产经营，既实现资产的价值增值，又促进了知识的发展。因此，企业的成功不仅依赖于通过获取外部知识创造价值的能力，还依赖于将新增知识与现有知识相整合进行知识创造的能力。

(4) 风险性

知识流动的风险性主要体现在企业内部有效知识的流出。研发与开发工作的不确定性导致知识生产具有高风险性，有效的知识一旦被生产出来就具备较高的价值。而知识流动不仅表现为外部知识的流入，同时还表现在内部知识的流出。因此，当企业的有效知识流失时，会给企业造成巨大的损失。

(三) 知识流动的要素构成

知识流动主要涉及流动主体、流动客体和流动环境三类要素。

流动主体，包括知识源和知识受体。知识源指需要转移的知识的拥有者，其转移意识、知识输出能力及在知识流动中受益程度对知识流动起着重要作用。知识受体指知识的接受者，其知识搜寻能力、识别能力、知识接受意愿及吸收能力都会影响知识流动的效果。

流动客体，即流动的知识，根据编码的难易程度，划分为显性知识和隐性知识的流动。显性知识的流动主要以编码的形式进行，信息技术网络对显性知识的流动起着极大的促进作用。隐性知识流动难以用语言、文字等清晰地表达出来，不易被模仿和复制，主要通过直接的交流和模仿学习来实现。对于隐性知识在企业内部的转移和获取，往往需要通过促进人与人之间的直接接触来实现。

流动环境，由各种影响知识流动的外部因素所构成，主要包括企业制度和文化、组织结构、信息技术平台等。其中，企业制度和文化影响着企业员工的行为方式，在行动中表现出一定的行为特性，从而影响企业技术创新中知识流动的效率。宽松开放的制度和文化环境更能激发员工的创新的灵感，促进员工之间的交流，从而促进企业内部知识流动。传统的层级制企业组织内部层次过多，缺乏灵活性和适应性，妨碍员工面对面的互动式交流，而扁平型的组织结构有更多的彼此交流与沟通的机会，因而知识流动速度更快。在企业内部知识流动中，利用先进适用的技术手段和方式，如企业信息技术平台，可以促进知识流动与转化。

(1) 企业内部知识流动中要素的影响分析

在企业内部，企业既是知识源也是知识受体，既是知识的发送者同时也是知识的受益者。企业提倡知识在部门内部及部门之间流动，但是知识受体的接受意识比较弱，大部分发生的知识流动都是由知识源主导发送知识，而发送的知识大部分也是本部门的行业知识，有一定的局限性。Aladwani（2002）研究证实了知识接受方的吸收能力是知识流动的重要决定因素，呈显著正相关。

由于企业所拥有的知识是特定的，使得企业内部的知识距离缩小，人与人之间的知识关联可以通过体会、经验、言传身教等方式实现，有利于知识流动。知识流动的速度也与知识明晰化程度相关，流动的知识中所包含的隐性知识数量直接影响知识流动的成功率，而用文字、图表、公式等形式化符号进行编码的结构化知识更容易流动。若企业内部的背景相同，知识的发送者可以将所要传递的知识与具体情境下的技术、活动及经验相关联，知识的接受者同样也通过相同的技术、活动及经验加以关联和应用，从而促进知识流动。

(2) 企业外部知识流动中要素的影响分析

在企业外部，一个企业相对于另外一个企业只能是知识发送者或者是知识接收者。无论是知识发送者还是知识接收者，促进知识流动的关键因素在于他们的主观意愿。只有知识的接收方有接收知识的主观愿望，而同时知识的发送方愿意发送这些知识，知识流动才能产生。知识发送者的主观意识包括知识源的流动意向、保护意识、对知识受体的信任程度等，知识接收方的意识主要是其吸收知识的意识，包括知识接收方从知识发送者处汲取知识的战略意图和参与人员吸收知识的主动程度。

企业外部的知识流动会受到知识需求主体学习能力的影响。知识流动的过程实质上是一个学习的过程，知识只有经过接受者的学习与理解，才能真正转化为接受者自己的知识。知识的路径依赖性，决定了知识的流动必须以一定的知识基础为前提条件，知识需求主体在生产实践活动中积累的知识存量越丰富，学习能力越强，知识流动的成本越低，知识的使用规模就越大。如果知识需求主体的知识存量水平过低，与期望流入的知识差距过大，即使其对某一新知识的期望值很大，此类知识的有效转移也可能不会发生。因此，知识需求主体的学习能力和消化吸收能力对知识流动的层次与水平有着显著的影响。

根据 Kelley（1973）提出的归因理论，知识接收方会努力判断知识的表达方式是否准确、知识源是否缺乏信任度。当知识源的可信度低时，接受方会认为该知识说服力差，进而贬低知识源的知识。知识源的可信度高时，说明该知识的说服力比较强，而且知识源的知识会被认为是有用的。Arrow（1971）提出知识源的信任性和受体编译信息的能力对知识转移起主要作用。

两个及两个以上的企业之间进行知识流动，一般流动的知识都是已经明晰化的知识，即以图形、表格、数据等形式出现的知识。知识的模糊性已经不是知识流动的主要障碍，而知识距离成为制约知识流动的主要因素。知识距离是指知识发送者与知识接收者在知识基础上的距离，通常以企业文化、工作方式等因素为载体。不同的企业文化，不同的工作习惯，都会使得知识源与知识受体的文化距离、知识距离增大，从而导致知识流动的难度增强，粘滞知识增多。

对于企业外部知识流动来说，环境因素是影响知识流动的重要因素。在全球化与本地化趋势并存的世界经济中，越来越多的企业意识到仅仅靠自己研发是不够的，要与行业内领先公司联盟合作，积极吸取别人的优秀成果才是持久之道。知识流动主体双方各自既有的文化背景、认知结构、技术领域及知识存量等方面所具有的相容或匹配程度，无论接受主体是个人或是组织，先前的禀赋决定了对知识的搜寻倾向、选择方案、学习强度和理解效率。一般说来，双方的文化背景、认知结构和技术领域越接近，知识流动就越好。隐性知识通常与特定的制度和组织情境有关，具有相似背景的企业间知识转移相对比较容易成功。同时，要想与其他企业有效率地进行知识流动，就有必要重新考虑合作协议中有关管理争议、文化冲突、协议履行的冲突解决机制等。

影响知识转移的控制变量包括企业的战略目标、组织结构、企业文化、企业的组织控制机制、外部文化环境、空间距离等。Pablos（2004）认为组织文化和国家文化是影响跨国企业总部人力资源管理体系在子公司中复制程度的关键因素之一。由于跨国企业的子公司及其 R&D 机构分布在世界各地，因此国家文化差异也是跨国企业知识流动过程中不得不考虑的因素。传输渠道的存在与丰富程度同样对知识流动产生影响，沟通渠道的非正式性、开放性和沟通的密度等都会影响到企业之间知识的流动。薛求知和阎海峰（2001）认为，一个子公司同其所在的全球网络中的其他单位联系得越广泛，沟通的密度越高，则越有助于知识的流出，同时也有利于来自母公司和其他子公司的知识流入。

（四）知识流动要素间的关系

企业内外部知识流动是密切联系、相互影响的。企业的外部知识流动一般要通过内部的知识流动，才能影响企业的知识存量，如企业从国外引进一项先进技术，为了成功实现外部新知识的流入，企业前期需要完成大量的准备工作，诸如谈判所需的文件资料，其包含了不同人员的知识成果，体现了企业的内部知识流动。新技术引入后，需要开展一系列的生产流程改进和员工培训，促进了企业内部的知识流动，使得外部知识转化为企业内部实际可用的知识，并存储于企业员工的大脑、各种文件、图纸和资料中，或者物化在企业生产的产品里，从而增加企业的知识存量。企业内部的知识流动要通过外部的知识流动才能使企业获得利益。企业技术人员编制的产品说明书、用户手册等必须让客户理解、学会，通过隐性知识到显性知识，即企业内部技术人员编制产品说明书的过程，隐性知识到显性知识的流动。

从宏观角度看企业的外部知识流动形式，主要包括：企业与供应商和客户之间以生产资料、半成品和产品形式引进技术的物化的知识流动；企业与竞争对手之间结成联盟或分享技术和市场而产生的知识流动；企业从其他企业引进技术、专利或结成战略联盟，以寻求互补技术和市场而产生的知识流动；企业与高校、科研院所联合研究开发、合作论文等行为产生知识流动；企业与主管部门（包括行使部分政府职能的组织）的相互作用产生的知识流动，如企业了解政府产业政策、参与制定相关行业标准等；企业与外部之间的人员流动，如技术人员在工业部门、高校和研究机构的流动。

从微观角度看企业的内部知识流动形式，主要包括：在新产品开发时企业研发部门与工艺设计部门的合作而产生的知识流动；企业研发部门为使产品设计符合企业生产技术水平，产品达到设计要求，而与生产制造部门的合作产生的知识流动；企业研发部门为了解客户需求，以便制定新的开发项目，而与市场部门的合作而产生的知识流动；生产工艺流程的制定，设计部门为生产部门提供技术支持从而产生知识流动；企业工艺设计部门与市场部门的合作，主要在于信息共享。

企业知识流动不能仅仅把企业视为创新系统中的一个节点，只考虑知识在节点之间流进流出，而漠视企业内部的知识流动；也不能只注重企业内部的问题却忽略企业所处的外部环境。在现实情况中，企业内部各个部门之间的知识流动，帮助了企业的快速发展，促进了企业内部资源的有效分配。同时，企业与其他创新主体间的紧密联系，形成了错综复杂的网络，通过网络使得知识在各个创新主体间高效流动，实现共同发展（图3-19）。

企业知识状态是企业知识整体体现。单一的知识属性只能体现企业知识的某些表征，缺乏综合性的考虑。企业知识状态是一个集合体，由知识存量、知识水平、知识结构、知识分布和知识流动五种属性构成，体现出企业知识的整体性，其包含的每一种知识属性都与企业的某些能力相关，对企业竞争优势获取产生影

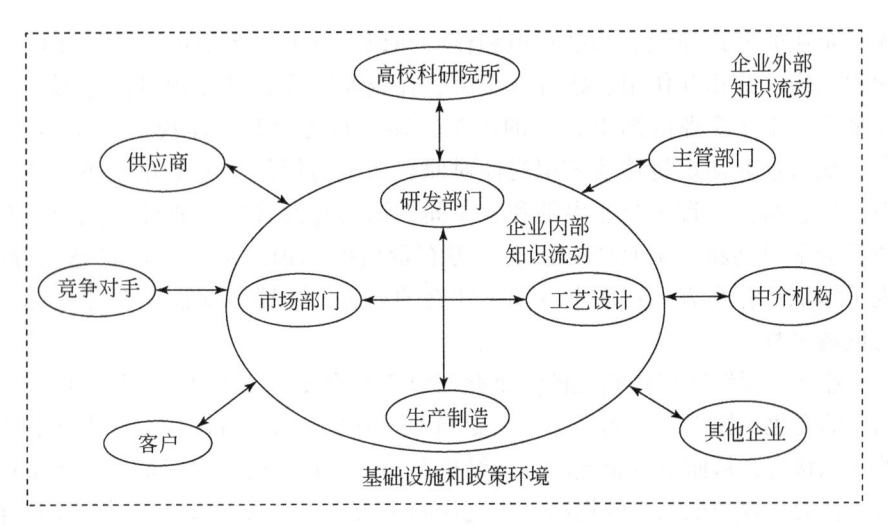

图 3-19 企业内外知识流动关系

响，各个属性间既有区别，但又紧密联系，表现出静态和动态的结合。同时，企业知识状态的各种属性要合理配置才能充分发挥出每一个属性的作用。所以，企业竞争优势的获取实际上取决于这些属性的共同作用，如图 3-20 所示。

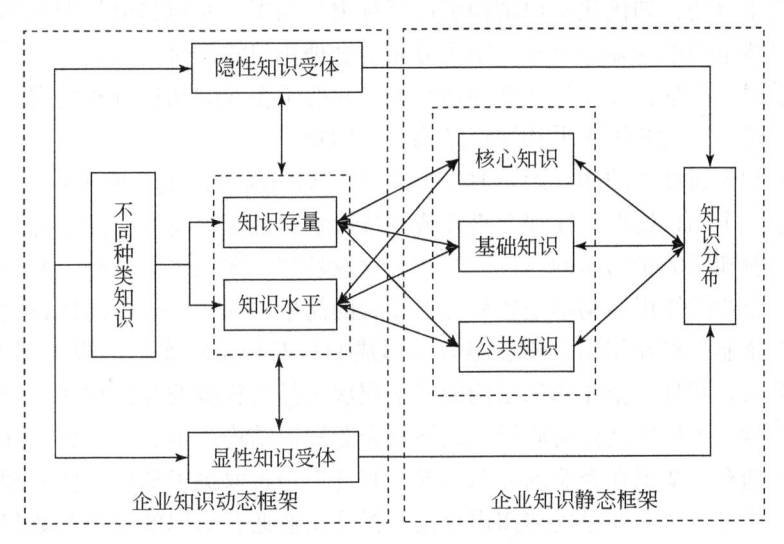

图 3-20 企业知识状态属性间的关系

企业知识状态体现了静态与动态构成。在短期内，企业知识状态可以看作是静态的，主要体现为企业知识分布及企业知识结构的变化。知识分布是各种不同知识在不同知识受体内的排列状况，企业内部不同的知识水平及知识存量构成了企业的公共知识、基础知识和核心知识，三个层次知识以不同比例构成了知识结构，并相互作用、融合、交叉，在企业中形成某种相对稳定形态。从长期来看，由于企业的知识状态的改变，知识状态提升，体现了动态的过程，主要表现为企业知识转移及知识受体对原有知识的创新，由于知识势差及主体知识转移意愿，导致了企业内部和企业间知识的有效转移，通过知识受体对原有知识的学习创新，从而产生新的、更有价值的知识。企业知识状态的静态，体现了知识的存在方式；而企业知识状态的动态，描述了知识在企业内部的流动与创造过程。

企业知识属性间存在相关性。企业知识状态的某一属性的演化都会影响到其他属性的变化，知识存量的增加，会影响不同类型知识的占比和企业内部各个部门的知识状态，从而改变企业的知识结构和知识分布。当知识存量增加到某种程度时，就会引致知识水平的提高，实现质的飞跃。当知识水平提高时，往往伴随着新知识的产生，不论通过外部引进的方式，还是企业知识体系的自发演化，都会促进知识存量的增加，同时也会促使知识结构和知识分布改变。知识结构的优化使得不同类型的知识在企业内部流动，并重新分配，在此过程中，知识存量可能会相对减少，意味着企业在保留有效知识，剔除无用的知识资源。不同类型知识水平发生改变，如优化知识结构引进某种类型知识，并与其他类型的知识水平匹配，自然也会改变知识分布。知识分布的合理化与知识流动密切相关，通过企业内部学习、共享，以及与外部沟通交流，改变了企业的知识分布情况，既增加了知识存量，也对知识水平和知识结构产生影响。

企业知识属性间的相互影响具有复杂性。知识属性间的影响机制是复杂的，改变其中一个知识属性，往往会直接或间接影响其他知识属性。知识存量与知识水平是企业知识的量与质的体现，当知识存量越多，知识水平越高，其知识状态就越好。企业的知识结构不是各种类型知识的简单相加，而是不同比例的各种类型知识在企业中相互作用、相互融合所形成的相对稳定状态，体现了动态调整、更新的关系。并且，企业知识结构的三个层次也是由相应的知识构成，知识的性能直接影响三个层次结构的质量，最终对企业知识结构产生影响。企业知识分布是企业所拥有的知识在企业的分布状况，其合理与否取决于知识主体所拥有知识的种类和质量，企业通过增加知识存量，提升企业拥有知识的种类和数目，促进企业知识分布合理性的提高。合理的知识分布可以使企业各个部门间易于协作、交流，企业学习能力得以加强，促使企业在原有知识存量和知识水平的基础上，不断补充完善企业所需要的知识，进一步提升企业知识存量和知识水平。知识流动是由于企业内外部存在知识势差，促进员工、部门、企业之间进行知识交流。企业所拥有的知识取决于企业知识存量和知识水平，其影响企业的知识势差，最终会对知识流动的效率产生影响。同时，企业知识流动也会影响企业整体知识存量和知识水平，在知识流动的过程中，经过知识的吸收、创新和整合，促进知识水平低的知识向更高的阶段发展，并且知识存量也随之丰富。知识流动是企业为优化自身拥有知识，采取的最直接和最基本的方法，如果没有知识的流动，企业自身所拥有的知识犹如一潭死水，必将面临落后或者流失的命运。

第四章 企业知识状态与企业技术核心能力的关系

企业知识理论认为企业获得竞争优势的根源在于其所持有的独特知识和对知识的应用能力。在研究逐渐深入的背景下,学界普遍认可核心能力是实现持续竞争优势的关键,强调企业特有且难以模仿的核心能力决定了其竞争优势。技术核心能力是指企业在技术领域的核心能力,而技术的本质是知识,那么企业知识理论与核心能力理论是否有交叉点?企业知识理论中所指的竞争优势来源,即企业所拥有的独特知识以及运用知识的能力,是否就是构建企业独特的、难以模仿的核心能力?是否也是技术核心能力的根本组成部分,还是说技术核心能力就是企业所独具的专有知识及其应用能力?在本章中,将以技术能力与核心能力双重视角,对技术能力进行深入剖析,并就企业知识状况与技术核心能力之间的相互关系展开探讨。

第一节 企业技术核心能力的定义和内涵

技术核心能力是企业在技术领域所具备的关键能力,作为企业核心能力的一部分,对其发展具有至关重要的作用。企业核心能力在企业外部体现为综合性,是各种不同能力的融合体,具备独特性、难以模仿性和领先性等特征。同时,也具有系统性和层次性,即由多种要素构成,可以划分为不同的层次,其中技术核心能力是构成核心能力的重要组成要素之一。

从核心能力的角度来看,技术核心能力是企业核心能力的技术组成部分,相较于整体核心能力,多了技术层面的内涵。技术核心能力的不断升级推动了核心能力竞争优势的持续提升。因此,从核心能力的角度来定义,技术核心能力可以被解释为:企业核心能力中的技术要素,通过独特的技术元素和技能,或其特有的组合方式,创造出拥有独特性、不易模仿性以及稀缺性技术资源(如技术和知识)的企业能力。作为整体核心能力的一部分,技术核心能力还具有路径依赖性、难以模仿性、稀缺性等一般核心能力的特点。而作为技术能力的一部分,还具有与一般核心能力不同的特点(曹兴和许媛媛,2004):一是整合性,技术核心能力具备整合性,其所指并非仅限于某一特定技术领域的显著能力,而是一种能够整合多种技术的能力,是由以研究开发为表现形式的隐性知识和以核心技术和一般技术为表现形式的显性知识构成;二是历史依存性,与技术能力的本质相一致,技术核心能力构建在长时间的积累基础上;三是辐射性,该能力使得核心技术能够扩散至各类终端产品,企业得以扩展技术、产品和市场,以实现多元化的经营策略,从而创造更多价值和利润。

技术核心能力已经演变为技术能力的重要组成部分,但技术能力的核心部分并不能全部构成技术核心能力,只有那些能够体现核心能力特征的技术能力的核心部分才能最终形成技术核心能力。因此,从技术能力的角度来看,技术核心能力可以被定义为:企业拥有的技术能力核心部分,是它在长期的生产经营中积累而来,能够整合企业的技术知识以及运作这些知识相关的知识,从而塑造出企业的核心技术,同时还能将核心技术扩展到产品和市场中,提升企业核心技术竞争力的能力。

综上所述,技术核心能力是企业核心能力与技术能力的融合,既是核心能力中体现技术的部分,也是技术能力核心部分中体现核心能力特性的一部分,兼具核心能力和技术能力的双重特征。技术核心能力在企业竞争地位的提升中发挥着重要作用,企业只有重视技术核心能力的形成和提升,才能保证企业技术、产品的创新性和生产经营的持续性,如图4-1所示。

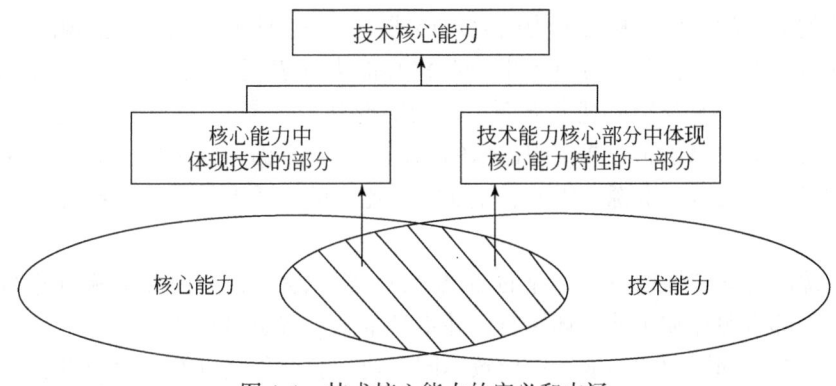

图4-1 技术核心能力的定义和内涵

第二节 企业技术核心能力的知识本质分析

一、核心能力的知识本质

核心能力在构建企业持续竞争优势方面具有关键作用。然而,学界对于核心能力的内涵与本质存在不同看法。从知识和技能角度看，研究者认为企业核心能力是指那些具有企业独特特征且难以模仿的专有知识和技能。这些能力不容易被外部企业获得。核心能力的基础是知识，学习是提升核心能力的主要途径。学习能力被认为是核心能力的核心，其表现形式包括格式化知识（如图纸、文件等）、信息、技术、管理、价值观，以及企业的专长和能力。

从运营和制度角度看，核心能力被研究者视为企业在行业中表现最佳的运作和制度，其被分为两类：运营能力（即技术能力）和制度能力。在这个视角下，核心能力的表现形式凸显了企业的技术专长和管理制度。

资源观的研究者强调资源与能力在企业实现显著的利润回报率和维持市场竞争优势方面的关键作用。他们主张企业的竞争实力受其所拥有资源的影响，而那些独特、难以模仿、不易复制、无法转移的资源和能力，被视为构建企业可持续竞争优势的根本来源。从这一观点出发，核心能力的表现为独特的资源和能力。

从组织和系统观的角度来看，研究者认为核心能力是企业在特定经营领域中构建竞争能力和竞争优势的基石，其由多种技能、互补性资产和运作机制有机融合而成。核心能力的本质在于企业所独有的知识体系，这些专有知识使得核心能力显现出独特性、与众不同性及难以模仿性。

文化观的核心能力研究者认为，企业文化位于核心能力的中心，能够激发学习力和创新力的产生，核心能力的表现形式主要是企业的文化和价值观。

通过以上观点整理，可以得出企业核心能力的表现形式涵盖了知识、能力、专长、信息、资源及价值观等方面。然而需要注意的是，一方面，信息、专长、能力等实质上仍属于企业或组织内部的知识。另一方面，组织独特的价值观和文化构成了组织的特有资源。因此，企业核心能力的本质上是企业所特有的知识和资源。

资源的可获取性取决于企业的知识状态。组织资源由其内部资源与外部资源构成，外部资源存在于外部环境时，并不具备某一特定组织的独特特征。尽管市场的不完全性和资源的稀缺性，导致不同企业在获取稀缺资源方面的机会存在不均等，然而在获取这些资源方面，并不源自组织之间的固有不平等。相反，这种不平等是由于不同组织在其内在知识和能力上的不均衡性所导致，进而影响了资源获取和利用方面的决策。因此，关于稀缺资源获取和利用上的"异质性"，其根本原因在于不同组织之间的知识与能力差异。对于企业在外部资源方面的决策，首要前提在于对组织内部资源的深入分析。这是因为外部资源本身并不携带某一特定组织的特性，只有在外部资源与内部资源间产生相互作用之后，通过资源的整合才能够赋予企业独特特性。因此，重要的是根据内部资源的特征，发现、选择和有效利用外部资源，这才能够真正反映企业核心能力的内在本质。而这一决策的前提仍然是企业在知识和能力方面的持续积累。因此，企业必须以双重方式构建核心能力：一方面通过持续的组织和个人学习，获取其本身的特色知识；另一方面，还需通过与外部实体进行沟通与互动，挖掘并充分应用外部知识，以及将外部知识与内部知识相互融合。这样，企业便能够赋予所获取的外部知识以独特的企业标志，使之在未来呈现出专属性、难以复制性及稀缺性等特征（何柳，2004）。

企业核心能力体现为在生产经营过程中，通过持续学习、实践、知识获取、积累与创新，从而塑造战略性的竞争优势。这种能力的本质在于企业的知识体系，以及其对知识管理的才干。这是因为企业的能力根植于其所拥有的知识和不断学习的能力，这些要素塑造了企业开发产品、创造市场、服务顾客的能力，同时影响着企业资源的有效应用及对未来走势的洞察。核心能力源自企业所特有的知识状态，正因为知识具备鲜明的更新代谢属性，因此确保了核心能力的新颖、有效和持续，从而产生稀缺性、难以模仿性和不易替代性的优势。

二、技术能力的知识本质

技术是企业获取竞争优势的核心要素。Galbraith（1967）曾对技术做出明确定义，将其视为科学知识或其他有组织的知识在实践中被系统地应用。在技术史的研究中，也着重把技术放在知识进化的认识论中，思考技术变迁的模式，我们发现技术的实质在于知识，而非仅限于技术工具、技术制品或技术操作程序。这是因为技术工具和技术制品仅是技术的物质表现和存储方式，难以充当技术知识生产、传播和扩散的角色；技术操作程序也只是整个技术知识系统的一部分，无法描述技术的整体。Monck（1988）等学者认为技术涵盖了与解决实际问题相关的知识，以及用于解决这些问题所采用的工具。这意味着技术不仅包括软件方面的技巧和方法，还包括硬件方面的设备。技术与知识密切相关，实际上，技术可以被视为以知识为基础的体现形式。李率锋（2004）则认为技术是知识的一种形式，它不仅具备一般知识的共性，还呈现出难以言传、专业化、逐渐积累、发展路径依赖及持续创新等特征。傅家骥（1998）认为技术泛指人类在科学实验和生产活动过程中，认识和改造自然所积累起来的知识、经验和技能的总和。

技术是一种包含技能和知识的概念。从词源的角度来看，"Technology"一词源于希腊语中的"Techne"（意思为 art 与 crft）与"Logos"（意思为 word 与 speech）的组合，是"对技术进行讨论"，旨在帮助将包括技能在内的主观性知识转化为客观性知识。将技术视为技能与知识的观点源自波兰尼（Polanyi）对隐性知识与显性知识的分类。他认为，在技术领域，任何一项技术都可以被拆分为可以明确表达的技能和无法用语言清晰表述的技能两个部分。一般将前者称为显性技术知识,而将后者称为隐性技术知识。技术能力则指企业为实现自主创新并运用自身技术所具备的能力。现有文献研究对技术能力进行了分析与归纳,在技术能力提升路径研究上,描述了企业所达到的一种技术状态,包括引进、改进和创新。在企业职能研究上,论述的内容涉及企业在运用技术方面所需的支持条件及企业应具备的职能条件。企业的技术能力逐步演化为企业职能能力的总和,包括投资、培训、运营、学习等诸多要素。从知识的角度来研究技术能力,强调知识是企业所独有的特殊资源,对于获取和维持企业竞争优势具有极为重要的作用。此前的研究对技术知识进行了不同的定义,将其视为技术诀窍的储备,或各种操作技术知识的能力,或将技术能力视为与知识关联的能力,尽管并未明确指出技术能力的实质即是知识,然而这一点已在其表述中间接暗含。本书认为,技术能力是指企业为促进技术创新所展现的能力,其涵盖了引入、吸收、学习、创造、应用、扩散,以及管理技术知识所必需的知识、技能及经验。因此,从中可明晰,技术能力的核心实质在于知识。这种知识囊括了企业内部与操作技术知识息息相关的所有知识,并贯穿于整个技术过程中技术所表现出的知识。

三、技术核心能力的知识本质

核心能力的本质是知识。技术核心能力作为企业核心能力中的技术部分和核心部分,同样以知识为其本质,不过两者之间的差异在于核心能力所指的知识范围较为广泛,而技术核心能力所涵盖的知识领域相对较窄。技术核心能力实质上是核心技术知识,以及与操作这些核心技术知识相关的知识。而核心能力则更为广泛,它涵盖了企业在战略、市场、文化等多个方面的核心知识,以及在运用这些核心知识方面的知识能力。

技术能力的实质是知识,即企业内部所有与运用技术知识相关的知识的总和。换言之,技术能力本质上是指企业所拥有的与技术运作相关的知识,以及在这个过程中技术本身所展现出的知识。技术核心能力是技术能力的核心部分,是能够体现出核心能力特性的一个组成部分,它是技术能力中核心部分的核心所在。从这个视角而言,技术核心能力本质上指的是企业所具有的,具备"核心"特征的技术知识,以及与运用这些技术知识相关的知识。与此类似,技术核心能力所涵盖的知识范围要比技术能力所涵盖的知识范围窄,技术能力除了技术核心能力外,还包括了其他一般性技术知识,以及与操作一般性知识相关的知识。然而,这些知识并不具备企业独特性,它们容易从外部获取或流向外部,因此并不足以构成技术核心能力的要素。

从知识的本质出发，无论是从核心能力还是技术能力的角度，对技术核心能力的本质界定都呈现高度一致。这表明技术核心能力的实质是核心技术知识，以及与核心技术知识操作相关的知识。这种一致并非偶然，反而有力地证明了核心能力、技术能力及技术核心能力的本质就是知识。在技术核心能力中，核心部分主要是核心技术知识，而其他与核心知识获取、吸收、转化、创造、应用以及积累等方面相关的知识则扮演辅助的角色。这些辅助性知识使得核心技术知识能够得到充分发挥，共同提升企业的技术核心能力。

第三节　企业知识状态属性与企业技术核心能力的关系

一、知识存量与技术核心能力的关系

（一）知识存量是技术核心能力形成的重要源泉

企业的知识存量是指在特定时点上，企业所拥有的、能直接或间接创造价值和效益的知识总量，反映了企业所拥有的各种知识总量的大小。技术核心能力的本质是知识，技术核心能力的形成和提升过程，本质上就是知识的运动过程，在这些过程中也必定伴随着知识存量的积累。知识存量的增加，是因为购买了一项新技术、新工艺、新设备，引进了人才，并购其他企业，与其他研究机构合作，或企业内部自主创新等。而知识存量的减少，则可能是因为人才、客户的流失，企业核心技术的泄露，或淘汰旧设备、旧技术等。知识存量的变化，体现了企业各方面资源、能力的变化，同时也影响着技术核心能力的形成和提升。

在企业知识存量中，技术知识存量与技术核心能力的联系最为紧密，技术知识存量的"核心"部分直接构成了技术核心能力。企业技术知识存量与技术核心能力的变动关系，如图4-2所示。

由于技术知识存量和技术核心能力都难以直接测度，而且度量单位也不同，无法用图表示两者之间精确的数量关系，图中只对两者之间的大致变动关系的变化过程进行描绘，对技术核心能力随着企业技术知识存量变化而变化的方向和速度进行比较分析，图中各个区间的长短则因企业具体情况不同而不同。只考虑了同一企业的技术知识存量与技术核心能力之间的变动关系，没有涉及同一时点上多个企业之间进行横向比较的情况。忽略技术核心能力增强的"滞后性"，即假设企业在增加技术知识存量的瞬间便增强了技术核心能力。

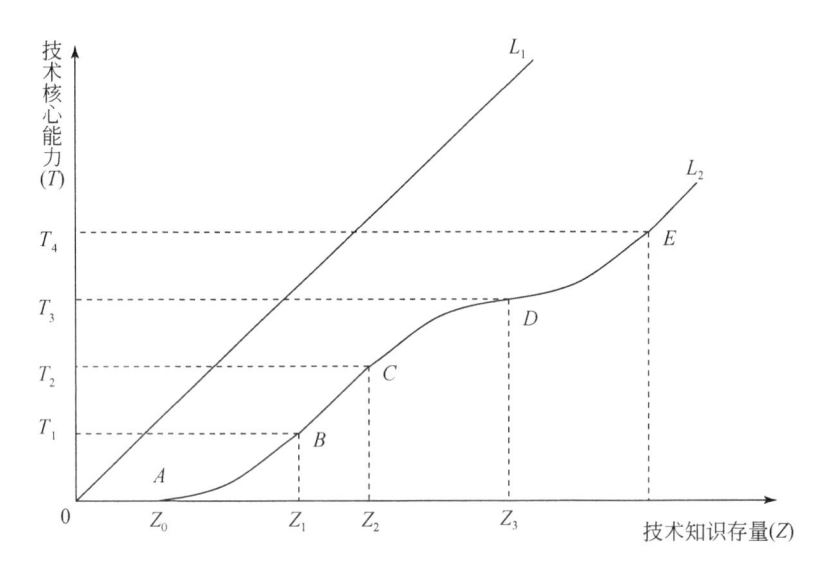

图 4-2 技术知识存量与技术核心能力变动关系

根据技术知识存量积累的量的不同，技术核心能力增强的速度也不同，在图中中技术核心能力增强的速度表现为曲线的斜率 dT/dZ，曲线的斜率在 0~1。当 dT/dZ>0 时，表示随着技术知识存量 Z 的增加，其技术核心能力不断增强；当 dT/dZ=0 时，表示当企业技术知识存量在增加时，技术核心能力并没有相应增强，说明该企业增加的新技术、设备、人员等均在从事非应用性知识的积累，或设备、人员过剩；当 dT/dZ=1 时，技术核心能力呈现最佳提升状态，此时，增加的技术知识存量 dZ 全部转化为技术的提高 dT。

为研究方便，假设企业不会增加无效技术知识，即假设 dT/dZ>0。由于技术核心能力是由技术知识存量的"核心"部分构成的，因此，技术核心能力增强的速度只能小于或等于知识存量增长的速度，即 dT/dZ≤1。

图 4-2 中直线 L_1 的斜率 dT/dZ=1，为理想状态。实际情况下，技术知识存量与技术核心能力变动关系曲线位于直线 L_1 和 Z 轴之间，如图 4-2 中的曲线 L_2 所示，即 0<dT/dZ<1。曲线 L_2 与 Z 轴相交于点 $A(Z_0, 0)$，表明企业技术知识存量总是大于 0，但当技术知识存量很少时，企业没有足够的知识，尤其缺乏"核心"知识构建技术核心能力，导致企业几乎没有任何技术核心能力的情况。随着技术知识存量的积累和增加，从 $A(Z_0, 0)$ 到 $B(Z_1, T_1)$，企业建立起技术核心能力，技术核心能力增强的速度也逐渐加快，直至 dT/dZ=1，此时企业已经拥有相当的技术知识存量，并建立起较强的技术核心能力。此时，从 $B(Z_1, T_1)$ 到 $C(Z_2, T_2)$，企业根据需求，有选择性地增加技术知识，所增加的技术知识全

部转化为技术核心能力的增强,达到最佳状态。由于企业情况的不同,从Z_1到Z_2的长度也各不相同,有些企业能够在很长的时间内保持技术知识存量和技术核心能力变动的最佳状态。在经历一段"最佳状态时间"增强后,企业的技术核心能力较之前大幅增强,具备了较强的市场竞争力。此时,从$C(Z_2, T_2)$到$D(Z_3, T_3)$,企业逐渐将重心和注意力从技术领域转向市场等其他领域,技术核心能力随技术知识存量的变动速度逐渐变小至$D(Z_3, T_3)$。从$D(Z_3, T_3)$到$E(Z_4, T_4)$,当技术核心能力的增长速度持续下降一段时间后,企业为了保持竞争优势,开始重视技术领域的发展,并根据市场和企业发展战略对原来的技术战略进行调整,引进相应技术、人才,购买相应设备以及调配资金等增加技术知识存量,从而促进技术核心能力的增强,技术核心能力随技术知识存量的变动速度也逐渐加大,直至$dT/dZ=1$,再进入"最佳状态时间"。从$A(Z_0, 0)$到$D(Z_3, T_3)$,技术核心能力的增强以及技术核心能力与技术知识存量变动关系的变化过程作为一个周期。从$D(Z_3, T_3)$开始,技术核心能力与技术知识存量变动的情况又会随着技术知识存量的增加,重复$AB \rightarrow BC \rightarrow CD$的变动模式,并不断循环这一过程。

(二)知识存量对技术核心能力提升的影响

知识是一个抽象的概念,是对事物本质的描述,具有多种表现形式,必须依附于载体,如人员、设备、产品和工具、文档和知识库、制度和流程、运营网络等,不能离开载体独立存在(Stewart,1984)。因此,企业知识存量的变化,表现为知识所依附的载体的变化,如人员、技术、设备、制度等的变化,这些知识载体的变化,直接影响到了企业的技术核心能力的培育。企业知识存量可以分为以人为载体的知识存量、以物为载体的知识存量、以组织结构为载体的知识存量和市场知识存量。

企业拥有的知识类型不同,对技术核心能力的影响也不相同(曹兴和郭志玲,2009)。独特的、难以模仿的隐性知识是形成技术核心能力的基础和源泉,而管理、执行等方面的知识,则是对技术核心能力的形成起到辅助的作用,营销、市场等方面的知识,则可能对技术核心能力的形成影响较小。所以,从载体的角度来说,以人为载体的知识存量是对技术核心能力的形成和提升最为关键的因素,以物为载体的知识存量是技术核心能力形成和提升的基础,以组织结构为载体的知识存量是技术核心能力形成和提升的保障,而市场知识存量对技术核心能力的影响较小,如图4-3所示。

(1)以人为载体的知识存量与技术核心能力

人是知识的重要的载体,是知识创造的主体。知识对人的依赖度极高,尤其

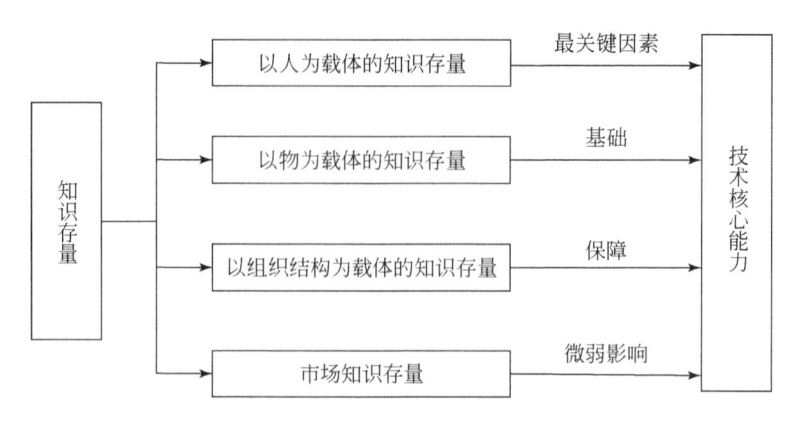

图 4-3　知识存量对技术核心能力的影响

是隐含经验类知识。高素质人才不仅熟练掌握所在行业的技术基础知识，还拥有隐性的、无法言传、难以在市场中获得、难以被取代的独特经验和技能，这使得他们成为企业抢夺的重要资源。企业中人才的专长和能力，决定了企业的经营绩效和企业技术核心能力的形成与提升。不同类型的人才对技术核心能力的影响因掌握的知识、技能、经验和擅长的领域而存在差异。技术研究人员是企业技术核心能力形成和提升的主要因素，具有深厚的技术知识功底和独特的创造性与创新能力，对技术原理有着深刻的理解，最终创造了企业的核心知识和核心技术。技术操作人员通过将技术应用到生产中，或是形成产品，或是改进工艺，实现技术的价值，在技术核心能力的形成和提升上起着关键性的作用。管理人员对技术核心能力的形成与提升起到了指导性作用，通过运用丰富的企业经营和管理经验，保证了企业的正常运转，提高了企业的生产效率和运作效率。

（2）以物为载体的知识存量与技术核心能力

以物为载体的知识存量是技术核心能力形成和提升的基础，其主要体现为技术知识。技术知识可以编码、容易传递，表现为企业科技文献、专利、硬件设备水平及信息化水平等方面。企业发表的科技论文、自主开发的专利技术及以实验为依据所创造出的新产品、新设计、新工艺等反映了企业的技术成果，体现了企业的发展潜能；企业所拥有的生产设备、精密的机械和仪器承载着与产品制造相关的先进知识，代表企业的技术实力；企业应用信息技术的水平，有利于改进现有工艺方法及工艺流程，是企业技术知识存量的一个重要影响因素。核心技术知识及与运作核心技术知识相关的知识，是当前技术核心能力的关键影响因素。鉴于技术创新呈现历史依存性，现有的核心技术决定了未来核心技术的发展方向，现有核心技术知识构成了未来技术核心能力形成的基础。核心技术在形成和提升技术核心能力方面具有直接影响，它们融合于企业的核心产品之中。技术核心能力的形成和提升呈现为企业核心技术的持续演进。企业的设备包括实验设备和生产设备，实验设备是进行技术创新的基本条件，并且企业的生产设备必须与所应用的技术相配套，才能将技术转化为产品，体现技术的价值，进而形成企业技术核心能力。

（3）以组织结构为载体的知识存量与技术核心能力

以组织结构为载体的知识存量可以使企业安全、有序、高质量地运行，是技术核心能力形成和提升的保障，主要通过调整企业的组织框架，建立起现代化的企业管理体系，实行权责明确、统一灵活的协调机制，其中包括企业的运行制度、管理程序、企业文化等。对技术核心能力的影响较大的是对科技人员的激励制度及研发管理制度，激励制度的设计会极大地影响科技人员的工作积极性和绩效，而研发管理制度如研发团队的组织结构设计、研发项目立项程序及技术引进制度等，则影响到企业的工作效率和研发团队的效率与绩效。企业文化的核心是企业的经营理念，体现于企业职工的价值观和企业精神，企业文化对技术核心能力的贡献，主要体现在价值观、凝聚力、合作性、创新性等方面（王毅和陈劲，1999）。

（4）市场知识存量与技术核心能力

市场知识是与企业产品市场推广、营销和市场研究有关的知识，是企业的产品设计、生产到推向市场并满足消费者需要的关键知识。从产品的生产过程来看，技术核心能力主要与产品生产前段有关，如产品创意、技术设计、技术应用、产品生产。市场知识则主要与产品生产后段过程相关，如产品的推广和营销。市场知识存量对技术核心能力的影响较小，但它直接关系到企业产品的销售情况和利润，而强有力的资金支持是技术核心能力形成和提升的重要保障；通过对消费者和竞争产品的调查可以帮助企业了解市场需求、消费者满意度及竞争产品特点，从而对产品创意和新技术的需求产生影响，继而对技术核心能力产生积极影响。

（三）技术核心能力的提升对知识存量增长的影响

知识存量的增加不断推动着企业技术核心能力的提升，反过来，企业技术核心能力的提升也将促进企业的知识存量的增长。技术核心能力的提升意味着企业从外界获取新知识的能力不断提升，从外界获取的新知识经过企业消化吸收，用于补充企业现有知识基础的缺陷或获得发展中所急需的知识。企业技术核心能力越强，企业对新知识的搜寻和了解能力就越强，获得新知识的成本就越小。从外界获得的新知识纳入企业知识存量，从而导致企业知识存量增长。企业技术核心能力提升的另一表现是企业能够在竞争中不断推陈出新，开发出自主产权的核心技术，这是企业在不断变化的市场中生死存亡的关键。企业不断推陈出新，意味着企业不断创造新知识，新知识在企业内部积累、沉淀，促使知识存量的增长。

技术核心能力的提升，是由知识增量也就是知识存量的增加引起的，而知识存量的增长需要企业不断从内部和外部开发知识资源。Ahuja等（2012）认为，知识存量表现出历史累积性特征，说明知识存量是逐步积累的，在增长过程中具有持续性和渐进性。曹兴等（2009c）认为知识存量增长主要有两种途径和表现形式：一方面表现为企业自身知识库内部知识的积累，知识存量的渐进增加，主要是企业员工通过"干中学""用中学""局部创新"等形式来实现；另一方面表现为将已积累的知识与新知识（来源于企业外部或企业自主知识创新）汇总进行整合和创新。通过将新获得的知识与储备的知识结合，由知识增量激活知识存量，通过不同知识面交叉创造新的知识，使得企业的知识存量大幅增加，进而提升企业的技术核心能力。因此，企业通过各种知识活动增加知识存量，促进技术核心能力的形成和提升，而技术核心能力的形成和提升又是不断增加知识存量。

如图4-4所示，企业通过渐进积累或知识创新促进知识增长，知识增量在企业内部积累、沉淀下来，添加到原有知识存量中，使得知识存量增加。同时知识增量又激活原有知识存量，与企业原有知识进行整合和交叉，产生大量新知识。新知识通过各种形式在企业内部积累和沉淀下来，使得企业知识存量增加。在这个过程中，企业技术核心能力得以提升，而技术核心能力的提升促进了知识的渐进积累和知识创新，意味着知识增量进一步增加，从而导致知识存量增加，如此形成动态循环过程。

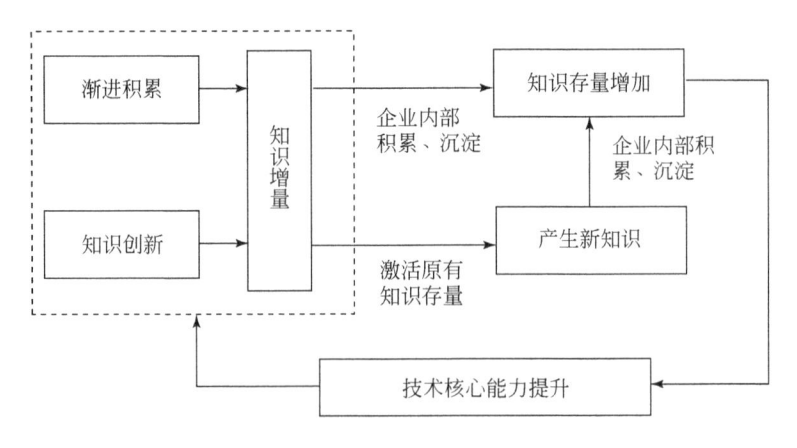

图4-4 技术核心能力与知识存量增加之间的关系

为了取得对其他企业的知识优势，获取更高的超额利润，企业就必须不断吸纳新的知识。其他类型的企业为了提高利润，需要扩大对知识的占有量，也有增加知识存量的需求，必然导致知识的流动，表现为知识载体的流动。知识趋向于流向需求更高、经济效益更好的企业中，即在知识的流动过程中存在着"马太效应"，即知识存量越大的企业，物质生产和知识消费就越发达，对知识的需求就越大，对知识的消耗也就越大，于是更能吸收知识资本，使得原有知识存量大的企业的知识存量不断增加（梅小安，2004）。

知识存量大的企业拥有一流的人才，领先的技术，先进的设备和高效的运行和管理制度等，这使得企业更容易进行知识积累和创新，并有利于形成和提升技术核心能力。技术核心能力强的企业在市场上具备竞争优势，因为企业的知识存量大，而且在形成和提升技术核心能力的过程中，形成了尊重知识、尊重人才的价值观和强调凝聚力、合作性，鼓励创新的企业文化。这种领先的企业环境更能吸引高技术、高素质人才，而且由于企业具备了雄厚的资金实力和技术基础，能够大力投入资金和人力，进行知识创新，不断改善自身的管理制度，促进企业的发展。同时，由于企业的成功，原先的价值观和文化也会更加被重视。技术核心能力的增强，反过来又增加了企业的知识存量增加的速度。知识存量大的企业，知识增量也大，更易形成技术核心能力，技术核心能力强的企业又会因企业的优势地位使得知识存量不断增加，从而形成优势积累的"马太效应"。

二、知识结构与技术核心能力的关系

（一）知识结构是技术核心能力壮大的重要基础

企业知识结构是各种不同类型的知识在企业内部的构成状况，反映了知识存量中各种类型的知识分别所占的比例，以及各种类型知识之间的相互关系。不同类型的企业由于产出的价值不同，对知识结构的要求是有区别的。同种类型的企业即使对知识结构的要求相似，由于企业的投入、人力资源、技术设备等方面的差异，必然也会拥有不同的知识结构。同一企业的知识结构在短时间内是相对稳定的，随着市场环境的变化、人员的流动、新技术和新知识的出现等，企业知识结构也在不断地变化中。正是由于企业不同的知识结构，塑造了企业的异质性，造成了企业使用和配置资源的不同，使得企业的技术、生产模式、产品、销售存在差异，进而形成了企业独特的技术核心能力和竞争优势。

企业中各种不同类型的知识相互影响、相互作用、相互支撑，共同构成了企业特有的知识结构。但是，各种类型的知识对企业的作用是各不相同的，有些是保证企业日常运行的基础，有些是企业形成技术核心能力和保持独特竞争优势的源泉，有些则直接代表了企业的技术核心能力。按照知识对企业的作用，可以将企业知识结构分为三个层次：公共知识、基础知识和核心知识，核心知识又可根据其对企业竞争优势的作用，分为竞争的核心知识和超竞争的核心知识，以上三个层次知识之间的比例和相互关系构成了企业的知识结构。

按照公共知识、基础知识和核心知识的顺序，知识的数量逐渐减少，而知识的特质性逐渐增大，被竞争对手模仿和复制的难度逐渐加大，对企业培育和形成技术核心能力的重要性逐渐增强，在企业内部呈现出一个塔形结构（马璐，2004）。知识结构各层次对技术核心能力形成的差异性，形成了一个倒塔形结构，如图4-5所示。

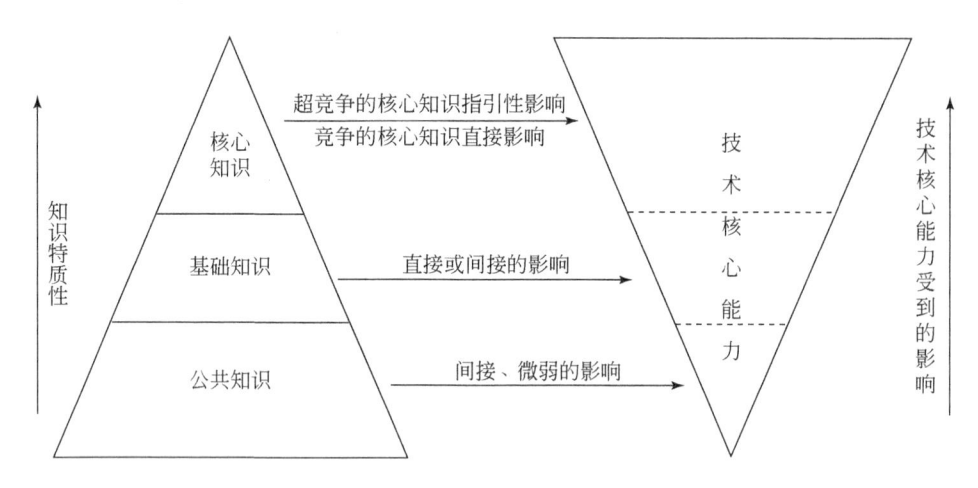

图4-5 企业各层次知识与技术核心能力形成的联系

公共知识主要以显性知识方式存在，具有易获取性，每一个企业都能轻易地获取公共知识，对于所有企业都具有相同的价值。公共知识是企业日常运营必备的知识，也是形成基础知识和核心知识的基础。由于公共知识"公用"的特性，尚不能构成企业的竞争优势，公共知识与企业技术核心能力形成间的关系较为微弱且非直接的形式。

基础知识虽然体现了企业的一些特征，但仍不属于企业独有的知识。在表现形式上，既有显性知识，又有嵌入到特定组织和文化之中的隐性知识。基础知识的获取是企业内部员工通过工作经验逐渐获得的，其获取方式既不像核心知识那样只能依赖于企业内部的培育，也不能经常性地在市场上购得。由于对企业及员工经验积累的要求，基础知识是核心知识获取并形成企业技术核心能力的基础，能够为企业提供短期的竞争优势。一方面，企业员工在工作中通过对基础知识和自身经验的积累，发现新的市场机会，发明新技术和新方法，创造新知识，并经过整合和结构化，转化为企业核心知识；另一方面，企业员工在这些过程中，强化了自身的研究能力、制造能力和学习能力，进一步增强了企业的技术核心能力。因此，基础知识与技术核心能力的形成之间存在着直接或间接的联系。

核心知识是一个企业区别于其他企业的重要标准，也是形成企业技术核心能力的最主要部分。核心知识是企业完全个性化的知识，是企业独有的，属于企业的商业秘密，是正在或即将为企业提供竞争优势的知识。绝大多数企业核心知识是缄默的、"只能意会不能言传"的隐性知识，并锁定于特定企业的特定文化、人员构成和设备等。核心知识中的技术部分即核心技术，直接构成了企业的技术核心能力，为拉开与其他企业的技术差距，保持技术竞争优势提供基础保障。其他部分的知识则保证了核心技术作用的有效发挥，使得核心技术能够顺利转化成核心产品，并在市场上处于领先地位，确保企业持续获取超额利润，为企业提升技术核心能力和继续保持竞争优势提供保证。

竞争的核心知识和超竞争的核心知识在技术核心能力的发展过程中扮演着不同的角色。竞争的核心知识为企业提供当前的竞争优势，使其能够在市场上取得成功。它是基于企业的行为经验和技术实力建立起来的，具有现实存在的特征。而超竞争的核心知识则属于更隐性的知识，这种知识更加富有想象力，包括对未来技术、市场和战略等方面的科学设想。超竞争的核心知识能够引导企业发展出具有竞争力的技术核心能力，并成为企业持续创新和成长的动力。因此，核心知识与企业技术核心能力的形成与发展有着最紧密的联系，其中竞争的核心知识直接影响着企业当前技术核心能力的形成，而超竞争的核心知识则指引着企业技术核心能力提升的方向。

（二）知识结构对技术核心能力提升的影响

技术核心能力的形成需要企业具备一定的知识基础，不但在知识数量上有要求，而且要求在知识结构上也必须合理。任何类型知识的不足，都会阻碍技术核心能力的形成和提升。技术核心能力的形成和提升是一个动态的过程，在这个过程中，企业必须不断地产生新知识，为其提供知识基础和支撑。

从知识的来源来看，企业新知识主要来自于外部引进吸收，以及内部知识的整合与创造。企业的知识吸收能力和知识创造能力，直接影响着企业的技术核心能力。知识吸收能力包含了对外部知识的识别和吸收转化能力；知识创造能力包含了对原有知识的整合能力和新知识的创造能力。企业现有知识结构状况影响着企业的知识吸收能力和知识创造能力，从而影响着技术核心能力的形成和提升。因此，通过分析企业知识结构与知识吸收能力的关系，以及企业知识结构与知识创造能力的关系，对深入理解知识结构对技术核心能力形成与提升的影响路径，剖析企业知识结构对技术核心能力提升的影响关系及作用机理具有重要的作用。

(1) 知识结构对知识吸收能力提升的影响

企业现有的知识结构反映了企业目前拥有知识的类型、比例和关系。知识吸收能力与企业现有的知识结构有着紧密地联系，存在"路径依赖"，要学的知识和已有的知识相关度越大，知识吸收能力越强，吸收速度就越快。如果企业缺少相关知识的积累，知识吸收能力不足，则新知识吸收的速度和效果就会变差。

知识结构不仅影响企业对目标知识的吸收，也会影响到企业对外部知识的识别，进而对企业的知识吸收能力产生影响。对于与企业知识结构中已有知识相匹配的知识，企业能够迅速判别其有效性和适用性，从而迅速做出是否采用的决定；对于企业已确定需要而与企业现有知识结构关联度较低的知识，企业需要更多的时间判别其是否真正符合企业的需要；对于以前从未接触过的新知识，企业可能会忽视或低估它的价值，不会主动搜寻和进行吸收，甚至接触到了也将其判别为无效知识，会使企业丢失在市场中夺取主动地位的机遇。

因此，知识结构对知识吸收能力有着直接影响。在从外部引进和吸收知识的过程中，现有的知识结构会影响到企业对外部知识的识别和对目标知识的吸收，善于识别和吸收与原有知识结构中已有的知识相关的知识，并在全新知识的识别与吸收上具有较低敏感度，有可能会忽视和低估新知识的价值。

从知识结构影响企业吸收能力角度分析知识结构对技术核心能力提升的影响关系，可以发现知识结构对企业技术核心能力的形成和提升作用的"两重性"，如图4-6所示。一方面，企业现有的知识结构能够迅速有效地寻找和吸收外部知识中有利于提高企业现有知识水平，特别是有利于补充和提升企业现有核心知识的知识，从而进一步提升企业的技术核心能力，巩固和增强企业现有的竞争优势，这是企业知识结构对技术核心能力形成和提升的"正面效应"。另一方面，现有的知识结构可能会阻碍新知识的进入和接受，特别是拥有行业领先技术和知识的企业，更容易屏蔽与企业现有核心知识不相关的新知识，知识结构僵化，从而导致技术核心能力刚性，不利于企业技术核心能力的提升，这表现为企业知识

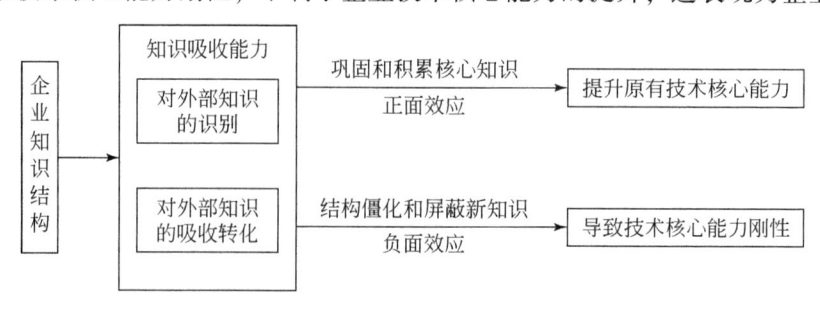

图4-6 企业知识结构对技术核心能力的双重影响

结构对技术核心能力形成和提升的"负面效应"。

(2) 知识结构对知识创造能力提升的影响

企业在内部获取新知识主要通过原有知识的整合和在原有知识基础上创造新知识,以上两个途径都是建立在企业原有知识结构基础上,与知识结构密切相关。

企业现有的知识结构决定了企业目前拥有知识的种类及比例,从而决定了企业进行整合的知识"原材料"。由于企业在获取外部知识后,需要对其进行吸收和转化,依据企业自身的特性内化为企业内部知识,然后再对其加以应用。因此,所谓的内外部知识的整合,归根到底都是企业内部知识的整合,如果企业本身拥有的知识质量不高,已经老化甚至即将被淘汰,或是比例不协调,某种类型知识过多,而其他类型知识过少,无疑会使得企业没有合适的知识进行整合,或者进行知识整合困难。由于技术发展快速和竞争环境的不确定性,企业通过单一的技术创新要形成技术核心能力已几乎不可能,需要通过对多项技术、知识或技能进行组合,才能形成技术核心能力。因此,知识结构会影响企业对原有知识的整合,而知识整合能力的强弱直接影响到技术核心能力的形成和提升。

知识创造是企业获取新知识的主要途径,也是企业获取核心知识的唯一途径。企业知识结构是否合理,直接影响企业的创造力和知识创造能力。企业的知识结构越合理,知识协调就越好,企业的创造力系数就越大,知识创造能力就越强。企业新知识的创造都是建立在原有知识结构的基础上的,不仅企业的知识吸收能力具有"路径依赖性",新知识创造能力同样也具有"路径依赖性"。企业任何知识活动包括对外部知识的吸收和转化、对企业原有知识的整合,以及企业内部新知识的创造,都存在着知识创造。因此,知识创造是企业获取新知识的主要途径,是企业技术核心能力形成和提升的真正源泉,企业的知识创造能力与技术核心能力是紧密相关。

因此,知识结构是企业进行知识创造的基础和前提,影响着企业知识创造能力的强弱,进而影响到企业技术核心能力的形成和提升,如图4-7所示。

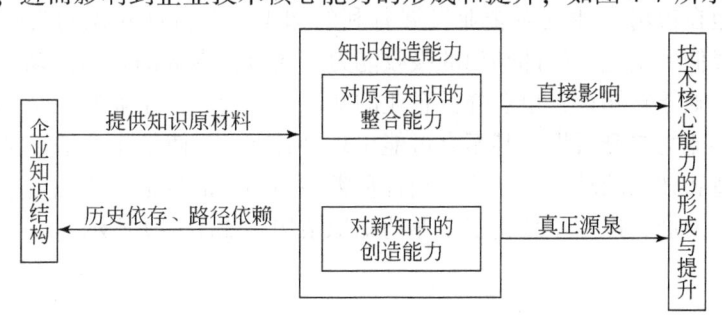

图4-7 企业知识结构与知识创造能力的关系

(三) 技术核心能力的形成对知识结构变化的影响

知识结构与企业技术核心能力之间存在着密切联系，通过知识结构可以影响企业知识吸收能力和知识创造能力，进而影响技术核心能力的形成与提升。企业的经营环境是动态的，企业知识结构也随着知识的流动处于不断的变化中，企业技术核心能力的形成与提升也将进一步对企业的知识结构产生反馈效应。从企业知识结构的变动效果来看，变动后的知识结构要么比原来要好，要么比原来要差，把这两个过程称为知识结构的优化和知识结构的恶化。

知识结构的优化是指企业随着市场环境、行业知识结构的变化，或自身战略定位的改变，通过从外部引进知识，或企业内部的知识创造，不断调整和更新原有的知识结构，不断地为企业发展提供所需的知识的过程。在知识结构的优化过程中，适应企业发展需要的新知识不断涌现，为技术核心能力的提升提供了知识基础。由于知识结构的优化顺应了市场环境的变化、追踪了行业最新知识的发展动态，因此增强了企业对外部知识的吸收能力。同时，优化过程中通过对有效知识发展和对无效知识淘汰，促进了企业不同类型知识之间不断融合、交叉，加快了原有知识的整合和新知识的产生，增强了企业的知识创造能力，促进了技术核心能力的提升。

技术核心能力的发展优化了企业现有的知识结构。在技术核心能力的提升过程中，企业越来越清楚自己真正需要哪种类型的知识，从而能够更加快速、有效地在企业外部寻找和识别所需的知识，通过制定一系列的激励措施，鼓励企业内部人员创造企业需要的知识。因此，企业知识结构的优化促进了技术核心能力的提升，技术核心能力的提升又反过来促进企业知识结构的优化，如图 4-8 所示。

企业知识结构的恶化是指企业不能够随着市场环境、行业知识结构的变化及时调整和更新企业原有的知识结构，从而使企业发展滞后的过程。企业知识结构的恶化，使得企业缺乏促进企业发展和技术核心能力提升的知识基础，不能够迅速、有效地在市场寻找到对企业发展有利的知识，对目标知识的吸收也比较缓慢，从而降低了企业对外部知识的吸收能力。同时，内部的知识流动缓慢、知识结构僵化、缺乏新知识，也会降低企业的知识创造能力。企业知识结构的恶化使得技术核心能力提升缓慢，甚至有可能出现"刚性"，使得企业缺乏从外部寻找和内部创造新知识的动力，不能识别各种类型的知识的价值，无法辨别知识的淘汰、积累、发展，进一步恶化了企业的知识结构，如图 4-9 所示。

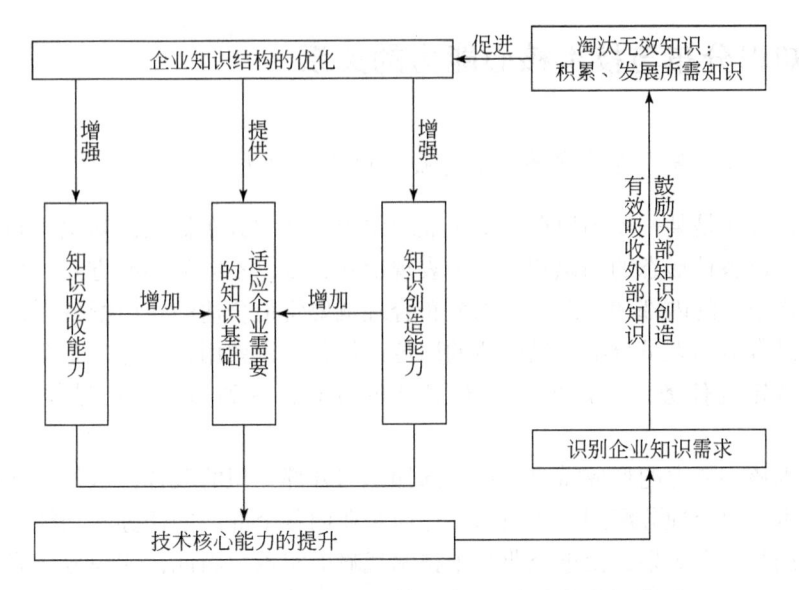

图 4-8　企业知识结构优化与技术核心能力提升的关系

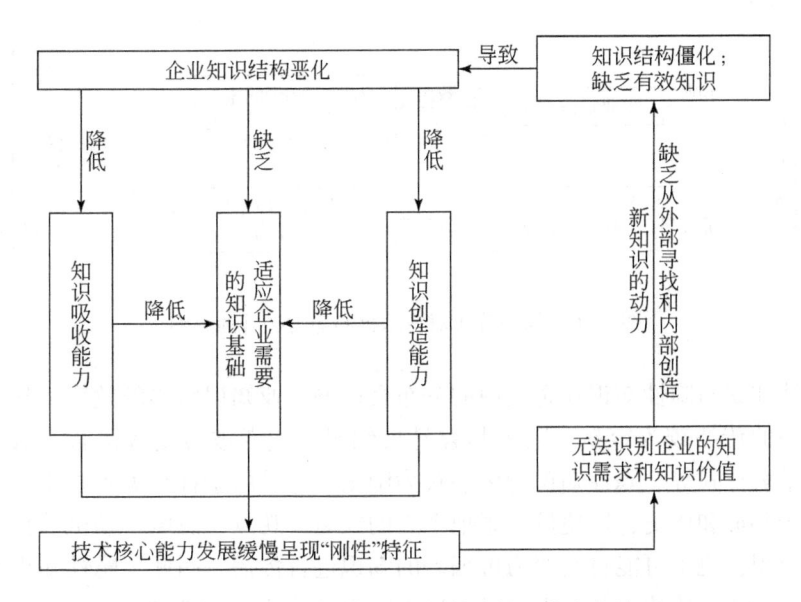

图 4-9　企业知识结构恶化与技术核心能力的关系

三、知识分布与技术核心能力的关系

(一) 知识分布是技术核心能力提升的重要推力

知识分布是某一项知识在一个企业或组织内部的分布情况，知识分布是以人为载体，以各种形态的知识和技术为表现形式，或以不同的存在方式，分布在一个企业或组织的内部和外部。知识分布合理就要将最合适的知识配备在最合适的地方，最合适的人员分配在最合适的岗位，使得知识效用最大化。企业中每个部门都有特定的任务，知识也应该有最佳的分布，达到适应部门结构和功能的目的。

技术核心能力的形成需要企业内部知识与外部知识的融合，从外部获取的知识或技术，要合理分配到企业内部，适应企业内各个部门的任务和功能，以达到最佳使用与整合效果，促进企业整个技术战略的实现。因此，知识分布影响企业知识的使用率和部门完成任务的绩效，从而影响着企业技术核心能力的形成，如图4-10所示。

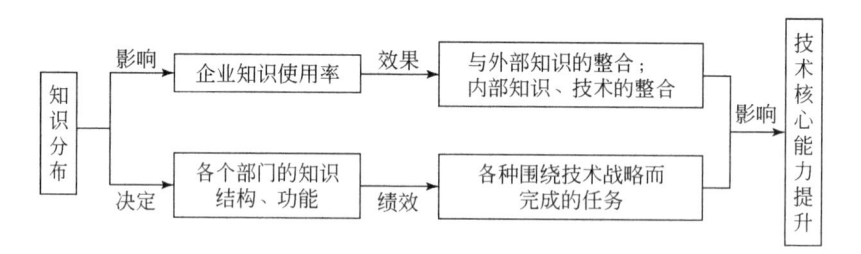

图 4-10 知识分布对技术核心能力提升的影响

显性知识与隐性知识在企业内的分布会影响企业知识转移的效率。显性知识在企业内的传播较为容易，因为其容易被编码，或者被转变成语言、数字、符号、数学表达式等。隐性知识的传播较为困难，它是居于社会关系之中，并高度地依赖于环境和历史，即使员工想把个人的经验、观点、态度、动机等传达给其他人或组织，也不可能将其变为可编码的知识进行传播。因此，隐性知识不能直接转化成为语言传达给其他人，只有通过隐喻来传达，通过除了语言之外的其他的方式来传达。从知识分布的角度，知识可以按照这种知识是否容易被传播、转移进行分类。知识的有效传播与知识传播渠道有关，知识传播渠道可以分为面对面地交谈、电话、个人信件、正式信件和数字上的交流，由于方式的选择，就决定了知识在传播过程中的可靠性和准确性。Berger 和 Luckman（1967）认为面对面的交流是最可靠和最准确的，一个人的主观性的经验，通过面对面交谈方式，传达给另外一个人，在此过程中，发生误解的概率是最小的。由于知识传播的途径影响知识获取的有效性和准确性，因此知识分布得是否合理，对技术核心能力的形成产生影响。

知识分布是否合理，会影响到知识流动的效果与效率。无论组织内知识共享程度大小如何，每位员工都会为设置一个界限，如习惯、价值观、行为原则等，使得其他人不能参与进来，同时还包括各个部门所制定的规章制度。如果知识分布得不合理，当一个部门在某种知识最需要的时候，只能根据现实情况，选择面对面地交谈、电话、个人信件、正式信件或数字上的交流等途径获取这些知识，由于不同途径的选择，最终会对任务的实施效果与效率产生影响。如果知识分布合理的话，本部门员工就拥有这种知识，则只需要在内部寻找这种知识，并进行面对面的交谈即可。如果所需知识在企业外部，则需要通过其他方式获取这种知识，从时间上就会有损失，并且知识理解的可靠性与准确性也会受到影响，如图4-11所示。

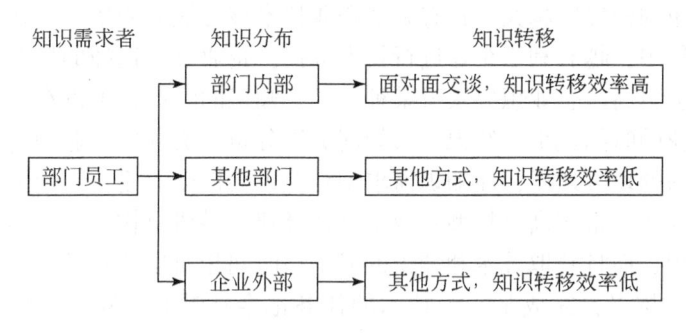

图 4-11 知识分布与知识转移效率的关系

由于知识分布在不同的地方，企业要获取知识就要选择不同的途径，在寻找目标知识时，采用不同途径所花费时间也不一样，一方面因为时间的原因造成知识转移的效率不一样，另一方面由于选择的途径、知识种类，以及接受和传播知识的主体不一样，也会造成知识转移的效率的不一样。由于知识转移效率的不一样，要完成技术核心能力的形成的效果和花费的时间也是不一样的。因此，知识分布是否合理对技术核心能力的形成起很大作用。

（二）知识分布对技术核心能力提升的影响

(1) 知识分布的特性

知识分布的特性主要包括密度、距离、差异性、水平高低和存在方式等，决定了研究部门、开发部门、生产部门和投入市场的距离，反映了企业的人员流动性，企业与知识中心的距离，影响沟通的方式、频率和效果等，使得知识转移效率也不同。知识在研究部门、开发部门、生产部门、市场部门和管理部门间的转移效率，会影响企业研发成功率、技术引进的成功率，从而影响技术核心能力的形成和提升，如图4-12所示。

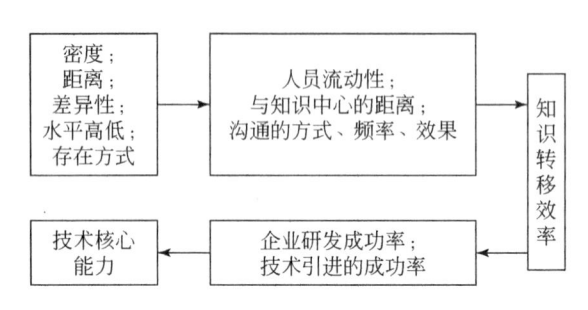

图 4-12　知识分布特性与技术核心能力的关系

（2）知识分布的密度

知识分布的密集度越大，越有利于企业技术核心能力的培养。在企业周围相关的知识越集中，越有利于企业进行技术选择，企业技术选择的机会大，搜索技术的效率也会更高。企业想要获得某种技术、知识的时候，可以在最小范围内获得，同时所花的时间也少。知识分布如同资源分布，资源性企业倾向于选择获取资源比较容易的地方建厂，而知识需求型企业也会把企业建在知识资源密度高的地方。实践证明，很多高科技型企业都会选择建在科研机构、大学多的地方，以利于获得知识，而且获取技术和知识的成本与时间相对也比较低。分布在一个部门领域的知识越多，完成某一个技术的任务也会越顺利。知识资源越多、越密集，部门或组织要达到一个目标就越容易，所需要的知识资源容易获取，遇到的技术难题也容易解决。员工周围的知识很丰富的话，也有利于学习，在部门与员工、员工与员工的交流的时候，部门的显性知识容易转化为员工的隐性知识，一个员工的隐性知识容易转化为另一个员工的隐性知识，而且知识密集度越大，员工的成长性也越高。

（3）知识分布的距离

距离是指企业、部门、员工需要的知识离他们的距离，以及企业与外部、部门与部门之间、员工与员工之间的知识水平相差的距离。如果距离越近，越有利于得到这些知识，所花费的时间、成本也越小。近距离的知识交流与沟通是知识转移的最佳途径，使得知识传播的可靠性与精确性达到最大。所以，知识距离企业越近，就越有利于企业技术核心能力的形成。

（4）知识分布的水平高低

如果企业与外部之间、部门与部门之间、员工与员工之间的知识水平高低相差太大的话，不利于技术和知识方面的转移。从企业与外部环境来看，如果外部的知识水平比企业内部的知识水平高太多，不利于知识流入企业内部，而且知识水平高的组织，比如科研院所、大学不太愿意与知识水平低的企业合作，即使要合作，也会有困难。如果企业的知识水平比外部环境的知识水平要高，减少了企业获取外部技术的来源，则需要花费更多的时间与成本去寻找合适的技术。部门与部门之间分布的知识水平相差太大，也不利于部门间的经验交流，其知识和技术转移的效果与效率也大受影响（张莉和和金生，2009）。员工与员工之间的知识水平相差太大，两者之间的交流与沟通机会也会变少，知识水平高的员工对知识水平低的员工没有信任感，使得知识转移成功的概率变小，而知识水平低的员工也有自卑感，即使想学习其他员工的经验、知识，也会因为自身知识水平太低而受挫。因此，知识分布在两者之间的知识水平相差太大，不利于技术核心能力的培养与形成。

（5）知识分布的差异性

虽然知识与企业离得很近，但这些知识与企业需要的知识没什么关联，即差异性比较大，则会使得知识交流困难而受到阻碍。如果员工与员工之间的知识背景差异太大，他们之间的交流就有困难，很难达成共识，知识共享程度降低，不利于知识创造。因此，知识分布的差异性大，会阻碍技术核心能力形成。一个组织需要一些特定的知识来完成它的任务，如技术研发、技术整合、技术创造甚至技术战略的制定，完成一项任务所需的时间，包括学习积累专业化知识的时间和具体完成专业化工作的时间，这些都会受到知识分布差异性的影响。因为，学习积累专业化知识的时间因人而异，如果员工已经拥有该专业化知识的基础，那么学习时间将比那些没有这种专业化知识的员工要短很多。同样，拥有专业知识的员工比没有专业知识的员工完成专业化工作的时间也要短很多。所以，知识分布决定了技术战略制定的好坏，同时，知识分布也会影响技术核心能力提升的效率。

（6）知识分布的存在方式

企业内部大部分的隐性知识存在于员工的头脑之中，如果没有及时把它转化为显性知识，则不利于知识的流通。同时，企业的显性知识的分布方式也影响着技术核心能力的形成进程，大部分的显性知识是以文字、声音、图像等可编码方式存在的，如果存在的方式不利于部门与部门、员工与员工之间的交换，也会影响技术目标实现的效率。企业中的知识分布如果大多分布在基层员工的头脑中，在高级管理层属于一个真空地带，则会阻碍高层做出具有战略意义的技术决策。因此，知识分布应选择合适的方式，才能达到技术核心能力形成过程中的要求。

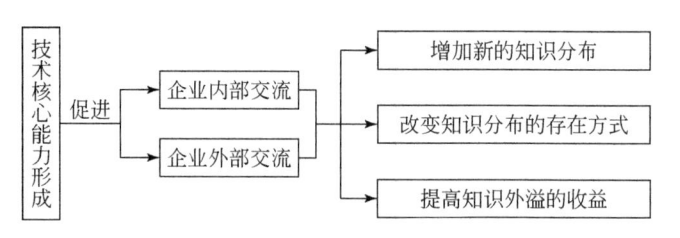

(三) 技术核心能力的形成对知识分布优化的影响

在企业技术核心能力的培养与提升过程中会创造出新的知识与技术，通过企业内部间员工的相互交流与职工培训又把知识显性化。所以，新的知识与技术增加了新的知识分布，知识的共享与人的交流使得知识分布的存在方式产生了变化。技术核心能力的形成，是一个知识生产与知识创造的过程，进而增加了知识分布的密度。由于技术的交流与沟通，以及知识的聚集效应，知识分布的距离变得不再那么遥远，知识分布的差异性减小。企业部门与部门、员工与员工之间的技术交流与沟通变多，知识共享程度加大，知识水平差距缩短。技术核心能力的形成，使得知识分布变得更加合理化，如图4-13所示。随着技术核心能力的形成，企业与外部的联系也不断加强，知识溢出途径增多，知识外溢的范围、规模和速度迅速扩大，促使相关产业集聚，增加该区域的知识分布密度，拉近了企业间的距离（刘柯杰，2002）。

图4-13 技术核心能力的形成对知识分布优化的影响

四、知识水平与技术核心能力的关系

(一) 知识水平是技术核心能力更新的重要条件

从企业内部来看，企业知识水平体现了部门和员工个人的知识水平，知识水平高意味着企业内部各部门完成任务的效果更好、效率更高。知识水平高，还会带来知识的辐射性，表现为企业内部学习能力的强弱。知识水平高的部门和员工，学习效果和学习效率都要更好、更高。部门或员工具备较高的知识水平，会使部门之间、员工之间或部门与员工之间的信任度更高，从而使得知识流动更多、更快，部门与员工具备更丰富的横向知识背景和更高的纵向知识水平，在形成技术核心能力时，技术研发、技术学习、技术整合、技术应用、技术扩散及技术延续力则相应更强。

在知识水平高的领域周围，往往会带来知识的聚集效应，吸引更多更高水平的知识，围绕在企业、部门和员工周围。因为，知识水平高，具有"知识比较优势"，会给部门及员工起到指导作用，倾向于向这种有高水平的部门及员工学习，为提升技术核心能力开通了一条更广阔的道路。

企业学习能力表现为企业内部的知识积累能力和知识应用能力。知识积累给企业提供了技术平台，知识应用将企业的知识转化为产品或工艺，进而促进企业技术核心能力的提升。学习能力是企业形成技术核心能力所必需的能力，知识水平在更大范围上影响着学习能力。在企业中，部门和员工知识水平的高低，反映了企业知识积累的多少和知识整合的好坏，以及知识应用能力的强弱。若企业提升知识水平，企业的知识积累能力和知识应用能力便得到提高，从而使得学习能力加强，为企业提供更广阔的技术平台和更丰富的产品或工艺，从而促进企业技术核心能力的提升，如图4-14所示。

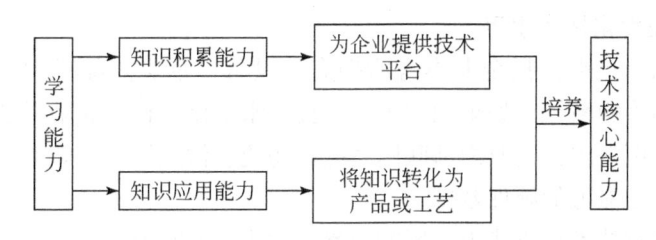

图4-14 学习能力对技术核心能力的培养

影响企业知识水平高低的因素主要有：企业搜集外部技术来源的能力、技术合作的优势、企业技术学习能力、核心技术水平的含量和企业物化技术水平。

（1）企业信息搜集能力

企业运用各种各样的手段搜集有价值的技术资源，通过企业内部互联网，以网络为基础的搜索引擎、数据库、电脑辅助的方法，完成技术信息的搜集。如果企业知识水平相对同行业的企业较高，企业的搜索范围就会相对更广，搜集到的技术信息更多，用于搜索的时间更短、效率更高，在搜索得到的技术信息之后，对信息进行处理的方法更科学、效率更高。因此，更高的知识水平使得企业在培养技术核心能力上更具有优势。

（2）企业技术合作优势

当一个企业的知识水平高时，可以得到更多的技术合作的机会，愿意与企业进行技术合作的组织和结构就更多。在进行技术合作时，合作方会考虑对方的技术水平，会考虑合作的成功率，包括进行技术转移时的效果与效率，知识水平高的企业会具有更高的选择优势。因此，知识水平高的企业具有更多的选择优势。

（3）企业技术学习能力

当一个企业的知识水平高时，其知识背景较为丰富，在技术合作过程中，表现出较强的技术学习能力。在学习过程中，相对其他企业，知识水平高的企业接受能力也相对更强，学习效果更好，其吸收和消化能力更强，使企业的知识库质量也相对更高。同时，能力强也表现为学习效率更快，这也为提升核心技术的能力打下了坚实的基础，使得技术质量更高，在时间上也获得优势。

（4）核心技术水平的含量

企业的知识水平和技术水平高，吸引技术的能力自然比其他企业更高。知识具有路径依赖性，知识水平只会往高处走，而不会往低处降。企业的知识水平高，搜索技术的水平高，吸引的技术合作方的技术水平相应也更高，企业形成的技术核心能力会比同类企业的能力要高要强。在这种"比较优势"的情况下，企业选择有价值的技术也肯定更有前瞻性，需要进行技术交流、合作也更容易，并且会吸引更强大的企业建立技术联盟。

（5）企业物化技术水平

企业的知识水平包括企业本身所拥有的设备、企业内部联网系统，以及物流、供应链和采购系统。如果知识水平和技术水平比同行业企业的更高，意味着该企业的设备更先进，企业内部联网系统及物流、供应链、采购系统更完善，这是形成技术核心能力的硬件基础。

知识水平对技术核心能力的影响因素，如表4-1所示。

表4-1 企业知识水平对技术核心能力的影响因素

企业信息搜集能力	企业内部互联网
	以网络为基础的搜索引擎
	数据库
	电脑辅助的方法
	对信息进行处理的方法
企业技术合作优势	合作机会
	合作对象的技术水平
企业技术学习能力	吸收和学习技术的效果
	吸收和学习技术的效率
核心技术水平的含量	知识的聚集效应
	技术联盟的强强联合
企业物化技术水平	设备的先进性
	企业内部联网系统
	物流、供应链和采购系统

(二) 知识水平对技术核心能力提升的影响

企业知识水平的高低，决定了企业技术水平的高低，影响着企业形成核心技术的能力。企业知识水平取决于企业内部对知识存量的整合过程，企业知识水平高，表现为企业搜集外部技术的能力比同行业其他企业要强，学习技术的能力和效率比同行业的其他企业要高，进而形成在同行业中知识方面的"比较优势"。企业的知识水平影响着企业获取知识的来源，获取技术和知识能力的高低，决定了企业在一个什么样的技术平台上，对引进的技术和企业已有的技术知识进行整合，从而影响企业获得技术核心能力的"模仿性"程度。

提高企业的信息化水平能够从整体上促进知识的共享、利用、创造，从而对企业的知识水平有正面的影响，也对企业的技术核心能力起到了间接正面的影响。企业主导逻辑水平从不同方面，影响企业对所获取信息进行的分析过滤，经过主导逻辑的筛选后，通过提出问题和提供明确或含蓄的解决问题的方案，影响企业的经营管理决策，从而影响着企业核心技术的能力的形成。人力资源水平对企业的应变、竞争、成长发展、创新等活动，以及各种技术手段的运用，都起到了决定性的作用，表现为企业内部学习能力的强弱。

在企业内部，一个员工或者部门知识水平的高低，表现为该个体或组织的任务是否具有明显的绩效优势，以及是能否促进整个企业内部信息和知识的积累、传递、传播，促进企业新知识产生效率的提高。知识水平高的员工和部门，学习效果和学习效率都会比知识水平低的部门与员工更好、更高，也更有利于企业核心能力的形成。技术轨道决定了技术发展可能有的方向和强度，企业需要在技术、制度、管理等方面，花费大量的精力，摒弃现有的大量的知识，创造或引进新的知识，保持与行业技术轨道的一致，对企业知识水平产生正面的影响，从而促进企业技术核心能力的形成。因此，企业知识水平高低，决定了企业知识获取、传递、创造、积累是否在一个良性循环机制中，影响着技术知识的不断积累。

知识水平表现为企业较长时间的内部积累和学习过程，不能通过短期突击或买卖交易迅速获得，是企业特有的、难以模仿的知识。同时，知识水平具有稳健性，它不会出现突飞猛进或者骤然降低的现象，一旦企业的知识水平达到较高程度，通常能为企业获取长期技术竞争优势提供基础，是企业向高层次技术水平发展的基本和必要条件，如图4-15所示。

(三) 技术核心能力的形成对知识水平提升的影响

技术是知识的载体，技术核心能力的本质是知识，企业通过技术核心能力，

| 企业知识状态：企业技术核心能力形成与提升 |

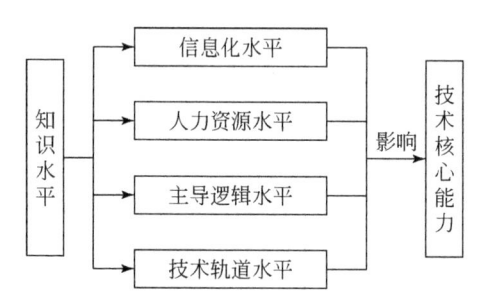

图 4-15 知识水平对技术核心能力的影响

实现和支持技术的创新、引进、吸收、学习、创造、应用、扩散和管理，从而积累知识、技能和经验。企业技术核心能力的形成，是以企业原有的技术、经验为基础，通过不断地吸收、学习，从而创造出具有更高价值的新知识，实现了技术的创新、吸收和学习，提高了企业的整体技术水平，一定程度上意味着企业的知识得到不断积累，企业整体知识水平得到提高。技术核心能力的形成，体现了知识创造的过程，创造的知识相对以前知识具有更高的水平。同时，在技术核心能力的形成过程中，还提高了企业、部门、员工的各种能力，包括研发能力、整合能力、扩散能力及延续能力。

企业在技术选择、合作、引进过程中，由于知识的流动与创造，提高了企业的技术水平、知识水平，提高了企业搜集技术信息等方面的能力，并且也提高了部门与部门之间的协作、交流能力，使部门内部知识结构得到改善，知识水平得到提升。企业技术核心能力形成过程中，企业、部门、员工在提高企业技术水平时，通过对知识的不断整合，不断地进行知识、技术的学习和创造。在这个过程中，当一个部门的知识水平的提高，由于存在知识溢出效应，知识扩散到其他部门与员工当中的速度会加快，从而使得企业整体知识水平的提高。技术核心能力的形成对企业知识水平提升的影响，如图 4-16 所示。

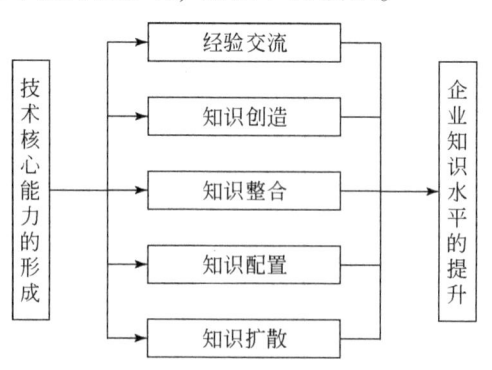

图 4-16 技术核心能力的形成对企业知识水平提升的影响

| 118 |

五、知识流动与技术核心能力的关系

（一）知识流动是技术核心能力运作的重要体现

知识流动是技术核心能力形成与提升的重要环节。知识流动是不同组织和部门之间相互学习、吸纳，共同创造新的知识的过程，知识供需双方通过动态的交互作用达到知识共享的目的，有利于组织间隐性知识和显性知识的利用（郭建杰和谢富纪，2022），同时在知识流动过程中实现了知识的价值增值。企业通过知识获取、知识整合和知识创造，更新原有的知识存量，改变固有的知识结构，提高企业适应外部环境的能力，促进企业技术核心能力的演进，使其在激烈的竞争中得以生存（吴小桔等，2015）。技术核心能力的形成和提升，一方面体现在原有技术水平上的提高；另一方面是通过引进一项新的技术，对已有技术进行整合，或者引进、吸收、消化一项新技术，在此基础上进行技术整合，进而创造出新的技术。因此，企业技术核心能力的提升体现了知识流动的过程（孟庆伟和刘铁忠，2004）。

知识流动有助于企业形成技术核心能力，而技术核心能力的形成反过来也推动着知识流动的不断进行和优化，两者相辅相成，形成动态循环过程。企业通过知识流动，获取外部知识，为企业技术核心能力形成奠定知识基础。但并非所有知识都对企业技术核心能力的形成起作用，企业应该有目的地获取外部知识，对进入企业的知识进行识别、分类、过滤，重点获取建立企业技术核心能力所必需的知识，并对其进行消化吸收和运用，优化企业的知识结构和组织惯例。在这个过程中，产生新的创意，引导着技术核心能力形成的方向，随着创意被送到企业的决策者手中，决策者基于企业的战略目标进行筛选，当决策者选择后，开始进行研发，知识在这个时候得到大量的共享和交流，员工吸收这些知识，并转变成自己的知识，实现外部显性知识转变为隐性知识的过程，隐性知识根植于企业内部，具有不可编码的特征，使竞争对手难以模仿，因而相对于显性知识具有更大的竞争价值。当隐性知识渗透到技术核心能力中，成为技术核心能力的构成要素时，其价值得到提升并变得难以模仿。掌握隐性知识的团体或者个人可以将隐性知识显性化，这样便于知识的共享和进一步创新，进而产生出新的知识，知识存量增加，新知识又进入下一阶段的知识流动过程中，有利于技术核心能力的进一步提高。因此，技术核心能力提升的过程体现了知识流动，没有知识流动就不可能形成技术核心能力，如图 4-17 所示。

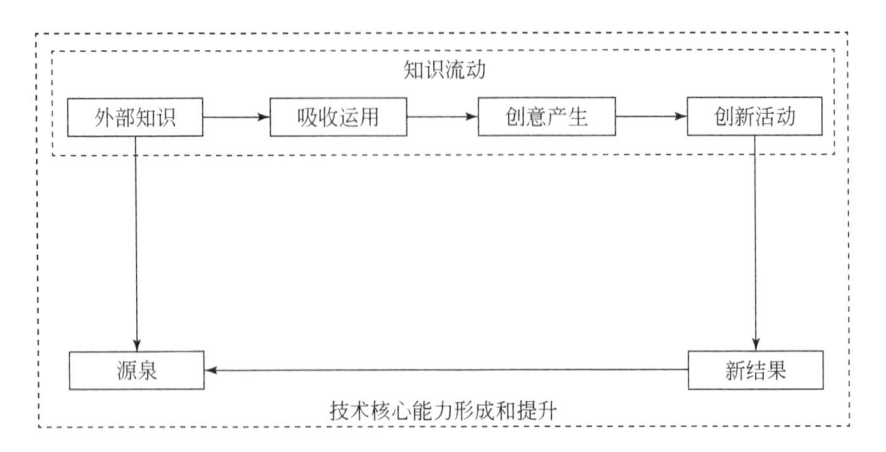

图 4-17　知识流动与企业技术核心能力形成的关系

(二) 知识流动对技术核心能力提升的影响

知识流动给企业带来技术知识存量的增加和知识质量的提高。企业获取知识的过程，就是知识从企业外部流入企业内部的过程。在技术核心能力的形成过程中，企业需要从外部环境获取必要的知识，增加企业知识资源的存量，为企业技术核心能力的形成提供有效的知识资源基础（易显飞和李兆友，2005）。企业作为知识流入方，可以通过资料收集、设备工艺引进、合作开发、购买知识产权、咨询与服务反馈等获取知识（邓修权等，2003）。新知识与企业原有的知识整合，通过知识的共享、应用、创新，产生更多新的知识、技能、产品和服务。新知识的流入巩固了企业原有的经营优势，增强企业知识优势，同时快速形成自己的新专业知识，为进入某一新领域做好准备，如图 4-18 所示。企业外部知识和企业内部员工知识，通过显性知识隐性化和隐性知识显性化的过程，上升为企业知识，在知识流动的驱动作用下，通过知识共享、知识应用、知识创新的过程，实现企业知识和技术资源的整合与积累，优化企业知识结构，企业的知识不断地更新，知识水平不断提高，从而提高企业的企业技术研发能力、技术整合能力、应用能力和延续能力等整体素质，增强了企业技术核心能力。

知识流动是一个动态过程，在技术核心能力的形成过程中，技术知识会流入组织，也不可避免出现技术知识的流出。技术知识的流入与流出、数量的多少、流动的速度、流动的阻力等因素，都对技术核心能力的提升产生影响。

(1) 知识的流入与流出

技术知识的流入，表现为企业对外部技术资源的吸收，主要来自员工的知识、组织知识、客户知识、企业外部知识、企业技术文献、公共科学知识等。企

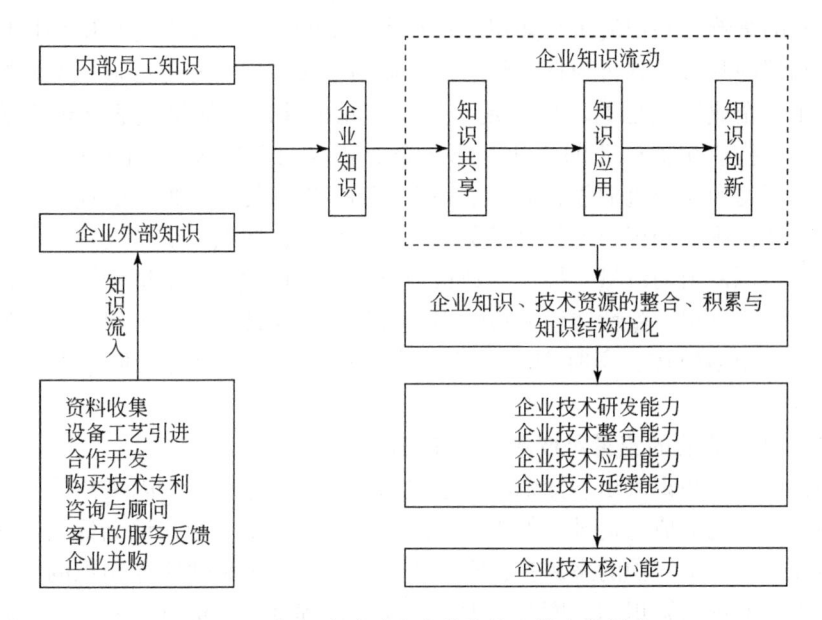

图 4-18　知识流动对企业技术核心能力的影响

业可以通过引进新的技术工艺、引进人才、与大学和研究院所合作等方式，增加企业的知识存量，丰富现有知识基础，弥补自身的知识短板，优化知识结构，从而减少组织边界对知识交流与共享产生的阻碍，为技术核心能力形成和增强提供技术支持。技术知识的流出，表现为一般知识和公共知识流出企业，或者是核心技术知识从企业内部泄露到企业外面。一般知识和公共知识的流出，可以促进企业与外部技术的交流，通过扩散效应营造良好的知识创新氛围，促进其他企业的知识创造进程，提高行业整体创造力。而技术核心知识扩散到外面，会导致企业智力资本和无形资产的泄露，而且这种影响是长期的。此外，核心技术知识的外溢会降低知识创新主体的积极性，从而破坏知识扩散到知识创新的良性循环过程（高霞等，2019），削弱企业技术核心能力的竞争优势。

（2）知识流速与流量

知识流量是企业知识存量持续累积的来源。当一个企业知识流量的数量和速度增加时，企业的知识存量不是简单相加，而是呈指数倍地增加。在知识的流动过程中，存在着"马太效应"，企业知识存量越丰富，对知识的需求就越大，就会有大量的知识流入，企业对知识的消耗大，更能学习和消化知识，以致知识的流动速度加大，因此，知识存量丰富的企业，知识流入的量不断增加，有利于企业获得技术资源，提高资源利用效率。

知识流速与流量主要受知识存量、企业所在地的环境和知识传输过程中的损失等因素的影响。知识流量与知识存量存在一定的关联,较高的知识存量提高了企业对知识的判断、分析与选择能力,企业的学习与创新能力增强,促进知识流量的产生。企业所在地的环境决定了知识流量的速度,如果企业邻近有著名大学、研究机构或相似产业的企业,那么企业获取知识技术资源的成本小、速度快,组织间的沟通交流加强,促进了知识流动。知识传输过程中的损失,影响知识流量,知识流经知识通道不可避免发生一些损失,知识接受者收到的知识流量要少于知识源发出的流量,损失的数量与质量,在很大程度由被传输知识的性质与传输方式所决定。隐性知识的传输损失要远大于显性知识,采用书面的知识传播方式与采用多媒体、实时交互式的传输方式相比较,前者的传输损失显然会更大。

(3) 知识流动的变量对技术核心能力的影响

知识流入、知识流出、知识流动数量与知识流动速度四个因素共同影响企业技术核心能力的形成与提升,如表4-2所示。当流入企业的知识流量大、速度快时,企业获取技术知识的来源多,有利于企业隐性知识和适应性知识的获取,丰富和扩展企业创新知识的广度和深度。知识共享程度高,信息透明度大,越有利于隐性知识显性化,从而加快更广泛的技术知识的传递、分享,通过知识的整合提高企业技术核心能力。当企业进行知识流出时,如果核心技术从核心部门流到非核心部门的知识流量大、速度快,会促进知识的共享,提升知识的有效流动及流动效率,有利于技术核心能力的提高,反之会抑制技术核心能力的提高。如果核心技术从核心部门或非核心部门流到企业外部的知识流量大、速度快,会造成企业知识的泄露,阻碍技术核心能力的提升,使企业失去综合竞争力。

表4-2 知识流动的四个因素对企业技术核心能力的影响分类

对技术核心能力的培养与提升的影响		知识流量的大小和速度	
		流量大、速度快	流量小、速度慢
知识流入		加强	削弱
知识流出	核心技术从核心部门流到非核心部门	加强	削弱
	核心技术从核心部门或者从非核心部门流到企业外部	削弱	不作考虑

知识流动受以上因素的影响,如果以上因素引导知识流动在一个良性的循环中,将促进企业技术核心能力的形成。如果以上因素使得知识流动的动力不够,将导致企业知识的获取、转化和积累不足,阻碍企业知识存量的增加,还会引起企业的知识种类、数量的减少,知识质量的降低,抑制企业知识水平的提高,使得企业的资源配置劣化,知识结构僵化,知识分布不合理,阻碍企业技术能力的

提升，从而削弱企业技术核心能力的竞争优势，如图4-19所示。

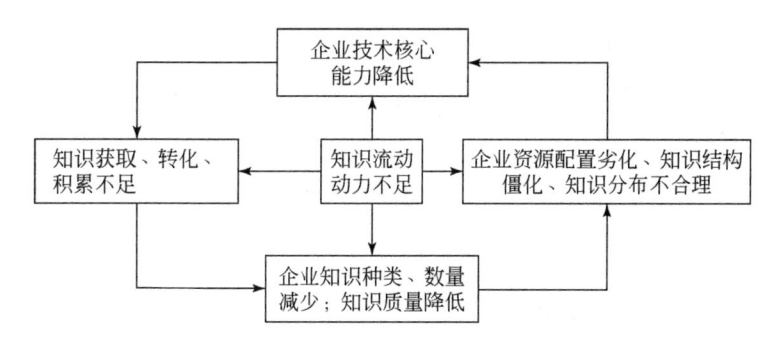

图 4-19　知识流动不足对技术核心能力的影响

（三）技术核心能力的形成对知识流动优化的影响

企业技术核心能力的形成与提升是一个知识流动的过程，如果企业的技术创新与学习能力很高，企业内知识资源的密集度很大，组织及其成员之间学习、吸收与整合技术知识的积极性高，则会促进知识流量的增加；相反，当企业相关的知识以规则、程序、方法和组织心智模式等方式储存企业的记忆中时，组织及其成员习惯了已有知识选择方式，限定了企业识别和利用潜在的有用知识，则会阻碍有用的知识流入，知识流动的数量、速度和阻力对技术核心能力的提升产生负面影响。主要体现在随着技术核心能力的提升，使得组织学习和吸收外部知识的能力提高，技术选择范围更广，由此产生的知识流量也更大，因此技术核心能力与知识流动数量呈正相关关系；同时，技术核心能力的提升增加了组织的学习效率，知识流量的速度也因此提高，所以技术核心能力与知识流动速度也呈正相关关系。而技术核心能力的降低与知识流动的阻力密不可分，存在知识流动的阻力是原因，技术核心能力的降低是结果，因此技术核心能力与知识流动阻力呈负相关关系。

技术核心能力不仅会对知识流量产生影响，同时也会最终影响企业的知识存量。知识存量与知识流入的数量受到技术核心能力影响，如图4-20所示，N表示知识存量，M表示知识流入数量，当$N>0$，即企业中不管有没有知识流入，肯定存在一定的知识存量。曲线L_1、L_2以及直线L_3表明随着知识流入量增加，知识存量增长幅度存在差异，从而对企业技术核心能力的形成与培养产生影响。

曲线L_1反映出企业存在核心刚性，即知识存量不随知识流入量的增加而增加，主要是因为企业的组织和员工对知识吸收惯性影响下，习惯于选择以前的模式，造成知识吸收的重复性和知识吸收的效率下降。知识的边际流量减小，企业

| 企业知识状态：企业技术核心能力形成与提升 |

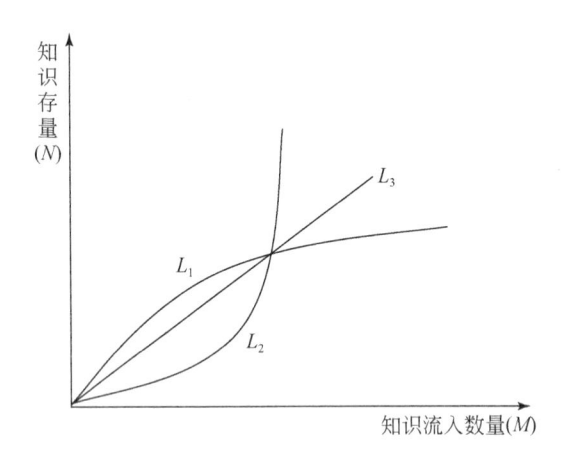

图4-20 知识存量与知识流入数量的关系

技术核心刚性限定企业的技术选择空间和技术领域范围，在有大量知识流入的情况下，由于核心刚性的存在，企业真正吸收和消化的知识很少，流入的知识资源产生的边际效益很小，使得企业的知识存量增加量不明显，已有的技术核心能力可能成为企业变革的障碍，表现出不易被改变的核心刚性特征。核心刚性反映了企业技术核心能力的"悖论"，即企业越强调技术核心能力，核心能力越得到加强，最终企业却反而衰退甚至失败。当企业的核心竞争能力被发展到极致就形成了刚性，束缚了企业技术核心能力的更新与重建。

曲线 L_2 反映出企业存在核心柔性，即知识存量在知识流入量增加很少的情况下仍大幅提高，反映了企业员工的学习与创新的积极性很高，倾向于学习和吸收不同类型的技术和知识，并且企业内部的知识分享和扩散的程度很大，以至于在知识流入量不大的情况下，企业仍能产出比流入量还多的知识，说明企业内部进行了知识生产和知识创新。核心柔性加快了企业技术创新与调整的速度和水平，提高了企业适应环境变化的能力。但过度追求柔性不但无法给企业带来任何竞争优势，往往还会使企业陷入困境，甚至面临生存危机。

直线 L_3 表明企业技术核心能力的刚性和柔性达到平衡，即知识存量随知识流入量的增加呈现出大致相同幅度的提高。此时，企业需要基于环境的动荡程度和环境变化的基本类型，确定理想的柔性状态。一般来讲，在静态、简单、可预测的环境里开展经营活动的企业，常常利用有限的柔性水平，拥有刚性占主导地位的技术核心能力；在动态、复杂、不可预测的环境里，需要较高的柔性水平，拥有柔性占主导地位的技术核心能力。企业完善的知识获取渠道和内部知识创新机制使知识资源能得到不断补充并与其他资源相协调起来，各种资源之间通过知识资源建立紧密的联系，通过对企业知识资源的整合，在动态变化中实现核心能力刚性与柔性的平衡，为企业提供持续的竞争优势。

第四节　企业知识状态与企业技术核心能力演化

企业知识状态是由知识存量、知识结构、知识水平、知识分布和知识流动五个属性组成，对技术核心能力的影响是多方面的。知识存量决定了企业可选择技术的多样性，是企业的技术基础；知识结构则决定了企业的知识吸收能力与创造能力；知识水平决定了企业形成技术核心能力的技术平台的高低，以及企业将知识转化为产品或工艺的能力；知识分布影响着技术核心能力形成的效果和效率；知识流动是形成和提升技术核心能力的必要条件，没有知识流动就不会有技术核心能力。以上五个属性共同表征了企业的知识状态，对技术核心能力影响并不是各自独立的，而是相互影响、相互作用，并共同影响技术核心能力。技术核心能力的形成和提升是知识状态五个属性共同作用的结果，其本质就是企业知识状态的提升过程，而知识状态的提升又表现为五个属性的优化。

技术核心能力是企业竞争优势之源，采用企业竞争优势的强弱变化，表征企业技术核心能力的演化过程，如图 4-21 所示。

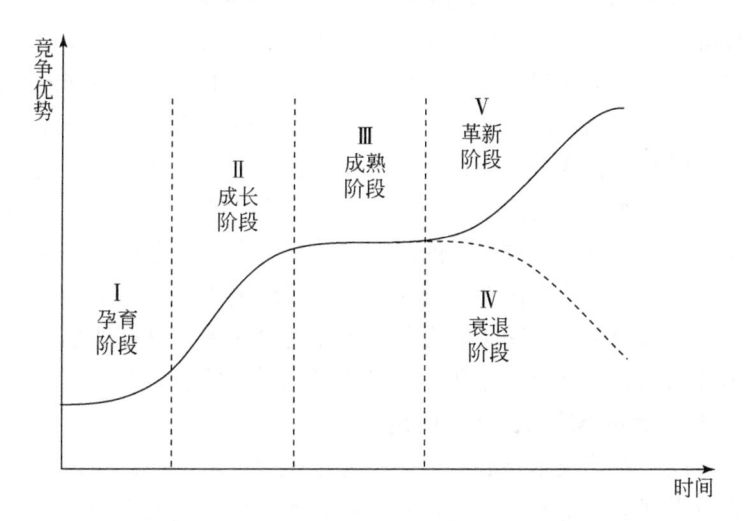

图 4-21　企业技术核心能力的演化过程

技术核心能力的演化过程可以分为孕育、成长、成熟、衰退或革新阶段。技术核心能力的形成和提升，分别对应成长阶段和革新阶段，这两个阶段是企业知识状态变化最大和最多的阶段，新知识不断涌现，知识存量大幅度增加，知识结构也发生变动，主要表现为核心知识大量增加，基础知识和公共知识也随之增加，知识水平提高，知识在相关部门、相关人员中分布扩散，知识大量快速流动。企业是否能取得持续的竞争优势也主要取决于在这两个阶段的表现。在成长阶段技术核心能力的形成，使得企业获得竞争优势，经历了成熟阶段后，技术核心能力是否能进入革新阶段得到提升，是企业保持持续竞争优势的关键。若提升不成功，技术核心能力则会进入衰退阶段，具体表现为技术核心能力退化为一般的技术能力，或是技术核心能力转变成核心刚性，企业失去竞争优势。若提升成功，则形成新的技术核心能力，也即技术核心能力进入一个新的演化过程。

成长阶段和革新阶段是技术核心能力的形成和提升的重要阶段，对企业竞争优势的取得和保持至关重要。孕育阶段，技术核心能力处于萌芽时期；成熟阶段，技术核心能力比较稳定，为企业带来了长期的竞争优势，尚未出现导致变革的威胁。这两个阶段是知识状态较为稳定的阶段，企业进行渐进的知识积累，知识存量缓慢增加，知识结构、知识水平变化不大，核心技术缓慢向其他部门和人员分布扩散，这两个阶段主要是为技术核心能力的成长阶段和革新阶段做准备。衰退阶段是技术核心能力退化，或者出现核心刚性，知识状态僵化，而且衰退阶段是与革新阶段相对应的，提升成功便是革新，否则进入衰退阶段。

（1）企业技术核心能力的孕育阶段

在孕育阶段，企业需要从外部环境获取必要的知识，企业的知识存量决定了企业的知识面，以及企业建立何种类型的技术平台。由于企业不同的知识面，知识结构影响了企业获取知识的能力，同时，也影响着企业技术核心能力的发展方向。知识水平影响着企业在该知识面所选择的技术水平的高度，而且知识水平高的企业得到技术合作的机会更多，会给企业带来更多的商机。企业外部的知识分布距离影响着企业获取知识或技术的时间和资金成本，决定企业技术核心能力的形成过程在时间上能否获取优势。此时，知识流动主要是显性知识从企业外部流入企业内，如技术的引进、购买的设备、人才的引入等，只有外部知识流入企业内与企业内部知识进行整合，企业才有可能形成技术核心能力。

（2）企业技术核心能力的成长阶段

在成长阶段，企业技术核心能力不断地显现出竞争优势，知识主要在企业内部流动，企业内部知识得到整合与创新，企业的知识存量大大增加，知识水平提高。企业知识存量成为企业进行知识创新、技术创新的源泉，知识水平决定了企业知识的累积能力与应用能力，并影响企业的技术研发能力、整合能力与应用能力。这个阶段，企业的隐性知识显性化，显性知识隐性化，使得企业的知识结构和知识分布发生变化，同时，知识结构给技术核心能力的形成带来指引性的影响，知识分布影响着知识与技术在企业内部转移的效率。技术核心能力的先发优势受知识转移效率和知识流动的影响，知识流动的快慢，以及知识的有效流动，影响技术核心能力形成的效果。因为，在知识流动的过程中会有损失，如果起关键作用的知识流动被扭曲，即传达的理念没有被完全理解或者被误解，它所带来的效果是完全不一样的。

（3）企业技术核心能力的成熟阶段

在成熟阶段，技术核心能力比较成熟稳定，并给企业带来一定程度稳定的竞争优势。企业的知识存量增加，但没有成长阶段多，知识结构比以前更完善，知识分布比以前更加合理，知识水平得到提高，但没有成长阶段提高的程度大，知识流通的渠道更加通畅，此时的知识状态更多的是在成长阶段得到改善，但改善的程度不大，它主要是起维持作用。

（4）企业技术核心能力的衰退阶段

在此时阶段，企业技术核心能力竞争优势逐渐丧失。由于企业在解决问题时，可能会受到已形成的技术核心能力中的知识所限制，形成思维定势，从而使得知识价值减小，使得企业核心能力形成了"核心刚性"。即知识存量限制了企业技术的选择面，知识结构僵化，知识分布面对新的环境变得不再合理，由此限制了知识的流动，使得企业进出的知识都是因为企业的惯性而流动，知识的种类变少、质量降低，企业的知识水平因此没有得到提高，使得企业内没有知识创新点，企业现有的知识存量满足不了企业发展的需要，知识结构和知识分布不再适应企业的发展。

（5）企业技术核心能力的革新阶段

当企业意识到问题出现时，就会对企业的知识资源进行重新配置，对能力重新整合。这一阶段，企业知识结构向适应新环境改变，企业知识分布也相应改变，知识分布到企业最需要它的地方，知识流动又开始变得富有活力。在此阶段，知识存量是革新阶段的资源储备，提供技术支持，知识结构和知识分布成为革新阶段的阻碍因素，只有知识结构和知识分布变得合理后，才会重新发挥它们的积极作用。企业知识状态的五个属性与技术核心能力的关系，如表4-3所示。

表4-3 知识状态的属性与技术核心能力阶段的关系

阶段 属性	孕育阶段	成长阶段	成熟阶段	衰退阶段	革新阶段
知识存量	决定企业的技术面与技术平台的选择	企业进行知识创新、技术创新的源泉	小幅度增加，比成长阶段少	限制技术选择，现有存量不能满足发展需要	资源储备；提供技术支持

续表

阶段 属性	孕育阶段	成长阶段	成熟阶段	衰退阶段	革新阶段
知识结构	影响获取知识的能力及技术核心能力的发展方向	得到改善并对技术核心能力形成具有指引性影响	较之前更完善	结构僵化,阻碍技术核心能力的形成	得到合理改善,重新发挥积极作用
知识水平	影响技术平台高度与技术合作机会	影响企业知识累积能力、应用能力,技术研发、整合、应用能力	小幅度提高,比成长阶段少	水平不再提高企业缺少知识创新点	水平再次提高
知识分布	外部知识分布距离影响获取技术的时间和资金成本	影响知识转移效率与技术先发优势	较之前更合理	新环境中知识分布不再合理,阻碍技术核心能力的形成	得到合理改善重新发挥积极作用
知识流动	外部知识流入,促进企业内外技术交流	影响技术核心能力形成的先发优势和效果	渠道更加通畅	流动受到阻碍;知识因为企业的惯性而流动	增强活力促进技术创新

第五章 企业技术核心能力的形成与要素分析

技术核心能力是知识的集合，体现了知识状态的动态性。技术核心能力形成的过程就是技术或知识创新的过程。基于企业知识状态，将技术核心能力形成的过程划分为激活阶段、创新阶段、沉淀阶段三个阶段。技术核心能力与知识状态之间是不断互动、共同发展的关系，企业知识状态是形成和提升技术核心能力的基础，技术核心能力的形成和提升，伴随着知识状态的进一步优化。

第一节 企业技术核心能力形成过程模型

技术核心能力是核心能力的技术部分，具有路径依赖性、不可模仿性、稀缺性等核心能力的特征；同时，技术核心能力又是技术能力的一部分，其特点与一般核心能力不同，具有整合性、历史依存性和辐射性。企业的技术能力是企业为支持经营战略的实现，附着在人员、信息、设备、组织中的各种知识的总和。技术核心能力则是其中具有企业特性的、经过企业内部个体和组织长期学习积累的技术知识（魏江，1999c）。企业通过技术核心能力来实现和支持技术创新，引进、吸收、学习、创造、应用、扩散和管理技术知识，从而积累知识、技能和经验。技术核心能力的本质是以核心技术知识为核心，通过获取、吸收、转化、创造、应用、积累相关的知识为辅，使得核心技术知识的作用得到发挥。核心技术知识具有隐性知识的内在特性，由于隐性知识往往难以表达和言传，存在于个人的脑海里，隐含于过程和行动中，只有通过共同合作、反复沟通、组织学习、知识共享等方式才能在组织中传递和沉淀。核心技术知识不能通过外部的市场交易行为获取，只能依靠企业内部进行知识创新和知识积累而获得。因此，要构建技术核心能力，取得和保持技术领先地位及竞争优势，企业就必须不断地进行知识创新和知识积累。

企业的知识状态决定了企业技术核心能力，企业技术核心能力培育的根本途径是企业进行知识创新和知识积累，技术核心能力培育的过程可以看成是知识激活、知识创新到知识沉淀的过程（曹兴和张亮，2009）。其中，知识激活实质是知识创新的启动，知识创新最核心的阶段，知识沉淀是将知识创新成果在组织内部积累和延续。知识沉淀只能实现量变，只有知识创新才能使技术核心能力发生质变，实现提升。由于技术核心能力的核心部分是核心技术知识，并不是所有的知识创新和知识积累都能够促进技术核心能力的形成和提升，只有在知识创新和知识积累过程中，产生了核心技术知识，或者说企业进行了技术知识创新和技术知识积累，才能够真正地从根本上形成和提升技术核心能力。知识激活通常表现为对企业原有技术存量的激活，知识创新通常表现为技术创新，知识积累通常表现为对知识或技术创新成果的积累。因此，探究技术核心能力形成和提升的作用机理，应将重点放在技术存量激活、技术创新和技术创新成果沉淀上。

在激活阶段，原有知识状态得到激活，在外界环境改变或内部因素刺激下，企业知识流动速度加快，知识创新力度提高，在原有技术基础上积极进行创新，促进新的知识与原有知识相互作用和有机整合，不断产生新的知识，丰富和发展原有知识库，企业知识存量增加，知识状态不断改善，企业技术核心能力逐渐形成。在创新阶段，企业在市场力作用下，通过研发、整合、扩散等方式，不断创造新的知识和新的技术，将创新成果在企业内部及相关部门进行积累和扩散，并从中获取核心技术知识，即形成新的元素知识、架构知识和有效知识，使企业原有知识状态改善，技术核心能力得到提升。在沉淀阶段，创新阶段产生的新知识不断积累并沉淀下来，延续到企业未来的研发、生产和营销等经营活动中，使得企业的知识水平提高到一个新的台阶，知识分布和知识结构得到改善，知识状态进一步优化，从而使企业技术核心能力得以巩固和提升。知识沉淀只能引起知识状态的量变，并不能使其发生质变，只有通过不断创新，不断循环，技术核心能力才能进一步发展。因此，技术核心能力的形成和提升过程，实质上就是企业知识状态不断升华，原有的知识状态得到提升的过程，如图 5-1 所示。

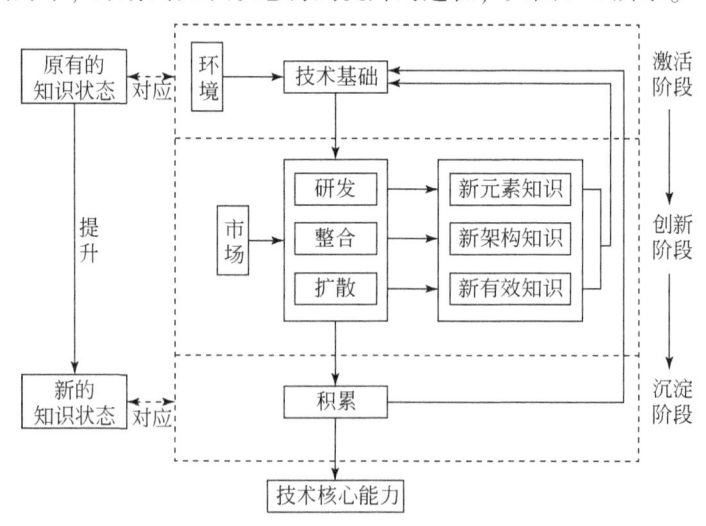

图 5-1 技术核心能力的形成过程模型

第二节　企业技术核心能力形成过程的阶段分析

一、技术核心能力形成的激活阶段

激活阶段是技术核心能力形成的启动阶段。在激活阶段，企业通过学习或整合获取知识增量，通过知识增量撞击并激活原有技术优势和技术能力构成的企业技术存量，使得企业知识流动加快，知识创新力度加强，新知识不断涌现，企业知识存量和核心知识不断增加，新的知识与原有知识相互作用和有机整合丰富和发展原有知识库，从而使企业技术核心能力形成并得到提升。

（一）知识存量对技术核心能力形成的影响

技术核心能力的形成和提升过程伴随着知识存量的积累。企业知识存量的变化表现为知识所依附的载体变化，进而体现为企业资源、能力变化。企业拥有的知识类型不同，在形成技术核心能力过程中所起的作用也不相同。企业原有的技术优势和技术核心能力是企业在其所从事的行业和领域中长期积累的结果，企业可以通过模仿在短期内掌握某项技术，但不可能通过模仿建立高人一等的技术核心能力。

知识存量的增长影响企业技术核心能力的提升，这种增长方式分为知识吸收和知识创造，具体表现在企业自身所具备的知识吸收能力和知识创造能力。知识吸收能力促使企业快速接纳、消化吸收外源知识，将外源知识转变为自身知识体系中的一部分，通过知识转移实现知识存量的增长；知识创造能力取决于企业自身的知识、基础及知识结构，通过知识整合产生新的知识，实现知识存量的增长。企业知识存量的增长促进了知识吸收能力的提高，有利于知识吸收，企业得以吸收更多的新知识，使企业形成知识积累，进而提高企业知识存量；知识增量在企业内部沉淀和积累下来，从而提高企业知识吸收能力，促进企业的知识吸收过程。

增长的知识存量转化为企业知识的一部分，与企业的储备知识相结合，激活原有知识存量，通过不同知识的整合和交叉，提高企业知识创造能力，促进企业进行知识创造，由此产生大量的新知识，使企业进入知识创新阶段，促进了知识存量增长。企业知识的吸收和知识的创造，经过了知识的积累、整合、共享和转化，从而增强企业技术吸收能力、技术整合能力和技术变革能力，进而提升企业技术核心能力。

(二) 激活阶段技术核心能力的形成机理

企业的原有技术存量表现为企业进行一轮技术创新的知识与技术存量，是一系列知识与技术集合，包括各种专利、专有技术等。因此，企业原有的技术优势和技术核心能力是企业在其所从事的行业和领域中长期积累的结果。

激活阶段，企业通过学习或整合获取知识增量，通过知识增量撞击由原有的技术优势和技术能力构成的企业技术存量，激活原有技术存量体。通过激活，促进企业知识流动加快，加速知识创新力度，从而新知识不断涌现，使企业知识存量增加，其核心知识不断增大，企业技术核心能力逐渐形成，如图5-2所示。

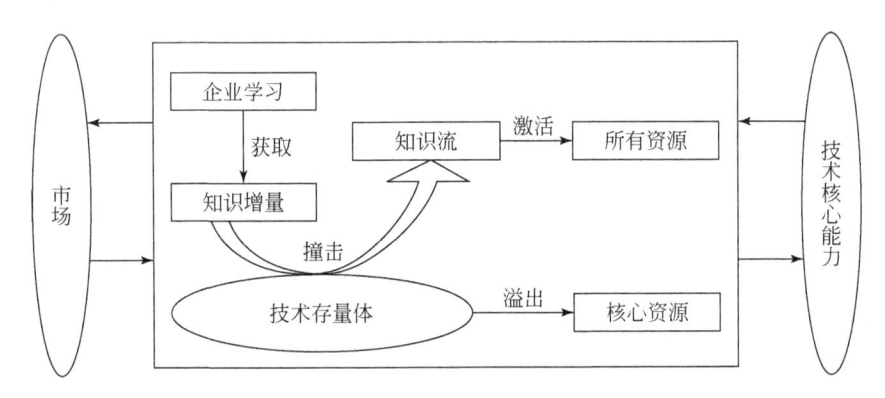

图 5-2　激活阶段技术核心能力形成机理

在市场需求的变化冲击下，企业技术存量体自身的大小受到一对相反力量的影响：一方面，企业通过学习获取知识增量，增加的新知识又不断"撞击"技术存量体，从而产生了知识流并激活了企业内部的所有资源；另一方面，随着时间的流逝，核心知识不可避免地溢出使原有技术存量体减少，使得原有技术核心能力逐渐失去了其独特性和不可模仿性，最终影响了技术核心能力的形成效率和效果。

企业内部资源增量的获取，是一个不断学习和积累的过程，只有企业不断地学习，使增量知识积累到某一阈值，才能使整个企业的竞争能力从相对静态的量的积累，激发为动态的质的变化。因此，任何一个企业要激活内部知识存量，就必须获取知识增量并与企业内部存量相碰撞。

在激活阶段，企业知识与技术存量内部发生学习与知识流动的行为，起到了获取知识、撞击知识、激活知识的作用，在市场牵引力的作用下，企业不断地激活形成核心产品与核心技术所需要的知识，使得企业的知识存量持续增加，企业知识结构与知识分布不断改变，知识资源利用率实现最大化，知识流动的渠道得以通畅，促进了企业的知识状态不断改善，为企业的技术核心能力形成打下基础。

随着企业内外部环境变化，企业需要改变经营战略。处于行业领先地位的企业，如果过分强调现有的技术优势和技术核心能力，则会形成核心刚性，使企业固守原有的技术和思维模式，不能根据新技术和市场需求的变化而迅速转变自身的战略定位，企业衰退就不可避免，甚至可能瞬间倒塌。所以，企业必须不断地激活原技术存量，实现知识存量的增加，保持竞争优势，从而顺利进入技术核心能力形成的关键阶段，即技术创新阶段。

二、技术核心能力形成的创新阶段

创新阶段是创造新知识和新技术，获取核心知识和核心技术，真正能够形成和提升技术核心能力的关键阶段。

（一）知识状态下技术创新的形成与动态发展

技术核心能力是企业区别于其他主体，保持自身竞争优势的能力，在其形成过程中，技术创新为其积累了较多的核心资源与经验，成为促进技术核心能力形成的重要方式。技术的本质是知识，企业技术创新的实质体现为新知识的创造与运用。在企业中，员工个人知识是企业知识资源的基础，在市场需求或企业战略的导向下，员工不断接收企业内外部的知识，并进行员工间的知识交流，实现知识的共享和整合，从而产生新的技术类组织知识或知识增量。一方面，这种新的技术类组织知识可以直接成为企业内部技术知识，也可以扩散到企业外部，成为社会技术知识，一起进入下一个知识循环；另一方面，这种技术知识增量在组织中经过一系列知识活动，与企业具体的生产、经营、管理业务相结合，实现企业的知识创新，成为具有潜在价值的、企业所独有的新技术知识。这种创新知识又与其他类型的知识（包括市场、销售、客户等）相结合，物化到产品和服务，并随着特定的产品、服务或工艺扩散到企业和社会中，同时会与原有的知识相结合，从而产生新的知识增量，激发下一个技术创新过程，如图5-3所示。

企业技术创新是知识创新的一种形式，是企业通过对已有知识的应用，以及与外界新知识的整合，实现技术知识的创新，其动态发展会受到企业知识资源情况的影响。企业知识状态是特定时点上企业各种类型知识相互作用所表现出来的企业知识特征和属性，反映了企业知识的整体状况，通过知识存量、知识结构、知识分布、知识水平和知识流动五个属性来表征，揭示了企业知识资源的差异性，其所表现出来的知识综合状态会对企业技术创新产生影响，可以促进技术创

| 企业知识状态：企业技术核心能力形成与提升 |

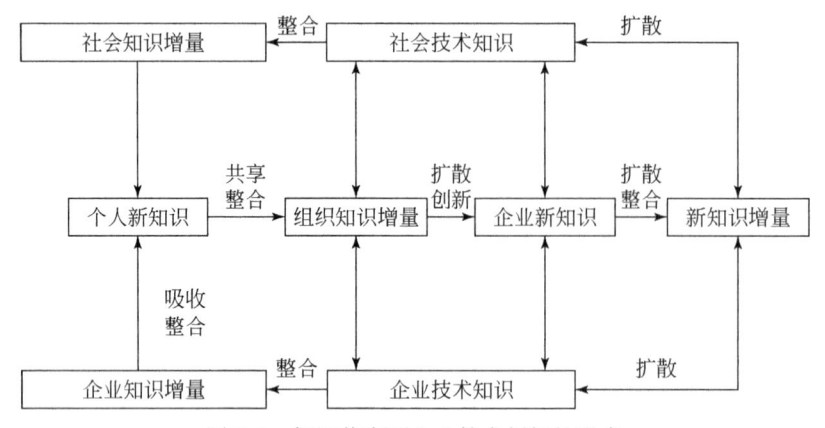

图 5-3　知识状态下企业技术创新的形成

新的循环升级。同时，技术核心能力的形成是技术创新的成果，其是在企业知识状态的基础上实现的，通过分析企业知识状态与技术创新间的作用关系，有利于企业技术创新的动态发展，进一步明晰技术核心能力形成的关键，如图5-4所示。

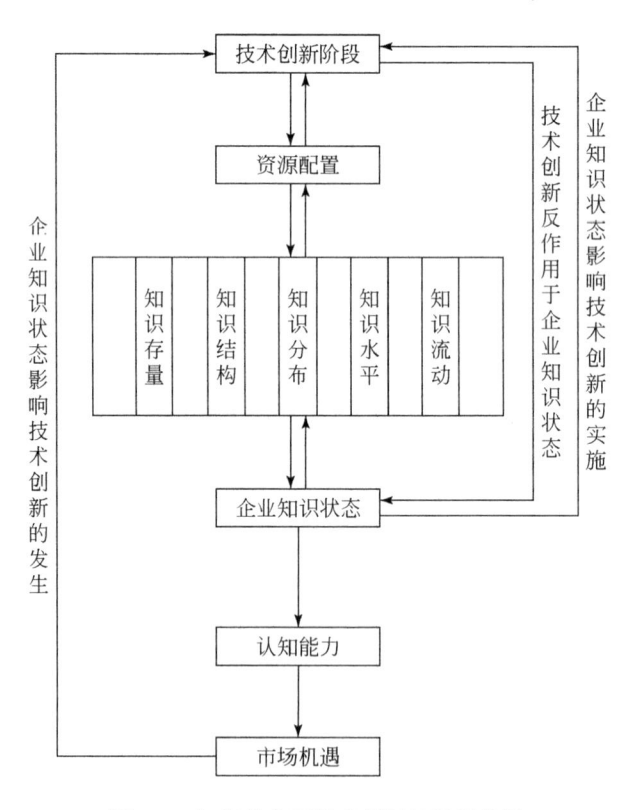

图 5-4　知识状态下技术创新的循环发展

企业知识状态对技术创新的影响体现在两个方面：一是影响技术创新活动的发生。技术创新是企业获取竞争实力的根本途径，是企业对自身发展情况与外部市场变化了解的基础上，所进行的具有目的性的活动。由于企业知识状态存在差异性，影响企业的整体发展水平和对外界的认知能力，在相同市场环境中，使得企业对于内外部能力的分析和市场机遇的把握存在差异，影响技术发展战略的选择和创新目标的确定。二是影响技术创新的实施过程。技术创新的过程就是企业对已有知识与新知识的重新组合，对企业知识资源具有较大的依赖。企业知识状态是企业在特定时期内所拥有知识总体情况，由于知识状态的不同，使得企业资源基础存在差异性。随着企业知识状态中知识流动，加速促进了知识的内外部流动，改善了企业知识资源的配置，对技术创新的过程产生影响。

技术创新的发生源于企业独有的知识状态。技术创新活动是一个复杂的过程，其产生往往来源一个新设想或新概念的出现，更多产生于个人的头脑中，是个人知识、经验与市场实际需求碰撞所形成的思想"火花"。通过员工个人知识与市场知识的碰撞，产生新的设想，再经过相关员工和部门自身知识储备，对新思想进行筛选，并得到组织的认同，认为可行的、有价值的创意，才会真正成为一个新的设想或概念，进而确定技术创新的目标和技术策略的选择。在此过程中，个人知识和团队知识发挥着重要作用，而企业就是由若干个正式或非正式的群体和个人组成，企业知识状态可以看成其相互作用后形成的集合，由于受到自身发展经历的影响，与其他企业相比体现出其独特性。从知识的数量、质量、流动方向等方面，改变企业员工和群体的知识状态，引导其提升知识水平和对市场需求敏感性，快速、及时、准确地把握市场变化，推动技术创新的产生。

技术创新的实施过程受到企业知识状态的影响。技术创新的实施是把新想法转变为新技术的过程，既包含了大量知识资源的支撑，也体现了知识资源的合理配置。企业知识状态体现了知识存量、知识结构、知识分布、知识水平和知识流动五个属性，知识存量与知识水平会影响企业知识资源的数量与质量，对技术创新过程中知识组合的选择与有效性产生影响；知识结构、知识分布与知识流动会对知识资源的构成、部门间及其不同环节的分布，以及知识传播的方向等产生影响，进而影响技术创新过程中知识资源配置的合理性。因此，企业知识状态通过改变企业知识资源基础和提升知识资源配置，促进新技术成果的产生。

知识状态与技术创新也是一个相互作用的动态过程，企业的知识嵌入其生产经营活动之中，通过对知识的有效运用、整合，实现技术创新能力的提升；同时，技术创新活动引导企业知识资源的配置方向，改变企业的知识特征，进一步优化和提升企业的知识状态。技术创新活动为企业知识状态演化提供动力。企业知识状态与技术创新之间并不是单向的作用过程，而是双向的动态发展。企业知识状态的提升存在多种方式，但是技术创新才是使企业拥有独特的知识和技术，形成企业独特竞争力的关键。技术创新的产生与发展过程中，都需要知识资源的参与，是对知识的重新整合，引导着知识资源的配置，不但促进了企业知识存量增加和知识结构演化，还会通过知识流向和流速的调整，使得企业的知识流动得到优化，进而提升知识水平，最终使得企业的知识状态在整体上不断优化。

（二）创新阶段技术核心能力的形成机理

在创新阶段，技术创新能力是技术核心能力的主要构成，通过提升技术创新能力，有利于创新知识资源的积累，进而加速技术核心能力的形成。在企业技术创新能力提升过程中，知识状态是影响其发展的重要因素，知识资源也起到关键作用。从知识结构特性来看，知识可以分为元素知识与构架知识，其中元素知识是关于认知对象整体，或者其构成要素的知识，这种知识存在于个体之中。构架知识是关于系统与相连系统之间的关系，或者其构成要素之间关系的知识，是对认知对象深入认识的结果，这种知识存在于联结之中（王毅，2002）。按照知识构造的特性，把技术创新能力分为研发能力、技术整合能力、技术扩散能力，从这三个方面分析如何通过增强技术创新能力，帮助技术核心能力的形成。其中，研发能力体现了产生新的元素知识，技术整合能力则是产生新的构架知识，技术扩散能力是形成有效知识。

（1）研发能力的作用机理

研发能力主要是指企业的自主研发能力，企业通过投入知识、技术与资金，进行研究与开发，使企业获得新技术、新材料、新工艺、新产品、新市场等发展所需的新资源，从而将企业原有元素知识转化为新的元素知识。

由于知识的延续性，要求具备相应的知识积累，而知识的创造性，要求具备先进的信息收集、处理和知识创造能力。因此，研究与开发属于知识密集度较高的活动，其本质上是企业内生型的知识存量增长过程。内生型的知识存量是组织依据自身积累的知识库，整合外界各种来源的知识，产生新的知识，主要表现为：组织为解决某个问题，通过各种渠道，广泛收集组织内外的各种信息和资料，组织内部人员广泛采纳各方面的看法或建议，整合出创造性的解决措施或方法。研发任务是企业根据顾客、竞争对手、市场发展、企业自身战略等方面的综合考虑所提出的，通过研发新技术或产品，利用技术先发优势而获取市场地位。为了实现自主创新的内生型知识存量的增长，企业通过收集广泛的信息，了解企业发展态势，以及自身产品的缺陷或顾客的需求，对企业内部已经积累的相关知识，予以激活并加以应用，创造出新的知识，完成对新技术的开发，这个过程是知识的静态和动态积累的过程。知识整合所导致的知识存量的质变、量变，与企业的自主研发能力是正向反馈的关系,自主创新会促进知识存量的良性增长,而知识存量的良性增长,又会促进企业研发能力的提升。而研发能力又是创新的基本要素,企业只有通过研发,吸收先进的科学技术成果,把科学技术知识物化为新的产品和设备,从而形成或创造出新的生产工艺和方法。所以,研发能力是企业创新的技术源泉,是技术创新能力的技术前提和基础。只有通过不断的研发,企业才能形成自己独特的、不能被轻易模仿的技术核心能力,持续保持其竞争优势。

(2) 技术整合能力的作用机理

技术整合能力是企业技术核心能力形成的关键,是指企业整合各项技术、知识和技能的能力,包括对所获取的外部技术的内化能力和对自身现有技术的整合能力,表现为企业内部技术要素通过知识联结进行重新组合、企业外部各技术要素内化成为企业内部资源,以及企业内外部要素重新组合而形成新的技术,最终形成新的构架知识。任何单个技术、知识或技能很难成为企业的技术核心能力,但是,对企业而言,如果具有强大的技术整合能力,能够将现有的内外部技术很好地整合在一起,即使没有单项的、独特的、不能被轻易模仿的核心技术,也能形成技术核心能力,产生竞争优势。因此,很多企业通过不同技术要素组合构建企业技术核心能力,通过组合管理,实现具有企业特定性的技术要素高效率组合,进而培育和提高企业的技术核心能力。

企业技术整合能力本质上是企业整合与运用存在于企业外内部知识的能力,其表现形式就是构架知识和元素知识的相互转化。由于构架知识与元素知识本身也是发展变化的,通过相互转化和自身的发展变化,形成了由模块化、进化、结构化、变异的知识的动态演化循环。模块化是将构架知识表达为元素知识的过程,通过模块化,可以把握对象整体,而不用了解其细节;进化是将已有元素知识加以改进,或者创造新的元素知识,从而达到创造知识的目的;结构化是将元素知识转化为构架知识的过程,通过整合元素知识,获得新的构架知识,通过解剖元素知识,获得其内部构架,用构架来表达元素知识;变异是通过构架的改变,或者创造新的构架,从而创造知识的过程,其特征是不通过改变元素知识获得构架知识。经过以上四个过程,知识得以创造和积累,技术核心能力得到提高。

(3) 技术扩散能力的作用机理

技术扩散能力是企业首次使用某一技术创新,直至新技术在企业的运用,并达到完全成熟的过程。企业在应用某项新技术的过程中,随着时间的推移,逐渐了解该项创新技术的特征、性能与价值,据此调整对该项创新技术的运行机制,直至达到所期望的水平。因此,技术扩散既是一个企业的技术推广与技术转化过程，同时也是随时间推移的企业技术创新学习过程（王永龙，2005）。

企业的技术扩散能力表现为应用新的元素知识与新的构架知识，从而产生有效知识，通过有效知识，产生超越竞争对手的技术优势，逐渐演化为核心专长和核心技术，并且为企业创造新技术、新工艺、新产品、新材料，最终形成技术核心能力。企业技术核心能力通过企业的生产制造系统，转化为核心产品和最终产品，由企业营销系统进入市场，从而完成核心技术向市场的转化，最终体现为顾客的价值和企业的经济效益，企业稳定的利润水平进一步增强了企业的研发能力与整合能力，如图5-5所示。

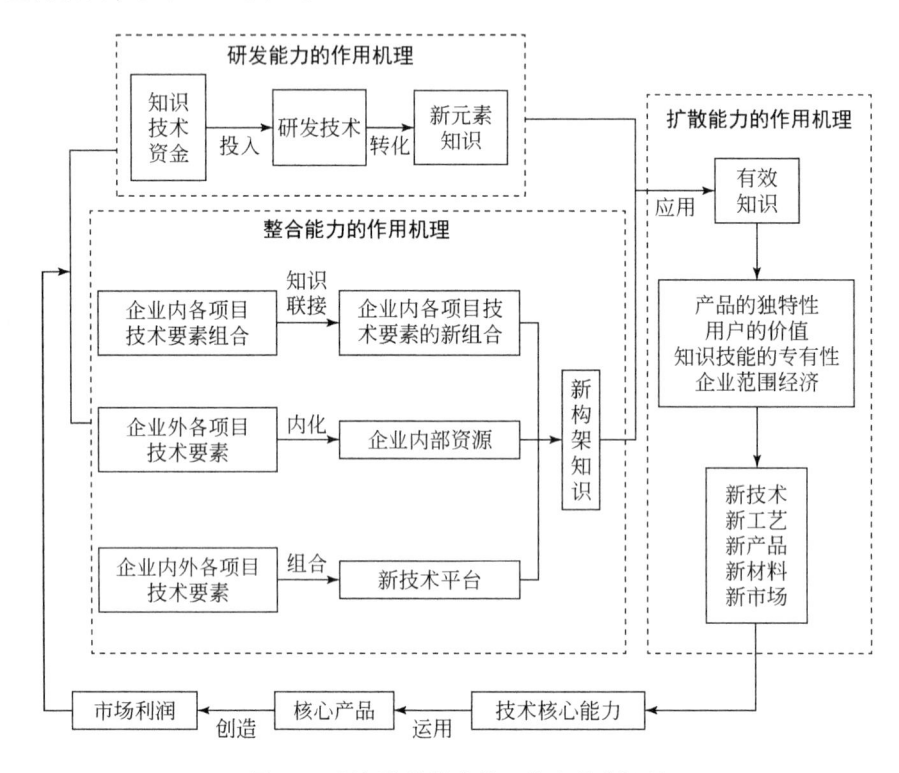

图 5-5 创新阶段技术核心能力形成机理

技术核心能力不仅在形成过程中存在差别，而且由于扩散方式的不同，导致技术核心能力在经济结构、技术结构上也存在差别，为企业提高技术能力提供了多种选择，从而形成了产品的不同特性，主要体现在：产品的独特性，企业核心能力最重要的特性在于其异质性，通过企业的产品和服务表现出来；产品的用户价值性，企业核心能力的本质特征在于能给用户带来超额的消费者剩余，这种消费者剩余很大程度上来源于以技术为基础的产品创新或工艺创新；知识、技能的不可交易性和难以模仿性，企业通过技术创新，形成自己的专利产品、专利技术和技术品牌，形成员工缄默性知识、技能、专用性资产等，即便竞争对手买到产品也难以仿制出来；形成企业范围经济，企业通过技术创新，形成自己的技术核心能力，并以此为支撑，不断扩展自己的产品链，从而形成范围经济。

三、技术核心能力形成的沉淀阶段

在创新阶段获得的新知识和新技术，必须在企业中沉淀下来，才能成为企业拥有的核心技术知识。因此，沉淀阶段是技术核心能力形成的积累阶段。同时，知识沉淀使得没有参与创新的员工也能够得到学习，员工研发能力增强，企业知识存量增加，有利于技术核心能力形成，使企业具备连续的创新能力，不断地优化企业知识状态和提升技术核心能力。

（一）知识状态与知识沉淀的关系

在沉淀阶段，新的知识沉淀后，通过不断积累，更新企业原有知识状态，并形成技术核心能力。应当注意的是，这种沉淀只能引起知识状态的量变，并不能使其发生质变。只有通过不断创新，不断循环，技术核心能力才能进一步发展。因此，技术核心能力的形成和提升过程，实质上就是企业知识状态不断升华，进而将原有的知识状态提升到更高层次的知识状态。

知识状态与知识沉淀的相互作用贯穿于创业创新的整个过程中，表现为从企业原有知识状态通过学习不断优化、提升，形成一个螺旋上升的态势，演化为新的知识状态的过程，如图5-6所示。

（二）沉淀阶段技术核心能力的形成机理

沉淀阶段在企业技术核心能力形成和提升过程中发挥着重要作用，这一阶段不仅形成了新的核心技术、专有知识，而且在不断磨合的过程中，获得了非常重要的组织经验，这些经验体现了企业成员间的默契和惯例，是非企业内成员无法得到和体会的。

技术创新阶段产生的知识逐渐被企业成员所掌握，并对所产生的技术、知识、能力进行积累，使之沉淀下来，延续到企业未来的研发、生产、营销等经营活动中。这些沉淀的知识按照知识类型可分为显性知识和隐性知识，显性知识是公共、公开的，可广泛传播，易于转移，隐性知识体现在员工技术能力、技能及组织规范中的知识，且经验、技能很难复制。显性知识和一些专有知识，通过学习和培训可以获得，但也容易被其他企业或组织模仿，不可避免地从企业中溢出。隐性的经验只有通过员工在企业中潜移默化地感受，并逐渐被企业成员所掌

企业知识状态：企业技术核心能力形成与提升

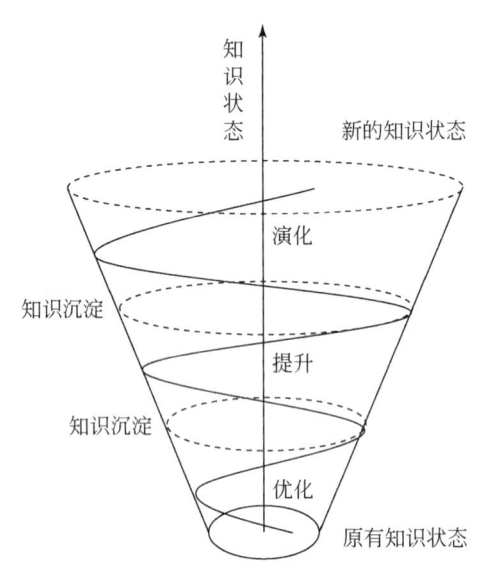

图 5-6　知识状态与知识沉淀的相互作用模型

握，是别的企业或组织无法获取的，正是这些独特的、无法轻易被模仿的知识，丰富了企业技术和技能的内涵，保证了企业的竞争优势。

企业在技术核心能力形成和提高过程中所产生的技术、知识、能力的积累，通过沉淀并延续到企业未来的研发、生产、营销等经营活动中的能力称之为技术的沉淀能力。技术核心能力的沉淀过程，是一个渐进化的学习和积累过程，一方面是对创新阶段知识和技术的积累，另一方面则是提高现有技术水平、层次的基础，不仅体现在资本设备等有形资产上，而且也体现在员工技能和企业经验的积累，暗含的技术能力随时间而提高、增强，并在现有技术轨道上渐进，在修补、替代、完善技术的过程中，逐步趋近技术极限，使技术逐步体系化，成熟化。

企业技术核心能力的沉淀阶段大致可分为三个阶段：在学习阶段，企业通过学习显性知识和感受隐性知识来进行知识获取；在积累阶段，随着时间的推移，一部分知识不可避免地溢出，但更多的则是通过企业成员的积累而存储下来；在影响阶段，企业存储的知识，一方面是形成了新的技术核心能力，另一方面是提升原有的技术核心能力，使之成为企业的可持续竞争优势，如图 5-7 所示。

技术核心能力形成的沉淀阶段，增加了企业的知识存量，通过知识流动，企业以及个人对新知识进行获取与吸收，使企业的知识水平提高了一个台阶。知识分布与知识结构的优化，使知识流动障碍最大限度地被排除，这个阶段被认为是企业知识状态的最佳时期；同时，沉淀阶段也巩固了企业技术核心能力的优势。

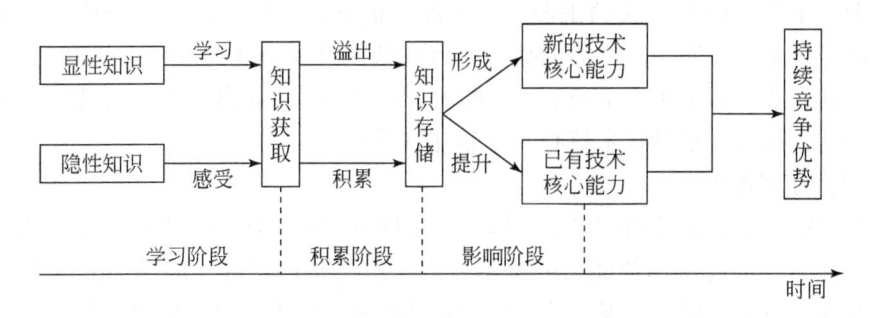

图 5-7 沉淀阶段技术核心能力形成机理

第三节 企业技术核心能力形成的要素分析

通过对技术核心能力形成的激活、创新、沉淀三阶段的分析，可以发现影响技术核心能力的形成要素为：技术存量、研发能力、整合能力、扩散能力及延续能力。企业原有技术存量是技术核心能力形成的基础和源泉；研发能力、整合能力与扩散能力是形成技术核心能力的关键力量；延续能力是维持和提升企业技术核心能力的基础和推动力，如表 5-1 所示。

表 5-1 技术核心能力形成的主要要素

要素	内涵	作用
技术存量	企业原有的技术实力状态	企业进行技术创新的知识基础，企业技术核心能力形成的来源
研发能力	企业搜寻、获取和利用现有的知识，从而产生新知识、技术和产品的能力	有助企业获得技术核心能力的内核，即核心技术
整合能力	企业获取、转化核心技术的能力	技术核心能力形成的关键能力
扩散能力	企业运用独特竞争实力开发出核心产品，并最大限度地延伸到多个市场领域的能力	是技术核心能力的动态性成长能力，对技术核心能力的动态演进具有至关重要的促进作用
延续能力	将技术创新的成果沉淀为企业内部的隐性知识，提高企业整体的技术水平的能力	维持和提升企业技术核心能力的基础和推动力

(1) 技术存量

技术存量是企业原有的技术实力状态，包括原有开发项目、原有企业技术成果、企业拥有专利、企业技术资源、企业技术水平、企业技术结构，以及企业对核心技术能力培养的重视程度。企业技术存量是企业进行技术创新的知识基础，是企业技术核心能力形成的来源。一方面，企业技术存量体现了企业的技术水平，决定了企业所能生产产品的技术平台高低，以及企业技术合作机会的多少。另一方面，技术存量决定了企业研发能力、整合能力、扩散能力及延续能力的高低。因此，技术存量是技术核心能力形成的要素。

（2）研发能力

研发能力是指企业对搜寻、获取和利用现有的知识从而产生新知识、技术和产品的能力，是技术创新能力的基本要素，包括基础研究、应用研究和开发研究。企业只有通过研究开发，才能吸收先进的科学技术成果，把科学技术知识物化为新的产品和设备，形成或创造出新的生产工艺和方法，所以，研发是技术创新能力的技术前提和基础，也是企业技术创新过程中最关键的一环。核心技术是技术核心能力的内核，是企业拉开与其他企业的技术差距，保持技术竞争优势的基础，而研发能力是企业获得核心技术的源泉，研发能力直接关乎技术核心能力的形成与发展。如果企业研究开发能力不强，永远只能是追随者，难以形成竞争优势，只有通过不断地研发，企业才能形成自己独特的技术核心能力，使之难以模仿和超越，持续保持其竞争优势。

随着技术快速发展，国内外大的企业都有专门的研发机构，有着对新技术和市场的灵敏嗅觉，拥有强大的研究团队和非凡的研究实力，随时跟踪企业所在领域的最新变化，持续不断地根据企业战略和变化进行研究开发，源源不断地为企业输入"新鲜血液"，保证企业核心技术的更新换代，保持其现在和未来的竞争优势。

企业的研发能力取决于企业的研发投入，包括研发经费投入、设备投入和人员投入，许多学者的研究均发现企业研发投入对企业业绩有显著的正向促进作用。Bosworth 和 Rogers（2001）实证验证了澳大利亚企业的研发投入与企业业绩之间显著正相关。Han 和 Mary（2004）通过实证研究发现韩国企业的研发支出对企业业绩有正向促进作用。孔庆景（2010）选取净利润率、营业利润率、销售增长率、企业价值四个指标，分别实证分析其与研发强度的关系，研究发现研发强度与盈利指标显著正相关。陈海声和曹梁斌（2012）实证发现研发投入对当期的业绩有显著促进作用。

高素质的专业人才也是企业进行研究开发的重要资源，研发活动是各种专业知识和灵感的碰撞，专业研究人员又是知识的主要载体。如果一个研发团队中没有高素质的人才，再多的研究经费砸进去也无济于事，也出不了成果。因此，企业不仅要不惜投入巨资进行研发活动，同时也要十分重视人才的储备和培养，实行人才高层化战略，重视对高级技术人才的争夺。

因此，研发能力可以通过科学家与工程师数目、研发人员比例、核心技术的年研发费用、研发人员满意度、研发人员流动率、研发产品的市场满意度、市场调研次数、产品成本下降率、产品质量提高程度、新产品/新功能占比、产品市场占有率、新产品实现利润的比率、研发的成功率、研发周期、核心技术领先程度、产品具有独特性的程度、3~5年内产品难以模仿的程度、基于核心技术的新科研成果数目等指标来衡量。

(3) 整合能力

整合能力是指企业对核心技术的获取、转化能力，包括各种相关技术的综合能力、各技术要素的利用能力、整合项目能力、与竞争对手合作的能力、吸收大学（科研院所）有关科学技术知识的能力、与大学（科研院所）进行产学研合作创新的能力。其中，各种相关技术的综合能力是指企业综合运用各种技术与知识，实现创新的能力，综合能力越强，越容易在原有的技术水平基础上实现新的技术突破。由于外部环境总是不断变化的，企业必须利用其整合能力，将外部知识资源快速转化并整合到企业内部，以获得企业的动态能力，从而实现企业能力的不断更新。企业的整合能力越强，识别、配置资源和管理能力就越强，获得高额绩效的可能性就越高。企业员工整合素质的高低可以由员工的知识面、适应能力、沟通与协作技巧等方面来衡量。任何技术、知识或技能都难以形成企业的技术核心能力，只有对各项技术、知识或技能进行组合，才能更容易形成技术核心能力，保持企业的竞争优势。由于技术的快速变化、竞争环境的不确定性，每个企业通过单纯的技术创新产生核心能力的可能性已微乎其微。即使企业没有单项的独特的不能被轻易模仿的核心技术，只要具有强大的技术整合能力，能够将现有的内外部技术很好地进行整合，就有可能形成技术核心能力，产生竞争优势。因此，通过不同技术要素组合，构筑企业技术核心能力，通过项目组合管理，实现企业特定的技术要素高效率组合，可以培育和提高企业的技术核心能力。通过项目组合构筑核心能力的基本思路就是把不同的技术要素（资源、知识、技能）进行整合，产生整合优势，这也是我国企业构筑技术核心能力的重要途径。因此，整合能力成为形成技术核心能力的必需。

(4) 扩散能力

扩散能力是指企业运用独特竞争实力开发出核心产品，并最大限度地延伸到多个市场领域的能力，具有使企业形成各种差异化的核心技术、核心产品，并拥有进入各种市场的潜力。因此，扩散能力作为企业技术核心能力的重要组成要素，是技术核心能力体系形成的催化剂，是技术核心能力的动态性成长能力，对技术核心能力的动态演进具有至关重要的促进作用。扩散能力可通过员工技术水平、应用研究与培训费用、产品差异化程度、从研究成果到最后投入生产的平均周期、新产品生产周期、新技术年吸收转化率、核心技术向其他产品领域扩展的能力等来衡量。

　　企业之间的竞争和竞争优势最终都将体现于企业产品和服务在市场上的表现，只有能为企业带来超额利润的能力才称得上企业技术核心能力，即企业是否具备技术核心能力最终由市场决定。如果企业拥有一项行业最新和尖端的技术，但不能及时有效地将技术转化为生产力，那么这项技术除了能够给企业带来技术领先外，并不能为其创造更多的价值和利润，也给其他企业留出了赶超的时间，一旦"领先技术"被其他企业获得，那么企业就不再具有先前的技术优势。所以，其他条件相当的情况下，企业技术扩散能力越强，越有利于技术核心能力的形成和提高。企业的核心技术能够应用到不同的产品甚至行业中，为企业的多元化经营提供支持，为企业开展范围经济、拓展产品和市场提供了广阔空间，同时也提高了核心技术的应用效率，为企业创造更大的效益。

　　（5）延续能力

　　延续能力是提升技术核心能力的必备能力。企业要持续维持形成的技术核心能力的竞争优势，就必须通过延续能力将技术创新的成果沉淀为企业内部的隐性知识，提高企业整体的技术水平，加大其他企业模仿本企业的技术难度。延续能力可以通过综合培训与学习经费比例、年综合培训与学习时间、拟投入技术开发资金增长率、核心技术发展前景和激励机制等来衡量。

　　此外，在技术核心能力的整个形成过程中，还会受到其他一些因素的影响。

　　一是，组织的保证是核心技术能力形成的前提，不同的核心技术能力所形成的不同战略，要求有不同的组织结构与之相适应。组织结构设计决定了拥有不同知识基础的企业各单元之间知识共享的程度，从而影响技术核心能力的形成和提高。员工共同拥有的基本价值观、信念、观点和信条的集合，作为一个企业特有的组织文化，对企业的成功起着重要的影响。不同的核心技术能力要求企业的文化能够与之相适应，并影响着人们的伦理行为，影响着企业对员工的态度、企业的效率及客户服务。

　　二是，核心价值观是企业在追求经营成功的过程中，对生产经营目标及自身行为的根本看法和评价，渗透在企业的每一个领域，其影响是潜移默化的，决定了技术核心能力的发展方向；反之，技术核心能力的发展也会引起企业对核心价值观的重新思考和重新定位。

　　三是，不同的领导风格及知识管理方式和管理系统等，影响着核心技术能力形成与发展过程。管理程序和一系列的制度安排，如知识产权的保护、专利的申请、员工奖惩制度、员工培训计划、激励制度等，都会影响到技术的保护和工作人员的工作积极性，从而影响技术核心能力的形成和提高。

第六章　企业知识状态对企业技术核心能力影响的模型与假设

第一节　概念模型

已有文献研究认为技术核心能力的形成和提升的过程实质上是知识的运动过程，如知识的整合过程（Porter，1980；Nonaka and Takeuchi，1995；Grant，1996；魏江，2000）、知识的共享过程（Dyer and Nobeoka，2000；朱洪军和徐玖平，2008）、知识的创造过程（Leonard-Barton，1992；王毅，2002c）、知识的转化过程（李顺才等，2000；林昭文和张同建，2009）、知识的转移过程（吕欣，2009；王飞，2009；Lin and Li，2010）等。易法敏（2004）认为知识是企业技术核心能力之源，不同的知识类型是企业技术核心能力组成部分。张慧军和马德辉（2006）指出，企业能力不同，所包含的知识集也有所不同，知识属性决定了能力特征。任嘉雪（2007）的研究表明，核心能力源于企业独特的知识，知识的独特性和异质性有助于企业形成自己独有的技术核心能力，知识的流动性促进了企业核心能力的提高，只有保持较高的知识水平，企业才能保证核心能力的先进性。任伶（2008）认为企业知识主要包含显性知识和隐性知识，两者构成了企业核心能力的主要部分。林莉（2008）的研究认为，企业知识的储备量越高，核心能力形成和提高的效率越高，同时企业应其加强对存量知识的激活和应用，最终将其转化为企业的竞争优势。张同建（2010）指出，知识转移与组织学习能有效地促进企业核心能力的培育，进而改进企业的运作绩效。刘刚等（2016）提出核心能力是建立在知识基础之上的企业能力系统的子集，是企业保持持续竞争优势的特定能力集合，具有异质性和组织依附性等特点。李玥等（2017）指出，知识整合有助于企业核心能力的提升，促进企业知识存量的增加及知识水平的提高，有助于企业增强竞争优势。

由此可见，技术核心能力与企业知识密切相关。企业知识状态是特定时点上企业各种类型知识相互作用所表现出来的企业知识特征和属性，反映了企业知识的整体状况，通过知识存量、知识结构、知识分布、知识水平和知识流动五个属性来表征。不同企业具有不同的知识状态，其知识存量、知识结构、知识分布、知识水平和知识流动也各不相同，将知识状态五个属性对技术核心能力的影响展开分析，能更深入、更微观、更全面地探究知识状态与技术核心能力的关系，探究技术核心能力的形成和提升对知识状态五个属性的影响。

因此，从知识状态五个属性对技术核心能力的影响因素进行深入分析，构建技术核心能力影响因素的概念模型，如图6-1所示。技术核心能力是模型的反应变量，知识存量、知识结构、知识分布、知识流动和知识水平是解释变量。

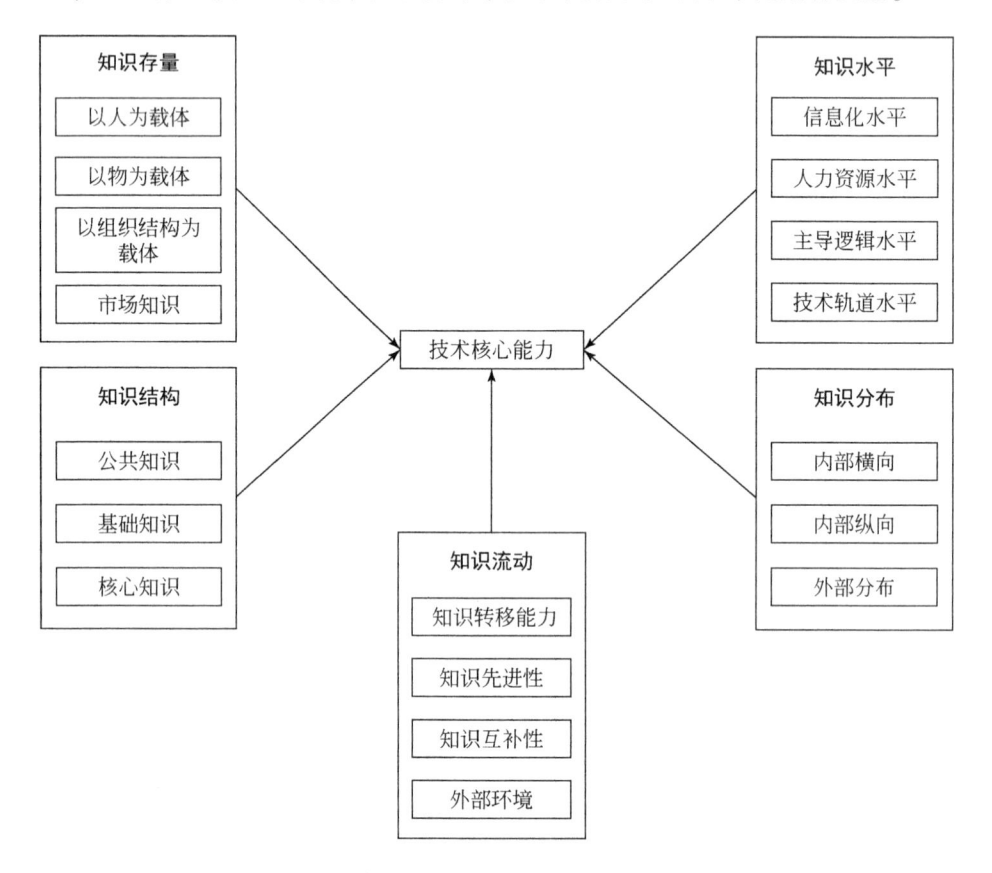

图 6-1　技术核心能力影响因素的概念模型

第二节　企业技术核心能力

已有研究认为企业的技术核心能力是企业核心能力的组成部分（季玉群和黄鹂，2004；徐飞等，2005），并对企业技术核心能力的测量指标开展了相应的研究。Meyer 和 Utterback（1993）指出，企业核心能力可以从产品、用户、营销及生产链四个方面进行评价。Durand（1997）把企业核心能力分为资产储备、企业文化、规章程序、组织架构和认知能力五个维度，从采购、生产、销售、金融、服务等方面提出度量能力差距的测度，并对能力差距进行了评价。Patel 和 Pavitt（1997）指出核心能力一方面帮助企业获取更多的资源储备，另一方面提高企业竞争力，可以利用专利数据测算企业的技术竞争优势。

Banerjee（2003）通过实证表明，核心能力不能从资源被利用的方面来定义，进而提出可从企业对环境的反应速度和动态环境变化感知能力来定义核心能力。Wang 等（2004）将公司的核心能力分为技术能力、营销能力和整合能力三大类型。McDermott 和 Coates（2007）认为构建新的核心竞争力和能力应该从联盟关系管理、联盟内成员关系管理，以及掌握非核心业务的外包平衡来入手。Gupta 等（2009）等认为技术核心能力的形成和提升不是一个短期的过程，技术创新是其形成和提升的关键因素，学习是创新的前提。Wu（2009）通过调研发现，影响技术能力的主要因素包括战略目标、技术改进、团队合作、关系建设、学习意愿等。Huang（2010）通过对 165 家企业的问卷调查及采访台湾信息通信技术（ICT）行业企业发现，探索和利用技术机会的能力、技术核心能力及自主研究决策，对一个在高度竞争环境下的企业核心能力的形成是非常重要的，组织承诺也是企业技术核心能力的重要评价指标。

杜纲等（2000）提出从市场层面、技术层面及管理层面对核心能力进行分析与评价，同时从吸收能力、开发与合成能力、延展能力三个维度，提出了核心技术能力的测量指标。陈晶璞和宋之杰（2001）从核心市场能力、核心技术能力和核心管理能力三个层面，构建了企业核心能力评价指标体系，同时从 R&D 能力、技术整合能力、技术应用能力及技术延展能力四个维度，提出了核心技术能力的测度指标。郭斌和蔡宁（2001）从企业战略管理能力、核心制造能力、核心技术能力、组织与界面管理能力、核心营销能力五个维度，构建了企业核心能力的评价指标体系，其中从产品创新和工艺创新两个维度，提出了核心技术能力的测量指标。王毅（2002）认为企业核心能力是由各种能力要素按照一定的关系连接而成的能力系统，分为元素能力和架构能力，包括战略核心能力、组织核心能力和技术核心能力 3 个层次。黄文峰（2003）将企业技术核心能力分为研究开发能力和创新能力两个维度，研究开发能力维度的评价指标有研发投入占总收入比例、研发人员占总人员比例等；创新能力维度的评价指标有新产品开发周期、专利授权量等。牛雁翎和张少杰（2005）认为核心技术能力是贯穿于核心产品的开发和服务全过程，且能够广泛应用的关键技术、相关技能，以及关于它们的协调组合能力，包括资源及其组合能力、战略选择能力、实体活动能力和产品与服务的综合结果能力四个方面。张慧军和马德辉（2006）的研究表明，核心能力是建立在知识（特别是隐性知识）基础上的组织能力，是一个组织区别于另一个组织，并保持其持续竞争优势的特定能力集合。

鹿盟等（2007）指出技术核心能力是在外部市场和技术进步的共同驱动下形成的，企业运用技术核心能力一方面能够提高技术研发的效率，另一方面能够增强产品创新的效率，技术核心能力主要表现为技术研发能力和产品创新能力。任嘉雪（2007）认为企业文化、组织学习、管理架构等均会影响技术核心能力的形成，企业文化是企业提升技术核心能力的基础，组织学习可以让企业及时了解外部显性知识，提升对外部环境变化的适应能力，稳固和提升企业技术核心能力。陈琦（2007）指出技术核心能力是企业在吸收、运用和更新知识的过程中逐渐形成的独特能力。技术核心能力的核心部分是企业知识中的核心技术知识。核心技术知识包含描述性知识，即定义事实的知识；过程性知识，即定义规则的知识；元知识，即利用前两种知识进行推理的知识。技术核心能力就是在对这些知识的整合、协调下形成的，其他的知识则是起到辅助的作用，使核心技术知识的作用能够得到发挥，包括与核心知识的获取、吸收转化、创造、应用、积累等相关的知识。林莉（2008）研究发现企业生存和发展的关键要素是企业内部长期积累的技术核心能力，这种积累是正式知识转化为非正式知识和默会知识的过程，是企业成员长期相互作用的结果。张同建（2010）通过实证分析，认为知识转移对企业技术核心能力有正向影响，将核心能力分为四个测度指标：技术开发能力、产品生产能力、市场销售能力和日常事务管理能力。

本书认为技术核心能力是：企业拥有的核心能力中的技术部分，是企业通过特有的技术要素和技能，或它们之间独特的组合，创造具有自身特性的、不易模仿的、稀缺的技术资源（技术、知识等）的企业能力。因此，基于技术核心能力的内涵，将分别探究五个知识属性对技术核心能力形成的影响，明晰知识状态与技术核心能力间的关系。

第三节　影响因素与研究假设

一、知识存量的影响

技术核心能力的本质是知识，且是能给企业带来超额利润的技术知识。知识存量是指某个特定时点上企业所拥有的，直接或间接为企业创造价值和效益的知识总量，并依附于企业内部人员、设备和组织结构中的所有知识的总和。因此，技术的、独特的、难以模仿的知识是形成技术核心能力的基础和源泉；管理、执行方面的知识对技术核心能力的形成起到辅助作用；营销、市场方面的知识则可能对技术核心能力的形成影响较小。从载体的角度来说，以人为载体的知识存量成为技术核心能力的形成和提升最为关键的因素；以物为载体的知识存量主要体现为技术知识和设备水平，是技术核心能力形成和提升的基础；以组织结构为载体的知识存量则是技术核心能力形成和提升的保障；市场知识存量对技术核心能力的影响较小。

（一）以人为载体的知识存量

在知识经济时代，知识取代土地、资金、劳动力等传统生产要素而成为最为重要的生产要素。人作为知识的生产者、储存者和使用者，是知识最重要的载体，更是知识创造的主体。企业增强技术核心能力的过程也是企业内部人力资本进行知识学习和创造的过程。一个高素质的人才，不仅拥有所在行业的技术基础知识，更由于其拥有的经验和技能是隐性的、独特的、不能被轻易获得和取代的，成为企业抢夺的重要资源。增加以人为载体的知识存量，一方面可以提高企业人力资本，另一方面企业可以进行高难度的创新活动，提升技术创新能力，在激烈的创新竞争中占据优势。任嘉雪（2007）认为核心能力反映了企业组织之间的差异性，企业内部的独特知识是核心能力形成和提升的关键，个体学习和组织学习是两条提高核心能力的主要途径。个人学习知识的积累促进组织学习效率的提高，个人学习与组织学习相结合使得企业的知识持续性积累，有利于提高企业知识存量，从而增强企业核心能力。张文彬（2012）指出知识和技术更多地储存在员工个体之中，员工与组织有机整合有助于企业增强人力资本，促进社会知识水平提高，为核心能力形成奠定基础。另一方面，拥有更多的高素质人才，企业有更大的机会扩展技术创新渠道，积极学习先进的知识和技术，进而加速企业的创新进程，提高技术创新能力（Kim et al., 2021）。黄谦（2008）认为企业隐性知识本质是以人为载体的，并与人紧密结合的经验性的知识，挖掘以人为载体的隐性知识，将有助于优化企业组织结构，促进企业创新。周健明等（2016）分析了高新技术企业研发团队中知识存量对团队新产品开发绩效的影响，认为研发团队成员共享隐性知识，推动知识在团队内部快速地流转、吸收和消化，提高研发所需的技术核心能力，使得团队知识存量在广度、深度和相关度上快速达到新产品开发的要求。由此可知，人才的创造性和主观能动性，使得人才成为技术核心能力形成和提升最为关键的因素，以人为载体的知识存量有助于形成和提升企业技术核心能力。而人作为组织结构的基本构成元素，以人为载体的知识存量增加必然促进以组织结构为载体的知识存量增加。

基于以上文献和前面理论分析，提出如下假设：

假设 H1：以人为载体的知识存量对技术核心能力有正向影响。

假设 H2：以人为载体的知识存量对以组织结构为载体的知识存量有正向影响。

（二）以物为载体的知识存量

以物为载体的知识存量可以编码和传递，主要体现为技术知识，是技术核心能力形成和提升的基础。Galbraith（1967）认为技术知识是科学知识或其他知识在实际中的系统应用。技术与知识密切相关，在很大程度上技术可以看作是知识存量的载体，企业技术知识主要表现为企业的技术成果拥有量、设备水平和信息化水平（李顺才等，2001）。技术成果是技术核心能力形成和提升的直接产物和表现形式，能够反映企业技术水平的先进性，推动技术成果向专利转化，提高企业市场竞争优势。吴玉浩等（2019）指出技术创新成果体现在企业的各个环节，企业的原材料、生产工艺、产品及服务及与之配套的管理制度和流程等都属于技术创新成果，为了增强创新成果的应用和转化，企业一方面要积极搜索外部异质性资源，提高资源储备，另一方面要增强企业动态能力，加强外部资源的吸收和利用，通过将外部资源吸收到企业内部，丰富企业自身的知识库，最终转化为技术成果产出。设备是企业进行技术创新和产品生产的硬性因素，企业将设备与技术发明和应用要求相配套才能真正将技术转化为产品，实现技术价值，促进技术核心能力的提升。杨隽等（2010）认为信息设备和技术能够强化组织的学习能力，促进职能整合能力的形成与提升，从而在形成核心能力的过程中发挥重要的作用。信息化水平的提升能够优化企业的组织运营模式，增强组织效率并创造效益，实现组织知识和技术的提升（任敏，2012）。李玉华（2015）认为信息系统减少员工之间的沟通成本，提高沟通效率，能够为各部门提供所需的信息和相关资源，促进企业间的知识共享，增强企业决策的科学性和合理性，提升组织创新绩效，增强企业竞争力。李钟石和蔡珉官（2021）指出知识管理系统和信息通信技术是组织内部的重要资源，能够帮助企业提高知识管理能力，为企业知识协同提供知识网络创造能力和知识整合能力，从而获得持续竞争优势。以组织结构为载体的知识主要包括企业的运行制度、管理程序、文化等。曹兴和郭志玲（2009）认为以物为载体的知识存量，从信息化、决策支持系统等方面影响组织运行机制和管理体制，进而对组织结构产生影响。由此可见，以物为载体的知识存量主要通过技术成果拥有量、设备水平和信息化水平，影响到企业技术核心能力的形成和提升。由于以物为载体的知识存量与企业生产经营各业务流程息息相关，增加以物为载体的知识存量，必然促进以组织结构为载体的知识存量增加。

基于以上文献研究和前面理论分析，提出如下假设：

假设 H3：以物为载体的知识存量对技术核心能力有正向影响。

假设 H4：以物为载体的知识存量对以组织结构为载体的知识存量有正向影响。

（三）以组织结构为载体的知识存量

高效的组织运行结构反映企业的整体水平，有助于企业战略的制定和执行，为企业安全、有序、高质量运行提供支撑，是技术核心能力形成和提升的保障。权责明确、统一灵活的组织结构能够快速区分、调配、整合有效的知识，从而对企业知识存量产生影响。组织学习以员工的个人学习为前提，通过内部开发新知识及外部引进的方式实现组织学习，增加企业知识存量（谢卫红等，2014）。企业内部的组织运行结构主要包括管理程序、运行制度和企业文化等（芮明杰和陈娟，2006）。在管理程序方面，灵活的组织架构使得企业可以比较灵活地配置各种资源，方便企业与外部组织积极沟通，促进知识交流，获取更多的异质性知识和技术资源，同时，企业可以随时根据内外部变化及时调整，有利于技术能力的更新，提高资源运用的效率，对技术创新产生积极作用（陈建勋等，2011）。张光磊等（2009）通过分析得出，企业组织结构越趋向于柔性，则组织成员间越呈现出强烈的知识转移动机，知识转移能力增长速度加快。洪江涛等（2013）认为知识管理体系对于企业技术核心能力的形成和提高是必不可少的，有助于企业内部知识共享和知识创新，提高创新效率。在运行制度方面，激励制度的设计极大影响员工的工作积极性，从而间接影响到企业核心技术能力的形成和提升（张望军和彭剑锋，2001）。徐宁等（2019）指出被授予股权的员工将会更为关注企业的整体利益与长远发展，具有更强的技术创新意愿，与外部技术引进相比，更倾向于自主研发的创新路径，从而提高技术核心能力。谢斌等（2021）认为政府提供的创新激励政策及政府给予的资金支持保障了企业技术研发活动的长期开展，有助于企业积极搜索外部异质性资源，增加知识储备，实现技术、人才、市场等创新资源的汇聚和优化配置，增强企业的创新能力，帮助企业在市场竞争中占据有利地位。在企业文化方面，尊重知识、尊重人才的价值观，强凝聚力、强合作性、鼓励创新的企业文化氛围，有利于技术核心能力的形成和提升（王毅和陈劲，1999）。杜楠等（2018）指出企业文化是创新的前提和动力源泉，由外部市场环境和管理层及企业员工等共同塑造，成为企业独特的竞争优势，有利于企业增强技术核心能力。秦德智等（2015）认为企业文化能够帮助企业获取基础性资源并使之转化为企业异质性创新资源，进一步形成和提升企业技术创新能力。由此可见，作为企业知识的重要载体，组织结构影响企业的知识结构，支撑和优化企业知识的存量和流量，促进技术核心能力形成和提升。

基于以上文献研究和前面理论分析，提出如下假设：

假设 H5：以组织结构为载体的知识存量对技术核心能力有正向影响。

（四）市场知识存量

市场知识也是企业技术核心能力提升中不可或缺的重要因素之一，主要包括主体之间交流，顾客、竞争者、渠道伙伴对市场的把握程度、对市场发展趋势的预测和应对市场变化的敏捷程度等方面的知识（Morgan et al., 2006）。Prahalad 和 Hamel（1990）认为企业核心能力伴随着企业的核心产品、核心技术的发展而形成，市场知识存量在其中具有支持作用。段福兴等（2005）认为知识存量的增加使企业核心技术知识得到相应增加，通过模糊评价，提出市场知识存量是企业知识存量水平的重要影响因素，也是企业核心技术能力形成的影响因素之一，企业基于市场需求丰富自身的异质性知识基础，紧跟技术发展步伐，观察市场变化趋势，分析自身发展是否符合技术发展的规律。一方面，市场知识直接关系到企业产品的销售情况，影响企业的利润，而强有力的资金支持是技术核心能力形成和提升的重要保障。曹兴等（2009a）研究发现，在市场牵引力的作用下，企业在激活阶段需要市场知识不断形成核心产品与核心技术。常玉等（2011）将技术知识和市场知识均视为一种系统行为，市场知识的系统性体现在市场发展和开发、营销执行过程中各要素的系统联系上，技术知识的系统性体现在技术开发和应用、技术成果商业化过程中各要素之间的系统联系上。覃大嘉等（2017）认为市场知识包括了解消费者喜好和市场需求、认识可靠的经销商等，是企业宝贵的无形资产，能让其竞争时拥有所有权优势。通过对消费者和竞争产品的调查，企业了解到了市场的需求、消费者的满意程度及竞争产品的特点，从而引起创意产品和新技术的需求，继而对技术核心能力产生影响（郑小勇，2019）。海本禄等（2017）指出市场知识可以使企业能够有效识别与利用非核心领域的技术机会，从而能够使企业率先开启关键性市场，充分利用差异化优势，从而获得技术行业先发优势，通过对市场知识的学习与积累，了解技术相关的最新解决与配套方案，积累技术发展的全套经验，保证技术创新目标的实现。吴先明等（2018）运用案例研究，指出企业通过不断地获取市场知识等战略性资源，逐步提升自主研发能力，最终取得技术创新能力上的突破。由此可见，市场知识存量的增加有助于技术核心能力的增强。

基于以上文献研究和前面理论分析，提出如下假设：

假设 H6：市场知识存量对技术核心能力有正向影响。

二、知识结构的影响

知识结构是各种不同类型的知识在企业内部的构成状况，反映了知识存量中各种类型知识所占比例和相互关系，决定了企业利用资源和发展机会的方法，不同的知识结构塑造了企业异质特性，形成了不同的竞争优势。其中，核心知识直接影响技术核心能力的形成和提升，基础知识对技术核心能力的形成则起着基础性、直接或间接的影响；公共知识是基础知识和核心知识的基础，对技术核心能力的形成也起到一定的间接影响。企业的知识结构不是各种类型知识的简单相加，也不是简单的数量关系，而是不同比例的各种类型知识在企业中相互融合和作用过程中，形成的彼此之间相对稳定，又不断动态调整和更新的错综复杂的关系。因此，企业的知识结构越合理，就越容易促进技术核心能力的形成。

（一）公共知识

公共知识类似于产业特有知识，对处于同一产业的不同企业具有相同的价值，主要以显性知识形式存在，具有易获取性。由于公共知识"公用"的特性，不构成企业的竞争优势，但公共知识是企业日常运营必备的知识，贯穿整个企业的组织网络，也是形成基础知识和核心知识的基础。游达明（2004）提出核心技术知识、组织管理知识和市场知识通过相互联系、相互影响、相互补充、相互制约，从而形成企业核心能力。陈丽芝（2006）认为集群层构架知识以公共品的形式存在，其水平的高低、知识的存量，以及成员企业知识吸收能力的差异，决定了该集群是否会落后于其他集群，以及集群层核心能力的形成。因此，公共知识对企业技术核心能力形成具有一定的影响。当知识结构中公共知识占比较高时，一方面，公共知识在保障企业组织结构和生产经营模式等稳定有序的同时，也容易导致企业缺乏灵活性和创新性，不利于技术核心能力的突破。邓智瀚（2020）指出技术创新也要求企业的组织管理增强灵活性，通过分权和授权等形式，调动企业员工的积极性，确保企业技术创新活动的有效性，公共知识占比过多会降低企业管理的灵活性，与技术创新相匹配的效率也较低。姚艳虹等（2018）认为，一方面，公共知识过多对技术创新不具有显著影响，以公共知识为基础的核心知识是企业突破式创新的基础和动力；另一方面，公共知识过多意味着核心知识的资源被挤占，增加企业技术创新的成本，技术创新的效率会降低，不利于技术核心能力的提升。覃荔荔等（2010）认为企业公共知识的多少，对合作研发过程中的知识创新有较大的影响，公共知识过多，将严重制约企业知识创新能力的提高，进而直接影响到企业的技术核心能力的增强。潘李鹏和池仁勇（2018）指出由于资源的限制，公司不可能在所有领域都实现创新突破，因此选择在优势领域增加创新投资是一种有效的创新战略。在高聚合层次的知识网络结构中，降低公共知识的比例更有利于公司创新活动的高效实施。由此可见，公共知识过多不利于企业技术核心能力的培养和提升。

基于以上文献研究和前面理论分析，提出如下假设：

假设 H7：公共知识对技术核心能力有负向影响。

（二）基础知识

基础知识在表现形式上既有显性知识又有嵌入到特定组织和文化之中的隐性知识，具有企业的个性，却不是企业独有的知识，需要企业自身培育，如通过特定培训、干中学等方式获得。Laursen 等（1999）认为基础知识反映了企业员工在特定企业所获得的工作经验。王毅（2002b）认为技术核心能力是由以研发为表现形式的隐性知识和以核心技术与一般技术为表现形式的显性知识构成；知识系统由存在于个体中的元素知识和存在于联结中的构架知识组成，从而元素知识和构架知识组成了技术核心能力。因此，基础知识与技术核心能力的形成之间存在着基础性的、直接或间接的联系。当知识结构中基础知识占比较高时，一方面，基础知识过多，而核心知识过少，会使得企业知识整合困难，从而影响技术核心能力的形成和提升。曹兴和许媛媛（2004）认为大部分基础知识最初分散于员工的头脑中，企业必须将员工的个人知识转化为组织知识，将分散的、有价值的知识收集并加以整理，在企业内部形成连贯的技术流，引进或创新知识，不断适应环境，最终形成难以模仿的企业技术核心能力。姚艳虹等（2015）认为，一方面，如果组织成员不能有效地利用组织的技术设备，不能与知识渊博的员工充分互动，不能很好地理解组织的任务和流程，就会导致组织内部的知识流动不畅，阻碍组织创新的顺利进行。另一方面，基础知识过多可能会阻碍新知识的进入和接受，特别是拥有行业领先技术和知识的企业，更容易屏蔽与企业现有核心知识不相关的新知识，使得企业缺乏促进企业发展和提升技术核心能力提升的核心知识，不能够迅速、有效地在市场寻找到对企业发展有利的知识，对目标知识的吸收也比较缓慢，降低了企业对外部知识的吸收能力和知识创造能力（耿小庆，2008）。刘阳等（2016）认为在公司自主创新的发展中，公司自身的知识是一种能力。知识创造不仅更新了企业现有的知识信息库，而且提高了企业自主创新的能力，因此，知识的创造性对企业的创新和发展具有重要意义。储节旺和郭春侠（2010）指出企业对基础知识的管理，在企业核心竞争力形成过程中具有极其重要的意义，企业知识积累的程度和水平也决定了企业核心竞争力形成的程度和水平。由此可见，基础知识过多不利于企业技术核心能力的培养和提升。

基于以上文献研究和前面理论分析，提出如下假设：
假设 H8：基础知识对技术核心能力有负向影响。

（三）核心知识

企业核心知识大多数是缄默的、只能意会不能言传的隐性知识，锁定于特定企业的特定文化、人员构成和设备等。核心知识又分为竞争的核心知识和超竞争的核心知识。竞争的核心知识是企业当前竞争优势的来源，是企业竞争所需的共享式解决问题的方法，是建立在行动经验的基础上，有可能转化为显性知识的知识类型，构成企业当前技术核心能力的核心部分；超竞争的核心知识是 Hall 和 Andriani（2003）所描述的知识谱（knowledge spectrum）中的隐性知识的极端，属于想象力层次的知识，是对企业未来发展的战略、技术和市场等方面的一种科学设想，与现实有关的知识类型紧密相连，并成为一种真实的客观事物存在，代表着企业未来技术核心能力的发展方向。企业正是在将超竞争的核心知识转化为竞争的核心知识过程中，不断地提升企业的技术核心能力。一方面，核心知识在企业知识中的占比提高有助于增加企业技术资源储备，为技术创新提供支持，加速技术核心能力提升进程（贾卫峰等，2018）。慈向阳和阮永平（2006）认为企业竞争优势的来源在于核心知识和能力的非竞争性构成，这些能力可以为企业带来长期的超额利润。曹兴和向志恒（2007）提出企业可以通过专利技术购买、知识联盟等形式不断补充核心知识，促进技术核心能力的形成和提升，并认为核心知识对企业技术核心能力的形成起着直接、主要的影响。另一方面，核心知识的增加加快了原有知识的整合和新知识的产生，增强了企业的知识创造能力，促进了技术核心能力的提升（赵炎等，2022）。姚艳虹等（2015）认为，企业应根据自身需求，加强知识结构建设，增加对核心知识的投入，确保拥有良好的创新资源。陈娟和王文平（2008）提出企业核心知识体系的概念，并据此建立竞争性知识传播网络的博弈模型，认为网络结构随连接成本和竞争损失的连续变化，存在变化的突变点和稳定域，节点核心知识体系的竞争程度决定了突变点的位置和稳定域的范围。相对竞争对手而言，核心知识是企业独一无二的专长和能力。由此可见，核心知识是一个企业区别于另一个企业的独有的，正在或即将为企业提供竞争优势的知识，有助于提升企业技术核心能力。

基于以上文献研究和前面理论分析，提出如下假设：
假设 H9：核心知识对技术核心能力有正向影响。

三、知识分布的影响

知识分布反映了某一项知识在整个企业内部的分布情况，以不同的知识或技术形式和不同的存在方式分布在一个系统或组织的内部与外部。技术核心能力的形成需要企业内部知识与外部知识的完美融合，只有外部获取的知识或技术合理分配到企业内部，才能达到最佳效果的知识使用与整合。在企业周围，相关知识分布越集中，越利于企业进行技术选择及企业技术核心能力的培养；企业所属行业性质、发展阶段、生命周期、企业战略、文化理念、团队协作精神和员工归属感等知识分布的具体形式，在不同程度上影响企业技术核心能力的形成。

（一）内部横向分布

内部横向分布是指同一时点上企业知识在各部门中的分布，反映内部横向分布的知识主要包括创新水平、管理者的技术背景、企业的管理能力、员工学历结构等。核心能力在企业核心价值观的支配影响下，通过制度、组织、管理、技术等方面综合熔炼形成，内部横向分布的各种知识对技术核心能力培养与提升的效果和效率产生重要影响。一方面，内部横向分布的企业财务管理、风险管理、人才管理、知识管理等方面的能力充分反映了企业管理能力的高低。金小波（2006）指出财务管理能力是企业所积累的与财务管理相关知识的集中表现，企业需要从根本上造就企业财务管理能力，提升财务竞争力，间接促进技术核心能力的提升。朱瑜等（2007）研究发现组织学习能直接或间接促进企业技术核心能力的形成和提升，组织创新在其中具有中介作用。另一方面，技术创新是企业技术核心能力的最直接体现，也是其最外在的直接表现（路金芳，2006）。尹继东和魏欣（2004）认为企业通过技术创新能够不断地获得和巩固自己的核心技术，以及由此获得新的产品、新的生产方式、新的组织形式、新的管理机制等，从而促使企业形成竞争优势，获取核心竞争能力。刘治江（2007）认为企业技术创新的水平和速度是企业能力的重要组成部分，技术创新与技术核心能力的形成密切相关。丁宝军和朱桂龙（2008）提出技术创新是企业获得竞争优势的不二法则，技术创新的本质是知识创新，其核心是技术知识的转化，最终将直接提升企业的技术核心能力。由此可见，创新水平、管理能力都对技术核心能力起到了重要的影响，分布在企业内部各部门之间的横向知识水平相当、差异越小，则沟通、交流越频繁，传播的可靠性及精确性越高，越利于企业技术核心能力的形成。

基于以上文献研究和前面理论分析，提出如下假设：

假设 H10：内部横向分布对企业技术核心能力有正向影响。

（二）内部纵向分布

内部纵向分布是同一时点上企业知识在各个层次上的分布，反映内部纵向分布的知识主要包括产品品种丰富程度、企业生命周期阶段、企业战略明确程度、企业的文化氛围等。一方面，企业所属行业性质、发展阶段及企业战略等反映了企业内部纵向分布的知识，与企业技术创新的方向、获取知识资源的渠道等密切相关，在一定程度上决定技术核心能力的形成。惠增良（2007）通过分析认为核心能力可以保障行业选择战略的成功实施，而行业性质选择战略的正确，能够巩固和提升企业的核心能力，或者培育企业新的核心能力，使两者形成一个良性循环的格局。另一方面，企业的多元化经营反映了企业产品品种的丰富程度，企业的文化理念及企业精神等内部纵向分布的知识极大地影响着技术核心能力培养与提升的效果和效率。关宏超（2005）认为多元化经营与企业核心能力的培养和形成相互影响，核心能力是企业多元化的基础，决定了多元化的层次和水平，而企业多元化有利于核心能力的形成和培养。尹育航等（2008）认为在生命周期的不同阶段，民营企业应该选择不同的能力组合，着重打造和提升技术核心能力的组合模式，实现民营企业可持续发展。梁广华（2009）提出加强柔性组织和文化建设，增强获取环境变化信息能力和迅速进行战略转换能力，保证企业核心能力演化与战略转换方向的一致性。黎永泰和黎伟（2006）认为企业文化及其文化体系对企业核心能力及其结构的形成起着关键作用。邢成（2010）认为企业文化认同度直接影响核心能力的研发方向，核心能力的提高有助于提升企业创新绩效，企业文化是企业核心能力的基础和源泉，也是企业核心能力得以持续发展的保证。由此可见，企业所属行业性质、发展阶段、生命周期、企业战略、文化理念、团队协作精神和员工归属感等反映企业内部纵向分布的知识，均在不同程度地影响企业技术核心能力的形成。

基于以上文献研究和前面理论分析，提出如下假设：

假设 H11：内部纵向分布对企业技术核心能力有正向影响。

（三）外部分布

企业外部知识分布反映了外部知识资源的聚集程度，主要包括解决改造外部企业的设备或产品的难度、与大学和科研院所合作开发的次数、引进国内外先进企业或大学科研院所的研发人才数量等。外部知识分布体现了企业与外部企业、大学和科研院所的合作或联盟的经验。当前，企业越来越重视外部知识的获取，知识联盟在促进企业外部合作的同时，也产生了失败率高、转化应用效率低下等问题，反而制约企业技术核心能力的发展。一方面，面对日渐复杂的外部环境和高度分散的资源分布，企业对外部知识能力的有效识别能力亟须提升，否则将造成研发成本的迅速提升。Duysters等（1999）认为企业与外部知识主体合作存在战略差异、能力差异、信任缺失等问题，这些都会导致合作的失败，不利于技术核心能力的提升。王冬玲（2020）提出，一方面，企业联盟组合中的合作伙伴类型的多元性，不仅能够促进创新绩效的提升，还将增加企业成本，当联盟组合变得过于多元化时，将形成管理复杂性和资源约束；另一方面，企业与外部知识主体合作研发过程中，企业不仅需要注重知识的获取、消化，还要提高知识在企业内的转化及商业化应用能力。苏道明等（2017）认为，企业获取的外部知识对企业创新具有挤出效应，对外部异质性知识的吸收和利用会对企业目前的认知范式形成威胁与挑战，加之企业学习利用知识的能力存在一定限制，可能会造成知识冗余，在合作不深入的情况下，知识的可信性更容易遭受质疑，从而对技术创新形成负面影响，最终制约企业核心能力的提升。叶江峰等（2015）认为外部知识存在最优的异质性知识组合，超过最优水平后，外部知识异质度的增加将导致创新绩效的降低。由此可见，外部知识资源存在一定的不确定性，知识外部分布比例较大时不能为企业的创新提供贡献，不利于企业技术核心能力的培养。

基于以上文献研究和前面理论分析，提出如下假设：

假设 H12：外部分布对企业技术核心能力有负向影响。

四、知识水平的影响

知识水平是指企业在某一特定时期所积累的知识的优劣状况，代表企业某种类型知识先进性和相对高低，主要依附于企业的人力资本，表现为企业员工拥有的知识水平的高低，并反映在企业的产品（服务）上，体现了企业本身所拥有的以企业设备、物流系统、信息系统为主的物化知识的先进性，以及企业主体获取、吸收、消化、整合、创造及应用知识的能力水平。企业知识水平的高低决定着企业技术水平的高低，从而影响企业核心技术的水平，企业的知识水平越高，就越容易促进技术核心能力的形成。

（一）信息化水平

企业的信息化是指企业不断加大信息资源投入、开发和应用的过程。企业的信息化，不仅使企业在沟通上具备更好的结构，更大的优势在于能够从战略高度对整个网络的知识分配加以规划，从整体上促进知识的共享、利用、创造，对企业的技术核心能力起到了正向影响。一方面，信息技术的应用涉及整个企业的经营活动，直接影响企业价值链各个环节的成本，企业的信息化水平越高，越能有效降低成本，从而提升企业核心能力。张同健（2007）认为信息化建设和组织学习都是现代企业核心能力形成的重要因素，实证分析结果表明企业的信息化建设水平对企业的技术核心能力和管理核心能力形成具有显著的促进作用，对市场核心能力形成的促进作用不显著。叶新凤等（2008）指出较高的信息化水平是决定物流企业核心能力的关键因素，现代物流企业运用信息化技术不仅能够满足客户的需求，还可以实现企业的运营成本控制，降低物流成本。另一方面，企业通过运用信息化技术增强产品和创新能力，优化组织结构，提高整体管理水平，从而形成企业的核心能力，增强核心竞争力（李义强，2009）。杨红娟（2007）探讨了信息化建设的影响因素及建设，提出在信息化建设过程中，要提高中小企业对市场的快速反应能力，规范中小企业的内部管理，最终提升中小企业的核心能力。张同健（2008）将煤炭业的核心竞争力分解为技术核心能力、管理核心能力和市场核心能力，运用结构方程模型进行实证检验，表明我国煤炭业信息化建设对管理核心能力形成和市场核心能力形成起到一定促进作用，而对技术核心能力形成的作用甚微。高巍和毕克新（2011）认为提升企业信息化水平能够丰富制造企业的资源，提高企业的创新能力。制造业企业的信息化水平依赖于信息化基础设施的获取、应用和传播各种新知识，对于提升企业的工艺创新能力具有重要意义。由此可见，信息化水平高不仅可以提高管理能力、技术能力、市场能力，还可以降低运营成本、物流成本、信息成本等，提高企业的信息化水平，能够从整体上促进知识的共享、利用、创造，提升企业的技术核心能力。

基于以上文献研究和前面理论分析，提出如下假设：

假设 H13：信息化水平对企业技术核心能力有正向影响。

（二）人力资源水平

技术创新离不开核心能力的支撑，而培育和提升技术核心能力在很大程度上依赖于企业人力资源的水平。一方面，人力资源水平的提高可以加深员工对公司内部技术创新过程的理解，激发员工的创造力，帮助他们获得提升自身创造力所需的知识和技能，从而产生与公司技术核心能力相关的新想法（Joshi and Dhar，2020）。华才（2002）认为人力资源能力建设就是通过教育、培训、管理等手段，不断引导人们学习，充分调动人们的积极性，增强人们认识自然和改造社会的能力。陈建先（2005）认为只有不断提高人力资源的核心能力，组织才能增强技术核心能力和竞争力。时培芬（2008）认为企业核心能力是企业综合实力的深层次决定因素，主要受企业战略管理、企业技术能力、市场营销能力、人力资源水平及企业信息管理能力等因素的影响。秦国华（2010）认为打造高素质的员工队伍，选拔和培养一批专业性、技术性人才，有利于增强企业的技术核心能力，实现企业的可持续发展。姚立根和韩伯棠（2007）认为对人力资本、智力资本的有效管理可构建和提升企业的核心能力。王智勇和李瑞（2021）提出人力资本是能力、知识和技术的综合体现，是技术创新的基础。另一方面，人力资源管理为具有创新动机的员工提供了通过员工赋权参与技术核心能力培养的机会，为他们提供了利用自身知识和技能解决研发创新问题的途径，从而促进公司技术核心能力的提升（姜忠辉等，2023）。刘文和罗永泰（2008）在知识资本的理论框架下，将人力资本进一步区分为隐性人力资本和显性人力资本，并认为企业隐性人力资本的形成、积累等发挥的程度决定了企业的竞争能力。Song等（2021）指出人力资源管理可以通过创新招聘、培训、绩效管理、薪酬激励、员工参与等方式提升员工的创新能力，引导员工形成共同的创新理念和价值观，增强组织凝聚力，有效促进企业的技术创新。徐紫嫣（2023）认为高水平人力资本的积累推动了新的创新理念和技术的发展，并确保了特定技术创新的有效采用，促进企业增强生产效率。由此可见，企业人力资源水平对企业的成长、发展及创新等过程都起到了关键作用，对提高企业的综合实力具有重大影响。

基于以上文献研究和前面理论分析，提出如下假设：

假设H14：人力资源水平对企业技术核心能力有正向影响。

（三）主导逻辑水平

主导逻辑在企业中体现为对信息的处理和适应能力。它不仅有助于企业获得竞争优势，而且是维持、提升和创造动态竞争优势的战略前提。主导逻辑是企业为了满足不断变化的环境要求，在整合、构建和重组企业资源及内外部胜任力方面的能力（Teece et al.，1997）。一方面，当企业面临外部环境的改变时，具有较高主导逻辑水平的企业更容易迅速做出应对，优化价值链和资源配置与整合，使得企业所拥有的资源和知识能够适应环境的动态变化，并提高技术核心能力（杨莎莎等，2018）。董保宝等（2011）认为在激烈的市场竞争中，企业的动态能力能够帮助企业及时做出战略反应，使企业能够比对手更快、更有效地进行战略转型，比对手更早地鉴别有价值的资源。曹英姿和洪华（2004）证明企业具备快速反应能力可以加快商品流通和资金周转速度，减少库存，使生产者有更多资金和精力开发高质量的新产品，更好地满足消费者需求。这为企业赢得时间上的优势，奠定了核心能力的形成基础，促使公司形成整体竞争优势。李晓宇和陈国卿（2019）指出技术创新动态能力可以有效降低生产成本、提高生产效率、改善产品性能和适应环境等方面，从而使企业的核心竞争力、市场占有率和经营效率得以提升，并促进企业绩效的提高。另一方面，较高的主导逻辑水平使企业在搜寻、掌握和运用新知识上的效率更高，技术核心能力发展的速度更快（张娜娜等，2019）。张纯洪和刘海英（2007）认为在激烈的竞争环境中，企业需要具备较强的外部环境信息预见分析和处理能力，以及根据自身所占有的资源状况进行合理的动态配置，这也是促进企业核心能力形成的主要要素。张吉昌等（2022）认为具备动态能力的企业才能对资源进行重构，以应对复杂的竞争环境，通过将资源重构与现有环境相适应，降低了企业的研发风险。由此可见，企业的主导逻辑水平对于企业来说是至关重要的。它能够帮助企业适应变化的环境需求，整合和重组资源，提升核心能力，并在竞争中获得优势。同时，它还推动了技术创新、核心技术培育和资源重构，进一步促进企业的绩效提升。

基于以上文献研究和前面理论分析，提出如下假设：

假设 H15：主导逻辑水平对企业技术核心能力有正向影响。

（四）技术轨道水平

技术的发展和演化通常遵循特定的规律。技术轨道揭示了技术创新在不同阶段的发展方向和趋势，并且在一定程度上解释了技术创新的发展机制（张燕航，2015）。Dosi（1982）在纳尔逊和温特提出的"自然轨道"理论基础上首次提出了技术轨道的概念。他认为，技术轨道是由技术范式和经济共同作用所形成的技术演化路径。自从技术轨道的概念被提出以来，学者们逐渐将技术轨道的演化与技术创新和产业发展联系起来进行分析。一方面，技术轨道对企业的技术进步具有重要的推动作用。企业能够准确地识别和应用技术轨道，可以促进其技术核心能力的突破。Jenkins 和 Floyd（2001）认为技术轨道具有能量、动力和不确定性这三个关键属性。其中，能量和动力分别指的是技术轨道对技术进步所产生的影响力和推动力。关于技术轨道的力量，杜跃平（2004）等将路径依赖理论融入技术轨道的研究中，提出路径依赖可以推动企业的技术创新发展。基于此观点，顺应技术轨道进行创新能够提升企业的创新知识水平，促进核心能力的形成，并帮助企业获取可持续的竞争优势。刘昌年和梅强（2006）认为企业技术轨道的确定和后续发展会衍生出一系列的技术，只有准确识别技术轨道及其水平，企业才能正确把握核心主导技术，形成技术核心能力。另一方面，产业技术轨道是一个产业进行可持续创新的重要载体，对整个行业的创新发展起着重要推动作用，影响着产业未来发展的技术选择。张杰和刘东（2007）研究了产业技术轨道与集群创新动力的互动关系，提出产业技术轨道是地方产业集群创新动力的载体，实现技术集群里的技术扩散，有助于提高集群内企业的知识水平，增强企业的技术核心能力。庄明浩（2009）以光伏产业为例，研究了基于技术轨道理论的技术跨越，认为技术轨道实现了技术和经济的有机结合，决定了技术创新的方向和核心技术创新能力的强度，并提出了我国光伏产业未来发展的技术选择战略。由此可见，企业无论采用哪种学习方法、哪种技术战略，都是与行业技术轨道互动的结果。技术轨道决定了技术发展可能有的方向和强度，准确识别和应用技术轨道可以推动其技术进步，实现技术核心能力的突破。同时，遵循技术轨道进行创新可以提高企业的创新能力和核心竞争力，从而获得可持续的竞争优势。

基于以上文献研究和前面理论分析，提出如下假设：

假设 H16：技术轨道水平对企业技术核心能力有正向影响。

五、知识流动的影响

知识流动是知识从知识源向知识受体传递的动态过程。企业的知识流动包含企业内部各个部门、各员工之间的知识交流，以及企业与外界组织的知识交流。企业技术核心能力的本质是核心技术知识，其提升过程需要通过知识流动获取外部所需知识，有效配置内部知识资源，从而带来知识存量的增加和知识质量的提高。在此过程中，知识获取的数量由知识转移能力决定，知识的质量由所获知识的自身特性决定，只有具有先进性和互补性的新知识，才能使企业原有的专门知识优势有所增强，或者快速形成自己的新专业知识，为进入某一新领域做好准备。同时，知识流动的外部环境是企业的知识以及流入的知识达到知识共享、知识应用、知识创新的外部支持和动力，知识流动的外部环境好，就使得企业的知识、技术资源达到最佳的整合和积累，以及知识结构得到优化，促进核心知识的形成，从而提高企业技术核心能力。

（一）知识转移能力

知识转移能力体现在组织对知识流动速度、范围、质量、数量和方向的掌控能力，具备有效实施知识转移能力的组织更具生产力和生命力（Baumjac and Ingram，1998）。知识能否被成功转移，依赖于组织的知识转移能力。Hamel（1991）将高效的知识转移归因于伙伴的学习意图或动机、向合作方传递知识的能力及合作方接受知识的能力三个要素，并进一步阐述了影响知识传递和接受能力的决定因素。较强的知识转移能力一方面可以帮助获得企业技术创新所需的知识资源，降低获取隐性知识的成本，然后加以识别、整合和利用，形成和提升技术核心能力，最终形成竞争优势（周贵川等，2021）。王毅和吴贵生（2001）分析了产学研合作中粘滞知识的成因及转移机制，强调将企业外部知识转移到企业内部，并在企业内部创造价值是企业赢得竞争优势的有效途径。吴庆松等（2018）认为知识转移的价值在于促进了知识的交流与共享，形成支持创新所需的知识基础，从而提高技术创新绩效。另一方面，知识在创新主体间有效转移能够强化创新主体的创新动机，形成知识生态创新的良性循环（Brogaard，2017）。周建和周蕊（2006）认为战略联盟的出现为企业提供知识获取的有效途径，知识转移能力直接影响战略联盟的效果，从而决定企业技术核心能力和竞争优势的形成。尤天慧和李飞飞（2010）认为组织通过提升自身的知识转移能力，实现知识创新，提高企业使用知识资源的效率，为企业创造最大的价值，从而形成自身的技术核心能力。田庆锋等（2020）提出技术创新通常是在对前期知识继承的基础上进行的，只有当知识的存储量达到一定程度后，才会产生创新的质变，知识转移加速了知识积累的过程，从而对技术创新产生影响。由此可见，企业的知识转移能力从多个方面影响着核心知识的积累和创新，进而直接影响着企业技术核心能力的形成和提升。具备良好的知识转移能力的组织能够更有效地实现知识的流动，从而促进学习和创新，这不仅有助于企业建立具备竞争优势的知识基础，还能提高技术创新的效果和绩效。

基于以上文献研究和前面理论分析，提出如下假设：

假设 H17：知识转移能力对企业技术核心能力有正向影响。

（二）知识先进性

知识的先进性是指某一特定知识、技术在其行业内有显著的优越性，代表着相关产业发展的方向，主要包括三个方面：新颖性、创造性和实用性。新颖性主要是知识具有自己的独特优势，且组织拥有相应的知识产权，在行业中起着领头军的作用，对整个行业甚至相关产业的发展起到了积极作用。知识新颖性较高意味着技术创新尝试了全新的知识元素或者对已有知识元素进行了重新组合的探索。这样的探索更有可能实现熟悉知识和非熟悉知识的协同，并有创造新的技术机会，从而增加技术核心能力提升的可能性（马荣康和王艺棠，2020）。Reitzig（2003）认为技术的新颖性是推动技术变革和社会进步的必要条件，也是高技术企业提升市场竞争力的关键因素。创造性是指相关新技术较其先前技术具有实质性特点和显著的进步。知识创造性较高表明企业产生新奇的、独特的知识成果，产生改变行业发展轨道的突破性技术创新的概率也较高（Jung and Lee, 2016），有利于技术核心能力的形成和提升。林筠等（2008）认为员工所掌握的技能和技巧等隐性知识的价值，会随着社会技术的进步而减小，保持隐性知识的创造性是形成企业持续技术创新能力和技术核心能力的基础。胡延平和刘晓敏（2008）认为隐性知识在企业创新活动中发挥着重要的作用，其可以体现为企业积累的知识和经验，帮助企业对显性知识进行过滤和分析，使得企业在原有知识的积累上提出较好的方案。张克群等（2022）指出，较高的知识创造性使得个体更容易将自身的专业背景与其他不同技术领域的知识相连接，从而获取跨技术领域的知识并将其组合起来，促进技术核心能力的提升。实用性是指某项技术能够解决技术问题，能在产业上制造或者使用，产生积极效果。丁秀好等（2009）提出了知识产权的先进性，认为如果不具有知识产权先进性，或落后于竞争对手，企业会在竞争中处于下风，导致收益减少，从而直接影响企业的技术核心能力的形成和提升。崔贺珵等（2019）指出实用性知识能够为供应商提供知识补充，有助于供应商开发出竞争对手难以模仿的新产品，优先占领新市场，并获得高额的市场回报。由此可见，企业若具有特定技术的先进性，在整个企业发展过程中，就拥有了更多的话语权，市场竞争地位也更高，更容易形成和加强自身的技术核心能力。

基于以上文献研究和前面理论分析，提出如下假设：

假设 H18：知识先进性对企业技术核心能力有正向影响。

（三）知识互补性

知识互补性是指两种知识在基础原理、内容和应用上存在差异，但又具有关联性。企业在长期经营过程中，致力于建立在相关业务领域内独具特色、难以被竞争对手所模仿的技能与经验，在企业内部形成以独具特色、难以模仿的技能与经验等为核心，并与企业的组织结构、文化、价值观等独特制度相关的知识体系。在知识经济时代，任何一个组织都不可能控制和掌握它所需要的所有知识资源，单个企业仅凭自身能力谋求战略性发展变得越来越困难，知识互补性成为企业寻求合作伙伴的首要考虑因素。一方面，知识互补性满足了创新对知识距离的要求，提高了知识交换的效果，有利于企业技术创新能力的提升，只有转移互补性的知识才能对企业技术创新产生积极行为（Mazloomi and Jolly，2008）。Rothaermel（2001）认为互补型知识往往与企业原有的产品开发知识和技能以不同的形式存在，其低重合度能够激发企业的学习潜力，对创新的长期绩效产生推动作用。孙耀吾等（2018）指出高度互补性表明知识元素之间具有强烈的凝聚力，能够与多个相关技术领域的其他知识元素结合，具备很高的协同潜力，可以进一步促进企业技术能力的发展。另一方面，更广泛领域的共同知识有助于企业识别和理解外部知识的价值，降低知识获取、吸收和应用的难度与成本，提高知识整合的效率，从而促进企业的技术创新（宋耘和王婕，2020）。樊星和路世昌（2008）认为在产业集群内部，互补性知识有助于增加隐性知识的溢出量和群内成员的知识总量，进而提高企业的创新能力。张俊娟和李景峰（2010）从知识互补的角度出发，分析企业知识沿时间与空间两个方向上的演进，得出两者具有相互促进的作用，使得企业更有效地进行知识管理，从而促进企业的技术核心能力的形成和提升。陈培祯等（2021）认为随着知识互补水平的提升，企业对知识元素的重组方向逐渐清晰，知识整合和利用效率的提高能够优化新产品的开发过程，进一步推动有效的企业研发活动。由此可见，知识互补性较强的企业，其选择合作与联盟的机会可能性更大，知识交叉融合与创新更为明显，更容易培养和增强自身的技术核心能力。

基于以上文献研究和前面理论分析，提出如下假设：
假设 H19：知识互补性对企业技术核心能力有正向影响。

（四）知识流动的外部环境

知识流动环境，即由各种影响知识流动的外部因素所构成的环境，主要包括技术环境、制度环境和市场环境等，外部环境的改善和变动对企业的技术核心能力具有直接的影响。在技术环境方面，随着各项新技术、新产品的生命周期不断缩短，企业在市场中取得先发优势后，为了避免被市场淘汰，不得不加快技术创新活动的速度，提高技术核心能力以增加市场份额（Adner，2002）。韵江和马春玲（2002）认为企业面对的是不连续的、更加难以预测的环境变化，提出基于环境和能力的互动战略，为环境态势和企业应对的平衡提供一种综合框架，促进了我国企业提升核心能力。梅德强和龙勇（2010）通过研究发现组织异质性强化了运作能力与突破性创新的负相关关系，技术不确定性削弱了机会能力与突破性创新之间的正相关关系。在政策环境方面，相对透明的制度安排可以有效降低企业的交易成本，政府机构较为公平高效的协作进一步提高了未来的可预见性，降低了企业经营活动的不确定性，有利于促进企业核心能力的形成（刘克等，2002）。曾萍等（2013）认为在不同的制度环境下，民营企业构建核心能力的方向及其结果均存在较大的差异。在市场环境方面，激烈的市场竞争会造成较强的技术溢出效应，加速企业间通过示范和模仿相互促进的过程，从而激发企业创新内生动力。同时，随着市场信息传递效率的提高，企业从外界获取信息也更加容易（杨震宁和侯一凡，2023）。周晓东和项保华（2003）认为企业在面对复杂动态环境时，应根据环境和组织条件，进行适时和适度的战略变革，以动态地匹配环境，从而克服企业核心能力的刚性和促进组织创新。马鸿佳（2008）研究得出外部环境的复杂性、动态性和宽松性，对于资源配置过程和内部资源整合能力均存在积极影响，促进新创企业核心能力的形成。由此可知，支持知识流动的外部环境将激发企业创新动力，增加企业的知识存量，从而影响企业技术核心能力的提升。

基于以上文献研究和前面理论分析，提出如下假设：
假设 H20：支持知识流动的外部环境对企业技术核心能力有正向影响。

第四节 实证模型

通过以上分析，我们构建了知识状态与企业技术核心能力的影响因素的概念模型，并与研究假设共同构成了包含解释变量和反应变量的结构方程模型，如图 6-2 所示。

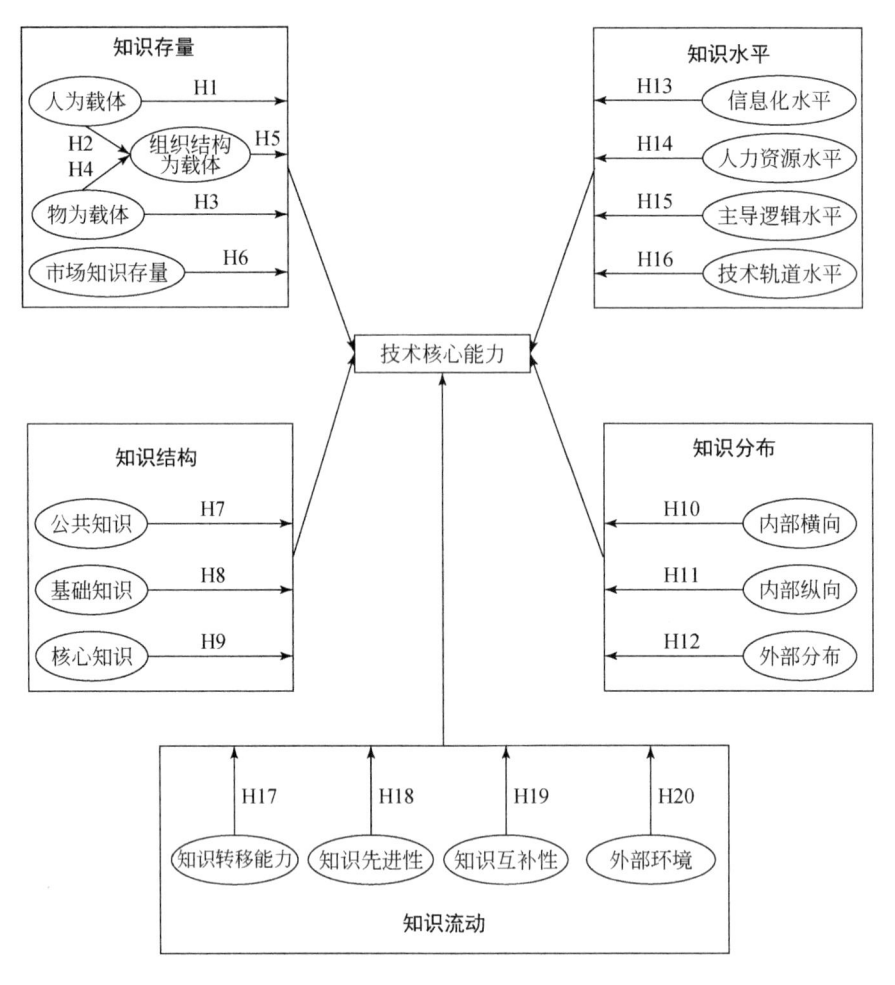

图 6-2 技术核心能力影响因素的实证模型

从知识存量、知识结构、知识分布、知识水平和知识流动五个维度对企业技术核心能力影响因素提出了相应假设，如表 6-1 所示。

表 6-1 知识属性与技术核心能力的研究假设

知识属性维度	假设
知识存量	H1：以人为载体的知识存量对技术核心能力有正向影响
	H2：以人为载体的知识存量对以组织结构为载体的知识存量有正向影响
	H3：以物为载体的知识存量对技术核心能力有正向影响

续表

知识属性维度	假设
知识存量	H4：以物为载体的知识存量对以组织结构为载体的知识存量有正向影响
	H5：以组织结构为载体的知识存量对技术核心能力有正向影响
	H6：市场知识存量对技术核心能力有正向影响
知识结构	H7：公共知识对技术核心能力有负向影响
	H8：基础知识对技术核心能力有负向影响
	H9：核心知识对技术核心能力有正向影响
知识分布	H10：内部横向分布对企业技术核心能力有正向影响
	H11：内部纵向分布对企业技术核心能力有正向影响
	H12：外部分布对企业技术核心能力有负向影响
知识水平	H13：信息化水平对企业技术核心能力有正向影响
	H14：人力资源水平对企业技术核心能力有正向影响
	H15：主导逻辑水平对企业技术核心能力有正向影响
	H16：技术轨道水平对企业技术核心能力有正向影响
知识流动	H17：知识转移能力对企业技术核心能力有正向影响
	H18：知识先进性对企业技术核心能力有正向影响
	H19：知识互补性对企业技术核心能力有正向影响
	H20：支持知识流动的外部环境对企业技术核心能力有正向影响

第七章　企业知识状态对企业技术核心能力影响的研究设计

第一节　调查问卷设计

一、总体原则

(1) 相对性原则

一个企业的技术核心能力大小及知识状态的好坏并不是绝对的，只有通过与处于同一行业中的企业进行比较分析，才能清晰知道。为了不失一般性，本书选择的企业来自不同的行业，因为实证的目的并不是要得到某个企业的技术核心能力大小，或者知识状态的好坏，而是分析技术核心能力与知识状态之间的关系，从而有针对性地研究技术核心能力的提升途径。

(2) 科学性原则

指标的设计需要有科学的理论作指导，既要在理论上站得住脚，又能反映变量的客观实际情况。设计的指标要有针对性，在基本概念和逻辑结构上要严谨、合理，抓住变量的实质。指标选择是理论与实际相结合的产物，无论采用什么样的定性、定量方法，还是建立什么样的模型，都必须是客观的抽象描述，抓住最重要的、最本质的和最有代表性的东西。

(3) 系统优化原则

变量必须用若干指标进行衡量，这些指标是互相联系和互相制约的。有的指标之间有横向联系，反映不同侧面的相互制约关系；有的指标之间有纵向关系，反映不同层次之间的包含关系。指标设计数量的多少以系统优化为原则，即以较少数量和层次的指标，全面系统地反映变量的内容，既要避免指标过于庞杂，又要避免单因素选择，追求的是评价指标的总体最优或满意。

二、测量指标选择与步骤

由于在实证研究中需要测量的变量较多，在设计变量的测量指标时，首先是采用国内外学者提出的比较成熟的测量指标，对于变量中国内外学者较少涉及的部分测量指标，依据本书前面文献研究和变量的理论内涵分析，对变量测量指标进行选择和初步设计。

将初步得到的测量指标设计成专家调查问卷，向相关领域专家发放问卷。第一次专家问卷调查，共发放专家调查问卷35份，回收有效问卷30份，问卷回收有效率85.7%，主要涉及信息系统与信息管理、企业管理、金融、财务投资、经济贸易、会计等领域的专家学者。第一次专家问卷调查的目的是希望不同领域的专家从各自的理解，对测量内容、测量指标的设计、问卷格式、设计的问题易懂性、术语准确性进行评价，提出相关修改建议。对回收的专家调查问卷进行分析，依据分析结果和专家提出的相关建议，对调查问卷进行了调整和修改。

在此基础上，进行了第二次专家问卷调查，课题组成员利用参加第五届中国技术管理研讨会机会，向与会相关知名专家发放专家调查问卷19份，回收有效问卷19份，问卷回收有效率为100%，以上专家都是技术创新管理领域的专家，包括13位教授、3位副教授、3位讲师。之后，对回收的专家调查问卷进行分析，并依据分析结果和专家所提出的建议，再次对问卷中的题项进行修改调整，使调查问卷测量指标设计更加科学合理，便于答题者理解。

经过两次专家问卷调查的基础上，筛选出了89个题项，作为企业知识状态五个属性及技术核心能力的测量指标，设计出了用于数据收集的正式调查问卷。

第二节　变量的定义与测量

一、指标初步设计

（一）知识存量测量指标初步设计

已有文献研究从不同角度对知识存量进行测度和分析，主要体现为：一是国家或企业对R&D的投入（Lach, 1995; Kleinknecht et al., 2002; Park and Park, 2006）。Griliches（1979）、Mansfield（1980）、Scherer（1982）等学者通过R&D数据来测量知识存量。杨鹏（2007）建立我国区域R&D知识存量的经济计量模型，对我国8个不同区域1984~2003年R&D知识存量在区域经济发展中的经济效果进行实证研究。二是对人力资源的存量、流量（变动情况）进行统计和折算，从而估计R&D的能力和水平（王秀红和王高平，2005）。Cox和Turner（2005）依据个人在学习与工作投入的时间、财力来测量个人的知识存量。王秀红和王高平（2005）将企业知识存量划分为核心能力层、组织结构层、团队与员工内隐层，运用模糊多层次分析模型对组织的知识存量进行评价。罗正清和金生（2009）基于组织知识的深度、宽度和强度三个属性，提出了一个面向创新的组织知识测度模型，探讨了三个知识属性对技术创新能力的影响。三是引进专利和论文来表示知识存量（Rosnberg，1982）。由于R&D数据有其局限性，它只代表了知识投入的一面，为了弥补以R&D数据作为测量知识存量的不足，Han（2007）、Park和Park（2006）引进了专利和论文来表示知识输出的一面。四是从知识载体角度出发衡量知识存量（Boisot，1995）。安妮·布鲁金（1998）从知识载体的角度出发，考虑知识商品产生的特殊性、知识成果的继承性、知识生产活动的探索性和风险性，决定了知识价值测度的特殊性，提出基于商品的功能来测度知识存量。蔡虹等（2004）考虑了知识的成熟程度、产生成本、运用知识的能力及知识附加值，提出知识价值的测量公式。李顺才等（2001）给出了知识存量测量的原则，建立了一个多层次灰色关联评价模型，从人、物、组织结构和市场对企业知识存量进行了评价。

还有学者提出了知识存量的其他测量方法。例如，Shannon（2001）从信息的功能角度，创立了测度信息量的量化方法，认为从功能角度看，知识量和信息量具有等价性，因此可以借助信息量的测量方法，对知识量进行测量，并提出了知识量的测量公式。Reyder（1994）用逻辑曲线来描述科技知识和科学文献的增长规律，由此表征了科技文献随时间成指数函数增长的变化规律。杨志锋和邹珊刚（2000）对知识资源、知识存量、知识流量的内涵进行了明确的定义和区分，建议用可比当量原则进行知识存量的测量。赵奇平和赵宏中（2001）着重分析了影响知识存量与知识流量的相关因素及测量难点，提出"知识效益"的概念，认为直接用知识产生的效益来衡量知识，这样可以避免难以预测和计算的因素。

知识存量是指在特定时点企业、组织或系统所拥有的，能直接或间接为其创造价值和效益的知识总量，依附于企业、组织或系统内部的人员、设备和组织结构中，反映了企业、组织或系统产生知识的能力与潜力，并为其竞争能力提供基础支持。所以，从知识载体的角度出发，对企业的知识存量进行测量更为直观、更加合理、便于测量，不仅可以有效地测量企业目前的知识存量，还能够通过测量企业中各种知识载体的现状，预见企业未来知识存量的变化趋势、核心能力和竞争优势。

综合以上的分析，本书从知识载体的角度出发，对企业的知识存量进行测量，借鉴李顺才等（2001）提出的对于知识的测量指标体系和本书理论分析，从以人为载体的知识存量、以物为载体的知识存量、以企业组织结构为载体的知识存量和市场知识存量四个方面初步构建知识存量测量指标体系。

(1) 以人为载体的知识存量测量指标

员工的平均服务年限：指企业全部专业人员从事专业工作的平均年数，衡量专业人员的技能和经验水平。

员工的平均学习年限：指员工学习的平均年数，反映员工获取的知识程度。

员工技术等级：指员工的专业技术资格等级，反映员工拥有经验类隐性知识的水平。

员工周转率：指员工的流入与流出，反映企业人才流动状况。

知识员工比例：指企业知识员工的比例结构，反映企业传播知识的知识源数量。

知识员工人均利润：指企业知识员工的利润水平，反映企业知识员工创造价值的能力。

(2) 以物为载体的知识存量测量指标

技术成果拥有量：指企业自主开发的专利技术、专有技术、其他技术及科技论文的数量，反映企业技术知识的存量。

设备水平：指企业拥有生产设备、实验仪器的数量和信息技术的水平，体现了物化知识的存量。

R&D 投资额：指企业统计年度内各执行单位实际用于基础研究、应用研究和试验发展的经费支出，包括实际用于科学研究与试验发展活动的人员劳务费、原材料费、固定资产购建费、管理费及其他费用支出，反映了企业生产新知识的能力。

(3) 以组织结构为载体的知识存量测量指标

管理费用/总收入：指企业管理成本占销售收入的比例，体现企业的管理水平，反映企业的管理知识存量。

组织有效性：指企业运行效率和目标实现的程度，体现企业综合的组织管理知识。

组织凝聚力：指企业拥有独特文化水平的知识，体现了员工对企业价值观、组织目标和管理方式的认同程度，反映员工的凝聚力。

组织信息化水平：体现企业的信息化知识，反映企业应用信息技术水平和建设数据库的能力及水平。

企业内部管理的执行力度：体现企业内部管理知识，反映企业内部的管理效率及水平。

(4) 市场知识存量测量指标

顾客满意指数：指企业拥有独特营销手段的水平，以及顾客对企业的产品或服务的满意程度，反映企业与顾客沟通的知识。

市场研究水平：指衡量企业市场环境研究、市场发展趋势预测的知识，通过市场研究的准确程度来反映。

企业对用户需求的理解能力：反映企业对市场客户需求变化的理解程度，是企业增强市场竞争力的关键因素。

大客户比例：指 VIP 客户占企业客户群的比例，反映企业客户结构的稳定性。

综上所述，知识存量测量指标体系初步设计如表 7-1 所示。

表 7-1 知识存量测量指标体系初步设计

一级指标	二级指标	三级指标
知识存量	以人为载体的知识存量	员工的平均服务年限
		员工的平均学习年限
		员工技术等级
		员工周转率
		知识员工比例
		知识员工人均利润
	以物为载体的知识存量	技术成果拥有量
		设备水平
		R&D 投资额
	以组织结构为载体的知识存量	管理费用/总收入
		组织有效性
		组织凝聚力
		组织信息化水平
		企业内部管理的执行力度
	市场知识存量	顾客满意指数
		市场研究水平
		企业对用户需求的理解能力
		大客户比例

（二）知识结构测量指标初步设计

已有文献研究从不同角度对知识结构进行测度和分析，Diana（2001）从企业战略视角出发，将企业的知识结构界定为企业战略的认知构造，代表着一系列目标的认知编排方式，反映了组织战略对环境变化的敏感性。许强和施放（2004）从企业的活动特性入手，对企业的内在知识结构进行研究，将企业的基本活动分为功能性活动和协调性活动，相应地也把企业实施功能性活动的知识称为功能知识，进行协调性活动的知识称为组织性知识。张晓玲等（2006）从创造顾客价值的角度，将企业的知识结构分为支持特定价值活动的知识结构和将所有价值活动整合成顾客价值的知识结构等。Stone 等（2006）提出一个部门或组织的知识结构，至少包括三种知识"装置"，其"装置"在执行任务、作决策和学习过程中都起着很重要的作用。Polanyi（1958）从知识属性的角度，将构成企业知识结构的知识分为可表达知识和隐性知识。Leonard-barton（1995）从知识载体的角度，将企业知识结构分为员工知识和嵌入在物理系统中的知识。Becker（1964）根据知识在企业中的价值不同，对企业知识结构的构成进行了区分，并定义为三种类型：一般知识或通用知识、企业特有知识、产业特有知识。应力和钱苜三（2001）将企业知识结构的构成分为核心知识、基本知识、一般知识三个层次。Lyles 和 Schwenk（1992）定义了组织层次的知识结构，即指在组织层次上分享的信念，涉及组织目标、因果信念和其他认知元素，包括核心知识和外围知识。Kogut 和 Zander（1993）及 Grant（1996）认为在组织或部门内部知识结构的形成，是成员能够互相理解的语言或者知识。Teece 等（1994）认为集合和整合企业中的知识是企业最重要的任务，而企业中的知识是通过知识结构积累知识和处理新的知识，从而形成相应的能力，并且知识结构通过信息持续地被创造、强化和改变。

企业知识结构是各种不同类型的知识在企业内部的构成状况，反映了知识存量中各种类型知识所占比例、层次结构及各种类型知识之间的相互关系，体现了不同比例的各种类型知识在企业中相互作用、融合、交叉所形成的某种相对稳定态势，以及这种态势在内外因素作用下不断进行动态调整和更新的过程。通过以上分析，借鉴 Becker（1964）的观点，从知识在企业中价值的角度，本书将企业的知识结构划分为公共知识、基础知识和核心知识三个层次。公共知识主要包括两类知识：一类是公共信息，如政府的政策信息、公开的相关市场历史数据、公共刊物上发表的经济评论等；另一类是人力资本所拥有的通用知识，如财务、计算机技术等基础知识。基础知识由显性知识和镶嵌在特定组织和文化之中的隐性知识所构成，主要包括三方面的知识：企业组织管理、企业创新文化、行业个性化的专业知识。核心知识是企业独有的，属于企业的商业秘密，是正在或即将为企业提供竞争优势的知识，构成企业核心知识的绝大多数是隐性知识，锁定于特定企业的特定文化、人员构成和设备等。

依据企业知识结构的定义，提出并设计了三个层次知识的初步测量指标。

（1） 公共知识测量指标

企业员工平均受教育年限：指员工受教育的平均年数，间接反映企业员工平均掌握知识的程度。

企业所掌握的公开政策信息及相关的市场数据：指企业对政府发布的政策信息及公开市场信息的掌握情况。

企业员工对于英语、计算机技术等基础知识的掌握情况：指企业员工自身所掌握知识的情况，反映了企业对于公共知识的掌握情况。

企业所处行业对普通员工的需求量：指企业自身对普通技能的员工的需求量，反映企业掌握公共知识的情况。

企业所在地区的平均工资水平：企业所在地区的平均工资水平会影响企业招聘员工的数量，间接反映了企业拥有公共知识的数量。

（2） 基础知识测量指标

企业文化对于企业发展的有利程度：体现了企业文化对于企业发展的促进作用，反映企业文化的有效性。

企业组织管理制度的有效程度：体现了企业的管理制度对于保障企业运营的有效程度，反映企业组织管理制度的有效性。

企业成立年限：体现了企业的成熟程度，间接反映企业拥有所在行业知识的情况。

企业员工在本企业的平均工作年限：反映企业员工对本企业的熟悉程度，以及在本企业积累基础知识的程度。

企业营销网络对外部环境的适应能力：体现了企业营销网络对市场信息反映的适应能力，同时也反映了企业掌握该行业营销知识的程度。

新员工入职前培训所需成本：反映企业对新员工入职前培训的投入程度，间接反映新员工从入职前培训获得企业知识的程度。

（3） 核心知识测量指标

企业核心技术专利的拥有量：核心技术专利直接反映了企业所拥有的核心知识的情况。

企业拥有独特营销技能的水平：反映企业相对于同行业其他企业所掌握的独特营销知识的情况。

企业鼓励不断进行技术创新的氛围：反映了企业内部创新的氛围及对员工进行创新的促进程度，这也是企业专享的一种核心知识。

企业价值观的形成程度：反映企业的价值观对于凝聚员工的作用，这种企业专属的价值观体现了企业的核心知识。

员工对企业目标和管理方式的认同程度：体现了企业目标和管理方式为员工

所接受的程度，也反映了企业目标和管理方式对员工的激励和管理效果。

企业核心员工占总员工数量的比例：体现了企业拥有核心员工的情况，也反映了企业拥有核心知识的情况。

综上所述，知识结构测量指标体系初步设计如表 7-2 所示。

表 7-2　知识结构测量指标体系初步设计

一级指标	二级指标	三级指标
知识结构	公共知识	企业员工平均受教育年限
		企业所掌握的公开的政策信息及相关的市场数据
		企业员工对于英语、计算机技术等基础知识的掌握情况
		企业所处行业对普通员工的需求量
		企业所在地区的平均工资水平
	基础知识	企业文化对于企业发展的有利程度
		企业组织管理制度的有效程度
		企业成立年限
		企业员工在本企业的平均工作年限
		企业营销网络对外部环境的适应能力
		新员工入职前培训所需成本
	核心知识	企业核心技术专利的拥有量
		企业拥有独特营销技能的水平
		企业鼓励不断进行技术创新的氛围
		企业价值观的形成程度
		员工对企业目标和管理方式的认同程度
		企业核心员工占总员工数量的比例

（三）知识分布测量指标初步设计

已有文献研究主要根据知识在企业内部和外部的分布对知识分布进行测度和分析。陈颉（2004）提出知识在企业中的分布，取决于企业中的关键知识是以什么样的形式存在的，并阐述了知识的层次分布，认为知识分布是企业在不同部门（针对同一企业）、行业（针对不同企业）中知识的分散状况。张庆普和李志超（2003）进一步发展陈颉的知识分布的观点，认为知识细分到企业中的分布，可视为个人和组织两个层次。程德俊和陶向南（2001）认为不同的企业知识的分布状况不同，并且认为知识在企业中的分布主要取决于企业所在行业特征、企业的规模、企业所在的发展阶段、企业的战略、企业的经营范围等因素的影响。赵晓庆（2004）根据知识的来源，将企业技术能力增长的知识源分为内部知识源和外部知识源，认为企业技术能力在创造性模仿阶段的外部知识源主要包括两类：第一类是为了获得技术知识，包括参与国外先进企业的研发活动，与国外关键技术供应商密切接触，分解国外企业的设备和产品反求技术知识，引进国外富有经验的研发人才，与国内外大学、科研院所合作开发，引入国内外先进企业或大学科研院所的研发人才；第二类是为了获得市场与用户需求知识，包括与用户建立密切关系，请销售人员或用户参与开发。杨忠和张骁（2007）认为企业内部的知识分布是企业的知识在企业组织内部的战略层、管理层、执行层中的三个层次分布，这三个层次的知识也称为理念知识、协调知识、操作知识。

还有学者提出了知识分布的其他衡量方式，曹明华（2004）从知识存在方式的角度定义了知识分布，认为第一类知识为体现在书本、资料、说明书、报告书中的编码知识，第二类知识为物化在机器设备上的知识，第三类知识为存在于员工头脑中的意会知识，第四类知识为体现在管理形式、企业文化中的知识。袁静和孔杰（2007）从知识介质的角度，认为企业的知识分布是指企业中的知识被企业员工掌握的情况，以及存在于介质的情况，其中介质是指人类记录知识的载体，如远古的龟甲、竹简、羊皮，近现代的纸张、磁碟、光碟等。

因此，结合本书研究，内部知识分布是指企业内部的不同部门或层级拥有知识的状况；外部知识分布是指同一行业企业外部类似知识聚集的状况，是知识资源的聚集程度。同时，将内部知识分布进一步划分为横向分布和纵向分布，横向分布是指同一时点上企业知识在各部门中的分布，纵向分布是同一时点上企业知识在各个层次上的分布。通过分析，借鉴程德俊和陶向南（2001）的相关研究成果，提出了知识分布测量指标的初步设计。

（1）内部横向知识分布测量指标

企业的管理能力：指企业目前实施的管理制度的有效程度，反映企业管理知识的分布情况。

管理者的技术背景：指企业管理者对相关产品生产技术的掌握情况，反映技术知识在企业管理部门的分布情况。

所开发产品的市场接受度：指企业所开发的产品被市场认可的程度，反映企业市场知识的分布情况。

对市场行情的掌握程度：指企业利用调查报告对市场行情的掌握程度，反映企业市场知识的分布情况。

创新水平：指企业技术知识的积累水平，创新水平越高表示企业的知识创新程度越高，技术知识在企业内的分布越合理。

员工学历结构：反映出企业整体知识的分布状况。

管理、技术、营销、生产人员比例构成的合理性：反映企业中各种知识比例构成的合理性。

售后服务水平：反映企业市场知识分布的状况。

（2） 内部纵向知识分布测量指标

企业注册类别：反映企业所在的行业特征。

产品品种丰富程度：间接反映企业的经营范围，影响一个企业的纵向知识分布状况。企业产品品种越多，说明企业的经营范围越广，若企业趋于多元化产业结构，则企业逐渐由协调性知识分布转变为协调性知识和操作性知识的分布。

企业规模：通过企业的总资产、占地面积等指标，衡量企业规模，企业规模越大，企业中的管理层级越多，知识更容易集中在低层，知识分布也越分散化。

企业生命周期阶段：企业的发展阶段也会影响企业知识的纵向分布。企业的发展阶段由企业年龄及企业所处生命周期阶段来衡量。一般而言，越成熟的企业其内部层级管理越合理，其所对应的内部纵向知识分布状况也就越合理。

企业战略明确程度：企业的战略管理也影响着知识的分布。企业如果有着明确的发展战略，那么与实现战略相配套的企业各种知识的分布也会更协调、更合理。

企业的文化氛围：企业的文化氛围是企业文化的基础。企业的文化氛围包括员工团队协作精神、企业文化价值观、企业员工的责任感等。企业拥有好的文化氛围将会提高员工工作积极性，增强员工岗位使命感，相关的工作会有最合适的员工来完成，提高了知识分布的合理性。

（3） 外部知识分布测量指标

解决改造国外企业的设备或产品的难度：指企业从国外同行业企业获得相应知识的难度，间接反映了企业外部环境中知识分布的情况。

与国内大学、科研院所合作开发次数：反映企业从国内大学、科研院所等途径获得知识的情况。

引进国内外先进企业、大学和科研院所的研发人才数量：反映企业获得的以人为载体的知识的情况。

参与国外先进企业的研发活动次数：反映企业与国外先进企业交流情况，以及从国外先进企业获得知识的情况。

综上所述，知识分布测量指标体系初步设计如表 7-3 所示。

表 7-3　知识分布测量指标体系初步设计

一级指标	二级指标	三级指标
知识分布	内部横向知识分布	企业的管理能力
		管理者的技术背景
		所开发产品的市场接受度
		对市场行情的掌握程度
		创新水平
		员工学历结构
		管理、技术、营销、生产人员比例构成的合理性
		售后服务水平
	内部纵向知识分布	企业注册类别
		产品品种丰富程度
		企业规模
		企业生命周期阶段
		企业战略明确程度
		企业的文化氛围
	外部知识分布	解决改造国外企业的设备或产品的难度
		与国内大学、科研院所合作开发次数
		引进国内外先进企业、大学和科研院所的研发人才数量
		参与国外先进企业的研发活动次数

（四）知识水平测量指标初步设计

已有文献研究从不同角度对知识水平进行测度和分析，基于企业创新能力角度，Klaus（2006）认为企业的知识水平表现为企业进行创新的能力。李焱（2007）从核心能力的角度，认为企业的知识水平与技术创新能力成为企业竞争的核心。李率锋（2007）认为企业的知识水平及其技术创新能力，在一定程度上取决于企业对技术知识获取、共享和创新的能力。基于企业研发活动角度，薛求知和李亚新（2007）认为，跨国公司的知识水平取决于内部的研发活动，以及海外子公司从当地外部网络吸收那些难以通过市场机制实现的具有当地特定知识的能力。李培培（2007）研究了技术联盟与企业知识水平的关系，认为在我国的通信产业中，由于企业自身的学习能力不强，企业的知识水平无法达到联盟伙伴的技术水平，影响了联盟的技术获取。Bretona 等（2006）用博弈模型，判断企业知识水平的高低，认为企业对研发投资的决策能体现企业知识水平的状态，如果企业的知识水平太低，将不会进行研发投资；如果企业的知识水平高，将会投资于研发。基于企业知识结构角度，魏凌云（2007）用公共知识和专业知识测度了狭义的企业知识水平，即各类人员的知识水平。基于企业员工角度，Zhang（2005）认为，企业中个人的知识水平会影响到企业学习型组织的发展。许渊（2007）从人力资源的角度，把知识水平作为人力资源绩效评价的一个重要因素进行了考评。基于企业产品角度，单薇（2002）通过构建企业产品知识含量的综合评价指标体系，利用模糊数学工具，对企业的知识水平进行了评价，提出的企业产品知识含量综合评价指标体系，主要包括知识资源的投入、研发能力和知识的产出效益三个维度。知识资源的投入具体包括新产品研发投入的经费、研发新产品的人员素质和技术设备装备水平等指标；研发能力具体包括新产品开发项目数、专利拥有数和商标专用权等指标；知识的产出效益具体包括新产品占总产品销售的比例、新产品的新颖程度和创新程度、新产品生产使企业利润增长比率、新产品的竞争力等指标。

企业的知识水平是企业在某一特定时期所积累的知识的优劣状况，反映企业所拥有的知识在提高生产效率、市场竞争力、创新能力及企业知名度等特性上满足要求的程度。企业知识水平的主要影响因素：企业的信息化水平、企业的人力资源水平、企业的主导逻辑和行业的技术轨道。其中，前三个因素为企业层面的影响因素，体现了对企业知识水平绝对量的影响，行业的技术轨道相对前三者变化速度较慢，但却从深层次上决定着事物的发展，企业总是处于某一特定的行业技术轨道之内，行业技术轨道所处的不同阶段直接影响到企业知识水平的高低。因此，将以上四个影响因素作为企业知识水平的测量指标。在信息化水平的测量指标方面，借鉴了侯伦和唐小我（2001）及庞庆华（2007）提出的企业信息化测量指标；在人力资源水平的测量指标方面，借鉴了赵海霞和余敬（2004）及于飞（2007）的相关研究；主导逻辑和行业技术轨道的测量指标结合本书的分析。知识水平测量指标的初步设计如下。

（1）信息化水平测量指标

信息化设备投资占企业全部投资的比例：作为企业信息化的基础，信息化设备建设在很大程度上决定了企业信息化的发展水平。信息化设备投资占企业全部投资的比例将极大地影响企业信息化的程度。

企业的信息化程度：企业信息化程度的高低，直接决定了企业的经营效益与市场竞争能力。企业的信息化程度最终体现在信息化目标的实现上，指企业在生产、销售与管理等环节中利用信息资源的能力。

企业为保证信息化顺利实施而制定的制度完善程度及落实程度：指企业信息使用安全制度、各类硬件设备使用制度、机房值班制度等的完善程度及落实程度。

企业实施信息化培训费用投入情况：指企业对员工进行信息、技术、网络、计算机、信息安全等培训投入占企业全部培训费用的比例。

员工对信息化系统的利用率：企业员工对信息化系统的使用程度，从侧面反映了企业的实际信息化水平。

(2) 人力资源水平测量指标

招聘、培训的投入：体现了企业对其人力资源培训的投入程度，反映了企业对人力资源的重视程度。

员工对企业人力资源工作的满意程度：反映企业人力资源管理工作的有效性。

员工的专业素质：反映企业员工符合工作岗位教育水平要求的状况，以及企业员工符合岗位技能要求的状况。

人均销售额：反映员工对产品销售的贡献或者员工对企业利润的贡献情况。

报酬、福利等费用的投入：体现了企业给予员工报酬、福利费用的情况，反映了企业对人力资源的投入状况。

(3) 主导逻辑测量指标

企业对政策环境的反应能力：反映宏观政治经济政策对企业的影响程度，说明了企业对政策环境的适应能力。

核心技术难以模仿，且具有优势：指依附于企业实体的企业核心技术难以被模仿，并相比同行业其他企业具有优势。

员工对核心价值观认同程度：反映企业全体成员的精神状态，体现企业员工的凝聚力。

企业制度的执行情况：指企业制度对于提高知识水平的执行情况，反映企业组织管理制度的有效性。

企业对市场环境的反应能力：反映企业对于市场环境变化而及时调整、应变的能力。

(4) 行业技术轨道测量指标

某项技术在该行业的主导程度：体现该技术在行业内生产中的利用程度。

行业技术的成熟程度：体现新产品开发周期，即新产品开发所耗用的时间，成熟的技术开发新产品的周期相对较短，新兴技术开发新产品的周期较长。同时也表现在新产品开发成本方面，即新产品开发阶段所耗费的全部经济资源的总价值。

顾客对技术的采用率：指目标顾客群中实际购买包含某技术产品的顾客所占的比例。

顾客对技术的赞许程度：指购买和使用包含某技术产品的顾客对该产品给他们带来的效用的评价。

综上所述，知识水平测量指标体系初步设计如表 7-4 所示。

表 7-4 知识水平测量指标体系初步设计

一级指标	二级指标	三级指标
知识水平	信息化水平	信息化设备投资占企业全部投资的比例
		企业的信息化程度
		企业为保证信息化顺利实施而制定的制度完善程度及落实程度
		企业实施信息化培训费用投入情况
		员工对信息化系统的利用率
	人力资源水平	招聘、培训的投入
		员工对企业人力资源工作的满意程度
		员工的专业素质
		人均销售额
		报酬、福利等费用的投入
	主导逻辑	企业对政策环境的反应能力
		核心技术难以模仿，且具有优势
		员工对核心价值观认同程度
		企业制度的执行情况
		企业对市场环境的反应能力
	行业技术轨道	某项技术在该行业的主导程度
		行业技术的成熟程度
		顾客对技术的采用率
		顾客对技术的赞许程度

（五）知识流动测量指标初步设计

已有文献研究主要从企业内部和外部的知识流动两个视角，对知识流动进行测度和分析。在企业外部知识流动研究上，Hamel（1991）研究了学习意图、透明性、吸收能力、保持能力对战略联盟企业中的知识流动的影响作用。Badaracco（1991）认为联盟可以促进知识流动。方凌云（2001）研究了企业间知识流动的方式及其测度，认为企业间的知识流动方式主要有企业之间的技术合作、企业间人才的流动、企业间专利技术和技术秘诀的转让、广泛的市场调查等，并就以上知识流动方式给出了相应的测度。徐金发和刘翌（2002）研究了母子公司之间知识流动的决定因素，认为母子公司之间的知识流动主要取决于源单元知识存量价值、源单元的激励水平、知识传输渠道、目标单元的激励水平、目标单元的吸收能力等，并对以上五个方面的因素进行了深入分析。Sayed 和 Zeid（2002）提出企业间文化差异影响知识流动的分析框架。Cummings 和 Teng（2003）探讨了研发伙伴之间进行研发知识流动的关键影响因素，发现知识特性、伙伴之间的关系、知识差距和流动活动都会影响知识流动的成功。范丹宇（2006）认为知识流动是知识从知识源向知识受体传递的过程，涉及的要素有流动主体、流动客体及流动环境三类，认为这三类要素也是知识流动的影响因素。张少杰等（2007a）从主体、客体和环境三个方面，分析影响 FDI 企业隐性知识流动的主要因素，并对这些因素如何作用于隐性知识的流动进行了深层次分析，厘清了 FDI 企业隐性知识流动的路径。曹兴等（2009b）从知识流动主体、知识流动客体及知识流动环境三个维度，构建了知识流动的测度指标体系。

在企业内部知识流动研究上，Szulanski（1996）在研究公司内部最佳实践经验的流动时，发现了内部知识流动的粘性，并识别出影响内部知识粘性的四类因素：知识特征、知识源特征、知识接收方特征、流动背景特征。Davenport 和 Prusak（1998）提出企业团体内知识流动达到分享知识应具备三种条件：公开知识可以从同事那里得到有价值的知识作为回报；作为机构内拥有专门知识的专家，向团体贡献知识，有助于巩固在团体内的地位；向团体贡献知识不求回报，是自我满足的需要。Schulz（2001）证明企业内知识流动不仅与已有的知识存量相关，还与企业内个人或部门的知识创造相关，知识创造与知识流动的方式关系密切。吴勇慧（2004）从组织内个体层面知识流动的角度，探讨知识流动的影响因素，主要包括知识的内隐程度、双方的知识距离、知识源的保护意识等。Pak 和 Park（2004）以韩国为背景，研究了跨国合资企业知识流动的框架，将知识区分为新产品开发知识与制造程序知识，前者比后者更具有默会性，比较了关系特殊性和知识特殊性两个变量对这两种知识的不同影响，结果表明，伙伴间积极的社会互动，对默会程度高的知识流动具有更好的促进作用。

企业知识流动是在一定时空条件下，知识供需双方通过动态的交互作用，以达到知识共享的目的，同时在知识流动过程中实现了知识的价值增值。知识流动不仅包括企业内部各个部门、各员工之间的知识交流，还包括企业与外界组织的某种知识交流，即企业之间或企业与其他组织间的知识流动。借鉴范丹宇（2006）的研究观点，认为知识流动是一个动态概念，是知识从知识源向知识受体传递的动态过程，涉及的要素有三类：知识流动主体的知识转移能力，包括知识源和知识受体；知识流动客体的知识先进性与互补性；鼓励知识流动的外部环境，即由各种影响知识流动的外部因素所构成的环境。因此，知识流动测量指标初步设计如下：

（1）知识流动主体的知识转移能力测量指标

知识表达能力：指知识流动主体对外部知识需求的表达能力，以及帮助企业在知识转移过程中有效获得所需知识资源。

知识操作示范能力：指知识流动主体采取合理的处理措施对知识体系进行迭代优化的能力。

知识整合能力：指知识流动主体在知识整合过程中，采取科学的整合手段，构建独特和有价值的知识体系。

理解能力：指知识流动主体对知识的识别、筛选、匹配和吸收能力。

适应能力：指知识流动主体快速识别知识创新的机会窗口，对知识体系及时调整从而适应环境变化的能力。

（2）知识流动客体的知识先进性测量指标

知识流动客体的技术对行业技术发展的影响力：反映了知识先进性中的新颖性特征，驱动企业进行知识流动获取异质性知识。

知识流动客体的技术对原有技术提升的程度、技术的原始创新程度：反映了知识先进性中的创造性特征，对知识流动行为起着激励作用。

知识流动客体的技术在同行业中领先地位：反映了知识先进性中的实用性特征。若某项特定技术在同行业处于领先地位，则可以认为它在行业甚至产业内得到了广泛的认同和应用，企业进行知识流动的动机越强烈。

（3）知识流动客体的知识互补性测量指标

知识流动客体的技术专长：指知识流动客体的技术异质性程度，其作用是促进企业间的知识流动，完善自身知识体系。

知识流动客体开发的技术需要各合作方利用自身的技术所长：企业仅依靠自身知识资源难以满足创新需要，通过知识流动进行知识互补，实现合作共赢。

知识流动客体所转移的知识是其他企业所缺且正需要的：指企业在知识上拥有与自身知识具有一定相关基础的，但自身知识体系中所缺少的部分，是企业进行知识流动的重要原因。

（4）支持知识流动的外部环境测量指标

企业参与联盟的数量：指企业参加联盟的次数或与之进行联盟的企业数目，反映企业进行知识流动的意愿。

合作联盟内会谈的频率：指企业参与联盟中进行联盟会谈的次数，会谈频率越高，企业进行知识流动的可能性越大。

企业部门结构划分合理程度：指企业对技术部门和职能部门的划分的合理程

度，反映企业认知结构情况，结构划分的合理性与否将影响知识流动的效率。

在同行中的技术水平：反映企业的技术在行业内的地位情况，只有双方企业存在知识势差，企业才有可能进行知识的吸收或扩散。

企业研发人员数及研发投资金额：指企业投资到技术开发的人员和资金情况，反映企业的技术更新能力，吸引其他企业积极吸收本企业的知识。

综上所述，知识流动的测量指标体系初步设计如表7-5所示。

表7-5 知识流动测量指标体系初步设计

一级指标	二级指标	三级指标
知识流动	知识流动主体的知识转移能力	知识表达能力
		知识操作示范能力
		知识整合能力
		理解能力
		适应能力
	知识流动客体的知识先进性	知识流动客体的技术对行业技术发展的影响力
		知识流动客体的技术对原有技术提升的程度、技术的原始创新程度
		知识流动客体的技术在同行业中领先地位
	知识流动客体的知识互补性	知识流动客体技术专长
		知识流动客体开发的技术需要各合作方利用自身的技术所长
		知识流动客体所转移的知识是其他企业所缺且正需要的
	支持知识流动的外部环境	企业参与联盟的数量
		合作联盟内会谈的频率
		企业部门结构划分合理程度
		在同行中的技术水平
		企业研发人员数及研发投资金额

(六) 技术核心能力测量指标初步设计

已有文献研究对于技术核心能力的研究大多是针对企业核心能力的研究。Meyer和Utterback (1993) 从产品技术、对用户需要的理解、分销渠道、制造能力四个维度评价企业的核心能力。Durand (1997) 把能力分为卓越资产、认知能力、程序与常规、组织结构、行为与文化五个维度，从研发、设计与工业化、采购、供应、制造、营销、分销、销售、企业总体管理等方面来评价能力差距。Henderson和Cockburn (1995) 从元件能力和构架能力两个维度对核心能力进行测度。杜纲（2000）提出从市场层面、技术层面及管理层面对核心能力进行分析与评价，即从吸收能力、开发与合成能力、延展能力三个维度提出了核心技术能力的测量指标，主要包括核心技术的发展前景、核心产品的差异性、核心技术的领先程度、核心技术延伸领域数等22个指标。陈晶璞和宋之杰（2001）从核心市场能力、核心技术能力和核心管理能力三个层面构建了企业核心能力评价指标体系，从研发能力、技术整合能力、技术应用能力及技术延展能力四个维度提出了核心技术能力的测度指标，主要包括基于核心技术的专利数、核心技术领先程度、核心技术的年研发费用、新技术年吸收转化率、核心技术延伸领域数、产品差异化等10个指标。郭斌和蔡宁（2001）从企业战略管理能力、核心制造能力、核心技术能力、组织与界面管理能力、核心营销能力五个维度构建了企业核心能力的评价指标体系，从产品创新和工艺创新两个维度提出了核心技术能力的测量指标，主要包括企业主导产品核心技术水平、企业核心技术来源的自主性、企业研发投入占销售收入的比例、企业新产品开发技术人员占企业人数比例、企业在产品设计与开发中信息技术运用程度及效果等40个指标。王毅（2002）认为企业核心能力是由各种能力要素按照一定的关系连接而成的能力系统，能力要素分为元素能力和架构能力，包括战略核心能力、组织核心能力和技术核心能力三个层次，认为技术核心能力包括学科整合能力、单元技术核心能力、产品整合能力、产品子系统整合能力四个维度，提出了具体测量指标。黄文峰（2003）将企业技术核心能力分为研发能力和创新能力两个维度。其中，研发能力维度的评价指标有研发投入占总收入比例、研发人员占总人员比例、引进技术设备的消化吸收能力与引进技术设备投入之比例、科研成果转化率；创新能力维度的评价指标有新产品开发周期、核心技术开发或使用的时间与此项技术最先在世界上使用的时间差、专利授权量、创新机制与体制的完善程度、创新机制与体制的有效程度。

通过以上文献研究，企业技术核心能力测量指标体系初步设计如下。

在同类产品中，核心产品的新颖性：体现了企业技术核心能力的延展性，反映了企业核心技术的独特程度。

企业对核心技术能力培养的重视程度：反映企业培养核心技术能力的意识。

企业目前的技术水平在行业中所处地位：反映企业目前的技术水平在行业中领先的程度。

企业吸收新技术并将新技术转化为新产品的能力：反映企业对于新技术吸收、转化并运用的能力。

企业科研成果转化率：体现了企业将科研成果转化成实际产品的成功率，反映企业核心技术的运用能力。

企业核心技术产品利润占企业总利润的比例高低：反映企业目前的核心技术产品对企业总利润的贡献度。

企业核心技术向其他产品领域扩展的能力：反映企业的核心技术向其他产品领域的延展性。

企业在产品制造过程中进行再开发创新的能力：反映企业在产品生产过程中对其技术进行再开发创新的能力。

企业的现有核心技术发展前景：反映目前企业拥有的核心技术的应用价值前景。

由技术发展带来的企业利润增长程度：反映企业的技术发展对于企业效益增加的贡献度。

综上所述，技术核心能力的测量指标体系初步设计如表7-6所示。

表7-6 技术核心能力测量指标体系初步设计

一级指标	二级指标
技术核心能力	在同类产品中，核心产品的新颖性
	企业对核心技术能力培养的重视程度
	企业目前的技术水平在行业中所处地位
	企业吸收新技术并将新技术转化为新产品的能力
	企业科研成果转化率
	企业核心技术产品利润占企业总利润的比例高低
	企业核心技术向其他产品领域扩展的能力
	企业在产品制造过程中进行再开发创新的能力
	企业的现有核心技术发展前景
	由技术发展带来的企业利润增长程度

通过以上的分析，构建了知识状态五个属性和技术核心能力的初步测量指标体系，为了便于分析，对各变量的测量指标进行了统一编号，如表7-7所示：

表7-7 知识状态五个属性和技术核心能力的初步测量指标体系

变量	测量指标
知识存量	1. 员工的平均服务年限
	2. 员工的平均学习年限
	3. 员工技术等级
	4. 员工周转率

续表

变量	测量指标
知识存量	5. 知识员工比例
	6. 知识员工人均利润
	7. 技术成果拥有量
	8. 设备水平
	9. R&B 投资额
	10. 管理费用/总收入
	11. 组织有效性
	12. 组织凝聚力
	13. 组织信息化水平
	14. 企业内部管理的执行力度
	15. 顾客满意指数
	16. 市场研究水平
	17. 企业对用户需求的理解能力
	18. 大客户比例
知识结构	19. 企业员工平均受教育年限
	20. 企业所掌握的公开的政策信息及相关的市场数据
	21. 企业员工对于英语、计算机技术等基础知识的掌握情况
	22. 企业所处行业对普通员工的需求量
	23. 企业所在地区的平均工资水平
	24. 企业文化对于企业发展的有利程度
	25. 企业组织管理制度的有效程度
	26. 企业成立年限
	27. 企业员工在本企业的平均工作年限
	28. 企业营销网络对外部环境的适应能力
	29. 新员工入职前培训所需成本
	30. 企业核心技术专利的拥有量
	31. 企业拥有独特营销技能的水平
	32. 企业鼓励不断进行技术创新的氛围
	33. 企业价值观的形成程度
	34. 员工对企业目标和管理方式的认同程度
	35. 企业核心员工占总员工数量的比例

续表

变量	测量指标
知识分布	36. 企业的管理能力
	37. 管理者的技术背景
	38. 所开发产品的市场接受度
	39. 对市场行情的掌握程度
	40. 创新水平
	41. 员工学历结构
	42. 管理、技术、营销、生产人员比例构成的合理性
	43. 售后服务水平
	44. 企业注册类别
	45. 产品品种丰富程度
	46. 企业规模
	47. 企业生命周期阶段
	48. 企业战略明确程度
	49. 企业的文化氛围
	50. 解决改造国外企业的设备或产品的难度
	51. 与国内大学、科研院所合作开发次数
	52. 引进国内外先进企业、大学和科研院所的研发人才数量
	53. 参与国外先进企业的研发活动次数
知识水平	54. 信息化设备投资占企业全部投资的比例
	55. 企业信息化程度
	56. 企业为保证信息化顺利实施而制定的制度完善程度及落实程度
	57. 企业实施信息化培训费用投入情况
	58. 员工对信息化系统的利用率
	59. 招聘、培训的投入
	60. 员工对企业人力资源工作的满意程度
	61. 员工的专业素质
	62. 人均销售额
	63. 报酬、福利等费用的投入
	64. 企业对政策环境的反应能力
	65. 核心技术难以模仿，且具有优势
	66. 员工对核心价值观认同程度

续表

变量	测量指标
知识水平	67. 企业制度的执行情况
	68. 企业对市场环境的反应能力
	69. 某项技术在该行业的主导程度
	70. 行业技术的成熟程度
	71. 顾客对技术的采用率
	72. 顾客对技术的赞许程度
知识流动	73. 知识表达能力
	74. 知识操作示范能力
	75. 知识整合能力
	76. 理解能力
	77. 适应能力
	78. 知识流动客体的技术对行业技术发展的影响力
	79. 知识流动客体的技术对原有技术提升的程度、技术的原始创新程度
	80. 知识流动客体的技术在同行业中领先地位
	81. 知识流动客体技术专长
	82. 知识流动客体开发的技术需要各合作方利用自身的技术所长
	83. 知识流动客体所转移的知识是其他企业所缺且正需要的
	84. 企业参与联盟的数量
	85. 合作联盟内会谈的频率
	86. 企业部门结构划分合理程度
	87. 在同行中的技术水平
	88. 企业研发人员数及研发投资金额
技术核心能力	89. 在同类产品中，核心产品的新颖性
	90. 企业对核心技术能力培养的重视程度
	91. 企业目前的技术水平在行业中所处地位
	92. 企业吸收新技术并将新技术转化为新产品的能力
	93. 企业科研成果转化率
	94. 企业核心技术产品利润占企业总利润的比例高低
	95. 企业核心技术向其他产品领域扩展的能力
	96. 企业在产品制造过程中进行再开发创新的能力
	97. 企业的现有核心技术发展前景
	98. 由技术发展带来的企业利润增长程度

二、专家调查问卷结果分析

(一) 第一次专家问卷结果分析

将初步构建的知识状态五个属性及技术核心能力的测量指标体系,设计成专家调查问卷表,对专家调查问卷表所有测量指标采用五标度打分法,分值越高表示这项指标对于测量相应变量的重要程度越高。同时,针对每个变量指标的设计,以及本表总的设计思路设置了专家建议栏,让答卷专家在对指标评分之外,还针对本表研究设计提出相关建议,以便更科学合理地对变量进行测度。

问卷设计好之后,在某大学商学院向相关领域专家发放问卷,进行第一次专家问卷调查,共发放专家调查问卷 35 份,回收有效问卷 30 份,问卷回收有效率 85.7%。

对于回收的有效问卷,依照每位专家对每个测量指标的评分,运用 SPSS 软件对每个测量指标的评分结果进行单样本 t 检验(one-sample t test),利用检验结果对相应指标的有效性进行判断,进而对指标进行筛选。

对专家调查问卷各指标进行 t 检验时,将检验值设为 2.5,取显著性水平 $\alpha = 0.05$。在测量指标单样本 t 检验计算所得统计量值表中,N 表示样本数,Mean 表示该样本的平均数,Std. Deviation 为标准差,Std. Error Mean 为标准误。测量指标单样本 t 检验结果表中,t 表示 t 检验之值,df 表示自由度数,Sig. (2-tailed) 表示显著度值(双尾检验),Mean Difference 表示样本均值与检验值之差。主要参考测量指标单样本 t 检验结果表中的 Mean Difference 值和 Sig. (2-tailed),剔除对于测量相应变量效果不是很显著的测量指标,对此,设定了以下测量指标删除标准:当 Mean Difference 的值大于或等于零且 Sig. (2-tailed) 的值大于或等于 0.05 时,以及当 Mean Difference 的值为负值且 Sig. (2-tailed) 的值小于 0.05 时,删除该项测量指标,否则就保留。

在对每个测量指标进行单样本 t 检验之外,也参考了每位专家在专家建议栏内对测量指标所提出的宝贵建议,对测量指标进行了相应的调整。

(1) 知识存量测量指标统计分析

知识存量测量指标统计分析如表 7-8 和表 7-9 所示。

从以上单样本 t 检验结果分析可以看出,编号 4 所代表的"员工周转率"这个测量指标的 Mean Difference 值和 Sig. (2-tailed) 值符合被删除的标准。借鉴专家的评价结果,本书认为员工周转率不能体现企业知识存量的多少,只能反映量有没有变化,或者说只能说明变化的频度。因此,按照所设定的测量指标删除标准,删除了编号4这项指标。编号10所代表的"管理费用/总收入"指标接近被删除标准,借鉴专家所提的建议,将编号10这项测量指标改成为"企业管理费用投入程度"。

表7-8 知识存量测量指标单样本 t 检验计算所得统计量值(第一次)

测量指标编号	N	Mean	Std. Deviation	Std. Error Mean
1	30	3.2667	0.9803	0.1790
2	30	4.4000	0.6215	0.1135
3	30	4.1000	0.8847	0.1615
4	30	2.7333	0.9444	0.1724
5	30	4.2667	0.5833	0.1065
6	30	3.5333	1.0080	0.1840
7	30	4.6333	0.4901	8.949×10^{-2}
8	30	3.8333	0.6477	0.1183
9	30	4.5667	0.6261	0.1143
10	30	2.9000	1.0619	0.1939
11	30	3.8000	0.8052	0.1470
12	30	3.8000	0.8867	0.1619
13	30	4.0667	0.9072	0.1656
14	30	3.9667	0.8087	0.1477
15	30	4.0000	0.9097	0.1661
16	30	3.9000	0.8030	0.1466
17	30	3.6667	0.9589	0.1751
18	30	3.2333	0.7279	0.1329

表7-9 知识存量测量指标单样本 t 检验结果(第一次)

测量指标编号	Test Value=2.5			
	t	df	Sig. (2-tailed)	Mean Difference
1	4.284	29	0.000	0.7667
2	16.746	29	0.000	1.9000
3	9.905	29	0.000	1.6000
4	1.353	29	0.186	0.2333
5	16.589	29	0.000	1.7667
6	5.615	29	0.000	1.0333

续表

测量指标编号	Test Value=2.5			
	t	df	Sig. (2-tailed)	Mean Difference
7	23.840	29	0.000	2.1333
8	11.275	29	0.000	1.3333
9	18.081	29	0.000	2.0667
10	2.063	29	0.048	0.4000
11	8.843	29	0.000	1.3000
12	8.030	29	0.000	1.3000
13	9.459	29	0.000	1.5667
14	9.933	29	0.000	1.4667
15	9.031	29	0.000	1.5000
16	9.549	29	0.000	1.4000
17	6.664	29	0.000	1.1667
18	5.518	29	0.000	0.7333

(2) 知识结构测量指标统计分析

知识结构测量指标统计分析如表7-10和表7-11所示。

从以上单样本 t 检验结果分析可以看出，根据编号22所代表的"企业所处行业对普通员工的需求量"，编号23所代表的"企业所在地区的平均工资水平"，编号26所代表的"企业成立年限"和编号27所代表的"企业员工在本企业的平均工作年限"这四个测量指标的 Mean Difference 值和 Sig. (2-tailed) 值，均符合被删除的标准。借鉴专家的评价结果，认为企业所处行业对普通员工的需求量和企业所在地区的平均工资水平只是影响企业招聘普通员工的数量，而不能很好地反映企业拥有公共知识的情况。企业成立年限及企业员工在本企业的平均工作年限也不能直接地、准确地反映一个企业对于基础知识的掌握情况，它们所反映的只是一个企业的发展成熟程度。因此，按照设定的测量指标删除标准，删除了编号22、23、26、27四项指标。

表7-10 知识结构测量指标单样本 t 检验计算所得统计量值（第一次）

测量指标编号	N	Mean	Std. Deviation	Std. Error Mean
19	30	4.2333	0.6789	0.1240
20	30	3.8667	0.6288	0.1148
21	30	3.4667	0.8193	0.1496

续表

测量指标编号	N	Mean	Std. Deviation	Std. Error Mean
22	30	2.7333	0.7849	0.1433
23	30	2.7333	0.9444	0.1724
24	30	3.8000	0.7144	0.1304
25	30	3.8333	0.9129	0.1667
26	30	2.7000	0.9154	0.1671
27	30	2.9667	1.1290	0.2061
28	30	3.7000	0.9523	0.1739
29	30	3.0000	0.9469	0.1729
30	30	4.7333	0.5833	0.1065
31	30	4.0667	0.8683	0.1585
32	30	3.8000	0.9613	0.1755
33	30	4.3333	0.6609	0.1207
34	30	3.9333	0.8277	0.1511
35	30	3.5333	0.9732	0.1777

表7-11　知识结构测量指标单样本 t 检验结果（第一次）

测量指标编号	Test Value=2.5			
	t	df	Sig. (2-tailed)	Mean Difference
19	13.984	29	0.000	1.7333
20	11.904	29	0.000	1.3667
21	6.462	29	0.000	0.9667
22	1.628	29	0.114	0.2333
23	1.353	29	0.186	0.2333
24	9.967	29	0.000	1.3000
25	8.000	29	0.000	1.3333
26	1.197	29	0.241	0.2000
27	2.264	29	0.064	0.4667
28	6.902	29	0.000	1.2000
29	2.892	29	0.007	0.5000
30	20.971	29	0.000	2.2333
31	9.882	29	0.000	1.5667

续表

测量指标编号	Test Value = 2.5			
	t	df	Sig. (2-tailed)	Mean Difference
32	7.407	29	0.000	1.3000
33	15.194	29	0.000	1.8333
34	9.485	29	0.000	1.4333
35	5.816	29	0.000	1.0333

(3) 知识分布测量指标统计分析

知识分布测量指标统计分析如表7-12和表7-13所示。

从以上单样本 t 检验结果分析可以看出，根据编号44所代表的"企业注册类别"这个测量指标的 Mean Difference 值和 Sig.(2-tailed) 值，符合被删除的标准。借鉴专家的评价结果，认为企业的注册类别不能很好地反映企业内部的纵向知识分布，它只是反映了企业所属的行业，而对企业内部的纵向知识分布影响不大。故按照设定的测量指标删除标准，删除编号44这一项指标。同时，借鉴专家提出的指标修改建议，将编号43"售后服务水平"测量指标做了进一步修改，使得该指标也能体现企业对客户资料的掌握程度，即"售后服务水平（对客户资料的掌握程度）"。

表7-12 知识分布测量指标单样本 t 检验计算所得统计量值（第一次）

测量指标编号	N	Mean	Std. Deviation	Std. Error Mean
36	30	3.9000	0.9595	0.1752
37	30	3.6333	0.8899	0.1625
38	30	4.1000	0.7589	0.1385
39	30	3.2667	0.8277	0.1511
40	30	3.7667	0.6789	0.1240
41	30	3.8667	0.6814	0.1244
42	30	3.9000	0.7589	0.1385
43	30	3.6333	0.9279	0.1694
44	30	2.7667	0.8584	0.1567
45	30	3.2333	0.8976	0.1639
46	30	3.1000	0.9948	0.1816
47	30	3.3333	0.8841	0.1614
48	30	3.9333	0.8277	0.1511

续表

测量指标编号	N	Mean	Std. Deviation	Std. Error Mean
49	30	4.1667	0.6989	0.1276
50	30	3.9333	0.7397	0.1350
51	30	4.2333	0.7279	0.1329
52	30	4.2333	0.6789	0.1240
53	30	4.1667	0.6989	0.1276

表7-13 知识分布测量指标单样本 t 检验结果（第一次）

测量指标编号	\multicolumn{4}{c}{Test Value = 2.5}
	t	df	Sig. (2-tailed)	Mean Difference
36	7.992	29	0.000	1.4000
37	6.975	29	0.000	1.1333
38	11.548	29	0.000	1.6000
39	5.073	29	0.000	0.7667
40	10.219	29	0.000	1.2667
41	10.985	29	0.000	1.3667
42	10.105	29	0.000	1.4000
43	6.690	29	0.000	1.1333
44	1.702	29	0.100	0.2667
45	4.475	29	0.000	0.7333
46	3.303	29	0.003	0.6000
47	5.163	29	0.000	0.8333
48	9.485	29	0.000	1.4333
49	13.061	29	0.000	1.6667
50	10.614	29	0.000	1.4333
51	13.042	29	0.000	1.7333
52	13.984	29	0.000	1.7333
53	13.061	29	0.000	1.6667

（4）知识水平测量指标统计分析

知识水平测量指标统计分析如表7-14和表7-15所示。

从以上单样本 t 检验结果分析可以看出，根据编号62所代表的"人均销售额"这个测量指标的 Mean Difference 值和 Sig.（2-tailed）值，符合被删除的标准。借鉴专家的评价结果，认为人均销售额与知识水平关联度不大，仅仅体现企业人力资源管理的结果，销售额的高低并不能反映知识水平的高低，故不能用来测量企业的知识水平。故按照设定的测量指标删除标准，删除了编号62这一项指标。

表7-14 知识水平测量指标单样本 t 检验计算所得统计量值（第一次）

测量指标编号	N	Mean	Std. Deviation	Std. Error Mean
54	30	3.7000	0.7022	0.1282
55	30	4.2667	0.6915	0.1262
56	30	4.0667	0.6915	0.1262
57	30	3.7667	0.7279	0.1329
58	30	4.2000	0.6644	0.1213
59	30	3.8000	0.7144	0.1304
60	30	3.9333	0.8683	0.1585
61	30	4.1000	0.6074	0.1109
62	30	3.0333	1.0334	0.1887
63	30	3.5000	0.8610	0.1572
64	30	3.9000	0.7120	0.1300
65	30	4.6000	0.7240	0.1322
66	30	4.1667	0.6989	0.1276
67	30	3.9000	0.8030	0.1466
68	30	3.8667	0.8193	0.1496
69	30	4.3667	0.7649	0.1396
70	30	3.6333	0.7649	0.1396
71	30	3.8333	0.7915	0.1445
72	30	3.9000	0.8030	0.1466

表7-15 知识水平测量指标单样本 t 检验结果（第一次）

测量指标编号	Test Value=2.5			
	t	df	Sig. (2-tailed)	Mean Difference
54	9.360	29	0.000	1.2000
55	13.994	29	0.000	1.7667

续表

测量指标编号	Test Value=2.5			
	t	df	Sig. (2-tailed)	Mean Difference
56	12.409	29	0.000	1.5667
57	9.531	29	0.000	1.2667
58	14.015	29	0.000	1.7000
59	9.967	29	0.000	1.3000
60	9.041	29	0.000	1.4333
61	14.427	29	0.000	1.6000
62	2.827	29	0.068	0.5333
63	6.361	29	0.000	1.0000
64	10.770	29	0.000	1.4000
65	15.888	29	0.000	2.1000
66	13.061	29	0.000	1.6667
67	9.549	29	0.000	1.4000
68	9.136	29	0.000	1.3667
69	13.367	29	0.000	1.8667
70	8.116	29	0.000	1.1333
71	9.227	29	0.000	1.3333
72	9.549	29	0.000	1.4000

（5）知识流动测量指标统计分析

知识流动测量指标统计分析如表 7-16 和表 7-17 所示。

从以上单样本 t 检验结果分析可以看出，根据编号 87 所代表的"在同行中的技术水平"这个测量指标的 Mean Difference 值和 Sig.（2-tailed）值，符合被删除的标准。借鉴专家的评价结果，认为"在同行中的技术水平"这一指标不能很好地反映出企业之间的知识流动情况。故按照设定的测量指标删除标准，删除了编号 87 这一项指标。

表 7-16　知识流动测量指标单样本 t 检验计算所得统计量值（第一次）

测量指标编号	N	Mean	Std. Deviation	Std. Error Mean
73	30	4.1333	0.6814	0.1244
74	30	3.4000	0.8550	0.1561
75	30	3.3667	0.8087	0.1477

续表

测量指标编号	N	Mean	Std. Deviation	Std. Error Mean
76	30	3.3333	0.8841	0.1614
77	30	2.9333	0.7397	0.1350
78	30	4.3333	0.8023	0.1465
79	30	3.9333	1.0148	0.1853
80	30	4.1667	0.7915	0.1445
81	30	3.7667	0.6789	0.1240
82	30	4.0333	0.8087	0.1477
83	30	3.7000	0.8367	0.1528
84	30	3.6667	0.7581	0.1384
85	30	3.4333	0.6789	0.1240
86	30	3.4333	0.8584	0.1567
87	30	3.9667	0.8087	0.1477
88	30	4.4667	0.6288	0.1148

表 7-17　知识流动测量指标单样本 t 检验结果（第一次）

测量指标编号	Test Value=2.5			
	t	df	Sig. (2-tailed)	Mean Difference
73	13.128	29	0.000	1.6333
74	5.765	29	0.000	0.9000
75	5.870	29	0.000	0.8667
76	5.163	29	0.000	0.8333
77	9.933	29	0.000	1.4667
78	12.516	29	0.000	1.8333
79	7.736	29	0.000	1.4333
80	11.534	29	0.000	1.6667
81	10.219	29	0.000	1.2667
82	10.385	29	0.000	1.5333
83	7.856	29	0.000	1.2000
84	8.429	29	0.000	1.1667
85	7.530	29	0.000	0.9333

续表

测量指标编号	Test Value=2.5			
	t	df	Sig. (2-tailed)	Mean Difference
86	5.956	29	0.000	0.9333
87	3.209	29	0.053	0.4333
88	17.131	29	0.000	1.9667

（6）技术核心能力测量指标统计分析

技术核心能力测量指标统计分析如表7-18和表7-19所示。

从以上单样本 t 检验结果分析可以看出，技术核心能力测量指标均符合要求，能够对技术核心能力进行有效表征。

表7-18 技术核心能力测量指标单样本 t 检验计算所得统计量值（第一次）

测量指标编号	N	Mean	Std. Deviation	Std. Error Mean
89	30	4.5667	0.6261	0.1143
90	30	4.3667	0.6149	0.1123
91	30	4.1667	0.6989	0.1276
92	30	4.7333	0.5208	9.509E-02
93	30	4.5000	0.6297	0.1150
94	30	4.0000	0.7428	0.1356
95	30	4.1333	0.6814	0.1244
96	30	4.3667	0.6687	0.1221
97	30	4.0667	0.7397	0.1350
98	30	3.9333	0.6915	0.1262

表7-19 技术核心能力测量指标单样本 t 检验结果（第一次）

测量指标编号	Test Value=2.5			
	t	df	Sig. (2-tailed)	Mean Difference
89	18.081	29	0.000	2.0667
90	16.626	29	0.000	1.8667
91	13.061	29	0.000	1.6667
92	23.486	29	0.000	2.2333

续表

测量指标编号	Test Value=2.5			
	t	df	Sig. (2-tailed)	Mean Difference
93	17.396	29	0.000	2.0000
94	11.061	29	0.000	1.5000
95	13.128	29	0.000	1.6333
96	15.290	29	0.000	1.8667
97	11.601	29	0.000	1.5667
98	11.353	29	0.000	1.4333

通过对第一次专家问卷调查结果的统计分析，得到了新的知识状态五个属性和技术核心能力的测量指标体系，为了便于分析，对各变量的测量指标重新进行统一编号，如表7-20所示。

表7-20 知识状态五个属性和技术核心能力的测量指标体系

变量	测量指标
知识存量	1. 员工的平均服务年限
	2. 员工的平均学习年限
	3. 员工技术等级
	4. 知识员工比例
	5. 知识员工人均利润
	6. 技术成果拥有量
	7. 设备水平
	8. R&B投资额
	9. 企业管理费用投入程度
	10. 组织有效性
	11. 组织凝聚力
	12. 组织信息化水平
	13. 企业内部管理的执行力度
	14. 顾客满意指数
	15. 市场研究水平
	16. 企业对用户需求的理解能力
	17. 大客户比例

续表

变量	测量指标
知识结构	18. 企业员工平均受教育年限
	19. 企业所掌握的公开的政策信息及相关的市场数据
	20. 企业员工对于英语、计算机技术等基础知识的掌握情况
	21. 企业文化对于企业发展的有利程度
	22. 企业组织管理制度的有效程度
	23. 企业营销网络对外部环境的适应能力
	24. 新员工入职前培训所需成本
	25. 企业核心技术专利的拥有量
	26. 企业拥有独特营销技能的水平
	27. 企业鼓励不断进行技术创新的氛围
	28. 企业价值观的形成程度
	29. 员工对企业目标和管理方式的认同程度
	30. 企业核心员工占总员工数量的比例
知识分布	31. 企业的管理能力
	32. 管理者的技术背景
	33. 所开发产品的市场接受度
	34. 对市场行情的掌握程度
	35. 创新水平
	36. 员工学历结构
	37. 管理、技术、营销、生产人员比例构成的合理性
	38. 售后服务水平（对客户资料的掌握程度）
	39. 产品品种丰富程度
	40. 企业规模
	41. 企业生命周期阶段
	42. 企业战略明确程度
	43. 企业的文化氛围
	44. 解决改造国外企业的设备或产品的难度
	45. 与国内大学、科研院所合作开发次数
	46. 引进国内外先进企业、大学和科研院所的研发人才数量
	47. 参与国外先进企业的研发活动次数

续表

变量	测量指标
知识水平	48. 信息化设备投资占企业全部投资的比例
	49. 企业的信息化程度
	50. 企业为保证信息化顺利实施而制定的制度完善程度及落实程度
	51. 企业实施信息化培训费用投入情况
	52. 员工对信息化系统的利用率
	53. 招聘、培训的投入
	54. 员工对企业人力资源工作的满意程度
	55. 员工的专业素质
	56. 报酬、福利等费用的投入
	57. 企业对政策环境的反应能力
	58. 核心技术难以模仿,且具有优势
	59. 员工对核心价值观认同程度
	60. 企业制度的执行情况
	61. 企业对市场环境的反应能力
	62. 某项技术在该行业的主导程度
	63. 行业技术的成熟程度
	64. 顾客对技术的采用率
	65. 顾客对技术的赞许程度
知识流动	66. 知识表达能力
	67. 知识操作示范能力
	68. 知识整合能力
	69. 理解能力
	70. 适应能力
	71. 知识流动客体的技术对行业技术发展的影响力
	72. 知识流动客体的技术对原有技术提升的程度、技术的原始创新程度
	73. 知识流动客体的技术在同行业中领先地位
	74. 知识流动客体技术专长
	75. 知识流动客体开发的技术需要各合作方利用自身的技术所长
	76. 知识流动客体所转移的知识是其他企业所缺且正需要的
	77. 企业参与联盟的数量
	78. 合作联盟内会谈的频率
	79. 企业部门结构划分合理程度
	80. 企业研发人员数及研发投资金额

续表

变量	测量指标
技术核心能力	81. 在同类产品中，核心产品的新颖性
	82. 企业对核心技术能力培养的重视程度
	83. 企业目前的技术水平在行业中所处地位
	84. 企业吸收新技术并将新技术转化为新产品的能力
	85. 企业科研成果转化率
	86. 企业核心技术产品利润占企业总利润的比例高低
	87. 企业核心技术向其他产品领域扩展的能力
	88. 企业在产品制造过程中进行再开发创新的能力
	89. 企业的现有核心技术发展前景
	90. 由技术发展带来的企业利润增长程度

（二）第二次专家问卷结果分析

在第一次专家问卷结果分析的基础上，对相关测量指标进行了删除和修改，设计出了新的专家调查问卷表。为了做好第二次专家问卷调查的工作，课题组参与了在杭州举办的第五届中国技术管理研讨会，并向与会相关知名专家发放专家调查问卷 19 份，回收有效问卷 19 份，问卷回收有效率 100%。

对于回收的有效问卷，依然采用第一次专家问卷调查结果分析中的方法，依照每位专家对每个测量指标的评分，运用 SPSS 软件对每个测量指标进行单样本 t 检验（one-sample t test），利用检验结果对相应指标的有效性进行判断，对指标进行筛选。主要参考测量指标单样本 t 检验结果表中的 Mean Difference 值和 Sig. (2-tailed) 值，剔除对于测量相应的变量效果不够显著的测量指标，设定了以下测量指标删除标准：当 Mean Difference 的值大于或等于零且 Sig. (2-tailed) 的值大于或等于 0.05 时，以及当 Mean Difference 的值为负值且 Sig. (2-tailed) 的值小于 0.05 时，就删除该项测量指标，否则就保留。

在对每个测量指标进行单样本 t 检验，也参考了每位专家在专家建议栏内对测量指标所提出的建议，对测量指标进行了相应的调整。

经过第二次单样本 t 检验，知识存量、知识结构、知识水平、知识流动和技术核心能力测量指标均通过检验，没有需要删除的测量指标。在知识分布测量指标上，如表 7-21 和表 7-22 所示，从测量指标单样本 t 检验结果分析可以看出，编号 40 所代表的"企业规模"这个测量指标的 Mean Difference 值和 Sig. (2-tailed) 值，符合被删除的标准。借鉴对专家的评价结果分析，认为企业的规模不能很好地反映企业内部的纵向知识分布，它所反映的只是企业实体的基本情况，比如企业总资产、占地情况等。故按照设定的测量指标删除标准，删除编号40这一项指标。

表7-21　知识分布测量指标单样本 t 检验计算所得统计量值（第二次）

测量指标编号	N	Mean	Std. Deviation	Std. Error Mean
31	19	4.0000	0.8165	0.1873
32	19	3.6842	0.6710	0.1539
33	19	4.0000	0.6667	0.1529
34	19	3.2105	0.5353	0.1228
35	19	3.7895	0.9177	0.2105
36	19	3.5263	0.7723	0.1772
37	19	3.6842	0.5824	0.1336
38	19	3.4211	0.8377	0.1922
39	19	3.2105	0.6306	0.1447
40	19	2.8947	0.9366	0.2149
41	19	3.3684	0.9551	0.2191
42	19	3.8947	0.9366	0.2149
43	19	3.7895	0.8550	0.1961
44	19	3.6316	0.5973	0.1370
45	19	3.8947	0.5671	0.1301
46	19	3.5789	0.6070	0.1393
47	19	3.6842	1.0029	0.2301

注：检验结果表中的测量指标序号采用的是表7-20中各测量指标的序号

表7-22　知识分布测量指标单样本 t 检验结果（第二次）

测量指标编号	Test Value=2.5			
	t	df	Sig. (2-tailed)	Mean Difference
31	8.008	18	0.000	1.5000
32	7.692	18	0.000	1.1842
33	9.808	18	0.000	1.5000
34	5.786	18	0.000	0.7105
35	6.125	18	0.000	1.2895
36	5.792	18	0.000	1.0263
37	8.863	18	0.000	1.1842

续表

测量指标编号	Test Value = 2.5			
	t	df	Sig. (2-tailed)	Mean Difference
38	4.793	18	0.000	0.9211
39	4.911	18	0.000	0.7105
40	1.837	18	0.083	0.3947
41	3.963	18	0.001	0.8684
42	6.491	18	0.000	1.3947
43	6.574	18	0.000	1.2895
44	8.258	18	0.000	1.1316
45	10.720	18	0.000	1.3947
46	7.748	18	0.000	1.0789
47	5.147	18	0.000	1.1842

通过两次专家调查问卷结果的统计分析，综合两次专家对本测量指标的设计所提出的修改建议，最终确定了知识状态五个属性及技术核心能力的测量指标体系，对最终确定的各个变量的测量指标进行重新编号。

（1）知识存量测量指标体系

通过专家问卷调查的结果分析，按照设定的指标删除标准，删除了用来测量以人为载体的知识存量的"员工周转率"。借鉴专家所提的建议，将"管理费用/总收入"这项测量指标改成了"企业管理费用投入程度"。最终得到的知识存量测量指标体系，如表7-23所示。

表7-23 知识存量测量指标体系

一级指标	二级指标	三级指标
知识存量	以人为载体的知识存量	1. 员工的平均服务年限
		2. 员工的平均学习年限
		3. 员工技术等级
		4. 知识员工比例
		5. 知识员工人均利润
	以物为载体的知识存量	6. 技术成果拥有量
		7. 设备水平
		8. R&D投资额

续表

一级指标	二级指标	三级指标
知识存量	以组织结构为载体的知识存量	9. 企业管理费用投入程度
		10. 组织有效性
		11. 组织凝聚力
		12. 组织信息化水平
		13. 企业内部管理的执行力度
	市场知识存量	14. 顾客满意指数
		15. 市场研究水平
		16. 企业对用户需求的理解能力
		17. 大客户比例

(2) 知识结构测量指标体系

通过专家问卷调查的结果分析，按照设定的指标删除标准，删除了用来测量公共知识的"企业所处行业对普通员工的需求量"和"企业所在地区的平均工资水平"，以及用来测量基础知识的"企业成立年限"和"企业员工在本企业的平均工作年限"四项指标。最终得到的知识结构的测量指标体系，如表7-24所示。

表7-24 知识结构测量指标体系

一级指标	二级指标	三级指标
知识结构	公共知识	18. 企业员工平均受教育年限
		19. 企业所掌握的公开的政策信息及相关的市场数据
		20. 企业员工对于英语、计算机技术等基础知识的掌握情况
	基础知识	21. 企业文化对于企业发展的有利程度
		22. 企业组织管理制度的有效程度
		23. 企业营销网络对外部环境的适应能力
		24. 新员工入职前培训所需成本
	核心知识	25. 企业核心技术专利的拥有量
		26. 企业拥有独特营销技能的水平
		27. 企业鼓励不断进行技术创新的氛围
		28. 企业价值观的形成程度
		29. 员工对企业目标和管理方式的认同程度
		30. 企业核心员工占总员工数量的比例

(3) 知识分布测量指标体系

通过专家问卷调查的结果分析，按照设定的指标删除标准，删除了用来测量内部纵向分布的"企业注册类别"和"企业规模"这两个指标。借鉴专家提出的指标修改建议，将"售后服务水平"这个测量指标做了进一步的修改，将这个测量指标修改为"售后服务水平（对客户资料的掌握程度）"。最终得到的知识分布的测量指标体系，如表7-25所示。

表 7-25 知识分布测量指标体系

一级指标	二级指标	三级指标
知识分布	内部横向分布	31. 企业的管理能力
		32. 管理者的技术背景
		33. 所开发产品的市场接受度
		34. 对市场行情的掌握程度
		35. 创新水平
		36. 员工学历结构
		37. 管理、技术、营销、生产人员比例构成的合理性
		38. 售后服务水平（对客户资料的掌握程度）
	内部纵向分布	39. 产品品种丰富程度
		40. 企业生命周期阶段
		41. 企业战略明确程度
		42. 企业的文化氛围
	外部分布	43. 解决改造国外企业的设备或产品的难度
		44. 与国内大学、科研院所合作开发次数
		45. 引进国内外先进企业、大学和科研院所的研发人才数量
		46. 参与国外先进企业的研发活动次数

(4) 知识水平测量指标体系

通过专家问卷调查的结果分析，按照设定的指标删除标准，删除了用来测量人力资源水平的"人均销售额"这个指标。最终得到的知识水平的测量指标体系，如表7-26所示。

表 7-26 知识水平测量指标体系

一级指标	二级指标	三级指标
知识水平	信息化水平	47. 信息化设备投资占企业全部投资的比例
		48. 企业信息化程度

续表

一级指标	二级指标	三级指标
知识水平	信息化水平	49. 企业为保证信息化顺利实施而制定的制度完善程度及落实程度
		50. 企业实施信息化培训费用投入情况
		51. 员工对信息化系统的利用率
	人力资源水平	52. 招聘、培训的投入
		53. 员工对企业人力资源工作的满意程度
		54. 员工的专业素质
		55. 报酬、福利等费用的投入
	主导逻辑	56. 企业对政策环境的反应能力
		57. 核心技术难以模仿，且具有优势
		58. 员工对核心价值观认同程度
		59. 企业制度的执行情况
		60. 企业对市场环境的反应能力
	行业的技术轨道	61. 某项技术在该行业的主导程度
		62. 行业技术的成熟程度
		63. 顾客对技术的采用率
		64. 顾客对技术的赞许程度

（5）知识流动测量指标体系

通过专家问卷调查的结果分析，按照设定的指标删除标准，删除了用来测量知识流动主体的"企业在同行中的技术水平"这个指标。最终得到的知识流动的测量指标体系，如表7-27所示。

表7-27 知识流动测量指标体系

一级指标	二级指标	三级指标
知识流动	知识转移能力	65. 知识表达能力
		66. 知识操作示范能力
		67. 知识整合能力
		68. 理解能力
		69. 适应能力
	知识先进性	70. 知识流动客体的技术对行业技术发展的影响力
		71. 知识流动客体的技术对原有技术提升的程度、技术的原始创新程度
		72. 知识流动客体的技术在同行业中领先地位

续表

一级指标	二级指标	三级指标
知识流动	知识互补性	73. 知识流动客体技术专长
		74. 知识流动客体开发的技术需要各合作方利用自身的技术所长
		75. 知识流动客体所转移的知识是其他企业所缺且正需要的
	知识流动环境	76. 企业参与联盟的数量
		77. 合作联盟内会谈的频率
		78. 企业部门结构划分合理程度
		79. 企业研发人员数及研发投资金额

（6）技术核心能力测量指标体系

通过对专家问卷调查的结果分析，技术核心能力测量指标没有被删除的测量指标。最终得到的技术核心能力的测量指标体系，如表7-28所示。

表7-28 技术核心能力测量指标体系

一级指标	二级指标
技术核心能力	80. 在同类产品中，核心产品的新颖性
	81. 企业对核心技术能力培养的重视程度
	82. 企业目前的技术水平在行业中所处地位
	83. 企业吸收新技术并将新技术转化为新产品的能力
	84. 企业科研成果转化率
	85. 企业核心技术产品利润占企业总利润的比例高低
	86. 企业核心技术向其他产品领域扩展的能力
	87. 企业在产品制造过程中进行再开发创新的能力
	88. 企业的现有核心技术发展前景
	89. 由技术发展带来的企业利润增长程度

第三节 问卷调研与数据收集

通过专家问卷调查的结果分析，最终确定了知识状态五个属性及技术核心能力的测量指标体系，根据最终确定的测量指标体系，设计出了用于数据收集的正式调查问卷。

本书是从企业的角度对企业知识状态与企业技术核心能力的关系进行研究。

在调研过程中，主要是以具有核心技术的企业为调研对象，数据的收集以企业为单位。

在问卷调查人员选择上，以企业中层以上管理人员、技术部门主管，以及部分参与技术研发、熟悉企业技术核心能力的高级研发人员为主，同时涉及企业知识员工所占总员工比例、企业知识管理制度的有效程度及企业核心技术产品利润占企业总利润的比例高低等信息。因此，需要调研对象对企业的整体状况有较为熟悉的人员。

在样本数量的确定上，由于采用结构方程模型（structural equation modeling，SEM）进行实证分析。应用 SEM 需要的样本数量，目前还没有统一的规定。已有研究表明，样本容量（N）越大，模型的收敛性、参数估计的精确性越好。当样本容量（N）低于 100 时，即使正态分布条件严格满足，也易出现不收敛的情况，产生的相关矩阵不够稳定，使得结构方程建模的信度降低，或计算结果反常（如估计出来的残差方差是负的），或解的精度很差等情况。因此，在应用 SEM 进行研究时，为了提供足够的统计能力，得到有意义的结果和准确的参数估计值，需要较大的样本。

随着样本容量的增大，协方差的准确性增强，从而使 SEM 分析能够提供更可靠的结果。Nunnally（1967）建议，样本数与自由参数的比例至少要达到 10∶1。MacCallum 等（1966）认为，对样本数量的要求与模型的自由度（df）有关，指出要达到相同的统计显著水平，复杂模型（自由度较大）比简单模型（自由度较小）要求的样本数量较低。根据以上观点，本研究认为样本个体数应不小于 200 份，预期采用有效样本数目为 700 份以上。

问卷发放和回收工作历时两个月，问卷发放主要采取三种方式进行。

（1）电子问卷发放

主要是基于课题组成员的关系网络，通过发放电子邮件的方式有针对性地发放电子问卷，要求在一个月之内返回问卷，以保证问卷时间上的有效性。

（2）深入企业访谈

通过对 22 家浙江、湖南等企业高层管理人员进行了访谈，选取其中 7 家企业重点做了深入访谈。访谈对各企业的经营环境、人员结构、产品研发情况、业务流程，以及所拥有的主要技术核心能力及其企业发展战略做了详细了解。每次调研，都会根据上一次调研实际情况对访谈内容进行完善与深化，使之更具有合理性和实际操作意义，一方面为编写相关企业案例积累了原始资料，另一方面收集了所需要的企业相关数据，通过实地考察，结合企业实际对知识状态与技术核心能力现实关系进一步修正完善。

（3）纸质问卷

打印纸质问卷由课题组成员根据各关系网络发放问卷。如果完全按随机抽样的方式向几百家企业发放问卷，要保证较高的回收率、较及时的反馈及高的答题质量是比较困难的，所以课题组成员一方面充分利用人脉资源，另一方面尽可能保证问卷发放的分散性、随机性和受试者要求的方式，在长沙、广州等地进行了抽样问卷调查。其间，课题组成员将纸质问卷带到某大学商学院在职 MBA 课堂上，请企业在读学员进行现场填写，问卷现场回收。

第八章 企业知识状态对企业技术核心能力影响的实证分析

第一节 数据分析

一、描述性统计

样本企业的选取主要是采用分类抽样和随机抽样相结合的方法，根据调查需要和资料的可获得性程度，主要选取湖南省、广东省、浙江省、湖北省等区域为主要样本来源地。问卷发放和回收工作历时两个月，回收问卷879份，其中有效问卷619份，有效回收率为70.42%。考虑到地区在经济文化上的差异，又在北京市、上海市等地，选取了不同行业样本企业，发放问卷共计365份。以上发放电子问卷和纸质问卷总计1991份，最终回收问卷1388份，回收率69.71%，其中有效问卷986份，有效回收率为49.52%，重叠的有效样本111个，通过处理后，最终得到有效样本总计875个。

行业分类以国家统计局标准行业分类表为依据，部分行业由于样本量不足及行业间的相关性做了合并处理，有效样本企业的行业分布情况，如表8-1所示。

表8-1 企业行业分布情况

行业	回收总问卷 数量/份	回收总问卷 比例/%	有效问卷 数量/份	有效问卷 比例/%
制造业	755	54.39	603	68.91
信息传输、计算机软件业	132	9.51	61	6.97
建筑和房地产业	129	9.29	71	8.11
批发和零售业	95	6.85	45	5.14
金融及商务服务业	72	5.19	27	3.09
专业技术服务	62	4.47	29	3.32
其他	143	10.30	39	4.46
合计	1388	100	875	100

注：国家统计局标准行业分类

数据收集的样本企业中，制造业回收问卷总计755份，其中有效问卷603份，有效回收率79.9%。制造业企业有效样本的产业细分情况，如表8-2所示。

表8-2 制造业企业有效样本产业细分情况

产业类别	有效样本数/份	占比/%
计算机及电子设备	91	15.09
生物制药及化学制品	129	21.39
自动化设备制造	207	34.33
金属冶炼加工	78	12.94
其他制造业	98	16.25
合计	603	100

注：国家统计局标准行业分类中制造业分类

从企业性质来看，国有企业203家，所占比例为23.2%；民营企业469家，所占比例为53.6%；集体企业19家，所占比例为2.2%；外资企业71家，所占比例为8.1%；其他113家，所占比例为12.9%，如图8-1所示。

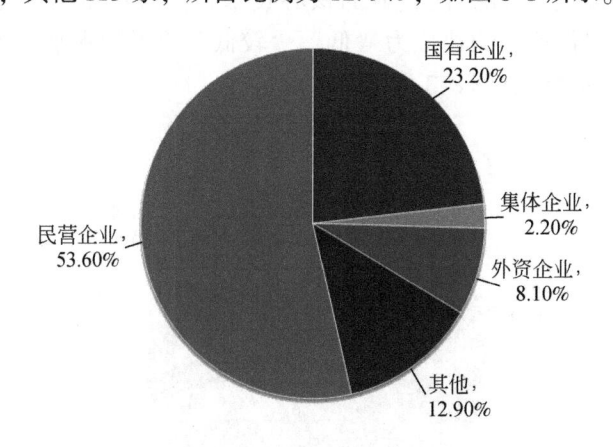

图8-1 有效样本企业所有制分布情况

样本企业规模的划分以国家统计局制定的《统计上大中小型企业划分办法（暂行）》及《部分非工企业大中小型划分补充标准（草案）》为依据，选取企业员工数目、企业年销售额（以2007年销售额为准）及企业资产总额三个指标进行综合评判。样本企业规模分布情况分别为：大型企业225家，所占比例为25.7%；中型企业264家，所占比例为30.2%；小型企业349家，所占比例为39.9%；其他37家，所占比例为4.2%，如图8-2所示。

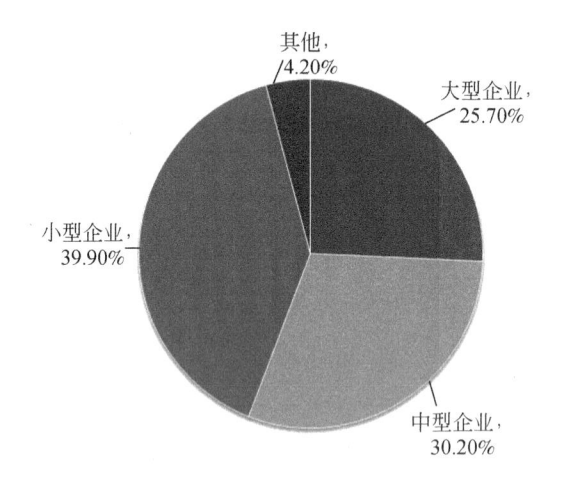

图 8-2 有效样本企业规模分布情况

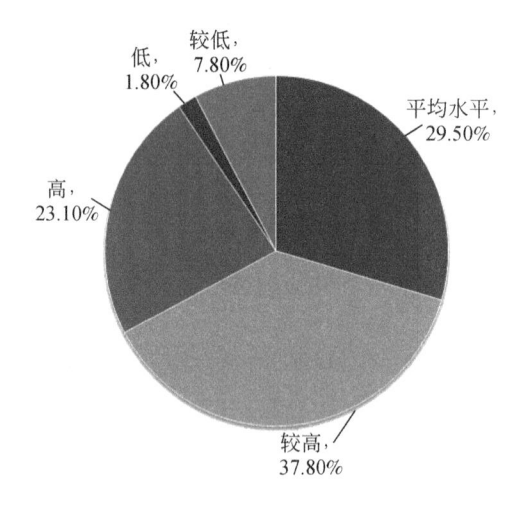

从企业核心技术在同行业中所处地位来看，23.1%的企业的核心技术在同行业中的地位为"高"，37.8%的企业的核心技术在同行业中的地位为"较高"。企业核心技术在同行业中的地位为"低""较低""平均水平"的比例分别为1.8%、7.8%和29.5%，图8-3 所示。

图 8-3 企业核心技术在同行业中所处地位

从企业每年技术研发投入占销售收入的比例来看，86 家企业每年技术研发投入占销售收入比例为低，所占比例为9.8%；145 家企业投入较低，所占比例为16.6%；336 家企业投入水平一般，所占比例为38.4%；217 家企业投入较高，所占比例为 24.8%；91 家企业投入高，所占比例为 10.4%。因此，大部分样本企业年技术研发投入占销售额的比例不高，只有少部分企业对企业技术研发给予了足够的重视。

二、效度分析

采用探索性因素分析对问卷总体的结构效度进行检验。从测量结果的含义而言，结构效度是最重要的效度指标之一，必须对项目结构、测量总体安排，以及项目之间的关系做出说明，运用因子分析等方法，从若干数据中离析出基本结构，以此来对测量的结构效度进行分析。

因子分析的主要功能是从量表全部变量（题项）中提取一些公因子，各公因子分别与某一群特定变量高度关联，这些公因子即代表了量表的基本结构。通过因子分析，可以分析问卷是否能够测量出研究者设计问卷时假设的某种结构。在因子分析的结果中，用于评价结构效度的主要指标有累积贡献率、共同度和因子负荷。累积贡献率反映公因子对量表或问卷的累积有效程度；共同度则反映由公因子解释原变量的有效程度；因子负荷反映原变量与某个公因子的相关程度。

对问卷总体进行因素分析，要经过 KMO 和 Bartlett 检验，以决定数据是否适合进行因子分析。KMO（Kaiser-Meyer-Olkin）用来测定样本充足性，即当前因素分析的样本量是否足够，当 KMO 值越大时，表示变量间的共同因素越多，越适合进行因素分析，KMO 统计值一般介于 0 和 1 之间，若该统计值在 0.9 以上被认为是极适合进行因素分析，在 0.8 ~ 0.9 被认为是良好的，在 0.6 ~ 0.8 被认为是可以容忍的，在 0.5 ~ 0.6 的被认为是很勉强的，小于 0.5 则是不可接受的。Bartlett 检验的结果，若拒绝原假设（显著性水平 $p \leqslant 0.001$），则相关矩阵不是单位阵，各变量相互独立，即可认为适合进行因子分析。

问卷总体 KMO 和 Bartlett 检验结果，如表 8-3 所示。KMO 样本测度值为 0.952，可以做因素分析，同时 Bartlett 半球体检验 χ^2 统计值的显著性概率小于 0.001，拒绝相关矩阵为单位矩阵的零假设，同样支持因素分析。

表 8-3　KMO 和 Bartlett 检验结果

Kaiser-Meyer-Olkin Measure of Sampling Adequacy		0.952
Bartlett's Test of Sphericity	Approx. Chi-Square	70292.412
	df	2628
	Sig.	0.000

为了证明问卷总体结构效度，采用了最大方差正交旋转法对因子载荷进行转

轴处理，旋转后公共因子载荷重新进行分配，使公共因子载荷系数向更大（趋向1）或更小（趋向0）方向变化。按照因素分析载荷评价标准，超过0.71被认为是优秀的，0.63被认为非常好，0.55被认为是好的，0.45被认为尚可，小于0.32被认为较差，按此标准舍去低于0.45的值，得到因素载荷矩阵。当潜变量对同一量表测量条款的方差解释量大于50%时，表明这些测度指标对于该潜在变量具有较好的代表性。当同一量表的所有测量条款均拥有高于0.5以上的因子荷重时，表明该量表具有较好的收敛效度。按照经验判断方法，当KMO值大于0.7，各题项的载荷系数均大于0.5时，可以通过因子分析将同一变量的各测试题项合并为一个因子进行后续分析（马庆国，2002）。

在效度的初步分析中，知识存量中的变量"市场知识存量"没有通过效度测试，对其指标14"顾客满意指数"、指标15"市场研究水平"和指标16"企业对用户需求的理解能力"进行删除，并且将其指标17"大客户比例"归因到变量"以组织结构为载体的知识存量"中。为了对这一现象进行探索，对企业进行了调研访谈，发现样本企业市场知识存量常常伴随知识载体而发生，与其紧密融合，关于这种现象更深层次的理论解释，有待后续研究中进一步探索。

知识结构中，变量"公共知识"的指标20"企业员工对于英语、计算机技术等基础知识的掌握情况"和变量"基础知识"的指标24"新员工入职前培训所需成本"没有通过效度检验，为了不影响后面的数据分析，对两个指标进行了删除。并且变量"公共知识"与变量"基础知识"经访谈后发现，样本企业的公共知识和基础知识常常伴随发生，相互融合，可以归因为一个变量，命名为"一般知识"。

知识分布中，变量"内部横向知识分布"的指标33"所开发产品的市场接受度"和变量"内部纵向知识分布"的指标40"企业生命周期阶段"没有通过效度检验，为了不影响后面的数据分析，对两个指标进行了删除。并且变量"内部横向知识分布"与变量"内部纵向知识分布"经访谈后发现，在样本企业中两种知识分布往往交叉共存，可以归因为一个变量，将其命名为"内部知识分布"。

知识水平中，变量"行业的技术轨道"没有通过效度检验，为了不影响后面的数据分析，对其指标61"某项技术在该行业的主导程度"、指标62"行业技术的成熟程度"、指标63"顾客对技术的采用率"和指标64"顾客对技术的赞许程度"进行了删除。

知识流动中的所有变量和指标都通过了验证，无须进行删除。

技术核心能力中，指标80"在同类产品中，核心产品的新颖性"、指标81"企业对核心技术能力培养的重视程度"、指标88"企业的现有核心技术发展前景"和指标89"由技术发展带来的企业利润增长程度"没有通过效度检验,为了不影响后面的数据分析,对这些指标进行了删除。

在上述基础上,对模型进行修改,最终模型的因子分析,如表8-4所示,模型效度较好,所有指标都通过了效度检验。

表8-4 问卷因子载荷矩阵

	\multicolumn{15}{c}{Component}
	1	2	3	4	5	6	7	8	9	10	11	12	13	14	15
1			0.874												
2			0.885												
3			0.806												
4			0.912												
5			0.894												
6														0.747	
7														0.755	
8														0.521	
9		0.894													
10		0.898													
11		0.912													
12		0.894													
13		0.902													
17		0.848													
18													0.508		
19													0.738		
21													0.765		
22													0.639		
23													0.792		
25						0.592									
26						0.675									
27						0.781									
28						0.580									
29						0.559									
30						0.703									
31	0.801														

续表

	Component														
	1	2	3	4	5	6	7	8	9	10	11	12	13	14	15
32	0.545														
34	0.740														
35	0.775														
36	0.724														
37	0.543														
38	0.764														
39	0.635														
41	0.691														
42	0.559														
43											0.805				
44											0.812				
45											0.811				
46											0.644				
47					0.763										
48					0.694										
49					0.713										
50					0.759										
51					0.739										
52										0.829					
53										0.815					
54										0.535					
55										0.779					
56							0.766								
57							0.841								
59							0.819								
60							0.848								
65				0.900											
66				0.802											
67				0.883											
68				0.881											
69				0.802											

续表

	Component														
	1	2	3	4	5	6	7	8	9	10	11	12	13	14	15
70												0.845			
71												0.853			
72												0.856			
73														0.753	
74														0.757	
75														0.660	
76									0.721						
77									0.775						
78									0.828						
79									0.796						
82								0.701							
83								0.607							
84								0.619							
85								0.577							
86								0.637							
87								0.657							

如表 8-5 所示，其显示为最终通过检验的指标与后续实证图中编号的对应关系，后续实证按照 8-5 的指标体系进行验证。

表8-5 知识状态五个属性和技术核心能力指标体系与实证对应关系

一级指标	二级指标	三级指标
知识存量	以人为载体的知识存量	1. 员工的平均服务年限（CR1）
		2. 员工的平均学习年限（CR2）
		3. 员工技术等级（CR3）
		4. 知识员工比例（CR4）
		5. 知识员工人均利润（CR5）
	以物为载体的知识存量	6. 技术成果拥有量（CW1）
		7. 设备水平（CW2）
		8. R&D 投资额（CW3）

续表

一级指标	二级指标	三级指标
知识存量	以组织结构为载体的知识存量	9. 企业管理费用投入程度（CG1）
		10. 组织有效性（CG2）
		11. 组织凝聚力（CG3）
		12. 组织信息化水平（CG4）
		13. 企业内部管理的执行力度（CG5）
		14. 大客户比例（CG6）
知识结构	一般知识	15. 企业员工平均受教育年限（CY1）
		16. 企业所掌握的公开的政策信息及相关的市场数据（CY2）
		17. 企业文化对于企业发展的有利程度（CY3）
		18. 企业组织管理制度的有效程度（CY4）
		19. 企业营销网络对外部环境的适应能力（CY5）
	核心知识	20. 企业核心技术专利的拥有量（CH1）
		21. 企业拥有独特营销技能的水平（CH2）
		22. 企业鼓励不断进行技术创新的氛围（CH3）
		23. 企业价值观的形成程度（CH4）
		24. 员工对企业目标和管理方式的认同程度（CH5）
		25. 企业核心员工占总员工数量的比例（CH6）
知识分布	内部分布	26. 企业的管理能力（FN1）
		27. 管理者的技术背景（FN2）
		28. 对市场行情的掌握程度（FN3）
		29. 创新水平（FN4）
		30. 员工学历结构（FN5）
		31. 管理、技术、营销、生产人员比例构成的合理性（FN6）
		32. 售后服务水平（对客户资料的掌握程度）（FN7）
		33. 产品品种丰富程度（FN8）
		34. 企业战略明确程度（FN9）
		35. 企业的文化氛围（FN10）
	外部分布	36. 解决改造国外企业的设备或产品的难度（FW1）
		37. 与国内大学、科研院所合作开发次数（FW2）
		38. 引进国内外先进企业、大学和科研院所的研发人才数量（FW3）
		39. 参与国外先进企业的研发活动次数（FW4）

续表

一级指标	二级指标	三级指标
知识水平	信息化水平	40. 信息化设备投资占企业全部投资的比例（SX1）
		41. 企业信息化应用水平（SX2）
		42. 企业的信息化程度（SX3）
		43. 企业实施信息化培训费用投入情况（SX4）
		44. 员工对信息化系统的利用率（SX5）
	人力资源水平	45. 招聘、培训的投入（SR1）
		46. 员工对企业人力资源工作的满意程度（SR2）
		47. 员工的专业素质（SR3）
		48. 报酬、福利等费用的投入（SR4）
	主导逻辑	49. 企业对政策环境的反应能力（SZ1）
		50. 核心技术难以模仿，且具有优势（SZ2）
		51. 员工对核心价值观认同程度（SZ3）
		52. 企业制度的执行情况（SZ4）
知识流动	知识转移能力	53. 知识表达能力（LZ1）
		54. 知识操作示范能力（LZ2）
		55. 知识整合能力（LZ3）
		56. 理解能力（LZ4）
		57. 适应能力（LZ5）
	知识先进性	58. 知识流动客体的技术对行业技术发展的影响力（LX1）
		59. 知识流动客体的技术对原有技术提升的程度、技术的原始创新程度（LX2）
		60. 知识流动客体的技术在同行业中领先地位（LX3）
	知识互补性	61. 知识流动客体技术专长（LE1）
		62. 知识流动客体开发的技术需要各合作方利用自身的技术所长（LE2）
		63. 知识流动客体所转移的知识是企业所缺且正需要的（LE3）
	知识流动环境	64. 企业参与联盟的数量（LH1）
		65. 合作联盟内会谈的频率（LH2）
		66. 企业部门划分合理程度（LH3）
		67. 企业研发人员数及研发投资金额（LH4）

续表

一级指标	二级指标	三级指标
技术核心能力		68. 企业目前的技术水平在行业中所处地位（KN1）
		69. 企业吸收新技术并将新技术转化为新产品的能力（KN2）
		70. 企业科研成果转化率（KN3）
		71. 企业核心技术产品利润占企业总利润的比例高低（KN4）
		72. 企业核心技术向其他产品领域扩展的能力（KN5）
		73. 企业在产品制造过程中进行再开发创新的能力（KN6）

三、信度分析

采用克隆巴赫系数（Cronbach's Alpha）来衡量变量的信度。在有限时间下，克隆巴赫系数是衡量信度的一种很好方式，这种方式认为衡量同一概念的变量应该有很高的相关性，相关性低的变量应该被剔除。按照 Nunnally 和 Bernstein（1978）的标准，$\alpha>0.9$ 为信度非常好，$0.7<\alpha<0.9$ 为高信度，$0.35<\alpha<0.7$ 代表中等信度，$\alpha<0.35$ 代表低信度。就社会科学研究来说，只要 $\alpha>0.6$，就可以认为问卷调查题目的信度能够接受。

在效度分析基础上，采用 SPSS11.5 测试问卷总体信度，测试结果显示，标准化 α 系数为 0.9725，表明问卷总体的内部一致性程度较高，具有良好的信度如表 8-6 所示。

表 8-6　总体信度测试结果

Cronbach's Alpha	Cronbach's Alpha Based on Standardized Items	N of Items
0.9724	0.9725	73

对知识存量、知识结构、知识分布、知识水平、知识流动及企业技术核心能力分量表中的变量，用 SPSS11.5 进行信度分析，分析结果如表 8-7 所示。在所有进行检验的变量中，所有变量的信度值均高于 0.7，具有良好的信度。

表 8-7　各变量信度测试结果

分量表类别	构成	问题数量	标准化 Chronbach's α
知识存量	以人为载体的知识存量	5	0.9634
	以物为载体的知识存量	3	0.8794
	以组织结构为载体的知识存量	6	0.9843

续表

分量表类别	构成	问题数量	标准化 Chronbach's α
知识结构	一般知识	5	0.7856
	核心知识	6	0.8441
知识分布	内部知识分布	10	0.9308
	外部知识分布	4	0.9355
知识水平	信息化水平	5	0.9078
	人力资源水平	4	0.8983
	主导逻辑	4	0.9647
知识流动	知识转移能力	5	0.9473
	知识先进性	3	0.9760
	知识互补性	3	0.8640
	支持知识流动的外部环境	4	0.9072
解释变量	技术核心能力	10	0.8939

第二节　结构方程模型与假设检验

对修正的模型进行全体样本的结构方程分析，并根据修正指数和理论研究对模型进行相应的修正，通过结构方程建模对相关的假设进行检验，最后对实证分析结果进行汇总。

一、验证性因素分析

验证性因素分析与探索性因素分析的主要区别在于模型理论逻辑的角色差别。对于探索性因素而言，理论逻辑是因素分析的产物，是事后出现的；对于验证性因素分析而言，理论逻辑则是因素分析的前提，是一种事前的概念。通常这两种因素分析可以共同使用，其作用可以相互补充。探索性因素分析主要用于分析问卷结构效度的合理性。验证性因素分析不仅可以证实问卷结构效度和理论逻辑的合理性，同时也是结构方程分析的一个前置步骤，其结果可以作为后续结构模型修正的重要参考。

（一）知识存量的验证性因素分析

在知识存量的理论框架中，有"以人为载体的知识存量""以物为载体的知识存量""以组织结构为载体的知识存量"三个潜在变量,各指标的对应关系在问卷中知识存量分量表中已经做了区分。运用 LISREL 软件进行一阶因素分析,原始模型的标准化途径系数和主要拟合度指标,如图 8-4 和表 8-8 中的 C1A 所示。

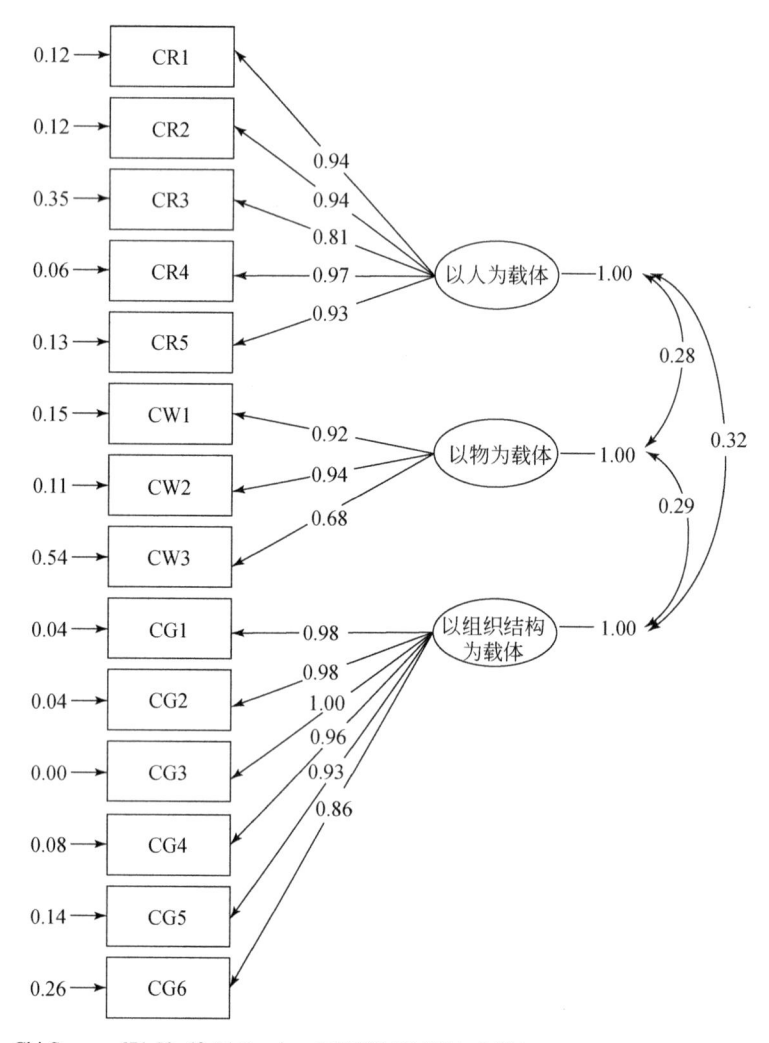

Chi-Square=671.50, df=74, P-value=0.00000, RMSEA=0.096

图 8-4 知识存量原始模型的一阶验证性因素分析

C1A 的 χ^2/df>3,RMSEA>0.05,其他各拟合指数都达到了较好的水平。根据 LISREL 的修改建议,分别在指标 CG5 和 CG6、CR3 和 CR5、CG1 和 CG3 之间建立误差关联,调整后的因素模型各检验指标,如图 8-5 和表 8-8 中的 C1B 所示。

第八章 企业知识状态对企业技术核心能力影响的实证分析

表 8-8 知识存量验证性因素分析的拟合度检验

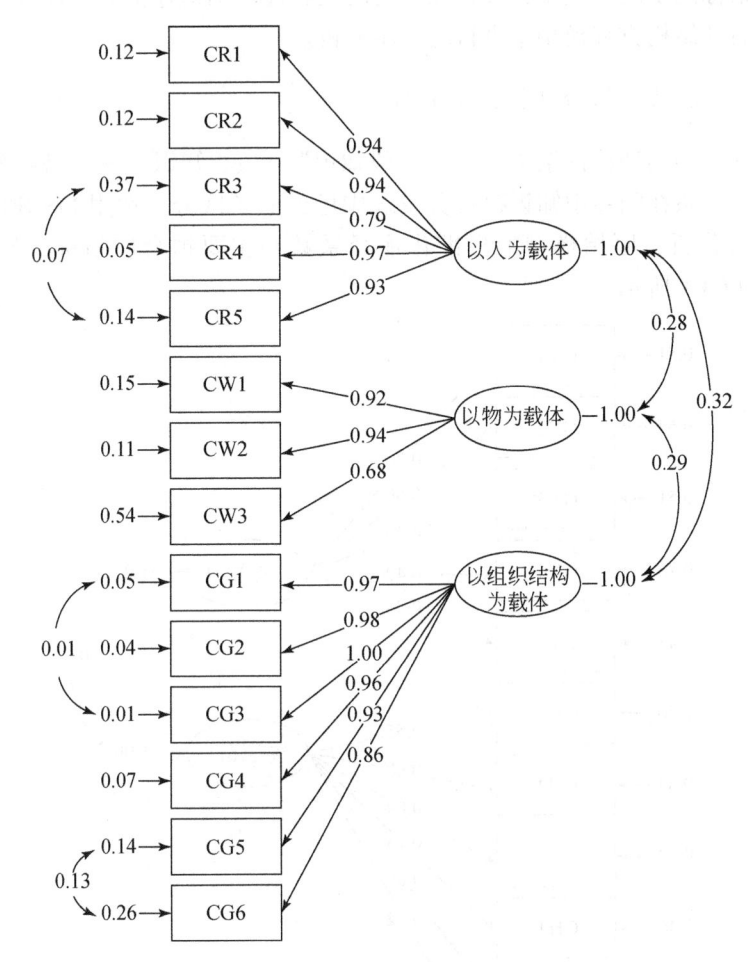

	χ^2	df	χ^2/df	RMSEA	RMR	GFI	NFI	RFI	CFI
C1A	671.49	74	9.07	0.096	0.025	0.90	0.96	0.96	0.97
C1B	131.23	71	1.85	0.031	0.024	0.98	0.99	0.99	1.00

Chi-Square=131.23, df=71, P-value=0.00002, RMSEA=0.031

图 8-5 知识存量修正模型的一阶验证性因素分析

C1B 的 $\chi^2/df<3$，显示修改后的模型与样本数据差异进一步减小，GFI、NFI、RFI 为 1 或接近 1，显示修改后的模型比原始模型有了明显改善，拟合程度比较理想。修正后的模型各观察变量对应于潜伏变量的标准化因素负荷，如图 8-5 所示。

对修改模型后的项目误差关联，可以从指标相关性上找到适当的理论解释，因为"员工技术等级"与"知识员工人均利润"所代表的"知识存量"只是一种大致的区分，往往这两个指标之间存在正向相关关系。因为在现实世界中，员工的技术等级越高，知识员工所创造的利润也越高，所以在这两个指标之间建立误差关联具有合理性。同样的道理，其余指标之间建立误差关联也存在合理性，因为这些指标测度同一变量，都存在一定的关联性。知识存量的验证性因素分析可以进入后续结构方程模型中进行进一步分析。

(二) 知识结构的验证性因素分析

在知识结构的理论框架中，有"一般知识""核心知识"两个潜在变量，各指标的对应关系在问卷中知识存量分量表中已经做了区分。运用 LISREL 软件进行一阶因素分析，原始模型的标准化途径系数和主要拟合度指标，如图 8-6、表 8-9 中的 G1A 所示。

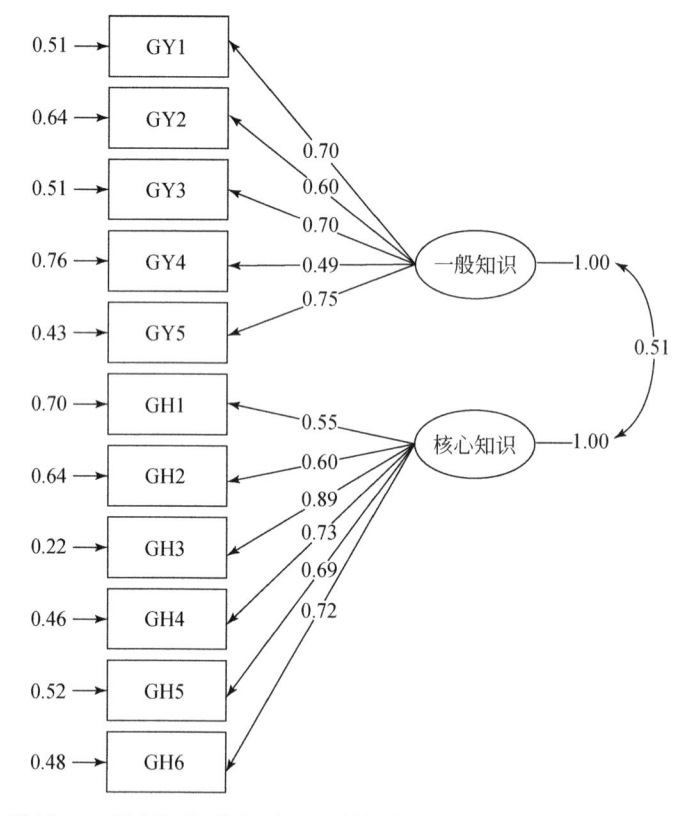

Chi-Square=395.50, df=43, P-value=0.00000, RMSEA=0.097

图 8-6 知识结构原始模型的一阶验证性因素分析

第八章 | 企业知识状态对企业技术核心能力影响的实证分析

表 8-9　知识结构验证性因素分析的拟合度检验

	χ^2	df	χ^2/df	RMSEA	RMR	GFI	NFI	RFI	CFI
G1A	395.50	43	9.20	0.097	0.062	0.92	0.94	0.92	0.95
G1B	80.52	40	2.013	0.035	0.023	0.98	0.99	0.98	0.99

模型 G1A 是按照分量表理论逻辑中潜伏变量和可观察变量的对应关系所作分析的原始模型，各拟合指数都达到了较好的拟合水平，但 G1A 的 $\chi^2/df>2$，RMSEA>0.05，RMR>0.05，说明模型需要进行修正。按照 LISREL 软件的修正建议，选择具有理论逻辑支持的建议，增加"核心知识"到指标"企业员工平均受教育年限"（GY1）的路径，并分别在指标 GH2 和 GH3、GH1 和 GH3 之间建立误差关联，调整后的因素模型各检验指标，如图 8-7 和表 8-9 中 G1B 所示。

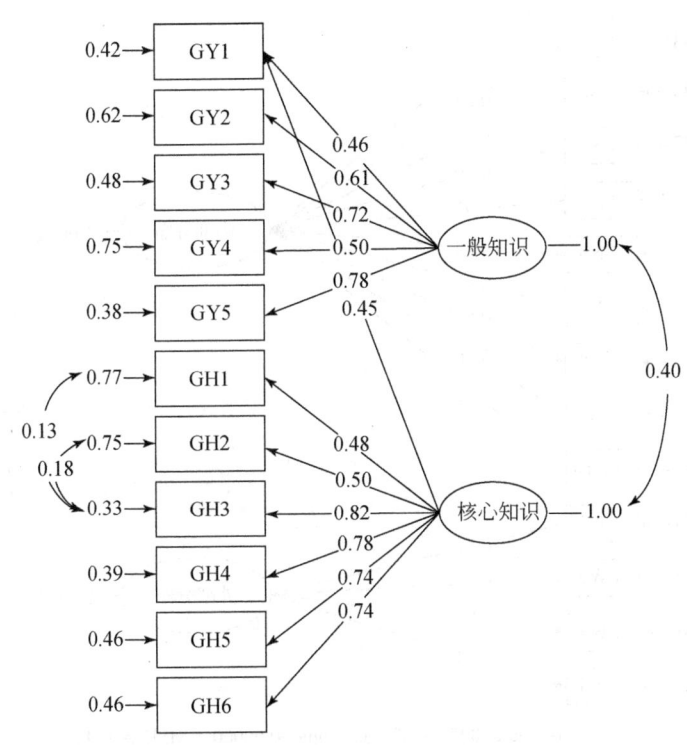

图 8-7　知识结构修正模型的一阶验证性因素分析

修正模型 G1B 的χ^2/df<3，在可接受的范围内，显示修改后的模型与样本数据差异进一步减小，GFI、NFI、RFI 都接近 1，显示修改后的模型比原始模型有了明显改善，拟合程度比较理想。修正后的模型各观察变量对应于潜伏变量的标准化因素负荷如图 8-7 所示，且各载荷都达到了显著性水平。因此，知识结构的验证性因素分析可以进入后续结构方程模型中进行进一步分析。

（三）知识分布的验证性因素分析

在知识分布的理论框架中，有"内部知识分布""外部知识分布"两个潜在变量，各指标的对应关系在问卷中知识存量分量表中已经做了区分。运用 LISREL 软件进行一阶因素分析，原始模型的标准化途径系数和主要拟合度指标，如图 8-8 和表 8-10 中的 F1A 所示。

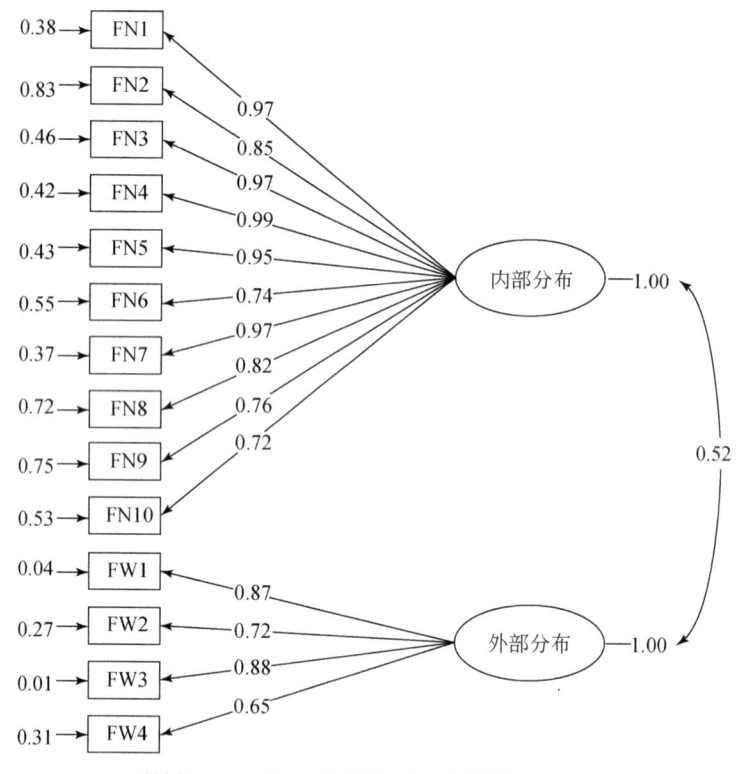

Chi-Square=897.26, df=76, P-value=0.00000, RMSEA=0.111

图 8-8 知识分布原始模型的一阶验证性因素分析

模型 F1A 是按照分量表理论逻辑中潜伏变量和可观察变量的对应关系所作分析的原始模型，各拟合指数都达到了较好的拟合水平，但 G1A 的χ^2/df>3，

RMSEA>0.05，说明模型需要进行修正。按照 LISREL 软件的修正建议，选择具有理论逻辑支持的建议，增加"外部分布"到指标"企业的文化氛围"的路径，分别在指标 FN1 和 FN9、FN4 和 FN8、FN1 和 FN2、FN3 和 FN9、FN4 和 FN5、FN2 和 FN7、FN10 和 FW4 之间建立误差关联，调整后的因素模型各检验指标，如图 8-9 和表 8-10 中 F1B 所示。

表 8-10 知识分布验证性因素分析的拟合度检验

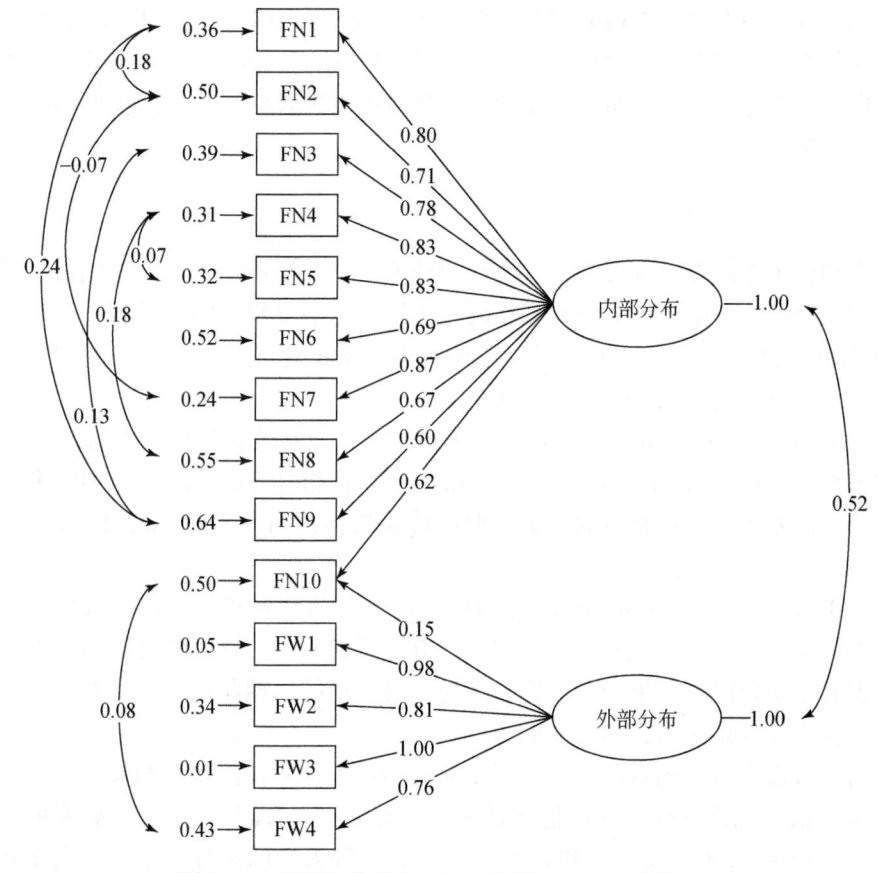

	χ^2	df	χ^2/df	RMSEA	RMR	GFI	NFI	RFI	CFI
F1A	897.23	76	11.81	0.111	0.058	0.87	0.96	0.95	0.97
F1B	169.37	68	2.49	0.041	0.034	0.97	0.99	0.99	1.00

Chi-Square=897.26, df=76, P-value=0.00000, RMSEA=0.111

图 8-9 知识分布修改模型的一阶验证性因素分析

F1B 的 $\chi^2/df<3$，在可接受的范围内，显示修改后的模型与样本数据差异进一步减小，GFI、NFI、RFI 为 1 或接近 1，显示修改后的模型比原始模型有了明显改善，拟合程度比较理想。修正后的模型各观察变量对应于潜伏变量的标准化因素负荷，如图 8-9 所示，且各载荷都达到了显著性水平。

对于增加从变量"外部分布"到指标"企业的文化氛围"的路径，进行了相应的调研访谈和专家咨询，通过进一步的分析，认为增加这条路径存在合理性；因为"企业的文化氛围"也可用于测度知识的外部分布，因为良好的企业文化氛围将促进外部分布，进而提高知识外部分布的质量和数量。至于指标误差关联可以从指标相关性上找到适当的理论解释，因为指标"企业的管理能力"（FN1）与指标"对市场行情的掌握程度"（FN3）、指标"企业的管理能力"（FN1）与指标"创新水平"（FN4）、指标"企业的管理能力"（FN1）与指标"企业战略明确程度"（FN9）所代表的"知识内部分布"只是一种大致的区分，往往这些指标之间存在正向相关关系。同样的道理，其余指标建立误差关联也存在合理性。因此，知识分布的验证性因素分析可以进入后续结构方程模型中进行进一步分析。

（四）知识水平的验证性因素分析

在知识水平的理论框架中，有"信息化水平""人力资源水平""主导逻辑"三个潜在变量，各指标的对应关系在问卷中知识水平分量表中已经做了区分。运用 LISREL 软件进行一阶因素分析，原始模型的标准化途径系数和主要拟合度指标，如图 8-10 和表 8-11 中的 S1A 所示。

S1A 的 $\chi^2/df>3$，RMSEA>0.05，RMR>0.05，但其他各拟合指数都达到了较好的水平。根据 LISREL 软件的修改建议，分别在指标 SX1 与 SX3，SR1 和 SR2 之间建立误差关联，调整后的因素模型各检验指标，如图 8-11 和表 8-11 中 S1B 所示。

S1B 的 $\chi^2/df<3$，RMSEA<0.05，RMR<0.05，达到要求，显示修改后的模型与样本数据差异进一步减小，GFI、NFI、RFI 都接近 1，显示修改后的模型比原始模型有了明显改善，拟合程度比较理想。修正后的模型各观察变量对应于潜伏变量的标准化因素负荷，如图 8-11 所示。

对修改模型后的项目误差关联可以从指标相关性上找到适当的理论解释，因为指标"信息化设备投资占企业全部投资的比例"（SX1）与指标"企业的信息化程度"（SX3）所代表的"知识水平"只是一种大致的区分，往往这两个指标之间存在正向相关关系，因为在现实世界中，企业的信息化程度越高，则相应对信息化设备的使用和要求也就越高，从而信息化设备投资所占全部投资比例也就

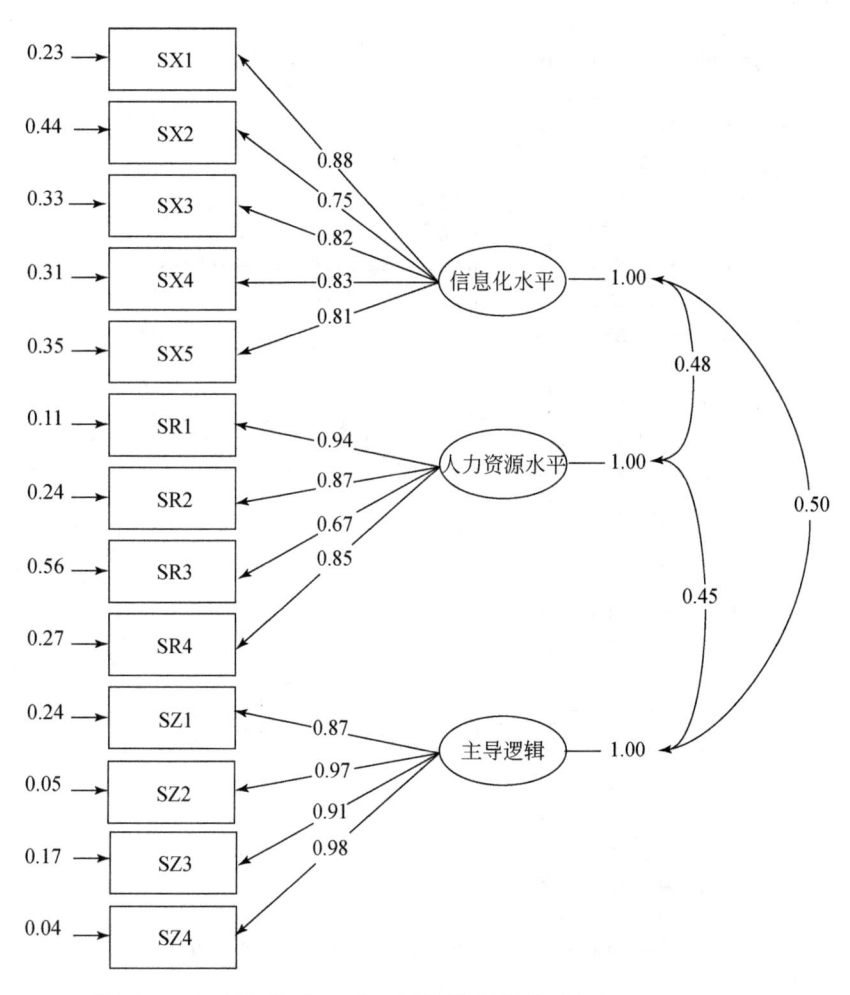

第八章 | 企业知识状态对企业技术核心能力影响的实证分析

Chi-Square=271.36, df=62, P-value=0.00000, RMSEA=0.062

图 8-10　知识水平原始模型的一阶验证性因素分析

表 8-11　知识水平验证性因素分析的拟合度检验

	χ^2	df	χ^2/df	RMSEA	RMR	GFI	NFI	RFI	CFI
S1A	271.36	62	4.38	0.062	0.052	0.95	0.97	0.96	0.97
S1B	180.03	60	2.16	0.048	0.045	0.97	0.99	0.99	0.99

图 8-11　知识水平修正模型的一阶验证性因素分析

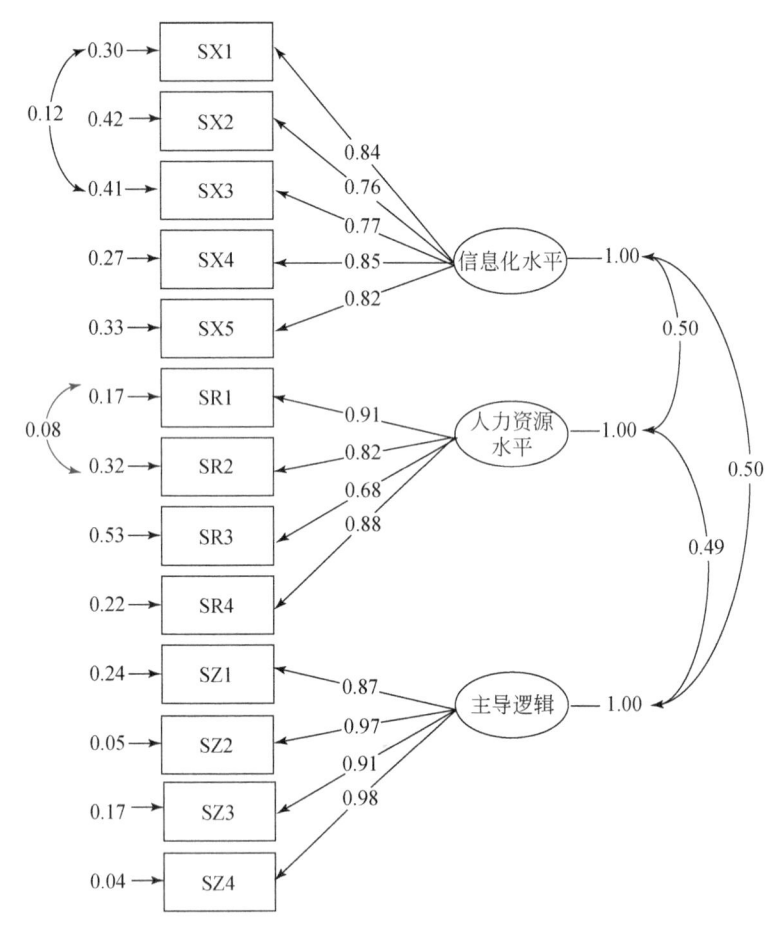

Chi-Square=180.03, df=60, *P*-value=0.00000, RMSEA=0.48

越大，相应信息化设备的购进使用，也需要企业达到一定的信息化程度，所以在这两个指标之间建立误差关联具有合理性。同样的道理，指标"招聘、培训的投入"（SR1）与指标"员工对企业人力资源工作的满意程度"（SR2）之间建立误差关联也存在合理性，招聘与培训都是企业人力资源工作的主要组成部分，如果招聘与培训的投入精力、时间多，能选拔出适合岗位的优秀人才并使其快速适应融入工作，实现自己的价值，则员工对企业人力源源工作的满意程度也就会越高。因此，知识水平的验证性因素分析可以进入后续结构方程模型中进行进一步分析。

（五）知识流动的验证性因素分析

在知识流动的理论框架中，有"知识转移能力""知识先进性""知识互补性"、"支持知识流动的外部环境"四个潜在变量，各指标的对应关系在问卷中知识流动分量表中已经做了区分。运用 LISREL 软件进行一阶因素分析，原始模型的标准化途径系数和主要拟合度指标，如图 8-12 和表 8-12 中的 L1A 所示。

Chi-Square=151.51, df=83, P-Value=0.00001, RMSEA=0.031

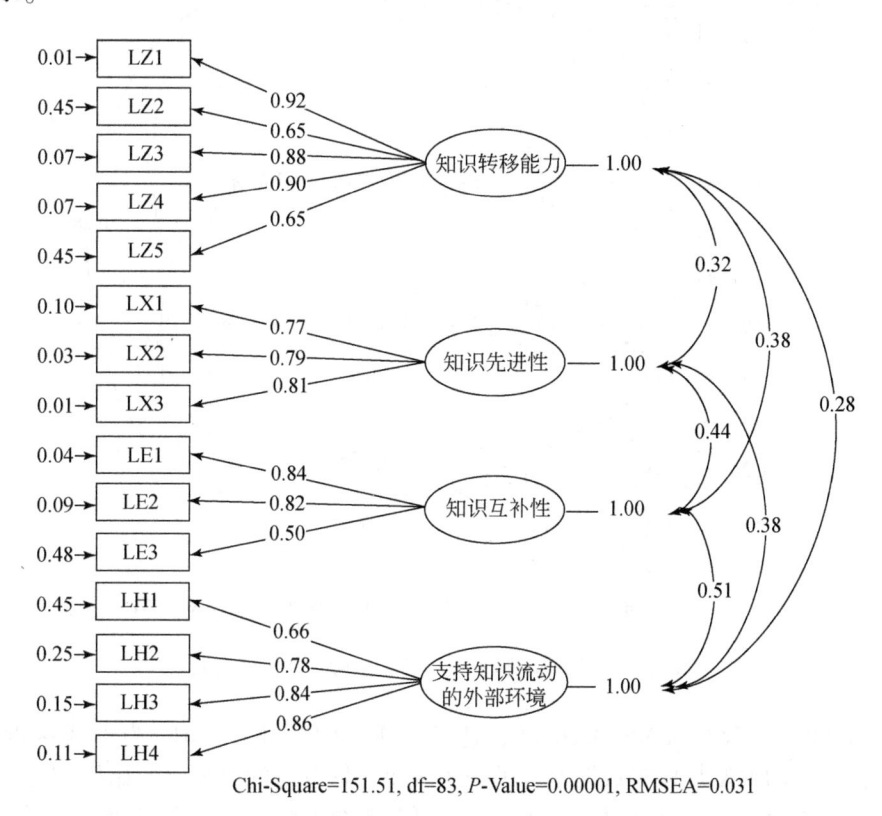

图 8-12 知识流动原始模型的一阶验证性因素分析

表 8-12 知识流动验证性因素分析的拟合度检验

	χ^2	df	χ^2/df	RMSEA	RMR	GFI	NFI	RFI	CFI
L1A	942.89	84	11.22	0.108	0.050	0.87	0.89	0.86	0.89
L1B	151.51	83	1.825	0.031	0.032	0.98	0.99	0.99	1.00

L1A 的 $\chi^2/df>3$，RMSEA>0.05，其他各拟合指数 GFI、NFI、RFI、CFI 没有达到要求的显著水平。根据 LISREL 的修改建议，在指标 LZ2 与 LZ5 之间建立误差关联，调整后的模型各拟合度指标，如图 8-13 和表 8-12 中 L1B 所示。

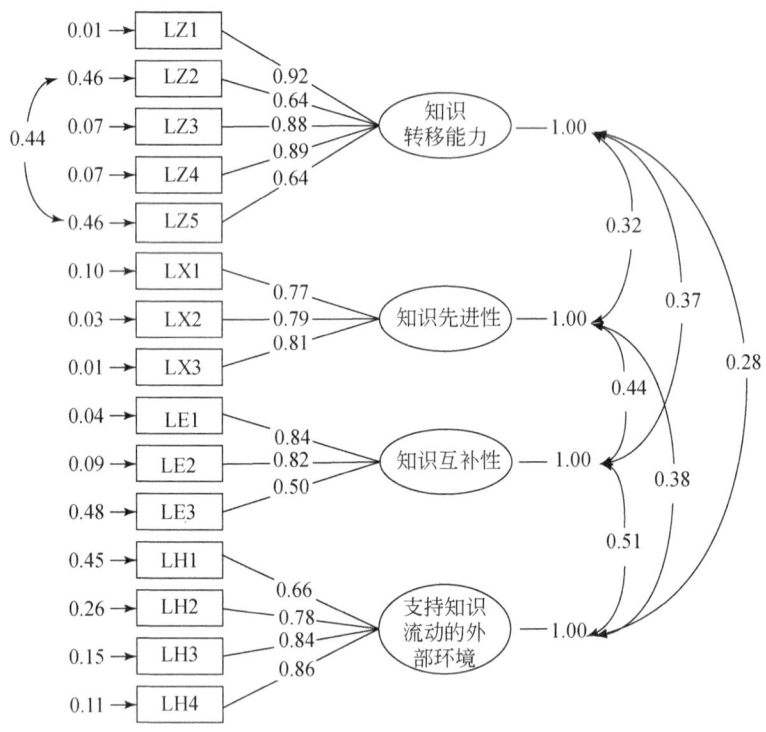

图 8-13　知识流动修正模型的一阶验证性因素分析

L1B 的 $\chi^2/df<3$，RMSEA<0.05，达到要求，GFI、NFI、RFI 为 1 或接近 1，显示修改后的模型与样本数据差异进一步减小，修改后的模型比原始模型有了明显改善，拟合程度比较理想。修正后的模型各观察变量对应于潜伏变量的标准化因素负荷，如图 8-13 所示。

对修改模型后的项目误差关联可以从指标相关性上找到适当的理论解释，因为指标"知识操作示范能力"（LZ2）与指标"适应能力"（LZ5）所代表的"知识流动"只是一种大致的区分，往往这两个指标之间存在正向相关关系，因为在现实中，一个企业的知识操作示范能力越强，接受知识转移企业接收到的相应隐性知识就会越多，对知识的理解和掌握程度也会越深，则转移的知识就能很快被接收的企业整合创造，企业的适应能力也就越强，相应企业的适应能力越强，其整合理解知识的能力使其也具备了很好的知识操作示范能力，两个指标是相互影响、相互促进的。因此，知识水平的验证性因素分析可以进入后续结构方程模型中进行进一步分析。

（六）技术核心能力的验证性因素分析

通过数据的效度信度分析后，反应变量分量表中共有 6 个指标，对应于一个假设潜伏变量"技术核心能力"。在探索性因素分析中，企业技术核心能力分量表中只提出了一个因素，与理论假设的变量数量完全一致。通过验证性因素分析，可以看出各个指标对假设潜伏变量的因素载荷，并可作为以后结构方程模型的修改依据，有关模型的拟合指标，如图 8-14 所示。

Chi-Square=913.66, df=9, P-value=0.00000, RMSEA=0.339

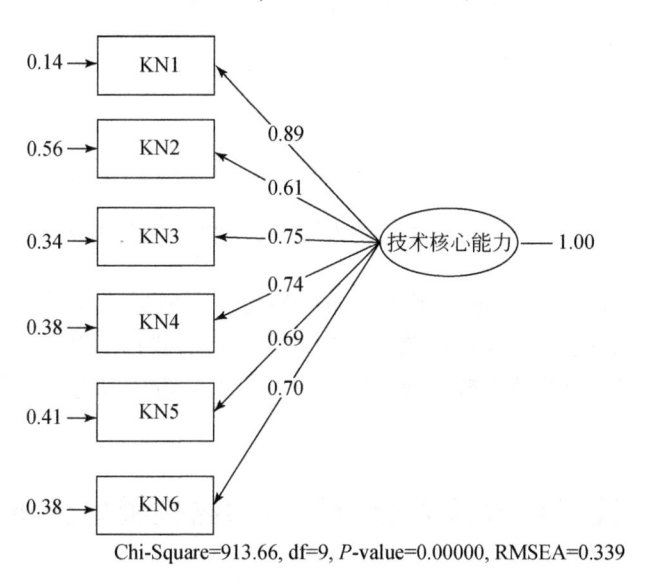

图 8-14 企业技术核心能力原始模型的一阶验证性因素分析

H1A 的 $\chi^2/\text{df} > 3$，RMSEA>0.05，其他各拟合指数 GFI、NFI、RFI、CFI 没有达到要求的显著水平，因此，模型有待进一步修正。根据 LISREL 软件的修改建议，在指标 KN2 与 KN3、KN5 与 KN6 之间建立误差关联，修正后的模型标准化路径系数和拟合度指标，如图 8-15 和表 8-13 中 H1B 所示。

表 8-13 企业技术核心能力验证性因素分析的拟合度检验

	χ^2	df	χ^2/df	RMSEA	RMR	GFI	NFI	RFI	CFI
H1A	913.66	9	101.52	0.339	0.084	0.74	0.70	0.50	0.70
H1B	13.52	7	1.93	0.033	0.010	0.99	1.00	0.99	1.00

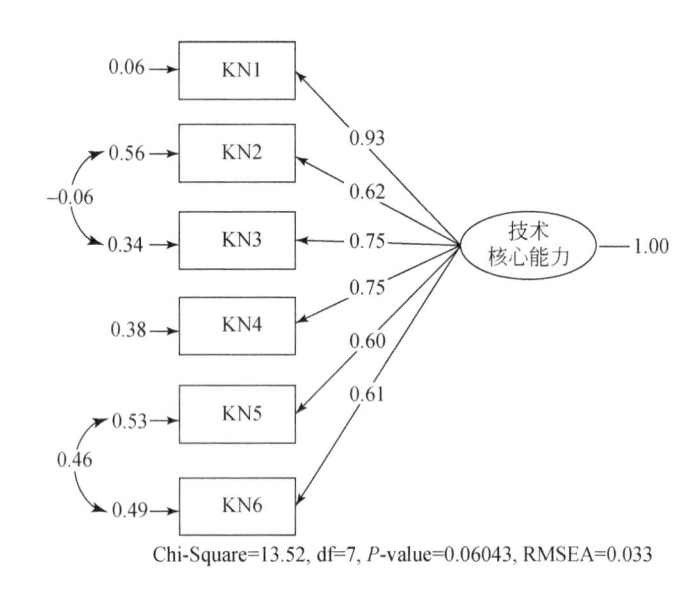

图 8-15　企业技术核心能力修正模型的验证性因素分析

在 H1B 中，$\chi^2/\text{df}<3$，显示修改后的模型与样本数据差异进一步减小，GFI、NFI、RFI 为 1 或接近 1，显示修改后的模型比原始模型有了明显改善，拟合程度比较理想。因此，企业技术核心能力的验证性因素分析可以进入后续结构方程模型中进行进一步分析。

二、知识属性对技术核心能力作用的结构模型分析

（一）知识存量对技术核心能力作用的结构模型分析

由于知识存量中的变量"市场知识存量"没有通过效度测试，并且通过对企业进行调研访谈，发现市场知识存量常常伴随知识载体而发生，因此指标中删除"市场知识存量"，无法对 H6 进行验证，后续实证按照假设 H1、H2、H3、H4、H5，以及效度、信度进行检验，知识存量包含三个自变量"以人为载体的知识存量""以物为载体的知识存量"和"以组织结构为载体的知识存量"。这三个变量对企业技术核心能力都有着正向的显著影响，且"以人为载体的知识存量"和"以物为载体的知识存量"对"以组织结构为载体的知识存量"有正向显著作用。把知识存量三因素作为解释变量，构建了知识存量对企业技术核心能力的假设模型，如图 8-16 所示。

把有关数据代入 LISREL 软件中运行后得到模型的拟合度指标，如图 8-17 和

表 8-14 所示。

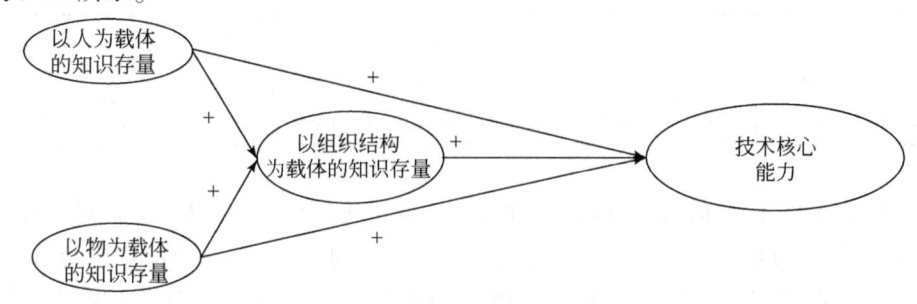

图 8-16 知识存量对企业技术核心能力影响的假设模型

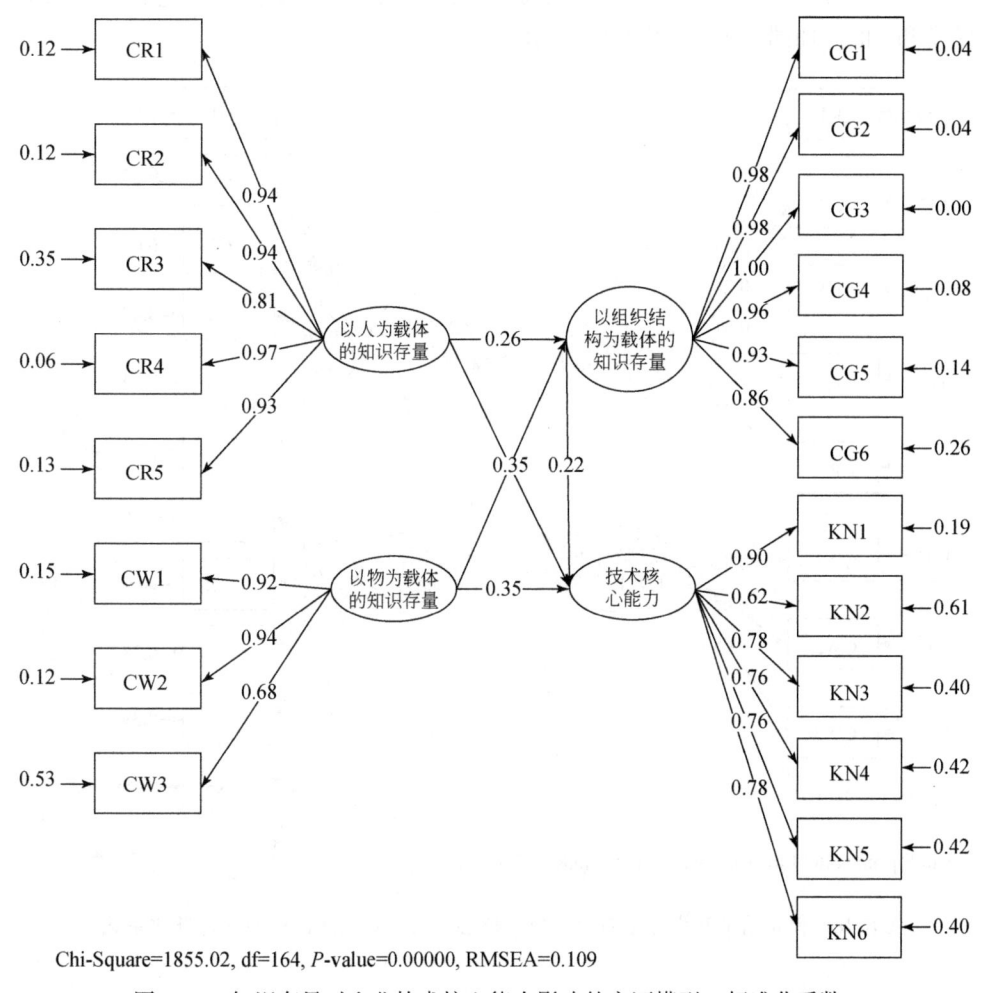

Chi-Square=1855.02, df=164, P-value=0.00000, RMSEA=0.109

图 8-17 知识存量对企业技术核心能力影响的实证模型（标准化系数）

| 企业知识状态：企业技术核心能力形成与提升 |

表 8-14　知识存量的结构模型的拟合度检验

	χ^2	df	χ^2/df	RMSEA	RMR	GFI	NFI	RFI	CFI
M1-A	1855.02	164	11.31	0.109	0.040	0.82	0.94	0.92	0.94
M1-B	446.71	162	2.76	0.045	0.045	0.95	0.99	0.99	0.99

模型 M1-A 为假设模型，χ^2/df>3、RMSEA>0.05，有修正空间。按照 LISREL 软件的修正建议和前述验证性因素分析的结果，在指标 KN5 与 KN6，CG5 与 CG6 之间建立误差关联，得到修正后的模型 M1-B。从 M1-1B 可以看出，χ^2/df<3、RMSEA<0.05，且各拟合指数都比较理想。因此，接受 M1-B 作为知识存量潜伏变量对企业技术核心能力直接作用的结构方程模型，标准化的参数结构模型和 t 值，如图 8-18 和图 8-19 所示。

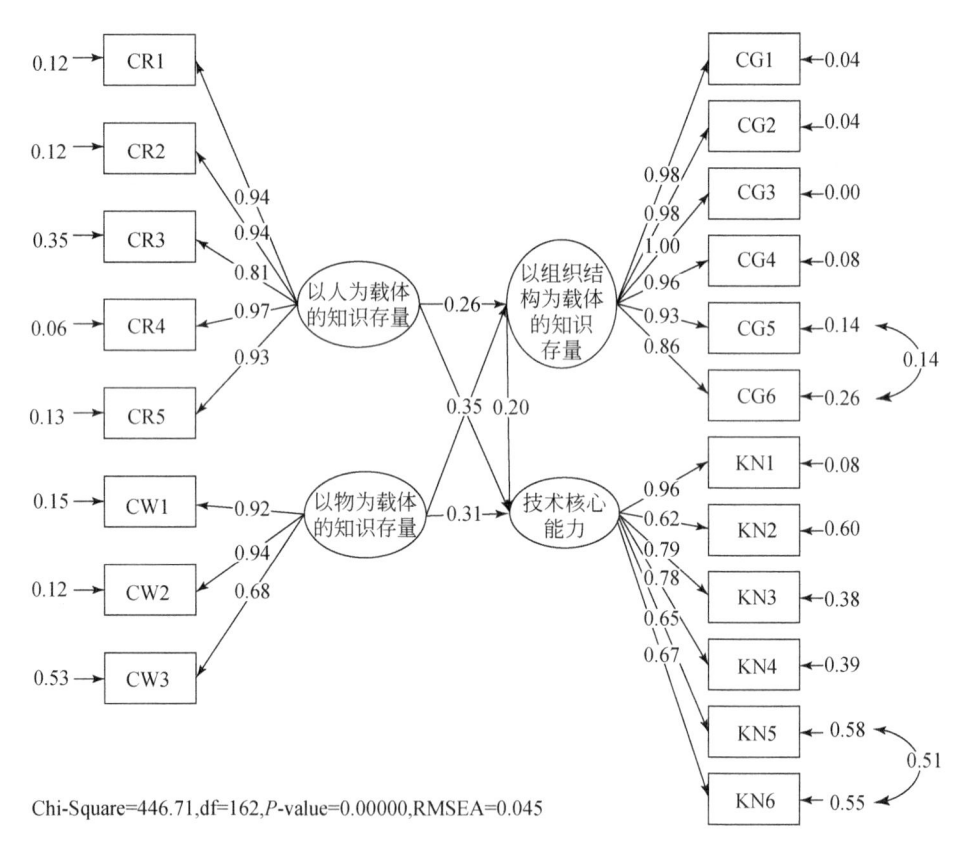

Chi-Square=446.71,df=162,P-value=0.00000,RMSEA=0.045

图 8-18　修正后的知识存量对企业技术核心能力影响的实证模型（标准化系数）

第八章 | 企业知识状态对企业技术核心能力影响的实证分析

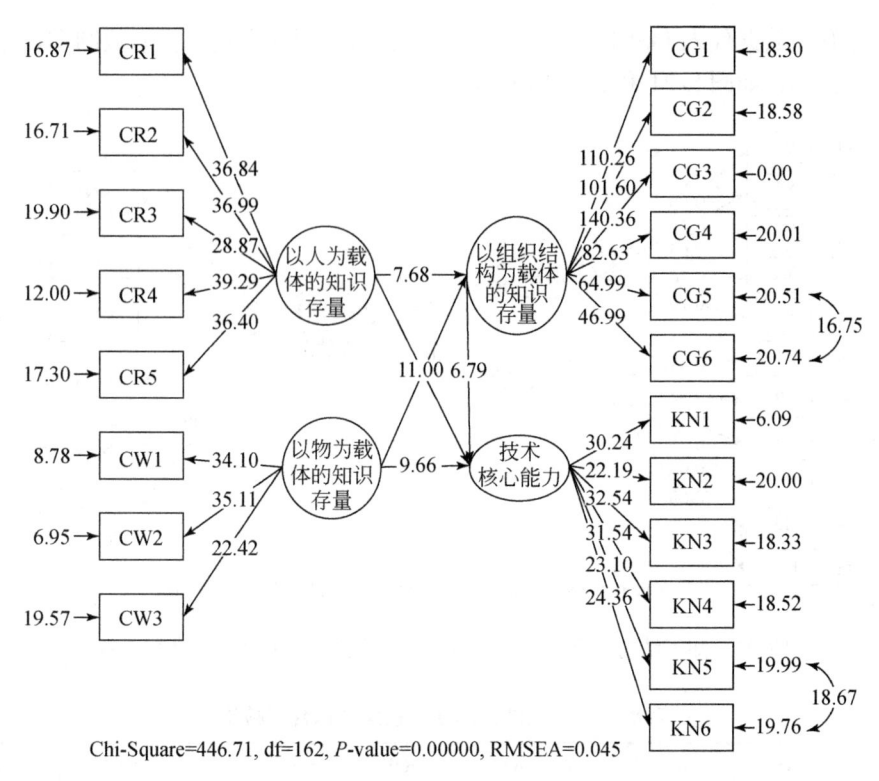

图 8-19　修正后的知识存量对企业技术核心能力影响的实证模型（t 值）

从图 8-18 和图 8-19 可以看出，假设 H1、H2、H3、H4 和 H5 都得到了验证。

（二）知识结构对技术核心能力作用的结构模型分析

本书假设中，知识结构包含三个变量："公共知识""基础知识"和"核心知识"，这三个变量对企业技术核心能力都有正向显著影响。在数据效度分析中，变量"公共知识"和"基础知识"归因成一个因子，定义成"一般知识"。因此，知识结构的一般知识和核心知识两因素作为解释变量，构建出了知识结构对企业技术核心能力的假设模型，如图 8-20 所示。

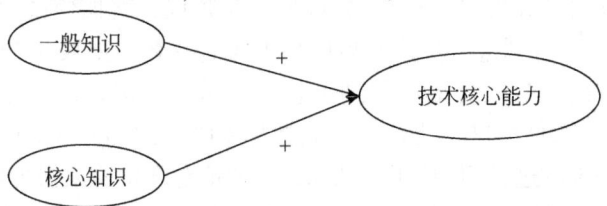

图 8-20　知识结构对企业技术核心能力影响的假设模型

把有关数据代入 LISREL8.7 软件中，运行后得到标准化路径系数图和模型的拟合度指标，如图 8-21 和表 8-15 所示。

Chi-Square=1880.48, df=116, *P*-value=0.00000, RMSEA=0.132

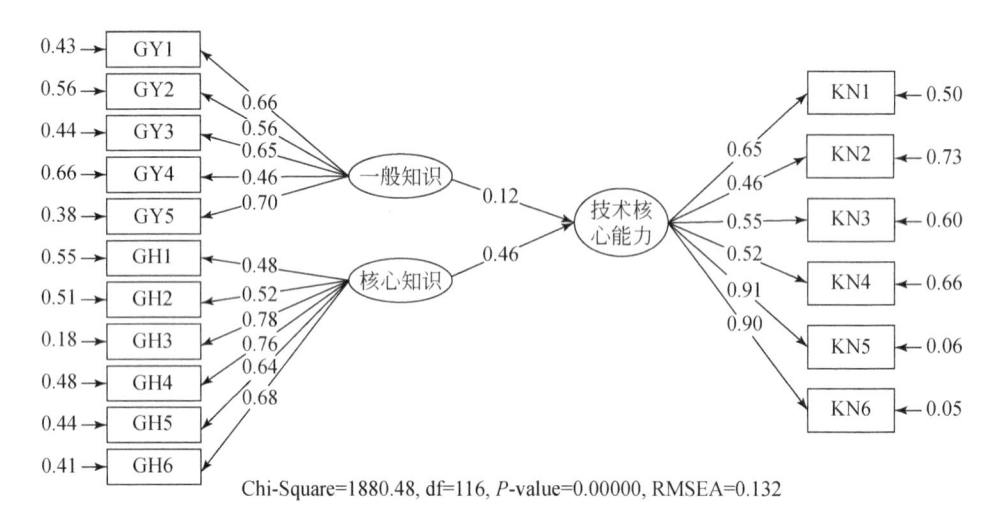

图 8-21　知识结构对企业技术核心能力影响的实证模型（标准化系数）

表 8-15　知识结构的结构模型的拟合度检验

	χ^2	df	χ^2/df	RMSEA	RMR	GFI	NFI	RFI	CFI
M2-A	1880.48	116	16.21	0.132	0.081	0.80	0.89	0.87	0.89
M2-B	668.86	115	5.82	0.074	0.072	0.92	0.96	0.95	0.96
M2-C	468.19	114	4.11	0.060	0.054	0.94	0.97	0.96	0.97
M2-D	316.57	112	2.83	0.046	0.050	0.96	0.98	0.97	0.99

模型 M2-A 为假设模型，$\chi^2/\mathrm{df} > 3$、RMSEA > 0.05，有修正空间。按照 LISREL 软件的修正建议和前述验证性因素分析的结果，在指标 KN5 与 KN6 之间建立误差关联，得到修正后的模型 M2-B。从 M2-B 可以看出，相关指标得到了较大改进。

结合验证性因素分析和 LISREL 软件的修正建议，增加变量"核心知识"到指标 GY1 的路径，得到进一步修正后的模型拟合指数，如表 8-15 中的 M2-C 所示，从表可以看出，各拟合指数得到了较大改善，但仍然还有进一步修正的空间。遵照 LISREL 软件的修正建议，建立指标 GH2 与 GH3、GH1 与 GH3 的误差关联，得到进一步改进模型 M2-D。从 M2-D 的拟合度检验数据可以看出，$\chi^2/\mathrm{df} < 3$、RMSEA<0.05，且各拟合指数都比较理想。因此，接受 M2-D 作为知识结构潜伏变量对企业技术核心能力直接作用的结构方程模型。标准化的参数结构模型和

第八章 企业知识状态对企业技术核心能力影响的实证分析

t 值，如图 8-22 和图 8-23 所示。

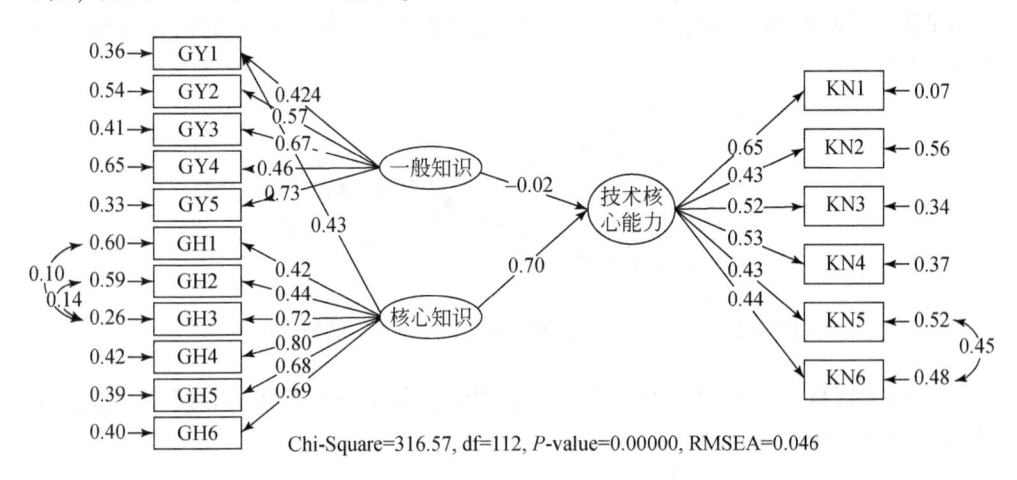

图 8-22 修正后的知识结构对企业技术核心能力影响的实证模型（标准化系数）

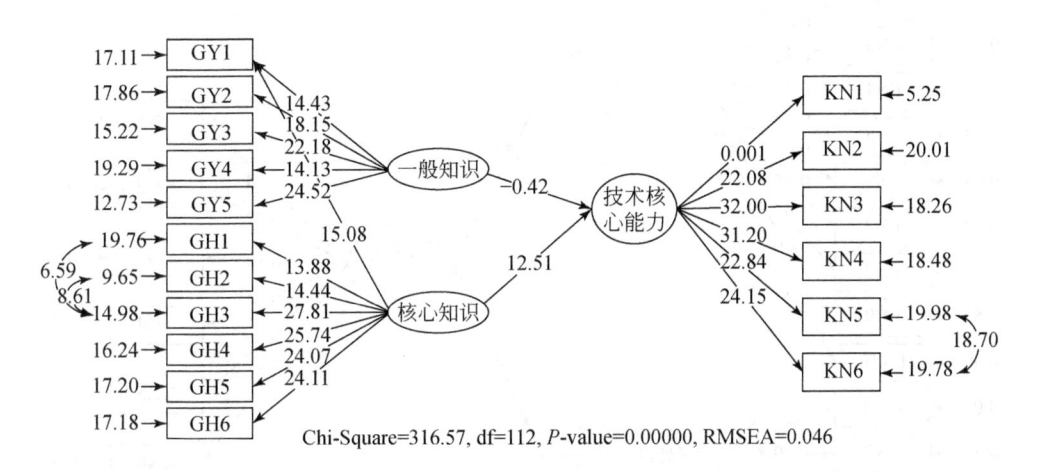

图 8-23 修正后的知识结构对企业技术核心能力影响的实证模型（t 值）

从图 8-22 和图 8-23 可以看出，假设 H9 得到了验证，但一般知识到企业核心能力的标准化路径系数为 –0.02，这个结果与研究假设方向（H7、H8）相同，但是不显著。

（三）知识分布对技术核心能力作用的结构模型分析

本书假设中，知识分布包含三个变量，"内部横向知识分布"、"内部纵向知识分布" 和 "外部知识分布"，这三个变量对企业技术核心能力都有正向显著影响。但在数据效度分析中，变量 "内部横向知识分布" 和 "内部纵向知识分布"

| 企业知识状态：企业技术核心能力形成与提升 |

归因成一个因子，定义成"内部知识分布"。因此，知识分布的内部分布和外部分布两因素作为解释变量，构建了知识分布对企业技术核心能力的假设模型，如图 8-24 所示。

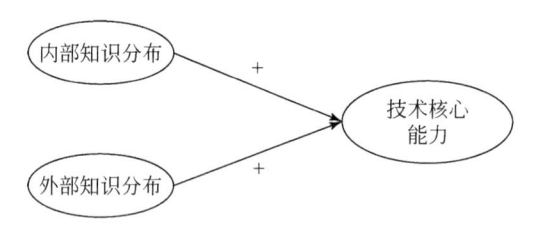

图 8-24 知识分布对企业技术核心能力影响的假设模型

把有关数据代入 LISREL8.7 中运行后得到标准化路径系数图和模型的拟合度指标，如图 8-25、表 8-16 所示。

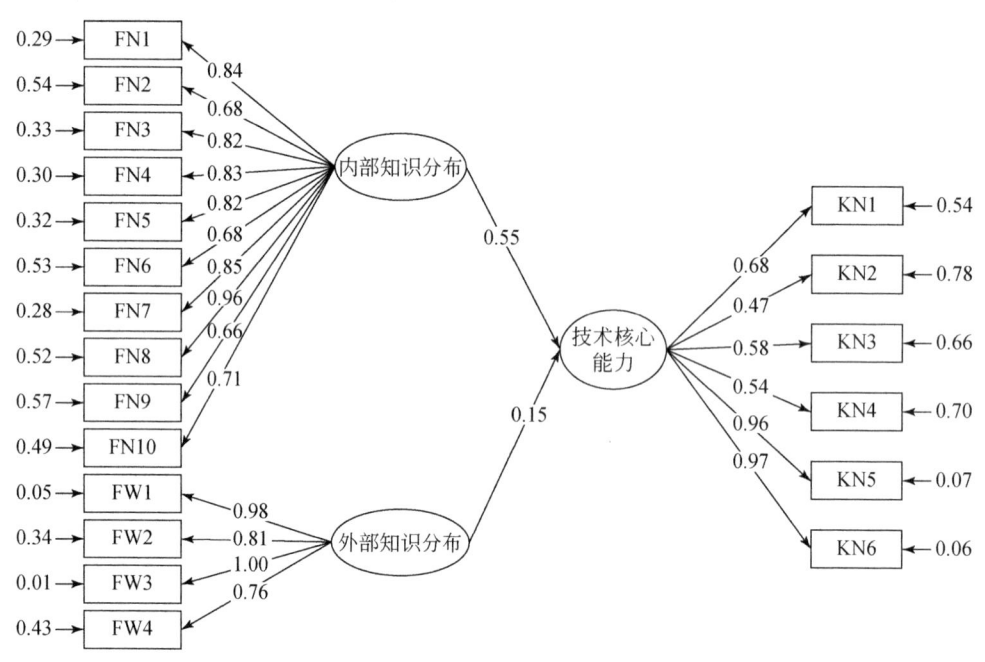

Chi-Square=2413.52, df=167, P-value=0.00000, RMSEA=0.124

图 8-25 知识分布对企业技术核心能力影响的实证模型（标准化系数）

表 8-16 知识分布的结构模型的拟合度检验

	χ^2	df	χ^2/df	RMSEA	RMR	GFI	NFI	RFI	CFI
M3-A	2413.52	167	14.45	0.124	0.077	0.78	0.94	0.93	0.95
M3-B	513.15	161	3.19	0.050	0.068	0.94	0.99	0.98	0.99

续表

	χ^2	df	χ^2/df	RMSEA	RMR	GFI	NFI	RFI	CFI
M3-C	490.99	160	3.07	0.049	0.068	0.95	0.99	0.98	0.99
M3-D	467.62	159	2.94	0.047	0.068	0.95	0.99	0.98	0.99

模型 M3-A 为假设模型，$\chi^2/df > 3$、RMSEA > 0.05，有修正空间。按照 LISREL 软件的修正建议和前述验证性因素分析的结果，在指标 KN5 与 KN6、FN1 与 FN9、FN4 与 FN8、FN1 与 FN3、FN3 与 FN9、FN4 与 FN5 之间建立误差关联，得到修正后的模型 M3-B，从 M3-B 可以看出，相关指标得到了较大改进。

结合验证性因素分析和 LISREL 软件的修正建议，增加变量"外部知识分布"到指标 FN10 的路径，得到进一步修正后的模型拟合指数，如表 8-16 中的 M3-C 所示，从表可以看出，各拟合指数得到了较大改善，但还有进一步修正的空间。遵照 LISREL 软件的修正建议和验证性因素分析结果，建立指标 FN10 与 FW4 的误差关联，得到进一步改进模型 M3-D。从 M3-D 可以看出，$\chi^2/df<3$、RMSEA<0.05，且各拟合指数都比较理想。因此，接受 M3-D 作为知识分布潜伏变量对企业技术核心能力直接作用的结构方程模型，标准化的参数结构模型和 t 值，如图 8-26 和图 8-27 所示。

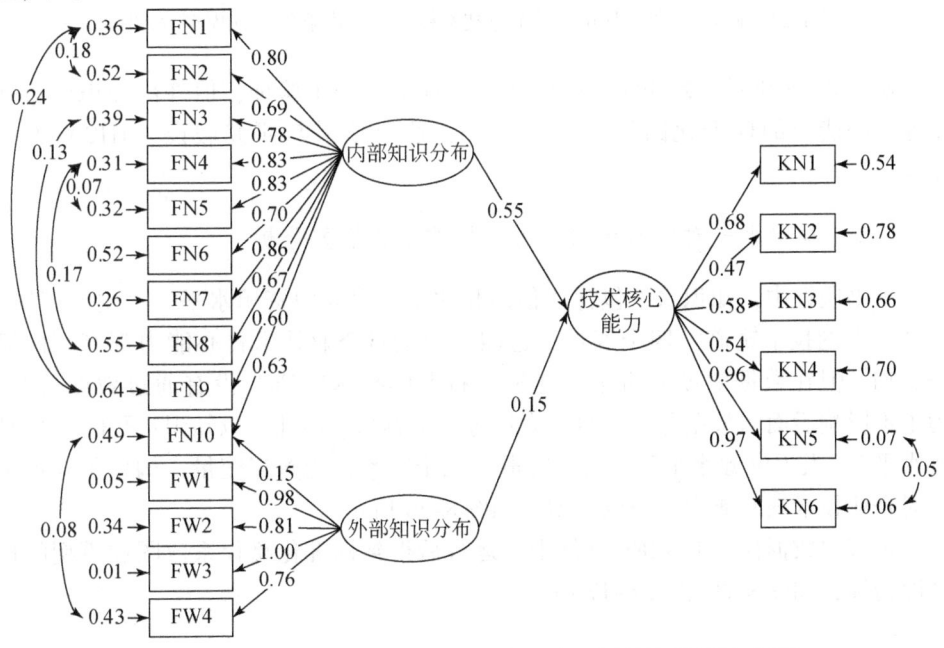

Chi-Square=467.62, df=159, P-value=0.00000, RMSEA=0.047

图 8-26 修正后的知识分布对企业技术核心能力影响的实证模型（标准化系数）

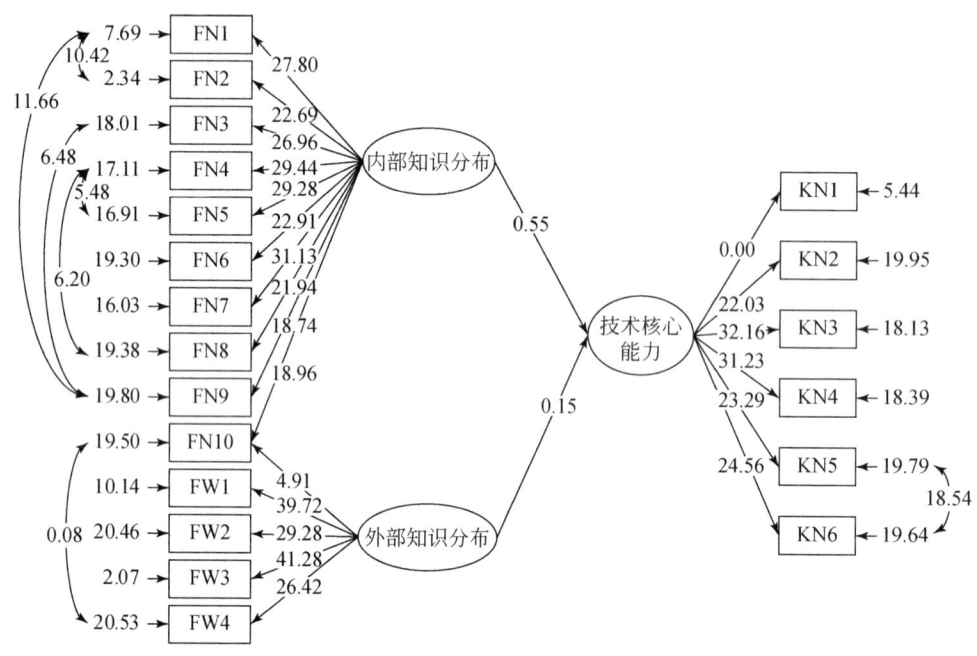

Chi-Square=467.62, df=159, P-value=0.00000, RMSEA=0.047

图 8-27 修正后的知识分布对企业技术核心能力影响的实证模型（t 值）

从图 8-26 和图 8-27 可以看出，H10、H11 得到了验证，但外部知识分布到企业核心能力的标准化路径系数为 0.15，这个结果与研究假设（H12）方向相反。

（四）知识水平对技术核心能力作用的结构模型分析

本书假设中，知识水平包含"信息化水平""人力资源水平""主导逻辑"和"行业的技术轨道"四个变量，这四个变量对企业技术核心能力都有正向显著影响。但在数据效度分析中，变量"行业的技术轨道"没有通过效度检验，为了不影响后面的数据分析，对该变量进行了删除。因此，以知识水平的"信息化水平""人力资源水平""主导逻辑"三个因素作为解释变量，构建了知识水平对企业技术核心能力的假设模型，如图 8-28 所示。

把有关数据代入 LISREL 软件中，运行后得到标准化路径系数图和模型的拟合度指标，如图 8-29 和表 8-17 所示。

第八章 企业知识状态对企业技术核心能力影响的实证分析

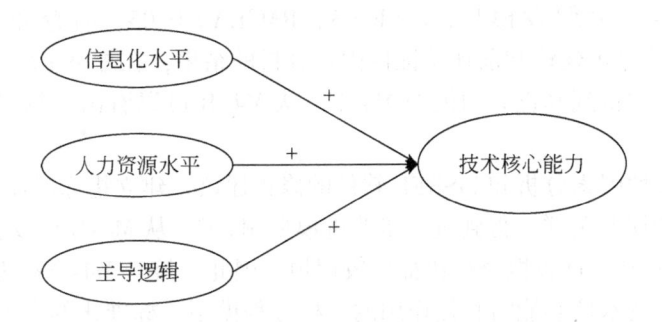

图 8-28 知识水平对企业技术核心能力影响的假设模型

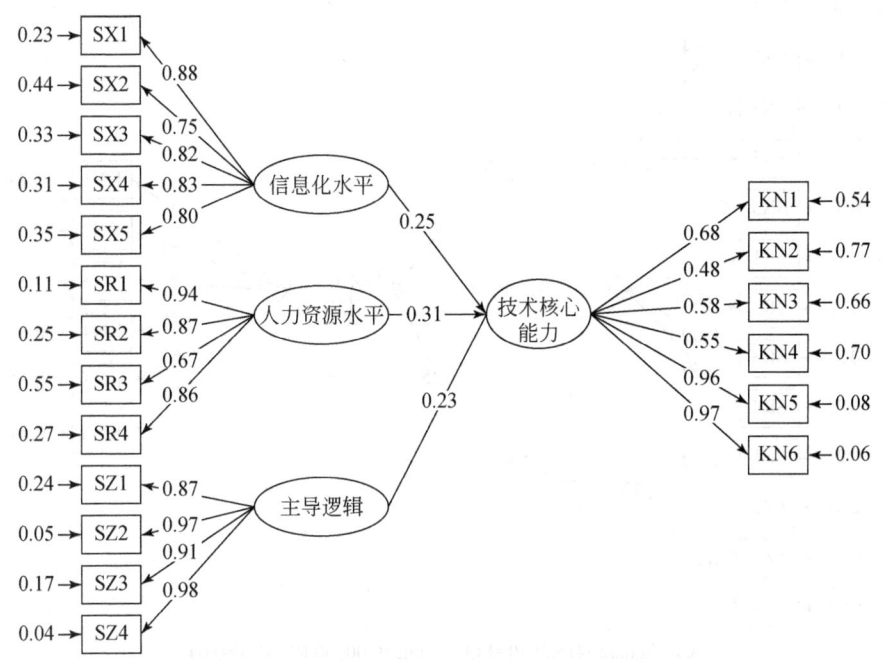

Chi-Square=1866.50,df=146,P-value=0.00000,RMSEA=0.116

图 8-29 知识水平对企业技术核心能力影响的实证模型（标准化系数）

表 8-17 知识水平的结构模型的拟合度检验

	χ^2	df	χ^2/df	RMSEA	RMR	GFI	NFI	RFI	CFI
M4-A	1866.50	146	12.78	0.116	0.083	0.82	0.95	0.94	0.95
M4-B	511.06	145	3.52	0.054	0.065	0.94	0.98	0.95	0.99
M4-C	415.28	143	2.90	0.047	0.060	0.95	0.99	0.98	0.99

模型 M4-A 为假设模型，$\chi^2/\mathrm{df}>3$、RMSEA>0.05，有修正空间。按照 LISREL 软件的修正建议和前述验证性因素分析的结果，在指标 KN5 与 KN6 之间建立误差关联，得到修正后的模型 M4-B。从 M4-B 可以看出，相关指标得到了较大改进。

结合验证性因素分析和 LISREL 软件的修正建议，建立指标增加 SX1 与 SX3、SR1 与 SR2 的误差关联，得到进一步改进模型 M4-C。从 M4-C 可以看出，$\chi^2/\mathrm{df}<3$、RMSEA<0.05，且各拟合指数都比较理想。因此，接受 M4-C 作为知识水平潜伏变量对企业技术核心能力直接作用的结构方程模型。标准化的参数结构模型和 t 值，如图 8-30 和图 8-31 所示。

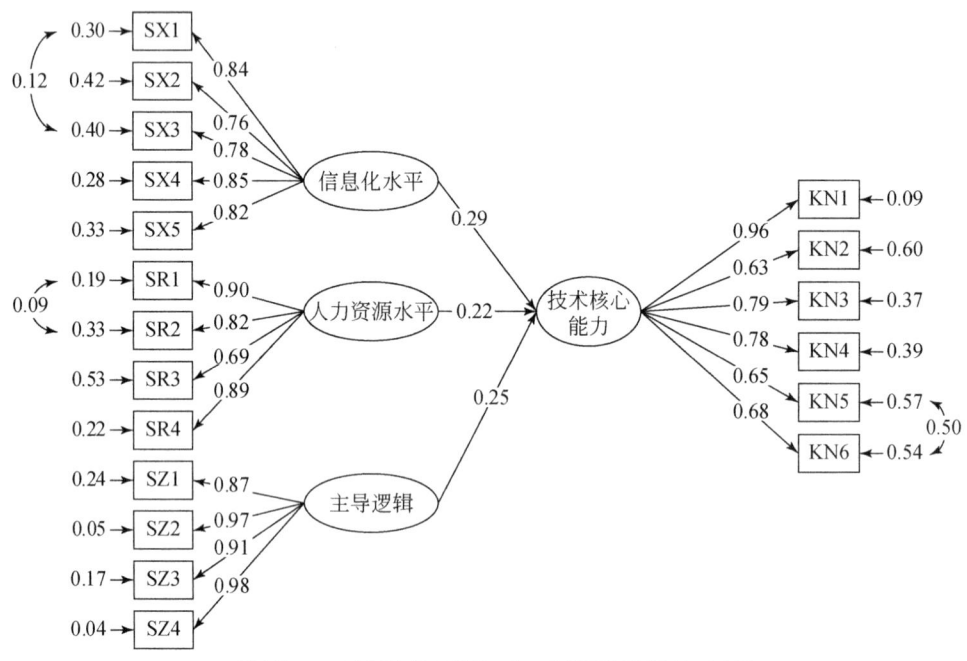

Chi-Square=415.28,df=143,P-value=0.00000,RMSEA=0.047

图 8-30　修正后的知识水平对企业技术核心能力影响的实证模型（标准化系数）

从图 8-30 和图 8-31 可以看出，H13、H14、H15 得到了验证。

（五）知识流动对技术核心能力作用的结构模型分析

本书假设中，知识流动包含"知识转移能力""知识先进性""知识互补性"和"支持知识流动的外部环境"四个变量，这四个变量对企业技术核心能力都有正向显著影响。因此，以知识流动的四个因素作为解释变量，构建了知识流动

第八章 企业知识状态对企业技术核心能力影响的实证分析

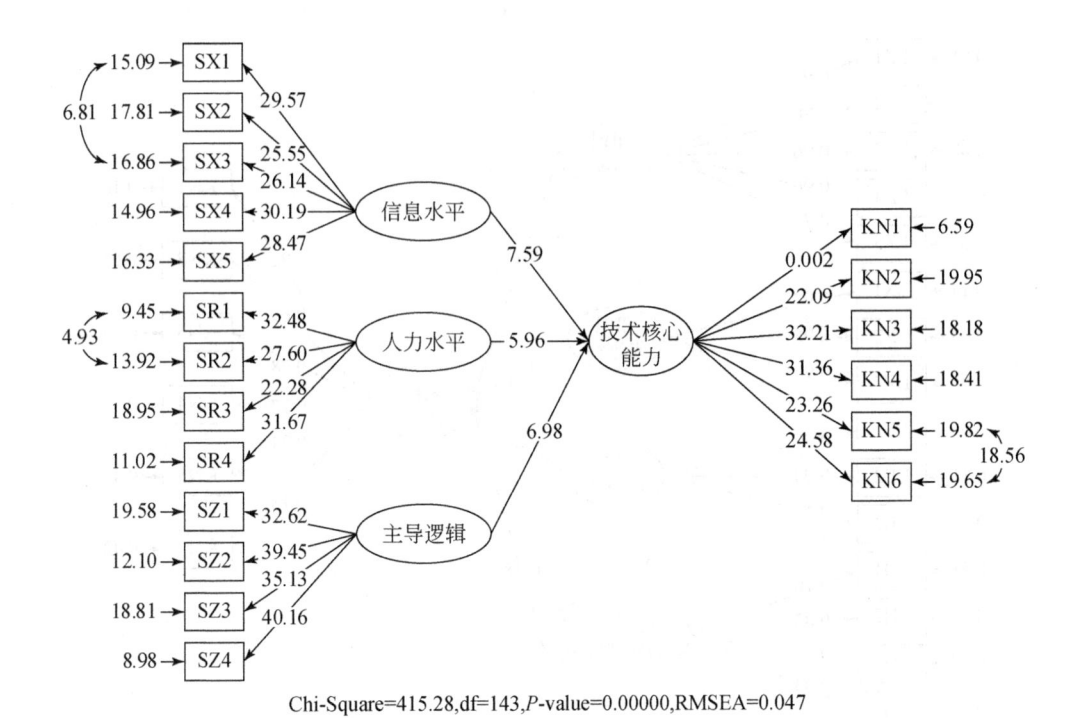

图 8-31 修正后的知识水平对企业技术核心能力影响的实证模型（t 值）

对企业技术核心能力的假设模型，如图 8-32 所示。

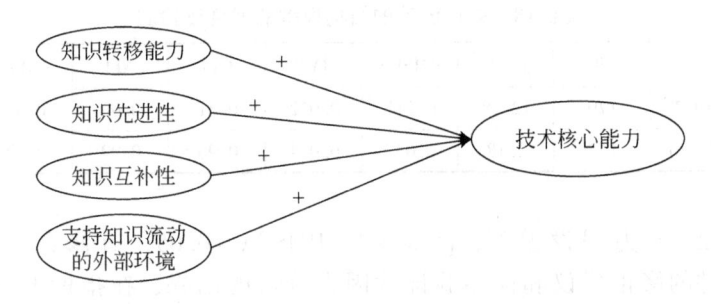

图 8-32 知识流动对企业技术核心能力影响的假设模型

把有关数据代入 LISREL 软件中，运行后得到标准化路径系数图和模型的拟合度指标，如图 8-33 和表 8-18 所示。

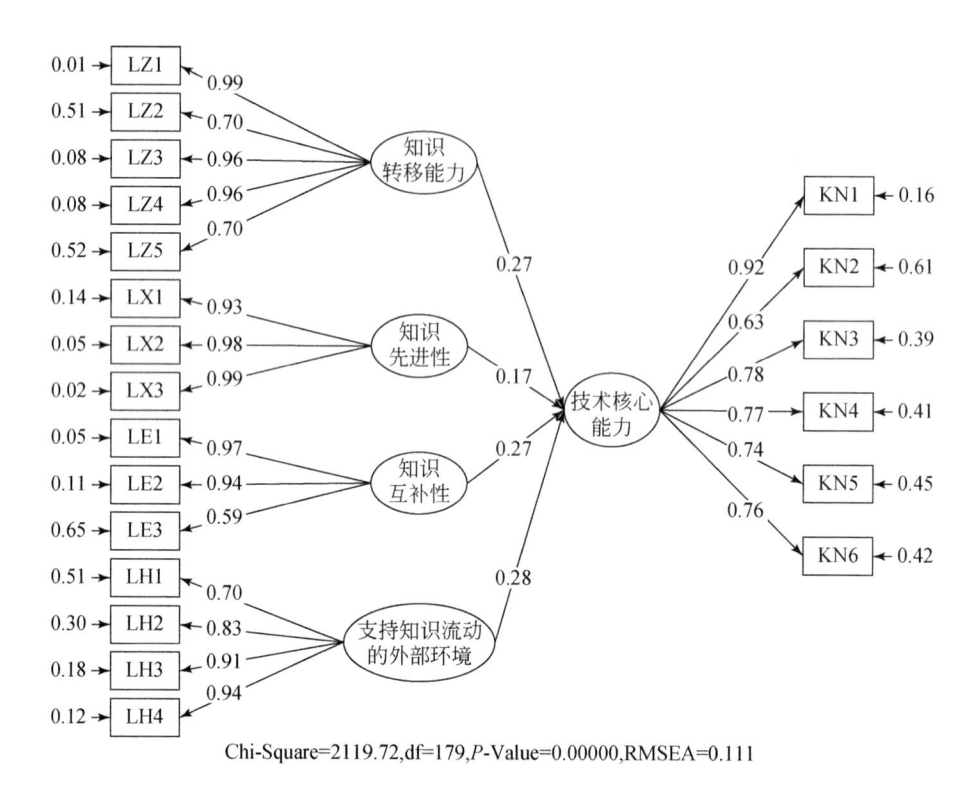

图 8-33　知识流动对企业技术核心能力影响的实证模型（标准化系数）

表 8-18　知识流动的结构模型的拟合度检验

	χ^2	df	χ^2/df	RMSEA	RMR	GFI	NFI	RFI	CFI
M5-A	2119.72	179	12.78	0.111	0.052	0.81	0.90	0.88	0.90
M5-B	385.36	177	2.18	0.037	0.044	0.96	0.99	0.99	0.99

模型 M5-A 为假设模型，χ^2/df>3、RMSEA>0.05，有修正空间。按照 LISREL 软件的修正建议和前述验证性因素分析的结果，在指标 KN5 与 KN6、LZ2 与 LZ5 之间建立误差关联，得到修正后的模型 M5-B。从 M5-B 可以看出，χ^2/df<3、RMSEA<0.05，且各拟合指数都比较理想。因此，接受 M5-B 作为知识流动潜伏变量对企业技术核心能力直接作用的结构方程模型，标准化的参数结构模型和 t 值，如图 8-34 和图 8-35 所示。

从图 8-34 和图 8-35 可以看出，H17、H18、H19 和 H20 得到了验证。

第八章 企业知识状态对企业技术核心能力影响的实证分析

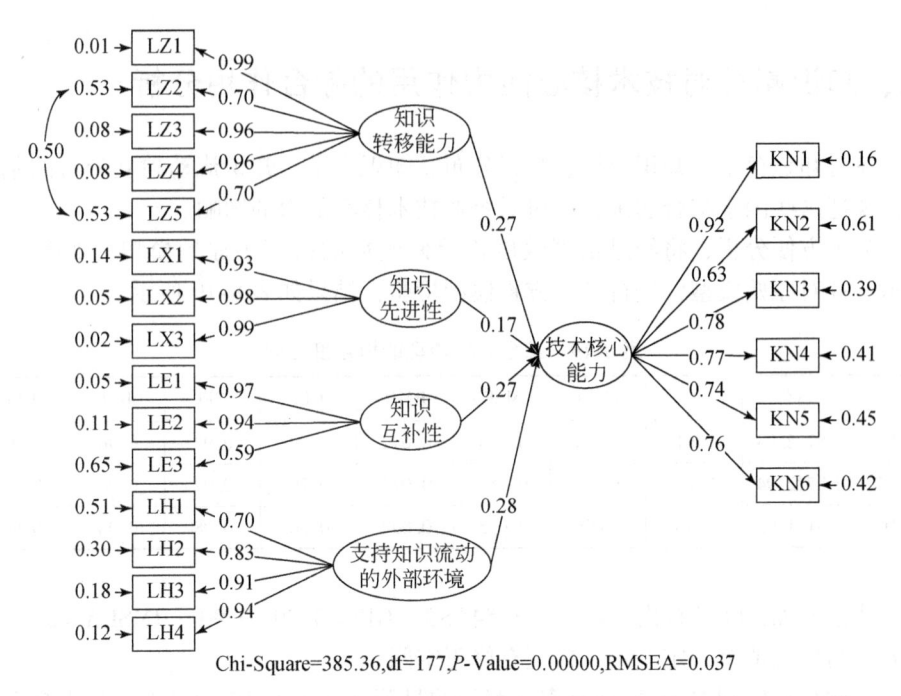

图 8-34　修正后的知识流动对企业技术核心能力影响的实证模型（标准化系数）

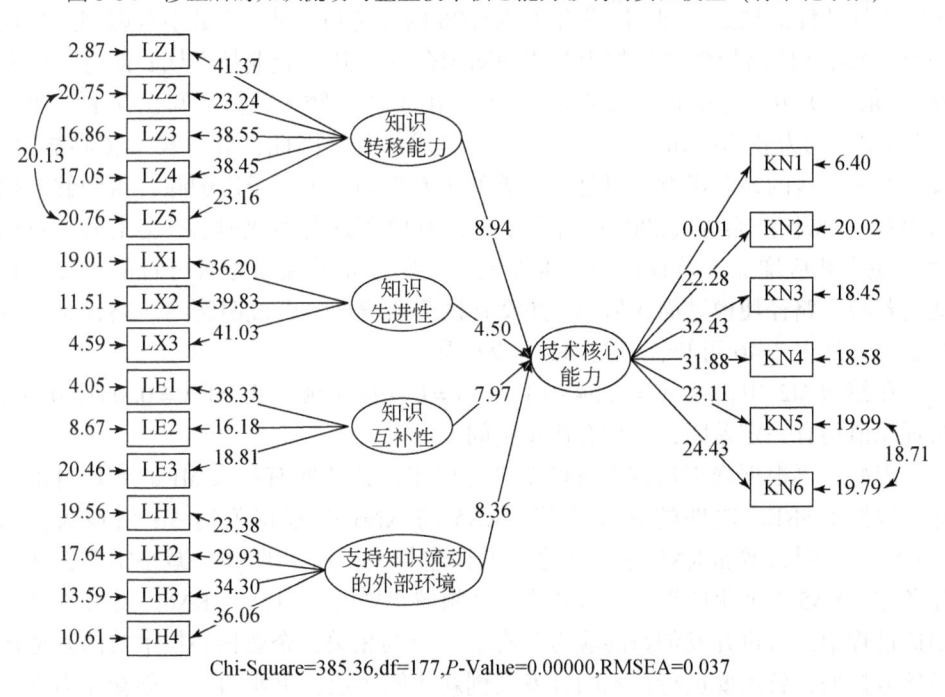

图 8-35　修正后的知识流动对企业技术核心能力影响的实证模型（t 值）

| 249 |

三、知识属性对技术核心能力作用的综合作用分析

在对知识存量、知识结构、知识分布、知识水平、知识流动独立分析的基础上，现把这些因素综合起来，探讨对企业技术核心能力的影响。

为了方便分析，将经过信度效度检验修改后的模型为原始模型，如图 8-36 所示。针对原始模型，进行结构方程模型检验，结果如表 8-19 所示。

表 8-19 综合结构模型的拟合度检验

	χ^2	df	χ^2/df	RMSEA	RMR	GFI	NFI	RFI	CFI
M1	8722.94	2461	3.544	0.054	0.072	0.79	0.97	0.96	0.97
M2	8722.94	2462	3.543	0.054	0.072	0.79	0.97	0.96	0.97
M3	5141.95	2453	2.096	0.035	0.058	0.86	0.98	0.98	0.99

从模型 M1 可以看出，$\chi^2/\mathrm{df}=3.544>3$，GFI$=0.79<0.90$，RMSEA$=0.054>0.05$，与理想值有一定差距，模型有修正空间。

针对初始模型 M1，发现有多条路径的显著性在 $p<0.05$ 的水平上，不具有显著的统计特性的现象，即 t 值没有达到 1.96 的参考值，从 t 值最小考虑删除相应路径，最小 t 值路径为"以物为载体的知识存量"到"企业技术核心能力"的路径（t 值为 0.01，标准路径系数为 0.00），由于"以物为载体的知识存量"也是"以组织结构为载体的知识存量"的主要组成部分，因此，对"技术核心能力"没有形成直接的显著影响，只是不显著的正面影响，于是予以删除，得到修正模型 M2。根据侯杰泰等（2004）研究结论，对模型进行简化时，χ^2 会上升，自由度 df 也会相应增加，导致拟合程度变差。判断修正的模型是否可行的主要依据就是若减少路径使模型简化后，χ^2 并没有显著的增加，则说明删除该路径是可以接受的。从表 7-46 可知，模型 M2 可以接受。

在模型 M2 中，$\chi^2/\mathrm{df}=3.543>3$，GFI$=0.79<0.90$，RMSEA$=0.054>0.05$，与理想值仍有一定差距，模型有修正空间。

因此，再根据修正指数来对模型进行修正，让那些有最大 MI 的参数自由估计。根据 LISREL 软件的修改建议，KN5 与 KN6 误差相关的 MI 值最大，为 913.54，表明若增加 KN5 与 KN6 之间的误差相关，模型的 χ^2 会减小很多，从实际考虑，KN5 "企业核心技术向其他产品领域扩展的能力"与 KN6 "企业在产品制造过程中进行再开发创新的能力"存在一定的相关，企业核心技术要向其他产品领域扩展，就需要进行技术的开发或创新才能实现，企业的开发创新能力在一定程度上决定了企业的领域扩展能力，相应地，如果企业的核心技术不断向其他

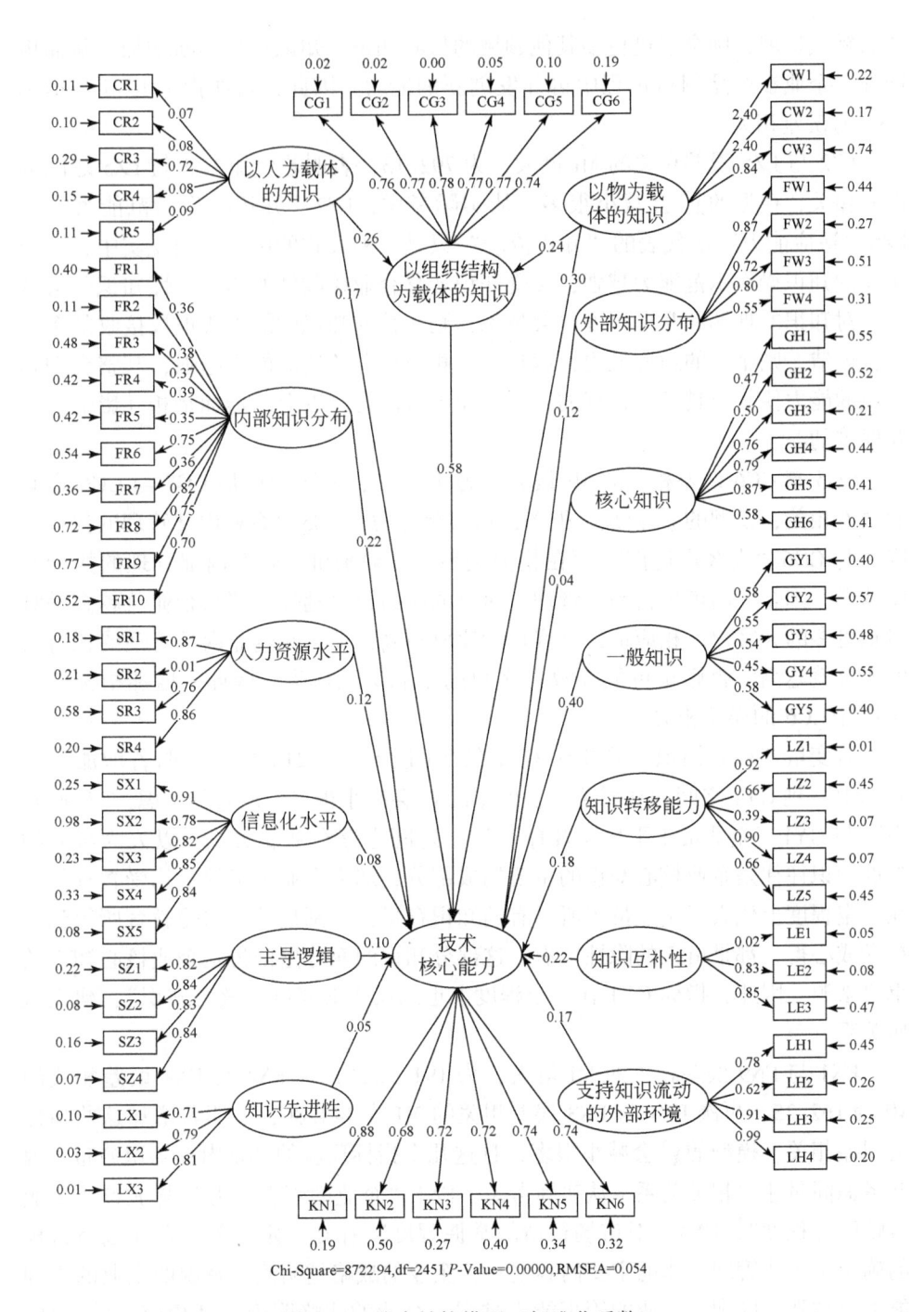

第八章 企业知识状态对企业技术核心能力影响的实证分析

图 8-36 综合结构模型（标准化系数）

产品领域扩展，则会引进更多其他领域的核心知识，知识存量不断增加，从而更增强了企业在产品制造过程中再开发创新的能力。因此，增加指标 KN5 与指标 KN6 的误差相关。

LZ2 与 LZ5 误差相关的 MI 最大，为 792.13，表明若增加 LZ2 与 LZ5 之间的误差相关，模型的 χ^2 会减小很多，从实际考虑，LZ2"知识操作示范能力"与 LZ5"适应能力"所代表的"知识流动"只是一种大致的区分。在现实中，一个企业的知识操作示范能力越强，接受知识转移企业接收到的相应隐性知识就会越多，对知识的理解和掌握程度也会越深，则转移的知识就能很快地被接收的企业整合创造，则企业的适应能力也就越强，相应企业的适应能力越强，其整合理解知识的能力使其也具备了很好的知识操作示范能力，以上两指标是相互影响，相互促进的。

CG5 与 CG6 误差相关的 MI 最大，为 437.27，表明若增加 CG5 与 CG6 之间的误差相关，模型的 χ^2 会减小很多，从实际考虑，CG5"企业内部管理的执行力度"与 CG6"大客户比例"存在相关关系。一般来讲，企业内部管理的执行力度越强，则企业的市场营销、管理、执行的能力也就越强，那么企业就越容易吸引到更多的大客户。相应地，大客户的比例越高，那么对企业内部管理的执行力度要求就越高，否则很可能导致大客户的不满甚至流失。因此，增加指标 CG5 与指标 CG6 的误差相关。

潜变量"核心知识"到指标 GY1 的 MI 最大，为 215.57，表明若增加"核心知识"到 GY1 之间的从属关系，模型的 χ^2 会减小很多，从实际考虑，"核心知识"与 GY1"企业员工平均受教育年限"之间也存在从属关系，以人为载体的隐性知识往往是企业核心知识的主要构成部分，那么企业员工的平均受教育年限在一定程度上代表了企业员工所具有的知识存量，特别是员工因受教育所得到的技术或心得，都是员工的隐性知识，这部分知识的充分挖掘将是企业核心知识的重要来源。因此，指标 GY1 在一定程度上也从属于潜变量"核心知识"，建立从属关系。

FN1 与 FN9 误差相关的 MI 最大，为 191.58，其次 FN4 与 FN8 误差相关的 MI 为 162.25，再次 FN1 与 FN3 误差相关的 MI 为 144.86，表明若增加这些指标的误差相关，模型的 χ^2 会减小很多，且这几个指标反应的都是内部知识分布，因此考虑同时建立相关关系。从实际考虑，FN1"企业的管理能力"与 FN9"企业战略明确程度"、FN3"对市场行情的掌握程度"存在一定相关。企业战略目标的确定是企业管理工作的主要内容之一，企业的战略越明确，则说明企业的管理能力也越强，同理，企业的管理能力越强，企业的战略明确程度相应也就越高。市场管理能力是反应企业管理能力的主要指标之一，企业对市场行情的掌握程度越好，那么企业的市场管理就会越有针对性，市场管理能力就越强，相应企业的管理能力越强，对市场的掌控能力也越强，则对市场行情的掌握程度也就会越高。

FN4 "创新水平"与 FN8 "产品品种丰富程度"之间存在相关关系。一般来讲，企业要不断扩展自己的产品或技术领域，就需要对已有的技术或产品进行创新，只有具有一定的创新水平才能使企业的产品丰富程度越来越高。相应的，企业的产品丰富程度，也间接反映了企业具有的创新水平。因此，增加指标 FN1 与 FN9、FN4 与 FN8、FN1 与 FN3 之间的误差相关。

经过调整后，发现"支持知识流动的外部环境"与"以组织结构为载体的知识存量"误差相关的 MI 值为 155.17，因此考虑增加两者之间的路径，由于两潜变量反映了企业的知识存量和知识流动两种属性，没有合理的理论依据，于是寻找次大的 MI 值进行修正，CW1 与 CW2 误差相关的 MI 较大，为 144.27，表明若增加 CW1 与 CW2 之间的误差相关，模型的 χ^2 会减小很多。从实际考虑，CW1 "技术成果拥有量"与 CW2 "设备水平"存在相关关系，因为技术成果的产出除了企业应具备相应的技术人才，还应当具有相应的高技术设备作为其产出或运用的辅助性工具，设备水平直接影响到技术成果的拥有量。相应的，企业的技术成果拥有量高，也间接反映了其设备水平的高低。因此，增加指标 CW1 与 CW2 之间的误差相关。

GH2 与 GH3 误差相关的 MI 较大，为 116.78，表明若增加 GH2 与 GH3 之间的误差相关，模型的 χ^2 会减小很多。对修改模型后的项目误差关联可以从指标相关性上找到适当的理论解释，GH2 "企业拥有独特营销技能的水平"与 GH3 "企业鼓励不断进行技术创新的氛围"所代表的"知识流动"只是一种大致的区分，往往这两个指标之间存在正向相关关系，创新都具有一定的风险，企业鼓励技术创新的氛围直接影响到企业全体员工的工作态度和创新精神，让员工敢于尝试独特的技术和运用创新的方法，那么创新氛围越浓，企业营销人员就越容易形成拥有自己创新思维的独特的营销技能，相应的，企业拥有独特营销技能的水平越高，也间接反映了企业对采用独特创新技能的鼓励态度，即企业鼓励不断进行技术创新的氛围也就越浓。因此，增加指标 GH2 与 GH3 之间的误差相关。

最后，得到如表 8-19 中 M3 所示的拟合指标和图 8-37 所示的综合结构模型图，其路径系数如表 8-20 所示。

从模型 M3 可以看出，修正后的模型拟合指数都在可接受的范围内。另外，从表 8-20 中可以看出，本书大部分假设得到了验证，但有个别结论与我们假设的方向相反或不显著。

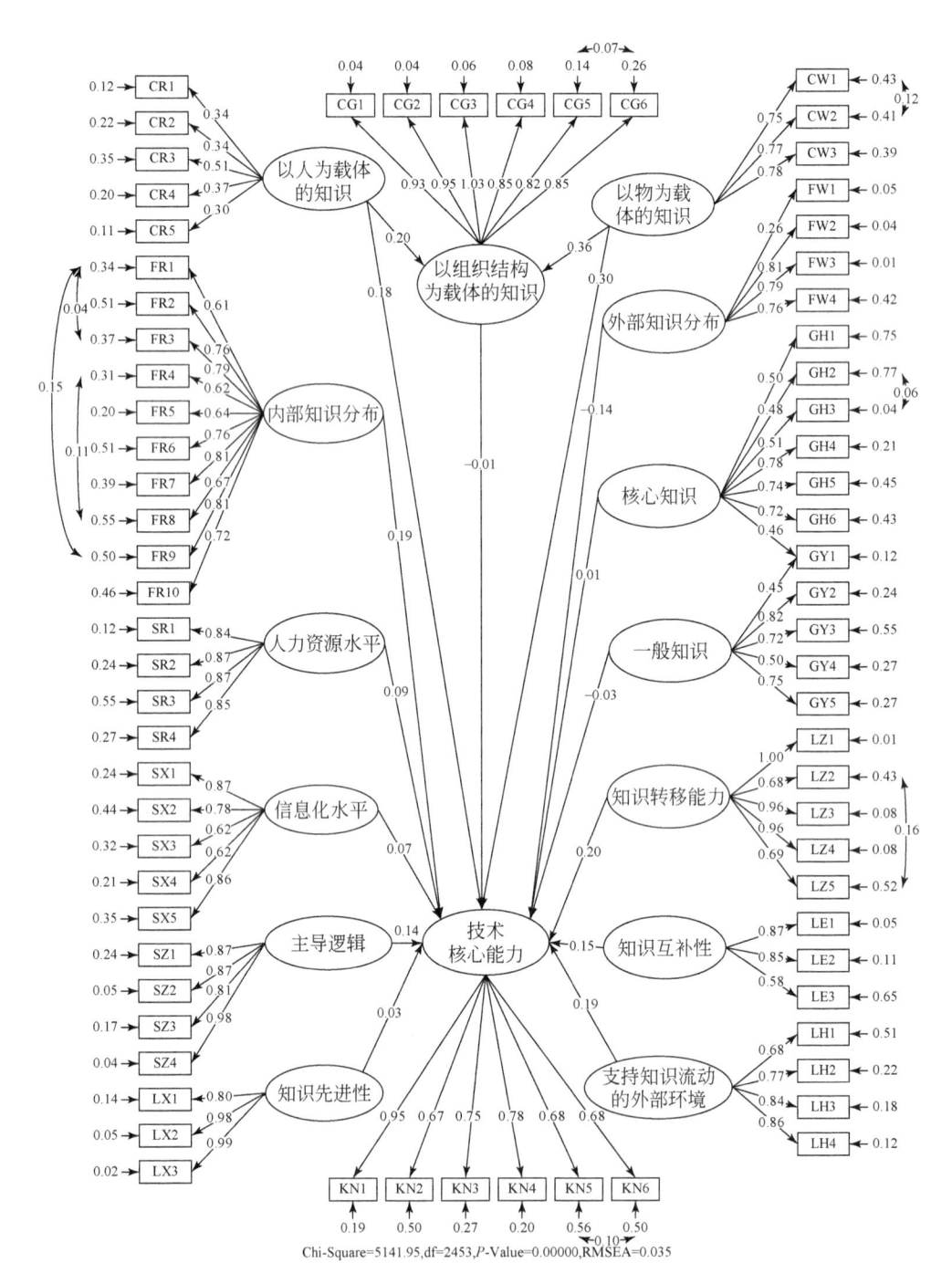

图 8-37 修改后的综合结构模型（标准化系数）

第八章 | 企业知识状态对企业技术核心能力影响的实证分析

表 8-20 路径系数和拟合指数（全体样本）

			未标准化路径系数估计	S.E.	T-value	p	标准化路径系数估计
技术核心能力	<---	以人为载体的知识	0.19	0.03	6.28	***	0.18
技术核心能力	<---	以组织结构为载体的知识	-0.01	0.03	-0.20	-0.20	-0.01
以组织结构为载体的知识	<---	以人为载体的知识	0.21	0.03	6.07	***	0.20
以组织结构为载体的知识	<---	以物为载体的知识	0.36	0.04	10.06	***	0.36
技术核心能力	<---	一般知识	-0.03	0.03	-0.90	-0.90	-0.03
技术核心能力	<---	核心知识	0.01	0.05	0.19	0.19	0.01
技术核心能力	<---	内部知识分布	0.21	0.04	4.98	***	0.19
技术核心能力	<---	外部知识分布	-0.15	0.03	-4.38	***	-0.14
技术核心能力	<---	信息化水平	0.07	0.04	1.79	1.79^t	0.07
技术核心能力	<---	人力资源水平	0.09	0.03	2.74	**	0.09
技术核心能力	<---	主导逻辑	0.15	0.03	4.53	***	0.14
技术核心能力	<---	知识转移能力	0.21	0.03	7.33	***	0.20
技术核心能力	<---	知识先进性	0.03	0.03	1.07	1.07	0.03
技术核心能力	<---	知识互补性	0.16	0.04	4.51	***	0.15
技术核心能力	<---	支持知识流动的外部环境	0.20	0.03	6.07	***	0.19

注：$\chi^2/df = 2.096$ RMR = 0.058 GFI = 0.86；NFI = 0.98；CFI = 0.99；P-value = 0.000；（811）= 5141.95；$n = 2453$；RMSEA = 0.035

*** 显著性水平 $p<0.001$；** 显著性水平 $p<0.01$；t 显著性水平 $p<0.10$

"以组织结构为载体的知识存量"对"企业技术核心能力"的标准化路径系数为-0.01，t 值为-0.20，这个结论与本书的假设方向相反，且不显著。造成这种现象的原因，可能是对"以组织结构为载体的知识存量"进行测度的指标不够合理造成。本书用"企业管理费用投入程度""组织有效性""组织凝聚力""组织信息化水平""企业内部管理的执行力度"来测度此潜变量，这些指标更多反映的是企业组织结构的稳固和合理性，而企业技术核心能力的形成有时却需要企业对其组织结构进行适当的整合来适应外部知识的融合，企业对已有的组织结构越满意则越容易使组织结构具有刚性化特征，从而对企业的技术核心能力的形成或提升起到阻碍的作用。

"核心知识"对"技术核心能力"的标准路径系数为 0.01，t 值为 0.19，

"信息化水平"对"企业技术核心能力"的标准路径系数为0.07，t值为1.79，"知识先进性"对"技术核心能力"的标准路径系数为0.03，t值为1.07，都具有不显著的正向作用，部分支持研究假设。造成"核心知识"对"技术核心能力"不显著这种现象的原因，可能是对"以组织结构为载体的知识存量"进行测度的指标不够合理造成，也可能是虽然企业拥有核心知识，但从核心知识到技术核心能力还需要一个转化、融合、创新的过程，如果企业的这些能力不够，其对企业技术核心能力的形成和提升起的作用也就不会显著。同理，信息化水平和知识先进性的测度指标可能不够合理，不能完全反映其真正的价值，且高的信息化水平和知识先进性也需要企业其他能力的配合，才能真正促进企业技术核心能力的形成和提升。

第三节　实证结果分析

一、结果讨论与分析

（一）知识存量

正式测试中，数据经过探索性因子分析得到知识存量主要包括以组织结构为载体的存量、以人为载体的存量和以物为载体的知识存量三部分，与最初的假设有些出入，缺少了企业市场知识存量。由于最初设计知识存量量表维度时，从全面综合的角度出发，考虑到很多研究认为企业市场知识存量可以提高企业的市场适应能力，帮助企业在激烈的市场竞争中游刃有余。因此，在访谈、先导测试和预测试中，都涉及企业市场知识存量，但最终验证时，企业市场知识存量未能纳入到预想的企业知识存量维度中，究其原因主要有以下两点：

一是，企业市场知识存量可能依附于知识载体。市场知识是企业产品的市场推广、营销和市场研究有关的知识，帮助企业及时了解市场需求和消费者情况。目前，我国大多企业正在进行信息化转型，但发展不够成熟，在市场知识存量上并未投入太多的精力。从访谈中了解到，许多企业没有一个完整独立的部门行使企业市场信息收集、梳理和整合的职责，企业中没有形成系统的市场知识体系。企业的市场知识更多依附于企业的员工、硬件设施、组织结构中，没能作为组织记忆长久保存，当发生员工流失、数据库受到攻击、组织结构发生重大调整等情况，会导致知识的消失，不能持续地积累。

二是，访谈样本及正式测试样本的偏差。由于时间和地域的限制，访谈及测试对象难以代表我国大多数企业知识存量的情况。访谈后整理的内容是综合了多位学者和单位内容后形成的，可能市场知识存量并不具有普遍代表性，所以在正式测试中某些题目被删除。

（二）知识结构

正式测试中，经过探索性因子分析得到知识结构中的公共知识和基础知识的指标归因为 1 个因子，称之为一般知识，与最初的假设存在出入。最初通过对企业知识结构进行梳理和分析，认为企业的知识结构由三种知识所构成，即公共知识、基础知识和核心知识，同时从这三个维度构建了企业知识结构的测量指标体系。并且，之前所开展的测量指标的研究工作中，知识结构的测量一直都包括这三个维度的测量指标，但最终验证时发现之前三个维度的测量指标被归总成两个维度，并且重新将其命名为一般知识和核心知识，究其原因主要有以下三点：

一是，企业知识结构研究角度多样，尚未形成统一的定义及测度。由于研究角度存在差异，对于企业知识结构的构成理解各不相同，即使同一研究角度，对于企业知识结构构成的划分层次也不尽相同。之前的研究，也是从知识在企业中的价值角度，对企业的知识结构进行理论分析，将其划分为公共知识、基础知识和核心知识，从这三个维度构建了知识结构的测量指标。但是对于公共知识、基础知识之间的划分界限并不是非常明确，虽然测试时经过专家肯定，公共知识和基础知识二个层次知识间仍然存在交叉、融合的部分。

二是，企业知识结构的理论内涵与实践应用存在差异。在理论基础上，从三个维度构建企业知识结构的测量指标是为了更全面、更精确地测量企业知识结构，但在实际生产运营中，对于企业知识结构的构成要素划分不需要非常精确，只需要清楚哪些是企业的核心知识，其他的统归为非核心知识，也就是一般知识。公共知识和基础知识对于企业来说都属于非核心知识，并且它们之间的区别并不大，详细地区分对于企业来说并无实际操作意义。

三是，访谈样本和正式测试样本上的偏差。由于时间和地域的限制，访谈及测试对象也许难以代表我国大多数企业知识结构的情况。访谈后整理的内容是综合了多位学者和单位的内容后形成的，对于企业的知识结构从公共知识、基础知识和核心知识三个维度，进行划分不具有普遍的代表性。

（三）知识分布

正式测试中，探索性因子分析结果显示，知识分布主要包含内部知识分布和外部知识分布两个部分。本书理论分析中提出知识分布包括内部横向知识分布、内部纵向知识分布和外部知识分布，与探索性因子分析结果略有出入。内部横向知识分布和内部纵向知识分布在内部分布中归因结果不显著，说明内部横向知识分布和内部纵向知识分布在企业知识内部并无明显差异，可以合并归为企业知识内部分布。某些测量指标所属维度也与指标的设计有所不同，究其原因主要有以下三点：

一是，企业知识分布理论研究不够深入，尚未形成完整指标测度研究。本书在文献研究基础上，提出了知识内部分布和外部分布，虽然测试时经过专家的肯定，但与企业知识分布的实际表现仍有偏差。

二是，访谈样本及正式实施测试样本的偏差。由于时间和地域的限制，访谈及测试对象也许难以代表我国大多数企业知识分布的情况。访谈后整理的内容是综合了多位学者和单位的内容后形成的，"销售市场调查报告调研频率"并不具有普遍代表性，所以在正式测试中被删除。

三是，企业知识内部横向分布与纵向分布存在交融。从知识内部分布角度看，知识分布可以分为横向分布和纵向分布。横向分布是指同一时点上企业知识在各部门中的分布，纵向分布是同一时点上各个层级知识的分布。横向企业知识分为技术知识、市场知识和管理知识。纵向企业知识分为执行层知识、管理层知识、战略层知识。然而，从企业内部知识的总体来说，横向知识和纵向知识是相互交融和包含的关系，在企业的实际运作中，横向知识和纵向知识对企业技术核心能力形成的作用是融合在一起的，两者对企业形成技术核心能力的贡献界限并不明显。因此，对横向知识分布和纵向知识分布的因子归因是不显著的。

（四）知识水平

在正式测试中，探索性因子分析结果显示，知识水平主要包括了企业信息化水平、企业人力资源管理水平和企业的主导逻辑三部分。这与最初的假设有所出入，即缺少了企业所在行业的技术轨道。最初设想知识水平量表维度时，力图全面综合地反映企业知识水平的完整状况，考虑到很多文献研究提到企业所在行业的技术轨道对企业技术发展的影响，因此访谈、先导测试和预测试中，都涉及企业所在行业的技术轨道状况，但最终验证时却发现这部分内容未纳入到预想的企业知识水平维度中，某些测量指标所属维度也与指标的设计有所不同。实证研究结果与理论设计有偏差，究其原因主要有以下四点：

一是，企业知识水平的理论研究缺乏系统性，尚未形成企业知识水平的完整定义和指标测度。因此，在文献研究基础上提出了知识水平的测量维度，虽然测试时经过专家的肯定，但可能与实际企业知识水平的表现特征仍有所偏差。

二是，企业实践中也缺乏对知识水平的明确认知。不仅国内学术界对企业知识水平的研究尚处于起步阶段，企业的实践中对知识水平也认识不足，很多企业还缺乏有效持久的知识管理,知识水平形态不全面是完全有可能的。

三是,访谈样本及测试样本的偏差。由于时间和地域的限制,访谈及测试对象可能难以代表我国大多数企业的知识水平。

四是,行业的技术轨道代表行业整体技术水平,不能体现企业个体技术水平。相对于企业的信息化水平、人力资源管理水平和企业主导逻辑来说,企业所在行业技术轨道并不能有效地代表企业知识水平的高低,只是从整个行业的角度来描述行业中技术的发展状况,并没有从企业自身角度去体现企业个体的技术水平,对企业技术发展的影响并不显著。所以在最终验证的知识水平维度中未被体现。

二、实证结果汇总

为了更清晰地归纳实证结果与假设的匹配关系,本书按照假设的先后顺序,展示所有假设及其验证的结果,如表 8-21 所示。

表 8-21　实证结果汇总表

序号	假设	验证结果
假设 1（H1）	以人为载体的知识存量对技术核心能力有正向影响	支持
假设 2（H2）	以人为载体的知识存量对组织结构为载体的知识存量有正向影响	支持
假设 3（H3）	以物为载体的知识存量对技术核心能力有正向影响	无法验证
假设 4（H4）	以物为载体的知识存量对组织结构为载体的知识存量有正向影响	支持
假设 5（H5）	以组织结构为载体的知识存量对技术核心能力有正向影响	不支持
假设 6（H6）	市场知识存量对技术核心能力有正向影响	无法验证
假设 7（H7）	公共知识对技术核心能力有负向影响	不支持
假设 8（H8）	基础知识对技术核心能力有负向影响	不支持
假设 9（H9）	核心知识对技术核心能力有正向影响	不支持
假设 10（H10）	内部横向分布对企业技术核心能力有正向影响	支持
假设 11（H11）	内部纵向分布对企业技术核心能力有正向影响	支持
假设 12（H12）	外部分布对企业技术核心能力有负向影响	支持
假设 13（H13）	信息化水平对企业技术核心能力有正向影响	不支持
假设 14（H14）	人力资源水平对企业技术核心能力有正向影响	支持
假设 15（H15）	主导逻辑水平对企业技术核心能力有正向影响	支持
假设 16（H16）	技术轨道水平对企业技术核心能力有正向影响	无法验证
假设 17（H17）	知识转移能力对企业技术核心能力有正向影响	支持

续表

序号	假设	验证结果
假设18（H18）	知识先进性对企业技术核心能力有正向影响	不支持
假设19（H19）	知识互补性对企业技术核心能力有正向影响	支持
假设20（H20）	支持知识流动的外部环境对企业技术核心能力有正向影响	支持

从表8-21可以看出，通过结构方程的检验，部分假设得到了验证，但也有个别结果与原有假设不一致，存在方向相反，不支持和无法验证的情况。针对五个知识属性对技术核心能力的影响情况，对研究结果进行讨论分析。

从知识存量的载体角度看，员工是企业知识的重要载体，对企业技术核心能力的提升具有显著正向影响。高素质的人才拥有隐性的不能言传的独特经验和技能，不能轻易地在市场中获取，已成为企业重要的知识资源。以物为载体的知识存量包含于以组织结构为载体的知识存量当中，对技术核心能力没有形成直接的影响。以组织结构为载体的知识存量对技术核心能力的影响为负向不显著，可能由于技术核心能力的形成，需要组织结构进行动态调整，现有的组织结构较好会使企业产生依赖性，不易进行调整。

知识结构中包含公共知识、基础知识与核心知识，其中公共知识与基础知识界限划分不明确，都归于一般知识中，与核心知识进行区别。一般知识对技术核心能力的形成具有不显著的负向作用，可能由于一般知识是企业生产经营中的基本知识，保证企业的日常运行，缺乏灵活性与创新性，给技术创新与技术核心能力的形成带来负面作用。核心知识对技术核心能力的提升具有不显著的正向作用，可能由于核心知识在企业中发挥作用，形成技术核心能力需要一个转化、融合、创新的过程，这一过程中要有其他能力的辅助与推动，如果缺乏这些能力，核心知识也不能对技术核心能力的形成产生显著影响。

知识分布可以分为内部知识分布与外部知识分布，内部知识分布中的纵向分布与横向分布存在交融，对技术核心能力提升起到的作用不能明显区分，都具有正向显著性。企业内部的知识分布越合理，知识间的交流会越频繁，传播与利用知识的效率会越高，越利于企业技术核心能力的形成。外部知识分布对企业技术核心能力的提升存在显著负向作用，企业外部知识分布越多，企业从外部获取知识的次数越多，不利于企业进行自身的知识创新，同时也会花费较多的交流成本，不利于自身技术核心能力的增强。

知识水平中信息化水平对技术核心能力的形成具有不显著的正向作用，可能由于企业中的信息化水平不能自动发挥作用，需要人与物的匹配，才能对技术核心能力产生重要影响。人力资源水平和主导逻辑水平对技术核心能力的提升都具有正向显著作用,人力资源是企业生产经营活动的基础,其水平的提升为企业带来了高质量的员工和丰富的知识经验;而主导逻辑水平体现了企业对信息的处理和适应能力,其水平越高,企业动态调整能力越强,有利于企业适应不同的内外部环境,两者都促进技术核心能力的形成。技术轨道水平体现行业的整体技术水平,不能体现企业个体技术水平,对企业技术核心能力没有形成直接的影响。

知识流动中知识转移能力对技术核心能力的形成具有显著的正向作用,知识转移能力越强,企业的知识传送和吸收能力就越强,有助于企业实现知识的积累和创新。知识的先进性对技术核心能力的提升具有不显著的正向作用,可能由于企业只拥有先进的知识并不能直接促进技术核心能力的提升,需要使用其他的能力,使先进知识的作用得到充分发挥,才能促进技术核心能力的形成。互补性知识是企业所缺少的,在现有经验领域之外的知识,其有利于培育差异化竞争力,对技术核心能力具有正向显著作用。较好的外部环境,促进了企业知识流动的顺利进行,帮助企业积累知识资源,对技术核心能力的形成具有正向显著作用。

第九章　企业技术核心能力发展体系的构建

企业技术核心能力主要由企业的技术基础、研发能力、技术应用能力、技术整合能力和技术延续能力等要素构成，其能力的强弱与企业知识状态息息相关，成为影响技术核心能力的决定性因素。知识存量、知识结构、知识分布、知识水平和知识流动等知识状态的具体属性及其相互作用，直接决定着企业技术核心能力的形成。因此，企业知识状态的优化是企业技术核心能力形成和提升的充分必要条件，通过构建企业知识状态的优化体系，可以支持企业技术核心能力的形成和发展。

第一节　企业知识存量的增长

一、知识存量增长的重要性

企业知识存量为技术核心能力提供了知识基础，技术核心能力的形成和提升，需要知识存量作为支撑，企业知识存量的变化，势必引起企业技术核心能力的变化，从而表现为企业技术核心能力的提升。知识存量与企业的技术核心能力具有正相关关系，因此，促进知识存量的增长显得尤其重要。

知识吸收和知识创造是知识存量增长的主要方式，经过知识的积累、整合、共享和转化，不断利用和创造知识，增强企业技术的吸收能力、整合能力和变革能力，进而提升企业技术核心能力。

企业知识存量的增长，有利于提高企业知识吸收能力，从而促进技术核心能力的提高。知识的吸收能力是企业用于获取、吸收、转化，以及开发利用外部知识的技能和知识整合的能力。企业知识吸收能力直接由企业现有的知识存量所决定，知识存量大的企业拥有一流的人才、领先的技术、先进的设备、高效的运行制度和管理程序，更容易进行知识积累和创新，促进技术核心能力的提升。企业要想顺利吸收某种知识，其知识存量中就必须要有与这种知识相关的知识。随着企业知识存量的不断增加，其拥有的知识的种类、范围和水平也会不断提高，使得企业的知识容易与外界新知识之间建立联系,并将这些知识顺利吸收进来,更加有利于企业技术核心能力的形成和提升。

企业知识存量的增长,有利于提高企业知识创造能力,从而促进技术核心能力的提高。企业知识创造的主要方式有自主研发和合作研发,自主研发是企业提升自己的知识存量最直接,也是收益最大的方式,可以集中攻克企业亟待解决的技术问题,取得的研发成果归企业独有,确保了企业在技术上的领先地位。合作研发中,企业的项目参与人员对项目研究十分熟悉,能够最大限度地获取企业所需的知识。创造新知识通常在企业内产生,企业对这些知识了解得更加透彻,更容易掌握和使用这些知识,增强企业的技术吸收能力与技术整合能力,进而促进企业技术核心能力的提升。知识的创造能力是技术变革能力的基础,通过对新知识的创造,企业积累了许多宝贵的经验和隐性的知识,促进了技术的发展,反过来又会提升企业知识创造能力,进而进一步影响技术变革的走势和技术核心能力的提升。

因此,知识存量作为企业知识状态中的重要属性之一,在企业技术核心能力形成中具有重要的作用,知识存量增长能够使企业技术核心能力得到较快的提高,是企业成长动力、资源配置以及创新能力的关键要素,也是企业获得持续竞争优势的先决性基础条件。

二、知识存量增长实现的路径

(一) 知识存量外生型增长

(1) 知识存量外生型增长的内涵

企业知识存量的外生型增长是指企业基于自身所拥有的知识,通过向外界吸收、学习等方式,获取企业所没有的知识,并把它转化为企业自身的知识,从而使企业的知识存量得到增长。

知识存量的外生型增长是知识由高位势向低位势的转移(杜静和魏江,2004),企业与知识来源方的知识位差决定了知识存量增长的效率。位差越小,企业越能有效地吸收先进的知识;位差越大,企业吸收先进知识的难度就会增大。企业采取外生型知识增长的策略时,企业与知识来源方的位差应处于某个特定的区间,当位差小于一定值时,企业引进该项知识的实际效用并不大,企业往往不会引进此种知识;当位差超过一定值时,由于难度太大,成本过高,企业也不会引进此种知识。因此,企业在引进知识前应当考虑以下因素:企业与知识来源方的位差(以下简称位差);企业引进该项知识的收益(以下简称收益);企业为该项知识付出的成本（以下简称成本）。

如图9-1所示，收益曲线表示了在某知识位差下引进知识时给企业带来的收益，成本曲线表示了某知识位差下引进知识时企业需付出的成本。在两个企业知识位差越大的情况下，知识存量少的企业由于自身知识的缺乏，需要花费更多的成本来引进知识，处于优势地位的企业有更大的要价能力。同时，由于知识存量多的企业的挤压，导致知识存量少的企业引进知识带来的收益较少。此外，每增加一个单位知识位差，就会增加引进一个单位知识的难度，降低引进一个单位知识的收益。

以知识位差为纵轴、收益/成本为横轴的坐标系中，收益曲线是凹的，而成本曲线是凸的。如果两个企业的知识存量相同，其知识位差为零，那么两者均不会考虑外生型增长，此时成本及收益都为零。假设成本曲线和收益曲线两者相交于 A 点，对应的知识位差为 Y_1。显然，企业只有在与知识来源方的知识位差小于 Y_1 时，企业才有动力去引进知识，知识位差为 Y_2 时对应的 B 点是不可行的，即当位差处于区间（O，Y_1）时，企业才会考虑外生型增长方式来增加知识存量。

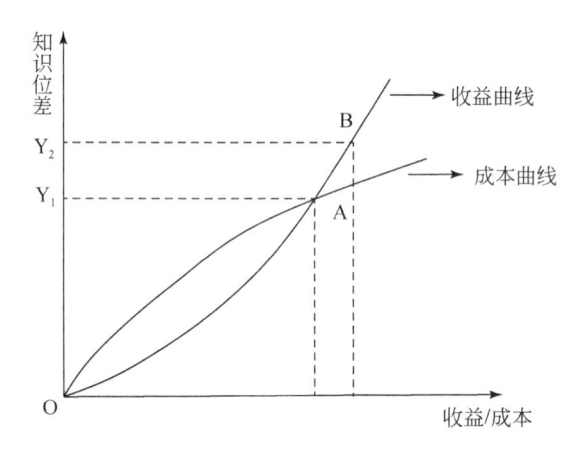

图 9-1 考虑外生型增长的企业的位差区间选择

（2）知识存量外生型增长的过程分析

知识存量增长是一个动态的过程，企业知识存量会因为知识运动发生改变，其过程主要有以下步骤：

知识的筛选。企业通过建立信息搜寻系统，广泛收集各种关于知识的信息，并从中筛选出企业所需要的知识。由于企业外部知识并不全是企业所需的，企业需要增加那些与自身核心技术关联度较大、能增强企业核心竞争力、使企业处于行业领先水平，并保持可持续发展潜力的知识。此外，与企业发展相关的一些非技术知识也是企业需要的，如财务知识、市场知识、管理知识等。企业只有根据自身情况和发展目标筛选知识，才能从众多的外部知识中锁定自己所需的目标知识。

知识的学习。知识的学习包括知识的获取和知识的吸收两个层次。存在于企业外部环境中的知识并不是无偿提供给企业使用的，企业必须花费一定的成本去获取这些知识。企业中个人知识存量较大的部分员工，通过学习、培训等方式吸收所需的知识，这部分员工知识位势与目标知识的势差较小，更容易吸收目标知识，从而提高吸收新知识的效率，降低知识吸收的成本。通过知识的学习，这些知识存储于接受培训的员工个人的知识库中，提升了其知识存量。此时，存在于企业外部的知识转化为了企业部分员工的个体知识，为目标知识转化为企业内的知识打下基础。

知识的整合。知识整合是指根据一定的目标把已获取的知识进行重新建构，形成新的知识体系（张永云等，2021）。企业员工将吸收获得的新知识进行整合，使其更加容易让人理解，从而加速新知识在企业内的流动，知识整合是知识扩散的准备阶段。显性知识具有明晰、易授的特征，可以通过交易或交流的途径，为特定或非特定对象所共享；隐性知识是难以表述、隐含于过程和行动中的非结构化知识，具有"只可意会，不可言传"的特点。所以，企业员工对知识的整合，就是要尽可能地把个体所学习到的隐性知识，转化为显性知识，使新知识更加快速地在企业内部流动、扩散。

知识的扩散。个人学习是组织学习的起点，企业必须将个人学习发展到组织层次，使个人知识和能力融合为企业共享的知识和能力，以产生更大的知识生产力。因此，新的知识经过整合后，还需通过知识的流动不断地在企业内部扩散，以提升企业员工的整体知识水平。知识的扩散并不是一次性完成的，企业所有员工经过知识扩散也不能都获取等量等质的知识。根据知识的位势理论，知识的势差超过一定的阈值，知识流动速度就会减慢，而且每名员工的学习动力存在差异，因此员工对新知识的吸收存在不同程度的差别，这使得知识会发生多次扩散，直到企业内部完全吸收了新的知识。知识扩散的过程，就是知识在企业内部不断增长的过程，如图9-2所示。

知识的外部引进吸收，可以使企业快速地获得某种知识。由于知识是从组织外部注入，导致知识形成阶段的隐性知识无法直接引进，需要企业在使用知识的过程中发现，或通过反求得到，故企业对知识的消化吸收能力决定了知识引进的效果。此外，企业由于受到各种因素的制约，引进的知识大都处于成熟期，不是最先进的，具有先进知识潜力的知识仍处在初生期或成长期。因此，企业的知识存量通过外生型增长，容易使得企业陷入"引进—落后—再引进—再落后"的

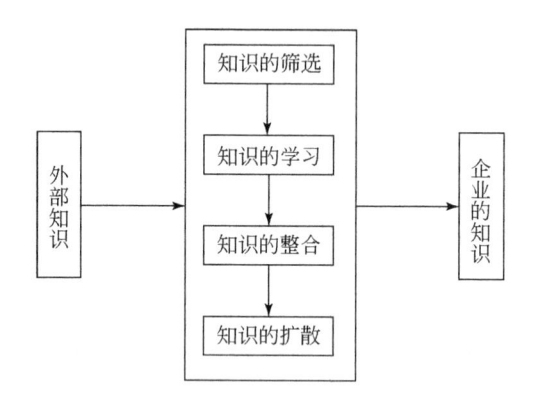

图 9-2 企业知识存量的外生型增长的过程

恶性循环。

(二)知识存量内生型增长

企业知识存量的内生型增长是指企业自身参与知识的创造,获得新知识,从而提高企业知识存量的方式。与企业知识存量的外生型增长相比,知识存量内生型增长的知识引进过程不同,其模式重在知识的创造,形成新知识,导致原有知识存量的增加。

知识不是独立存在的,其依附于创新主体,并会在创新主体内部进行知识流动与转化。知识存量的内生型增长本质是帮助企业主体参与自身的知识创新过程,了解知识的内涵及企业内部的知识运行状态,更容易掌握和灵活运用知识资源,并从中积累丰富的经验,从而提升企业的知识位势,以达到拥有较强知识创新能力的目的。知识存量内生型增长方式主要体现为自主研发和合作研发。自主研发是企业提升自己的知识存量最直接,也是收益最大的方式,企业投入资金、人力、设备等,进行新技术和新知识的开发研究(刘冀生和吴金希,2002),集中攻克企业亟待解决的技术问题,确保企业在技术上的领先地位。进行自主研发的企业,可以更好地结合自身技术特点,开发更适合其发展的独特产品,并获得专利技术所有权和独占权,减少了外部沟通的交易成本,持续的自主研发也为企业营造了良好的创新氛围(刘凤芹和苏美丽,2022)。

企业进行自主研发需要投入较多资金和精力,对企业技术基础要求较高。因此,许多企业选择与科研单位或高校合作,共同开发新的技术,发挥企业和科研单位的比较优势,由产学研获得的信息来源,可以成为企业的可靠研发依靠,从而提升企业内部研发和外部技术获取的互补性(Cassiman and Veugelers,2006)。

通过以上分析,企业知识存量的增长方式主要包括外生型和内生型增长方式,其内涵不同且各有特点。外生型增长方式注重的是知识的引进,以及对已有知识的整合吸收,最终将企业外部知识转化为企业内部知识,使得企业的知识存量在短时间内就获得增长,但知识形成过程中很难引进一些重要的隐性知识。外生型增长方式要求企业拥有较强的知识搜寻能力、识别能力、学习能力及将知识快速扩散的能力。

内生型增长方式强调的是知识的创造,即企业内部新知识的出现。内生型增长方式知识的整个形成过程都是在企业内部进行,企业对知识了解更透彻,能深化企业进一步培育和创造先进知识的能力,但所需的时间一般较长。内生型增长方式要求企业具有较好的知识积累、较强的研发能力和创新精神。

(三) 知识存量外生型增长和内生型增长结合

实际上大多数企业是采用外生型增长和内生型增长相结合的方式,共同作用增加企业的知识存量,达到提升企业技术核心能力的目的。但是,采用何种方式和比例,却因企业的不同而不同,从而形成了企业知识存量增长的路径。

知识存量两种增长方式都能使企业的知识存量增加。借助于无差异曲线的概念,提出了知识存量的无差异曲线,如图 9-3 所示。曲线 S_1、S_2、S_3 代表三条知识存量的无差异曲线。每条无差异曲线上,知识存量相同,不同无差异曲线上,知识存量所用的增长方式组合不同,$S_1<S_2<S_3$。无差异曲线的形状之所以是凸向原点的,是因为对于企业来说,在一定的能力水平下,企业通过两种方式获得的知识是一定的,随着外生型增长方式获得知识的增多,其边际知识递减,而内生型增长方式获得的边际知识递增。企业的知识存量水平受许多因素影响,如企业原有的知识水平、企业的经济实力、企业员工的素质等,将以上因素综合考虑,采用能力曲线 AB 表示,即能力曲线限制了企业所能达到的知识水平。S_1 与 A_1B_1 有一个切点 E_1,E_1 点表示外生型增长和内生型增长的组合刚好能够达到 S_1 所代表的知识存量水平。E_1 点所代表的知识存量增长方式的组合,体现了企业当前所有策略中的最佳选择。因此,也是企业在本阶段应该选择的组合,把该阶段定义为知识存量增长第一阶段。通过第一阶段知识存量的增长,企业获得新的知识。此时企业的知识存量水平有所提升,企业能力也会相应地有所提高,体现为能力曲线 A_1B_1 上移为能力曲线 A_2B_2。通过与第一阶段相似的分析,可以找到第二阶段的均衡点 E_2,确定第二阶段所能达到的知识存量和增长方式的最佳组合,通过不断循环,产生第三阶段、第四阶段等。图 9-3 表示了知识增长的三个阶段,均衡点分别为 E_1、E_2、E_3。由 E_1、E_2 到 E_3 就形成了知识存量增长的路径。每一个均衡点都表示了企业在该阶段为达到知识存量最大值所应采取的内生型和外生型增长方式的组合。

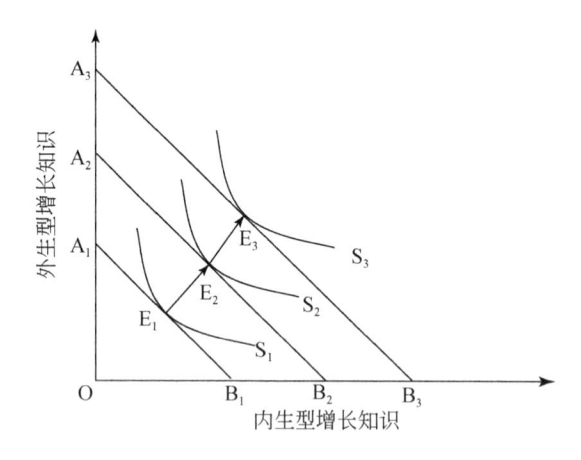

图 9-3　企业知识存量增长的路径

能力线是影响企业知识存量增长路径的关键因素，不仅决定企业所能达到的最大知识存量，而且也影响企业对知识存量增长方式的选择。如果企业没有较强的研发、创新能力，则企业以知识存量的外生型增长为主；如果企业有较强的研发、创新能力，则以知识存量的内生型增长为主。对于某些知识或企业的战略需要，要求企业必须特定采取某种增长方式，企业就应侧重地提升该方面的能力。因此，企业在实际发展中，要根据自身特点制定知识存量增长战略，通过知识吸收、知识创造等方式，增加企业知识存量，促进技术核心能力的形成和提升。企业只有选择最适合其发展的知识存量增长方式，才能使企业技术核心能力得到快速、有效地提升。

第二节　企业知识结构的改善

一、知识结构改善的重要性

知识结构的改善是指企业随着市场环境、行业知识结构的变化，或自身战略定位的改变，通过从外部引进知识，或企业内部的知识创造，不断调整和更新原有的知识结构，使得企业源源不断地获取发展所需的知识的过程。知识结构通过改进知识吸收能力和知识创造能力，以提升企业的技术核心能力，合理且与企业发展相匹配的知识结构，能促进企业技术核心能力的形成和提升。由于企业的知识结构各不相同，知识类型的比例与组合均承载着企业特性，并不是每一个企业的知识结构都适应企业的发展。有些企业的知识结构本身就不完备，可能同时拥有许多公共知识和基础知识，但却缺少真正支撑企业发展的核心知识，无法为企业持续提供竞争优势和长期利润。有些企业知识结构很完备，知识存量很大，同时拥有丰富的各种知识，但是知识结构"刚性"很大，使企业缺乏从外部寻找和内部创造新知识的动力，只能搜寻特定的知识，不能识别各种类型的知识的价值，对企业进一步创新带来负面影响，难以为企业技术核心能力的提升提供知识基础，不能及时适应变化，给企业带来的经济效益十分有限。

企业知识结构改善，对企业技术核心能力的形成与发展至关重要。知识结构不合理，不利于技术核心能力的培育；知识结构"刚性"，阻碍了技术核心能力的提升。知识结构改善过程中，催生出适应企业发展需要的新知识，为技术核心能力的提升提供了新的知识基础。此外，知识结构改善，顺应了市场环境的变化，追踪了行业最新知识的发展动态，增强了企业对外部知识的吸收能力，推动了原有知识中的有效知识的发展。随着企业不同类型知识之间不断交叉、融合，加快了原有知识的整合和新知识的产生，增强了企业的知识创造能力，进而完成对企业技术核心能力的提升。因此，必须持续改善企业的知识结构，使之与市场环境和企业发展战略相适应，提高企业的动态能力，帮助企业不断地完善技术核心能力的先进性与盈利能力。

二、知识结构改善实现的路径

（一）降低知识获取成本

企业利用知识是有成本的，知识结构不合理，往往会导致知识获取成本增加。从知识获取成本方面来看，对企业知识结构进行改善，积极吸收和创造能够带来利润的知识，可以减少知识使用成本。

公共知识主要以显性知识为主，不是企业主要利润的来源知识，与企业技术核心能力形成间的关系较为微弱，公共知识主要通过平台交流、市场购买等手段获取，能有效降低获取成本。基础知识是企业日常运行的常规知识，是获取核心知识和形成企业技术核心能力的基础，也是企业竞争力的基础。基础知识既包括显性知识，也包括隐性知识。对于基础的显性知识而言，可以通过市场流通等获得，成本不高。基础的隐性知识难以通过市场方式获取，如果通过自身创造，又会导致成本过高，因而可采用战略联盟、企业集团、供应链管理等形式获取，既能降低成本，又能有效地获取知识（刘东，2005）。

核心知识是企业技术核心能力的体现，是竞争优势的来源（魏江，1999c）。核心知识主要以隐性知识为主，隐性核心知识是缄默的、心照不宣的、只能意会不能言传的，锁定于特定企业的特定文化、人员构成和设备等软硬件设施，是其他企业难以获得和模仿的，是企业核心竞争力所在，也是企业利润的支撑点。企业要加强隐性核心知识的自主创造和积累，不断提高隐性核心知识存量，从而提高技术核心能力。

在企业已有的知识存量中，有很多公共知识和基础知识的运作成本高，运作效率低，所带来的收益却不高。这些知识要尽快交还市场，通过市场交易去获取更能节约企业运作成本的知识。企业的核心知识，是企业技术核心竞争力所在，一定要自主拥有和自主积累，严格保密，防止商业机密泄露，对于已经显性化的核心知识，要通过申请专利等措施来加以保护。

（二）加快知识的转化

知识通过内部的转化，可以进一步改善企业的知识结构。由于公共知识以显性知识为主，容易在市场上获得，构不成竞争优势。所以，要实现公共知识向基础知识转化，使之为企业所用，成为支撑企业技术核心能力的基础。基础知识作为企业技术核心能力的基础，尚未构成企业的技术核心能力，只有核心知识才能构成企业技术核心能力，所以，要加速基础知识向核心知识的转化。在核心知识的内部，又分为竞争的核心知识和超竞争的核心知识，企业需要把停留在想象空间中的、代表未来技术核心能力的超竞争核心知识，尽快转变成为竞争的核心知识，使之成为当前的技术核心能力。通过知识转化，改善企业知识结构，克服知识结构刚性所带来的障碍。

（1）公共知识向基础知识的转化

企业的公共知识主要以显性知识为主，而基础知识既有显性知识，又有隐性知识。公共知识向基础知识转化有两个方向，即向显性基础知识转化和向隐性基础知识转化，公共知识向显性基础知识转化，是属于显性知识之间的转化，是企业将一些分散的显性知识整合成新的、系统性的显性知识，以便在组织范围内得以共享的组合化过程，如通过整理分散的文档资料，加速知识的系统化和优化，提高现有知识的转换和转移速度，增加知识的实用价值。

企业内显性知识向隐性知识的转换，实际上是一个知识内部化的过程。当显性知识被企业群体共享时，群体中的相关合作者开始将该显性知识内部化，如通过各种体验式学习，可以提高员工理解力，使企业员工快速地将显性知识隐性化，将公共知识转化为带有一定个性的隐性基础知识，提升知识的价值。

（2）基础知识向核心知识转化

基础知识既包含显性知识，又包含隐性知识，而核心知识是以隐性知识为主。要实现基础知识向核心知识的转化，同样有两条路径：显性基础知识向隐性的核心知识转化，隐性基础知识向隐性的核心知识转化（王娟茹等，2004）。

显性基础知识向核心知识转化。这是由显性知识向隐性知识转化的过程，也是一个知识内部化的过程。企业的个体和团体通过不断地学习和实践，把一些停留在表面的显性基础知识内部化，形成自己的经验和技能，这种经验和技能恰好是企业技术核心能力的体现，是不可模仿和复制的，为企业竞争提供优势。

隐性基础知识向核心知识转化。这是一个隐性知识之间的转化过程，通过相互间的交流与沟通，促成知识在不同员工、企业间的转移、共享和集成。通过这个过程，把停留在基础层面上的隐性知识转化为核心层面的知识，深化知识对企业经营与创新的作用，实质上是知识社会化的过程。企业的创新能力很大程度上依赖于隐性知识的转化，关键是员工如何积极贡献自己的隐性知识为集体共享。其中，企业文化、管理机制等是促进知识集成的重要手段。

（3）核心知识的内部转化

核心知识细分为竞争的核心知识和超竞争的核心知识，如同显性知识与隐性知识相互转化的四种模式（Nonaka and Takeuchi，1995），竞争的核心知识和超竞争的核心知识之间也具有四种知识转化的模式。

从超竞争的核心知识到超竞争的核心知识。实际上是个体超竞争的知识的探索和分享过程。超竞争的知识由于难以把握，知识的个体拥有者也没有清晰的概念，需要共同的探索和追求，通过思想、观点、灵感和直觉的不断碰撞，对其认知程度才会不断加深。通过对企业知识战略的构想，知识愿景的探讨，以及安排正式和非正式的知识交流会，使得超竞争的知识得到螺旋式的发展。

从超竞争的核心知识到竞争的核心知识。通过将存在的意念，或从未付诸行动的想象力层次的东西进行具象化，对未来知识的不断追求和探索，使得一部分超竞争的核心知识渐渐地在思维中具体化，这种转换是持续不断的过程，意义重大但短期内难以见效，需要企业给予鼓励和支持。

从竞争的核心知识到竞争的核心知识。这是个体竞争的核心知识的分享过程，一般可以不通过正规化的语言，直接从其他个体那里获得竞争的核心知识。例如，师徒间传授熟练技巧和手艺，学徒可以通过观察、体验和实践等方式获得竞争的核心知识。

从竞争的核心知识到超竞争的核心知识。这是个体竞争的核心知识通过自组织演进成超竞争的核心知识的过程。通过拥有丰富的行动经验，竞争性的知识经过升华，产生想象憧憬，从而创造出新的知识，实现企业知识属性的升级。

(4) 核心知识到公共知识的逆向转化

企业的核心知识不可能长期保密，通过企业产品的市场运作，以及企业之间人力资本的流动，核心知识不可避免地被扩散和显性化，这是知识转化的一个逆过程。

核心知识转化为基础知识，一是隐性的核心知识向隐性的基础知识转变，如企业通过培训和学习，使一线员工掌握企业最新研发的技术知识，从而将新技术和成果产业化；二是隐性的核心知识向显性的基础知识转变，如企业研究开发的新工艺，通过制定生产操作规程并固化。

基础知识再向公共知识转变，隐性的基础知识显性化为公共知识，显性的基础知识进一步公共化为公共知识。企业之间人力资本的不断流动，会使得企业的一些特有的核心知识变为行业内的公共知识。

核心知识直接转变为公共知识，这是一个隐性知识直接显性化的过程，如企业的新产品上市后，不少同类企业掌握了该核心知识，进行类似的研究和模仿创新，从而导致核心知识公共化。

(5) 知识转化的整体模型

知识转化分为正向过程和逆向过程。正向过程为公共知识向基础知识转化，进而基础知识向核心知识转化。逆向过程为核心知识向基础知识转化，然后再向公共知识转化。企业核心知识内部，竞争的核心知识和超竞争的核心知识之间也存在着不停地相互转化。

企业知识结构的改善主要体现在以下几个方面：加速企业知识的正向转化，使公共知识、基础知识不停地向企业的核心知识转化；阻止和延缓企业知识的逆向转化，采用技术和法律等手段阻止他人模仿，尽量使企业能够较长时间单独持有核心知识；促进企业核心知识内部的转化，加速竞争的核心知识和超竞争的核心知识之间不断地互相转化，从而使之互相发展，不断地更新竞争的核心知识和创造超竞争的核心知识。

(三) 优化人才结构

企业的知识结构对应着企业的人才结构，各种类型人才结构的优化，直接影响着企业知识的优化（贾生华和邬爱其，2003）。从人才结构方面，企业知识结构改善，主要是明确两者间的对应关系，使企业人才结构不断去适应企业知识结构。按照层级结构和从事的工作内容来划分，企业中主要有管理层人才、研发层人才和一线员工三种类型的人才。其中，管理层人才所需知识包括公共知识、基础知识与核心知识，研发层人才主要需要核心知识，而一线员工主要需要基础知识。人才结构与其所需知识结构的对应关系如图9-4所示。

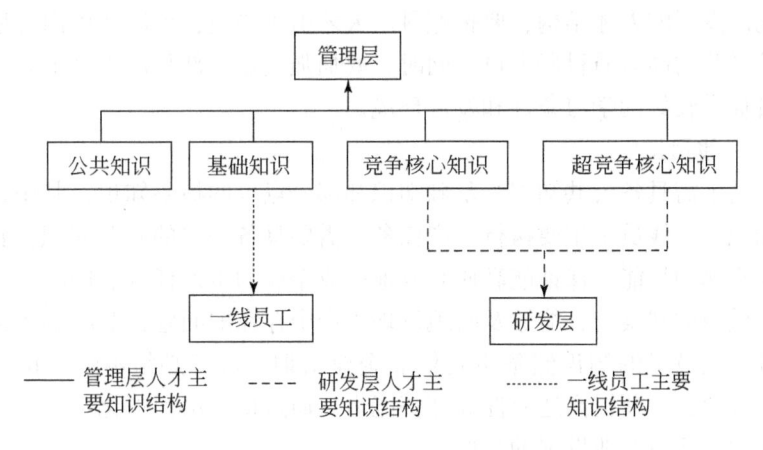

图 9-4 企业人才结构对应知识结构

(1) 管理层人才

企业知识结构包括公共知识、基础知识和核心知识,三者均是管理层人才需要掌握的知识结构,企业的高层管理者必须从整体上把握企业知识结构,不断获取、学习和创造超竞争核心知识,同时对其他知识也需有较为深入全面的了解。因此,企业高层管理者既要拥有较强的专业素质,又要具有很好的综合素质,既能很好地理解所在企业和本行业,又能全面了解相关行业、市场情况、政府政策和国际发展趋势。高层管理者还要拥有非常宽广的胸襟和视野,具有较强的前瞻性,能较好地创造企业的超竞争知识,把握企业的发展方向。企业的中低层管理者主要任务是企业的日常管理、一线生产运作和产品服务管理等,对应的主要是企业的基础知识和公共知识,因而需要具有很强的专业知识,并且要有很强的效率观念,才能够很好地把握企业生产运作效率,同时也要具有一定的综合知识,能够结合相关行业知识,及时地提出一些有利于提高产品质量和生产效率的建议。

(2) 研发层人才

除了公共知识和基础知识,研发层人才对应的主要是企业的核心知识,既包括竞争的核心知识,也包括超竞争的核心知识。核心知识是整个企业的灵魂,因而研发层人才的地位特别重要。随着科学技术迅猛发展,知识和人才老化进程日益加快,研发层人才需要善于学习、汲取和消化新知识,不断优化自身知识结构和有用知识存量,科研工作者必须具有极强的专业素质,同时又要具备较好的综合素质,需要具有非常活跃的创新思维,不仅能够很好地把握产品的每一项性能和每一个环节,还要能结合其他行业的知识和市场需求,及时地创造出能够满足市场需要的多功能、高性能的产品。

优化研发层的人才结构，要拓宽科研人才引进渠道，可以从国内外引进具有丰富研发经验的高素质科研人员；同时，要加强企业内部科研人员的培训，给科研工作者提供较好的学习条件和发展环境。

(3) 一线员工

一线员工需具备公共知识、基础知识和部分竞争的核心知识，其中最主要的是基础知识，一线员工主要执行生产任务，需要具备一定的专业知识，具有丰富的经验和娴熟的技能，保证能高质高效地完成企业的生产任务。同时，一线员工也要具有敏锐的观察力，能够及时地发现生产中存在的问题，及时解决或向上反映。提升一线员工的知识储备主要依靠企业培训，员工必须不断地接受新的知识、新的观念，不断提高适应性和开拓能力，通过持续培训强化员工的工作能力和创新能力，适应企业发展的需要。

第三节 企业知识分布的改进

一、知识分布改进的重要性

企业知识分布是指企业内的不同载体或部门所拥有的知识的状况，或者说不同知识在企业中的分布状况，表现为各种形态的知识和不同的存在方式，分布在一个系统或组织的内部和外部，使得知识的效用得到最大程度的利用。

知识依附的载体可以是个人、团队和组织等（以隐性知识为主），或者企业的信息系统、文本、图像等（以显性知识为主），也可以以任务为载体，知识并不仅仅存在于一个载体中，也存在于载体之间的相互活动而交换所产生新的知识。知识分布具有不均衡性，由于不同环境下个人拥有的知识不完全一样，主要反映在知识水平、专业领域、知识资源分布的不均衡（曹兴等，2008）。

合理的知识分布使得企业各个部门间易于协作、交流，使学习能力得以加强，当组织中的知识较为分散时，应当倾向于采用分权的组织结构；当知识在组织中主要集中于高层决策者时，应当倾向于采用集权的组织结构。知识分布影响着企业的组织结构选择，知识分布的改进可以使企业在快速变化的市场环境中取得成功（程德俊和陶向南，2001）。

知识分布的改进有利于企业间的有效知识的获取、共享、传播与运用。通过知识外溢和信息的共享，使得创新能力与技术信息迅速地扩散到企业，降低获得创新资源的成本，提升自身技术和开发能力，从而提高整个企业集群的知识创新能力。知识分布的改进需要适时地为企业员工提供再培训和再教育，有利于企业间开展深入合作，通过各种项目合作，企业获得了充足的创新性人才，同时也降低了使用人才的成本（赵涛和艾宏图，2004）。

二、知识分布改进实现的路径

(一) 企业内部知识分布的改进路径

企业由于所在行业、经营范围、规模的不同，企业之间存在差异性，不同的企业对知识分布的要求各不相同，不存在适合所有企业的最优知识分布。只有把具有某种共性的企业放在一起进行研究，才能得出较合适的知识分布改进路径，如表9-1所示。

表9-1 知识分布改进路径

影响因素	具体特征	知识分布改进路径
企业的行业特征	新兴行业	知识分散于一线员工
	传统行业	知识集中于高层管理人员和技术人员
企业的经营范围	业务分散	知识分散于各个具体业务单元
	业务集中	知识集中到主业
企业的规模	规模大	知识分散于各层员工
	规模小	知识集中分布于决策层和开发层
企业的经营策略	差异化经营策略	知识分散于一线部门
	成本领先战略	知识集中到中高层
企业所处的发展阶段	创业阶段	知识集中于创新者
	集体化阶段	知识分散到各层组织
	规范化阶段	知识规范化和标准化集中
	精细阶段	知识分散于各个员工和工作团队
企业的战略	以生产为核心战略	知识集中于管理人员和技术人员
	以市场经营为核心战略	知识分散于各层员工

(1) 企业的行业特征

如果企业为新兴行业，由于所在行业知识含量比较高、知识比较分散，企业应将各种知识尽量分布在一线员工，实现知识的灵活运用和流通，建立权力较为分散的组织结构，保证企业知识分布的基层化。如果所在行业为传统的成熟行业，由于所需的知识大部分存在于企业内部，固化在机器设备和工艺流程上，企业应将知识集中到高层管理人员和技术人员上，提高知识运作的效率，建立权力较为集中的组织结构来保证企业知识分布的集中化。

（2）企业的经营范围

如果企业的业务是高度分散化的，管理者不太可能在各个业务领域都掌握足够的专门知识，从而难以在各个业务领域都做出高质量的决策。因此，企业的知识应该是分散到各个具体业务单元中去，通过建立分权组织，保证知识的分散化。如果一个公司的业务高度集中，管理和技术知识都高度专业化，通过建立集权组织，保证企业的知识分布集中到主业上，提高决策和创新效率。

（3）企业的规模

如果企业的规模较小，知识容易以较低的成本传递给高层决策者，知识流动的范围也较小，为了提高决策和创新的效率，应将知识集中分布决策层和开发层。如果一个公司的规模很大，知识传递的成本就会增加，知识流动的范围也会很大，知识适宜分散分布。

（4）企业的经营策略

如果企业采取差异化经营策略，需要了解顾客的需求与竞争者的情况等多方面的知识，组织内部的信息与知识应由组织的基层人员掌握，建立分权组织，尽量使知识分布分散在生产和营销等一线部门。如果企业采用成本领先战略，强调的是标准化的产品和成本的降低，专业知识显得不再那么重要，可以采用集权策略，使企业知识分布往中高层倾斜。

（5）企业所处的发展阶段

如果企业处在创业阶段，只有少数关键人物起主导地位，企业的知识主要集中于少数的创新者，从而提高了决策和创新效率。如果企业处在集体化阶段，需要使创业者的知识在企业中得到有效的传播，应将企业的知识分布进行分散；如果企业处在规范化阶段，企业倾向于通过规范化的制度进行部门之间的沟通，应将知识分布逐渐向规范化和标准化集中。如果企业处在精细阶段，企业需要将知识重新在员工和工作团队之间进行分配，则应将企业知识分散于各个员工和工作团队中。

（6）企业的战略

如果企业以生产为核心战略，知识主要以显性知识固化于企业的生产设备与操作规程之中，为管理人员和技术人员掌握，应将需要的知识集中分布。如果企业以市场经营为核心战略，随时关注市场需求动态和改善产品服务质量，应将企业的知识分布于市场营销人员、技术开发人员等企业员工之间（程德俊和陶向南，2001）。

（二）企业外部知识分布的改进路径

从企业外部来讲，知识分布如同资源分布，知识需求型企业需要建在知识资源比较丰富的地方。对于知识型企业而言，为了不断获取竞争优势，必须不断地更新企业知识。知识型企业知识获取的途径既包括企业内部的学习、共享，也包括企业从外部其他企业、高校、科研机构等获取知识资源。

(1) 增强外部知识密度，降低知识使用成本

分布在企业外部周围的相关知识越集中，越利于企业进行技术选择，企业技术选择的机会大，搜索技术的效率也会更高。因此，知识需求型企业可以把企业建在知识资源密度高的地方。产业集群的知识分布具有成本优势、资源优势、文化优势、人才优势等，企业应使自己处在集群内或者向集群靠拢，有利于企业从其他组织中获得知识资源，增加知识分布的密度，降低知识使用成本，提高知识使用效率。集群企业通过无形规则和近距离等条件，可以频繁接触，进行网络化的集体学习（姜照华和隆连堂，2004），不但降低了频繁的正式与非正式面对面信息交流与沟通成本，还减少了企业差异化知识资源的搜寻成本，同时还降低了企业合作知识信息的开发成本，以及创造过程中的组织文化与人员行为之间的冲突协调管理成本，为其区域整体的技术创新和制度创新互动创造了条件，同时为企业构建技术核心能力提供了资源优势。

(2) 合理进行外部合作，充分利用资源优势

在国际竞争日趋激烈的情况下，企业应当改变传统"闭门造车"式的创新方式，搭建良好的企业合作机制，通过扩大开放广度，结合自身有利的知识基础，深入学习、吸收与利用外部资源，建立长期有效的合作伙伴关系，实现优势开发、知识互补、合作创新。虽然企业应进行多方面、多领域的学习与合作，但并不是与所有的外部组织都要建立合作关系，应根据企业目前的需求，以及风险与成本的考虑，确定建立合作关系的企业、大学和研究机构。产业集群、知识联盟、产学研合作等方式，都为合作对象的选择提供了方案，通过这些方式，企业可以获得资源共享的优势，促进合作伙伴间的知识流动，提升知识交流的速度与质量。同时，信息的交流提高了组织对产业内已有知识的了解，避免了知识创新行为在产业内的重复，从整体上降低了知识创新的成本，提高了知识的利用程度。

隐性知识对企业竞争力的提升较为重要，但其只能在近距离里通过正式与非正式的交流实现知识的共享，产业集群、知识联盟等合作方式，为企业间提供了近距离交流学习的机会与条件，提高了隐性知识的共享与传播效率。知识资源的共享与传播使知识创新更具有针对性，也提高了组织的知识创新能力。

(3) 构建创新文化范围，充分发挥人才优势

企业与外部组织往往会采取产业集群、知识联盟、产学研等合作方式，这些方式所形成的合作集团往往是某个产业最新成果孵化基地，集聚了众多创新机构，体现了浓厚的创新文化和创新氛围，并且鼓励创新和允许失败，使得新思想、新方法可以快速付诸实践，转变为实际的产品，从而为企业之间的交流学习，带来不断更新的知识资源。

此外，企业间不仅存在合作也面临着激烈的竞争，通过合作帮助企业之间相互交流，形成较好的合作文化和氛围，而竞争促使企业不断地进行内部革新，加强内部合作，实现赶超其他企业的目标，从而形成良好的团队文化和竞争文化。文化氛围的营造，需要人才的参与，才能发挥其真正的效果，与其他组织建立密切的合作关系，提供了人才流动的优势。不管是产业集群、知识联盟还是产学研合作，都拥有大量的创新人才，并且人才流动的交易成本较低。通过人才的流动，可以在一定程度上使知识资源得到优化配置，不同技术的人在一起学习交流，增加了组织个体的知识存量，加速了区域知识创新的过程。

第四节　企业知识水平的提高

一、知识水平提高的重要性

知识水平是指企业在某一特定时期所积累的知识的优劣情况。知识水平决定企业学习能力，进而决定企业形成技术核心能力的技术平台的高低，以及企业将知识转化为产品或工艺的能力，影响着技术知识的不断积累，从而影响企业核心技术的水平。企业知识水平的高低是企业获取持续竞争优势的重要基础，企业知识水平体现了企业主动地获取和运用新知识的能力，企业要想提高竞争优势，就必须对自身的知识水平有清晰的认识。

知识水平作为企业知识状态中的重要属性，体现了企业在某一特定时期所积累的知识的优劣状况，以及企业知识的相对性，表征了企业知识状态质的维度，取决于企业内部对知识存量的整合过程和反映，企业所拥有的知识在提高生产效率、市场竞争力、创新能力及企业知名度等特性上满足要求的程度。知识水平代表企业某种类型知识相对的先进性或高低，主要依附于企业的人力资本，体现在企业员工拥有的知识水平的高低，并反映在企业的产品上。

知识水平的高低不是一个绝对量，而是一个相对量。知识水平高的企业，知识具有比较优势。从企业知识内涵来看，企业知识水平高低决定了企业知识获取、传递、创造、积累是否处在一个良性循环机制中，影响着技术知识的不断积累。在企业内部，企业的知识水平影响着企业获取知识的来源，获取技术和知识能力的高低，并且决定了企业"技术平台"引进的技术与企业已有的技术知识进行整合，表现为企业的任务是否具有明显的绩效优势，是否促进整个企业内部信息和知识的积累、传递、传播，是否促进企业新知识产生效率的提高。在企业外部，企业知识水平高，表现为企业搜集外部技术的能力比同行业其他企业要强，学习技术的能力和效率比同行业的其他企业都要高等，进而形成在同行业中知识方面的"比较优势"。

从产出角度来看，知识水平的提高可以带来更高的生产效率，使企业的生产技术水平得到极大的提高，从而节约企业的生产成本。知识水平高的企业，生产产品中的知识含量和技术水平越高，产品质量越好，从而产品的价格也越高，产品的生命力更强。从技术核心能力的作用来看，技术核心能力的本质是知识，知识的质量越好，企业的技术越精湛，技术核心能力的含金量也越高。从知识聚集效应来看，高知识水平具有辐射作用，知识水平高的企业与高校、研究机构的联系更加密切，往往会带来更高的知识聚集效应，能够使得企业创新加快，知识量大幅度增加，从而吸引更多更高水平的知识围绕在企业周围。

二、知识水平提高实现的路径

企业的知识水平表征了企业的竞争优势，并体现在企业拥有的独特性知识和对这些知识的应用能力上。因此，企业知识水平的提高可以包含两个方面的内容：企业可以通过选择新的高质量的知识引入到企业中，来提高企业的知识水平；企业还可以对知识进行整合应用，使知识能够发挥更大的效用，以此来提高企业的知识水平。

企业的知识水平是企业知识质量的反映。企业可以通过引入新的高质量的知识，来提升企业的知识水平。因此，企业要提高其知识水平，就需要对知识进行有效的选择。当企业所面临的知识环境中没有出现有突破性进展的知识，不需要引进知识时，企业还可以对现有的知识进行整合，提高知识的使用效率，使知识能够发挥更大的效用，以此来提升企业的知识水平。

（一）企业对知识的选择

企业知识的选择能有效提高其知识水平。企业是知识的集合体，所拥有的知识资源的独特性，决定了每个企业都具有区别于其他企业的特点。因此，即使是处于相同知识水平上的不同知识，当它们被引进企业原有的知识集合中时，它们就被"嫁接"到了企业这棵独特的大树上，对企业所产生的影响也会有不同，有些可能成功，而有些则可能不适合。在相同的水平下，有些知识是适合企业的，而有些知识则不然。因此，企业如何选择适合的知识，对于企业提升它的知识水平非常重要。

有哪些因素会影响企业对知识的选择呢？一是知识水平。这里所指的知识水平不是指企业的知识水平，而是指待企业选择的知识集中各项知识所处的水平情况。单从这一因素考虑，企业应该从中选择所处知识水平较高的知识。二是知识的发展前景。这需要进行预测，需要一定的战略眼光，并带有风险。但是仍然有一些指标与该项知识的发展前景具有高度相关性，如行业标准、满足需求的能力，以及与此相关的其他技术的发展趋势等。行业标准在一定程度上制约着该项知识的发展前景；满足需求的能力越强，则该项知识发展的空间就越大，尤其是知识具备满足人们新的需求时更是如此；与此相关的其他技术知识发展越快，则该项知识的发展前景越可观。三是与企业原有知识的接续性。相同知识水平的不同知识，引入到企业已有的知识集，会对企业的知识水平提升产生不同的效果，这主要是与原有知识的接续性有关。当企业已有的知识与更高知识水平的新知识相关度强、知识的距离近，或者产生新知识的基础知识已存在于企业的知识集里时，该项新知识能对企业水平的提升起到较好的作用。四是竞争对手所采取的知识策略。面对激烈的竞争，对知识的选择在某种程度上就是与对手的博弈，竞争对手的所采取或将要采取的知识策略，在一定程度上影响企业对引进的知识的选择。不同企业进行知识选择时所考虑因素的重要性存在不同，并且不同知识种类其选择的侧重点也存在差异，企业进行知识选择决策时，可以根据当前的自身情况，对知识选择影响因素赋予不同的权重，对不同备选知识进行打分，将每个选项得分乘以它们对应的权重，把每个选项得分相加，然后比较总分，找出综合考虑后最适合企业引进的知识。

（二）企业对知识的整合

当企业所面临的知识环境中没有出现有突破性进展的知识，企业不需要引进知识时，需要对现有知识的整合，提高企业知识的使用效率，使企业的知识发挥更大的效用，从而提高企业的知识水平。

企业对现有知识进行整合，主要体现为：一是知识不是一成不变的，随着科技的发展、社会的进步及人们生活习惯的改变，一些原本有用的知识逐渐变得老化、无用。二是知识的使用效率不是恒定的，知识的使用效率受主体和客体共同影响。主体是使用知识的人，根据心理学的发现，对于知识的记忆存在着一条遗忘曲线，若对某项知识长久搁置不用，人们运用这项知识的能力将会降低，知识的使用效率也将下降。客体是被使用的对象，如果企业知识存量中的知识混乱、繁杂、难以寻找，或知识的流动受阻等，则企业中知识的使用效率将大大下降。三是知识与知识之间不同的排列与组合，将使企业中的知识使用情况有所不同，如跨学科的知识相结合往往会比只有同类知识的组合更加有效。

如果企业中存在大量的老化知识，会使企业员工搜寻新知识的路径变得更长和更复杂，这将降低人们搜寻新知识的效率。此外，企业中老化知识的存在，也会对同类的新知识的吸收造成干扰。因此，对于老化无用的知识可以将它们清除出企业的知识库。

对于知识使用效率的提高，可以从知识使用的主体和客体两个方面进行。从知识的角度，通过建立知识地图、知识手册等方式，并运用网络技术、信息技术手段，实现知识的有效共享和传递，使知识能够更加便捷地被企业员工所用，从而提高知识的使用效率。从使用知识的人的角度，企业可以定期或不定期地对企业员工进行培训，提高他们使用知识的技能，并用外部或内部激励的方式，提高员工在工作中自觉运用知识的频率，从而提高知识的使用效率。

知识的有效组合，能有效地提高企业的知识水平。在知识的载体中，最具能动性的是人员。企业知识的主要载体便是企业的员工，当企业对人员进行搭配组合，同时也是在对知识进行组合。

知识水平的提升主要是提高企业所拥有的知识的质量。通过以上分析，企业可以通过选择适合企业且具有较高知识水平的新知识，将其引进到企业中提升企业的知识水平；也可以对已有的知识进行整合使企业的知识发挥更大的效用从而提升企业的知识水平。两种途径对知识水平提升的效果如图9-5所示。

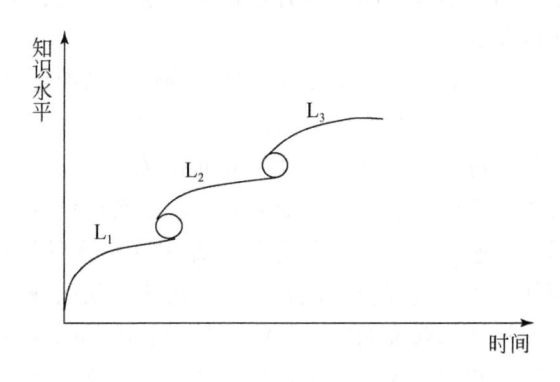

图9-5 知识水平提升效果

图中圆表示企业通过引进所选择的知识，使知识水平得到提升，曲线表示企业通过对已有知识进行整合使知识水平得到提升。L_1、L_2、L_3表示逐次上升的三个知识水平，直观地表示了两种知识水平提升途径对企业知识水平提升的效果。通过对外部环境中存在的先进知识进行比较分析，企业选择出适合自己知识水平发展的新知识，进行引进吸收，使企业的知识水平得到提升，使企业突破原有的知识水平达到一个新的知识水平。知识水平产生跳跃性是由于引进的知识比企业已有的知识更加先进，更为重要的是引进的知识是有革新性发展的知识，与企业原有的知识之间存在一个知识势差，这种知识位势之间的差距必然决定了企业在引进了知识之后，其知识水平将跨越到一个新的阶段。

对已有知识进行整合的过程中，没有知识的突破性发展，仅仅是对已有知识进行维护、优化和重组，整个过程是循序渐进，逐渐发展的。因此，知识水平的提升也是连续而平缓的。显示在图中就是一条连续的上升的曲线。

第五节　企业知识流动的提速

一、知识流动提速的重要性

知识的流动是知识在不同主体之间的扩散、转移与共享，与实体物质流动不同，知识的流动是看不见的，包括主动的知识流动和被动的知识流动，其最终目的是实现知识共享，为社会创造价值。知识流动体现了知识状态的动态特征，由于有了知识的流动，才使知识存量、知识结构、知识分布和知识水平这四个知识状态的静态属性向更加优化、合理的方向发展，使得企业的技术核心能力得到提升。知识流动与企业的技术核心能力具有正相关关系，因此，加速知识在企业外部与内部的流动显得尤其重要。

知识流动的提速，有利于促进企业获取外部知识，从而促进技术核心能力的提升。企业仅仅依靠单打独斗很难应对激烈变化的竞争市场，企业需要通过与外部组织紧密联系，并通过与其合作，从中获取能够对企业产生积极影响的知识，包括引进设备、购买知识产权、实施企业并购等，了解他们的技术进展和最新成果，从而在短时间内迅速增加企业知识存量。知识和技术的转移、扩散与应用，可以提升企业的创新能力，实现新知识和技术的价值，从而获得有益的经济和社会价值。此外，企业从外部获取的知识可能会与企业内部的原有知识产生相互作用，从而激发产生新的知识。因此，企业从外部获取的这些知识使企业完成了知识的原始积累，为企业提升技术核心打下了基础。

知识流动的提速，有利于促进企业内部员工之间的知识流动，从而促进技术核心能力的提升。在企业内部自主生成的技术概念、技术原理多数是隐性技术知识，嵌在突发奇想的个别员工脑海中，由于这些隐性知识难以用文字、图表等显性因素表示，不利于员工之间的传递，嵌入在员工脑中的隐性知识会随着这些员工的离开而消失，进而造成企业技术领导地位的丧失。此外，隐性知识是员工独特的知识财富，掌握隐性知识的员工，会出于担心知识交换过程中的公平性，不愿主动与其他员工进行隐性知识的交流，阻碍了知识的传递。通过知识流动，可以让知识得到分享和传递，有利于企业员工更加全面地了解和掌握这些知识。企业内部员工之间发生的知识流动，有利于促进隐性知识的显性化，有利于促进隐性知识的传递，影响技术核心能力的提升。

因此，知识流动作为企业知识状态中的重要属性之一，对企业技术核心能力形成具有重要的作用，知识的有效流动能够使知识在流动过程中不断更新、扩散、增值，为企业技术核心能力的提升提供不竭源泉和智力支持，是企业获得持续竞争优势的先决性基础条件。

二、知识流动提速实现的路径

从企业的角度，可以将知识的流动分为外部知识流动与内部知识流动两个层次，外部知识流动是指企业与大学、科研机构、其他企业甚至国家间的知识流动。内部知识流动是指企业内员工个体之间、员工与部门之间及部门与部门之间的知识流动。

（一）企业外部知识流动的优化

企业通过促进与外部机构交流、合作，实现知识流动提速的途径主要有以下四种方式。

一是，企业通过技术合作，相互学习或共同创新，促进知识在企业之间的流动。企业是研发的主体，是创新的主要来源，面对激烈的市场竞争，企业不但要依靠自身的知识和技术积累，还要依靠外界的知识来源，吸收其他企业先进的技术及管理方法，不断加强创新的力度。因此，技术合作是企业间知识流动最常用、最直接的方式。企业通过技术交流，相互学习或共同创新，使知识在企业之间流动扩散，从而对技术核心能力的提升产生重要影响。

二是，企业通过促进人才流动，产生知识和技术的流动，带动知识的合理分配，加速企业技术创新。人才本身就是知识的携带者，带有专业技能、经验和创新意识的人员的有效流动，可以为企业的发展增添活力。高水平的人员流动有助于提高劳动力的整体技能水平，促进创新活动开展。随着人员的流动，拥有的专业知识和技能也相应地被传播到其他企业，并且这种知识和技能会很快转化为现实生产力，以新产品、新工艺，以及经济效益显著增长反映出来。

三是，企业通过购入专利技术或技术秘诀，为企业注入新的知识，促进新知识的流入。专利技术属于知识型资产，是现代企业间知识流动方式中较为活跃的一种。专利在一定程度上代表了最先进的生产技术水平，在某个时期内，企业所申请或引入的新技术和新产品专利越多，其技术创新强度就越大。企业间知识流动中，还存在一种技术秘诀的交易和转让，技术秘诀虽不同于专利，却属于知识型资产，其在企业之间的扩散，也产生了知识的流动。

四是，企业通过与高等院校、科研院所等合作促进企业所需的科学技术知识流入企业。知识通过科研成果形式从公共研究部门流向企业，而从企业流向公共研究部门的知识，主要是市场需求等方面的信息，这种交流促进企业与公共研究部门之间的知识流动，是建设国家和区域创新系统的重要内容。

(二) 企业的内部知识流动的提速

企业的内部知识流动又可分为线形和交叉形两种。线形的知识流动与业务流程问题解决方向是一致，即知识流动发生在业务流程实施计划确定的某一时点。其中，知识的需求者和知识的提供者都是参与业务流程一部分的员工。交叉形的知识流动方向偏离业务流程的进度方向，也就是说，知识的流动可在任何未知的时刻发生，知识提供者也不必是业务流程中的正式成员，可以是业务流程之外，但与之交叉的流程中的成员。

企业通过建立员工与员工之间的沟通渠道，促进线性知识流动的顺畅进行，实现企业内部知识流动的提速，最终实现业务流程顺利开展。线形知识流动的方式对于在一个确定的时点，知识流动的地点是确定的，知识流动的预期也是确定的，并且企业的各个业务流程是紧密相连的，每个流程的进行都需要员工进行沟通、协调。因此，有效的沟通渠道能够确保在业务流程问题解决过程中，线形知识流动的顺利进行。随着企业业务流程之间发生新一轮的知识线形流动，通过吸收、重组和更新知识，使企业所拥有的知识具有独特性，维持和增强企业技术核心能力。

改善交叉形知识流动的环境是促进企业内部知识流动优化的重要途径。交叉形的知识流动无法预期在下一个时点知识将传达到哪儿，知识的流动是无法确定的、随机性的。对于企业来说，线形知识流动是常规的知识流动，在企业内部频繁发生，甚至有了比较成熟的流动机制，因此受到的阻碍较小。交叉形的知识流动由于其随机性，企业难以预期知识的流动方向，从而无形中容易给知识的流动造成阻碍，减慢知识在企业内的流动。但交叉形的知识流动对企业生产经营产生积极影响，以产品开发为例，根据工艺设计部门的图纸信息，研发部门在制作产品模型的过程中发现工艺设计流程存在问题，需要工业设计部门对图纸进行修改或重新设计，这样就形成了研发部门与工业设计部门的交叉形的知识流动。因此，企业应改善交叉形知识流动的环境，建立灵活的应变机制，促进知识在企业各部间的流动。

知识的内部流动提速需要建立一种信任和合作的机制，这种机制的出现能使每一个参与知识流动的人都得到回报。实现企业内部良性的知识流动，要建立一个全天候开放的内部信息网，使企业员工随时接触到信息网内的知识，鼓励职工向企业网络内填充知识和信息，成为企业系统知识平台的组成部分。要建立知识流动的激励机制和补偿机制，并与个人绩效质量与评价体制结合。为了减少知识供应者和知识接受者之间的知识梯度，企业还应定期举办各种职业培训，使员工可以获得多种技能，具有企业所需要的更广泛的能力。同时，管理者要认识知识流动的益处，只有在共有的、开放的知识交换状态下，个人知识才有可能得到增长。为了防止知识流动的障碍，企业还应该制定各种规章制度和激励政策，从管理者的层面来推动企业内的知识流动。为了消除中间知识流通环节，减少知识的扭曲，应将原有的、官僚的功能型部门结构转化为易于接收和传播信息的网络型或扁平型的结构。建立有利于企业知识流动并具有共同价值观的企业文化，培植团队精神，有利于消除知识背景差异造成的阻碍。

第六节　整体优化与对策建议

一、知识属性的整体优化与提升

企业的知识存量、知识结构、知识分布、知识水平和知识流动等知识状态的属性，不仅可以通过单独的路径进行优化，分别提升企业技术核心能力，也可以在技术核心能力的不同发展阶段，采取相应措施，促进知识属性间的共同作用，实现企业技术核心能力的形成与进一步发展。技术核心能力的发展过程包括孕育、成长、成熟、衰退或革新阶段，在这些阶段中，企业技术核心能力体现出不同的知识状态，企业需要针对每个阶段的特点与需求，设计与实施对策，帮助知识状态整体优化，促进技术核心能力的持续提升。

（一）孕育阶段是企业技术核心能力形成的萌芽时期

在此阶段，知识状态整体较弱，企业知识资源不足，缺乏系统的知识体系，尚未形成企业的核心技术，企业的重点资源与能力集中在少数管理人员身上。因此，为了技术核心能力的继续发展，企业可以通过引进外部技术，购买企业所需的生产、管理等信息设备，吸收专业人才等方式，加强显性知识的流入，有利于较快地消化、吸收知识资源，快速扩大自身的知识库，形成自身知识量的积累，不仅促进了企业知识存量的增加，也加快了外部知识的流入，提升知识流动的速率。此外，从那些外部组织中获取知识资源，也是影响企业发展的重要问题，风险与成本是企业选择的重要影响因素。企业可以选择与邻近区域内的高等院校、科研院所及相关的企业建立知识联盟，减少时间与风险成本，更方便更快捷地获取外部知识资源，提升企业外部知识资源的聚集程度，促进外部知识分布的优化。引入的知识资源不仅要注意量的增加，也要保证质的增强。例如，技术与设备的引进，一方面需要考虑企业发展的需要，另一方面应该保证其先进性，选择与当前技术发展、行业发展相符合的种类，同时，人才的引进也应注重其专业技能的掌握与技术、设备使用的匹配程度。这样的选择可以帮助企业提升技术水平，促进企业知识水平的提升，也有利于较快获取核心知识，优化知识结构。

（二）成长阶段是企业技术核心能力形成的重要阶段

在此阶段，知识状态整体属性已经有较大的提升，外部知识资源仍在不断地流入企业内部，但该阶段的重点应是对企业内部知识进行整合与创新。外部新知识的获取固然能帮助企业提升知识状态，但技术核心能力是在企业内部所孕育发展的，对已有知识的进一步加工和转化，是技术核心能力的提升的重要基础。因此，企业应该将新知识与旧知识、个体知识与组织知识、横向知识资源与纵向知识资源进行整合，使得新知识提升旧知识的使用效率，旧知识的使用激发新知识的活力，同时将零散的个体知识进行系统化，融入组织知识之中，并且将知识资源的广度和深度进行结合，更能帮助企业合理地提升知识资源的质与量，促进知识存量与知识水平的增强。企业内部知识的整合也包括知识类型的转化，在孕育阶段，企业较多进行显性知识的引进，而在成长阶段，由于企业内部的生产、管理和运营，已经积累了一些隐性知识，也在不断地获取显性知识，企业应该促进两种类型的知识转化，可以鼓励员工分享个人积累的经验，实施合理的岗位轮换制度，组织部门专家培训及上下级间的互动交流等，帮助知识的共享与外化，推动知识的吸收、融合与内化，缩小员工之间、部门之间的知识差距，降低知识传达过程中的失真，进而使得知识结构与知识分布得以优化，知识内部流动效果得以提升。

（三）成熟阶段是企业技术核心能力形成的稳定阶段

在此阶段，知识状态整体属性已经形成了一个良好的相互作用机制，技术核心能力也给企业带来了一定程度的竞争优势。因此，企业可以结合前两个阶段中所采取的措施，制定系统化的管理、运行制度，保证企业内外部知识的流通与整合，推动知识属性间作用机制的良好运行。例如，制定技术、设备、人才引进的详细要求，确保流入企业内部的外部知识资源的质量；加强员工专业技能的培训，培养良好的组织氛围，促进员工的主动学习与交流；强化企业与外部组织的交流，便于及时掌握先进知识，帮助企业技术核心能力的稳定提升。此外，企业也可以通过分析五个知识属性的状况，针对某些属性采取策略，进行主要的提升优化，同时也要注意不对其他知识属性造成不好的影响。

（四）衰退或革新阶段是企业技术核心能力进一步提升的关键阶段

在此阶段，衰退与革新是相对应的，企业技术核心能力提升成功就是革新阶段，否则将会进入衰退阶段。这时，企业原有的知识资源体系已经不符合当前的发展，企业过于依赖已形成的技术核心能力中的知识运行机制，造成知识体系僵化，不能对外部环境的变化做出及时的反应。因此，企业应该将重点放在创新上，利用原有的知识和经验的积累，打破现有僵局。首先，企业可以健全产学研相结合科研机制，积极与科研单位紧密合作，充分利用科研单位的知识优势和技术优势，集中攻克难关，力争取得新的科技成果，保证知识存量与知识水平的提升，促进外部知识流入的成效。其次，健全核心创新的运行机制，加强核心创新的目标建设和制度建设，优化核心创新的运作环境和文化条件，创新人才工作机制，提高人才队伍素质，促进企业知识交流的通畅性，保证企业内部知识流动的有效性。此外，企业的组织管理结构、组织运营结构、知识层次结构都应按照当前的创新机制进行调整，促进产品创新、技术创新和管理创新，同时，充分挖掘内在的经济资源、物质资源、科技资源和人力资源，促进企业资源优化配置，改变原有的知识结构与知识分布，重新形成适应当前创新环境的知识结构与分布，共同促进企业技术核心能力的进一步提升。

二、促进知识存量增长的对策建议

（一）增加以人为载体的知识存量，实现人力资本的优化配置

实证结果表明，以人为载体的知识存量正向促进企业技术核心能力的提高。以人为载体的知识存量，主要体现为企业内部的知识性员工。一个高素质的人才，不仅拥有所在行业的技术基础知识，更由于其拥有隐性的不能言传的独特经验和技能，不能被取代以及在市场中轻易获得，从而成为企业最重要的资源。知识性员工有利于企业持续创造价值及企业绩效的积累，对企业的自身发展和经济的平稳运行都具有重要意义。增加以人为载体的知识存量，努力实现人力资本的优化配置，既能激发技术创新活力，又能凸显企业以人为载体的知识存量的价值，使之成为衡量企业经营业绩的可靠指标。

采取积极的引进人才战略，提高对以人为载体的知识存量的投入。企业发展需要不断引进人才，人才是企业发展的核心支撑，人力资本至关重要。因此，企业需要健全高层次人才选聘机制，招聘企业所需的具有成长潜力的复合型人才，为企业注入能量。企业可以通过政企合作、联盟合作等多种形式，依托人才引进政策的优惠措施和当地的优势资源，使人才能够参与到重大研发、工程等项目中，在实践中实现可持续地培养和吸引人才，在一定程度上减轻自行引进人才的压力和负担。通过引进人才，能够弥补企业专业知识上的欠缺，攻克以相关知识为核心的技术壁垒，增强企业的技术核心能力。

加强企业自身人才建设，构建合理的人才培养制度。一方面，重视企业培训，提高企业整体人力资本水平。企业培训可以有效实现知识共享，弥补员工知识欠缺，同时知识在传播过程中会产生思维方式的交流和碰撞，这是产生新想法新思路的重要途径。另一方面，重视人才激励，人才激励政策能有效地吸引人才，鼓励人才创新创造。为促进知识的分享与企业内部知识共享，可考虑制定柔性激励政策，将知识贡献视为员工获得物质奖励的重要标准。这一策略将有助于激发员工积极分享知识，从而推动组织内部知识的流动和共享。因此，制定合理的人才激励策略是至关重要的。这不仅能够激发员工的知识分享热情，还能够吸引并留住高端创新人才，从而推动企业内部知识的积累和共享，提高以人为载体的知识存量的积累，实现持续地创新和发展。

加强以人为载体的知识存量与技术核心能力的协调发展，形成良好的互动关系。在实现以人为核心的知识积累与技术核心能力的高度协调时，人才的主观作用能够得到最充分的发挥，从而极大地促进企业在创新方面的各个层面取得成效。为了达到人力资源与创新水平之间的协调匹配，必须建立一个能够相互配合的知识管理和人才管理体系。在这一体系中，人才管理的关键方面，即招聘、培训和激励，都应当有利于新知识的涌现和传播。同时，随着员工知识储备的逐渐积累，有必要强化对知识资源的整合和管理，建立一个企业级的知识库。这个知识库将有助于促进知识和思想的流动、交流及碰撞，从而为创新性知识的发展和生成创造有利条件。以人为核心的知识积累和技术核心能力的协调发展，将产生良性的互动效应，从而有助于企业更好地应对激烈的市场竞争和严峻的挑战。

（二）增加以物为载体的知识存量，实现自身资源能力优化配置

实证结果表明，在单独探究知识存量对企业技术核心能力的影响时，以物为载体的知识存量正向促进企业技术核心能力的提高。以物为载体的知识存量，表现在企业科技文献、企业专利、硬件设备水平及信息化水平等方面，增加以物为

载体的知识存量有利于技术核心能力的形成和提升。

增强企业的研发投入，重视企业的专利产出，帮助企业在市场竞争中占据有利地位。企业发表的科技论文、自主开发的专利技术及以实验为依据所创造出的新产品、新设计、新工艺等反映了企业的技术成果，体现了企业的发展潜能，在企业知识存量中占据重要地位。研发资金是企业购置研发设备、升级改善技术、创新新工艺或新产品的前提，同时，足额的研发资金也为企业开展创新培训和人才培养创造了条件。因此，企业在开展创新活动时需要重视研发投入的力量，把握好研发投入的度，使研发投入充分有效形成创新成果，增加以物为载体的知识存量。此外，企业要注重内部资金管理，当外部融资渠道受到阻碍时，可以及时地调用企业内部资金进行短期的补给，降低因为资金不足导致的研发投入中断，致使研发周期变长。

提高企业的设备水平，优化资源配置，提高设备绩效。企业设备水平的高低是进行技术创新的基本条件。企业研发部门不仅要注重高素质人才的引进和培养，而且要注意配备研发所需的先进设备，它是企业进行技术创新和生产的硬件因素。在全球竞争日益激烈的环境下，企业应不断根据自身资源能力条件及所处环境特点动态调整其研发设备的更新与改造，阶段性地优化资源配置，提高设备绩效，以持续提升竞争力。同时，企业应加强与大学和科研机构的联系，努力促进产学研的持续有效结合，以提高企业对新设备的使用效率。此外，企业应该理性制定与企业发展相匹配的设备管理战略来引导与促进设备管理组织流程，进而有效整合设备管理资源，提升企业设备水平。

增强企业应用信息技术的能力，推动企业信息化水平的提高。企业应用信息技术的水平，有利于改进现有工艺方法及工艺流程，是企业技术知识存量的一个重要影响因素。企业应随时关注新信息技术的发展动向，适度地调整目标，使之能有效地推动企业信息化水平的提高。企业信息化水平的提高涉及企业经营管理的各个方面，是一个不断持续的过程。因此，提高信息化水平作为企业经营战略的关键节点，嵌入企业战略管理过程之中。此外，企业还应该采取有效措施促进信息化过程和流程管理的结合，根据企业管理需要适时提高信息化水平，力争信息化水平提高和管理水平提高同步。

（三）增加以组织结构为载体的知识存量，实现企业的有效管理

实证结果表明，在探究知识存量对企业技术核心能力的影响时，以组织结构为载体的知识存量正向促进企业技术核心能力的提高，且以人为载体的知识、以物为载体的知识对以组织结构为载体的知识存量具有正向显著作用。以组织结构为载体的知识存量，主要体现为企业内部的运行制度、管理模式、企业文化等，

有助于企业的有效管理,是技术核心能力形成和提升的保障。

健全企业内部控制体系,改善内部控制环境。企业内部控制体系体现了企业的管理质量,反映了企业管理方面的知识储备。企业应该结合国家政策和自身状况,构建适合自身需求的内部控制体系,通过不断优化内部制度,营造一个积极的创新环境。创新作为高风险、高收益的一项活动,企业在完善内部控制体制时必须要建立有效的风险评估机制,制定风险应对策略。此外,企业应注重运用内部控制制度的约束性功能,通过对股东和企业管理层决策的有效监督,可以防范不符合勤勉义务的决策。同时,建立良好的企业形象也至关重要。确保财务信息及时和准确地披露,借助外部市场的强有力监督,可以推动企业内部控制的不断完善。这有助于增强管理层对企业创新收益的认知,从而更有可能支持创新项目,促进企业核心技术能力的提升。

制定灵活的管理体制,有效保证管理制度的规范性和高效性。灵活的管理体制有利于企业战略的迅速推行,使企业选择符合自身发展特点及要求的学习模式,并能快速地区分、调配及整合对企业发展有用的知识,是企业知识存量的特殊表现形式。一方面,建立一套递进机制和动态调整机制,以实现组织机构、岗位职责及业务流程的优化,从而增强管理体制的权威性和效率。另一方面,为确保管理体制的有效性,应设立相应的运行监测机制。通过信息化系统的运用,可以对业务执行结果进行数据统计和分析。这不仅有助于识别问题,还能够支持制度的改进,从而保障管理制度的规范性和有效性。此外,在准备落实的管理体制中,增设有关落实的监督考核机制,将这种监督与考核工作规范化地纳入企业管理制度中,有助于确保监督工作有据可循,有明确的执行规则。这将更加精准地提升管理体制在企业中的适用性。营造创新氛围和创新文化,促进员工创新意识形成。企业文化是员工对企业价值观、组织目标和管理方式认同程度的综合体现,是员工践行企业经营宗旨及企业精神的准则,反映了企业文化氛围方面的知识储备。一方面,企业需要构建积极的创新氛围,通过制定有益的创新制度和奖励机制,鼓励员工拥抱创新和勇于尝试新思路。这样的环境将培养员工冒险和开拓创新的素质,为创新活动提供动力支持。另一方面,企业不仅要在内部强调创新的重要性,还应加强员工之间的交流合作,弘扬创新文化。合作和创新意识的交融是至关重要的,因为只有这种思想与实践的统一,员工才能真正认识到创新的价值,从而主动参与创新活动。在这方面,企业应当为员工提供分享观点的机会和沟通途径。通过构建有效的建议渠道,员工可以有针对性地表达观点,并受到企业充分的关注和重视。这有助于培养员工的创新意识,提升企业的技术核心能力。

三、促进知识结构改善的对策建议

(一) 优化知识的获取路径,促进企业降本增效

实证发现包含公共知识和基础知识缺乏灵活性与创新性,对技术核心能力的形成不具有显著的作用,而核心知识对技术核心能力形成的推动作用需要经过一个转化、融合、创新的过程。合理的知识结构能够为企业培育技术核心能力提供充足的养分,因此需要采取相关措施进行优化。

在企业已有的知识存量中,有很多公共知识和基础知识的运作成本高,运作效率很低,所带来的收益却不高。这些知识要尽快交还市场,通过市场交易,获取更能节约企业知识运作成本。企业的核心知识,是企业技术核心竞争力所在,既无法通过市场交易得到,更不是凭空产生的,而是源于企业的实践活动,逐步探索积累出来的成果。对于企业技术核心知识,一定要自主拥有和自主积累,严格保密,防止商业机密泄露,对于已经显性化的核心知识,要通过申请专利等措施来加以保护,避免市场竞争优势的流失。因此,企业要对一般知识和核心知识的获取途径进行区分,明确不同类型知识吸收路径,以便清晰有序地对知识结构进行改善,既能及时补充技术核心能力形成所需的知识资源,又能尽可能降低企业在此过程中花费的时间成本与人力成本。

在实现知识资源共享与合作创新方面,企业可以通过多种途径,如战略联盟、企业集团及供应链管理等方式,促进知识的共享,进而为供应链内的企业创造新的价值。这种知识资源的流动往往受到市场推动,形成一种无形的"知识市场"。在供应链中,知识供应企业通过"出售"非核心知识资源以换取回报,而知识需求企业则为获取知识付出相应的代价。因此,在这种情况下,知识的共享与转移变得更加容易实现。然而,知识通常被视为一种重要资源和资产,占有了知识才能在竞争中保持优势地位。因此,对于知识拥有者而言,共享知识意味着可能失去自身的优势地位,造成利益受损。在缺乏激励机制的情况下,知识拥有者往往不愿意将知识共享。此外,考虑到供应链中的成员通常具有"一损俱损、一荣俱荣"的合作关系,这种关系相较于其他类型的组织联盟(如战略联盟、虚拟企业、产学研合作等)更为紧密。这种合作关系基于相互信任,同时又在商品市场交易机制的基础上形成。在这种互信的供应链合作环境中,不仅有助于承诺交易知识的伙伴之间自由交换,还能够降低交易成本。

(二) 推动向核心知识转化,促进核心竞争力提升

知识转化改善了知识结构,提升企业技术核心能力。在知识转化中,尤其是

一般知识向核心知识的转化、核心知识的内部转化过程中,企业管理实践中主要以企业员工间信息交流传递的方式得以实现。因此,交流在员工隐性知识的转化、共享和更新中扮演着至关重要的角色。实现各种形式的知识要素"转化",包括隐性知识的社会化、显性化、综合化和内在化,都必须建立在交流的基础之上,只有通过交流,各种知识要素才能够有效地相互作用和整合。企业内部的交流既可以通过正式网络,也可以通过非正式网络予以增强,企业可以通过培训、讲座等方式,增加面对面交流机会,也可通过网络平台和知识管理软件交流彼此的成果和经验,加速知识转化,优化知识结构,进而提升企业技术核心能力。知识只有通过有效的转移和利用,才能实现其价值。虽然各种知识都可以通过组织内部的各类正式或非正式社会关系网络的相互作用来进行转化,然而,非正式的关系网络在隐性知识的转移中扮演着主要的角色。这种网络对于隐性知识的产生和传递具有至关重要的影响。

隐性知识的生成和转化主要依赖于非正式或个人之间跨部门的联系和互动来实现。举例来说,工程师、市场销售人员及产品开发人员之间的经常性互动,为隐性知识的流动提供了重要渠道。在这个过程中,非正式的社会关系网络扮演着核心角色。这种非正式网络不仅在企业内部起作用,也在企业与外部环境之间起到联系纽带的作用。通过与顾客、供应商、销售商、零售商,以及大学和科研机构的互动,企业能够获取最新的市场和技术信息。这种快速而有效的知识传递,使得许多新颖和领先的知识得以传播,尤其是那些尚未编码的知识,或介于隐性和显性知识之间的知识。在许多情况下,这些知识可能难以通过正式渠道获取。然而,通过个人之间的直接交流,借助语言、姿态和情感等隐性表达方式的综合作用,有助于将隐性知识的本质传递给对方。这促使共享和有效转化隐性知识,进而将一般知识转变为核心知识。这种交流有助于形成技术核心能力,为组织提供有利基础。

(三)注重人才培养体系构建,促进企业可持续发展

在人力资源管理领域,很多企业对于人才培养重要性的认知尚不充分,未能明晰地认识到人才培养对于企业发展的至关重要性。甚至有一些企业认为,人才培养是一项耗时耗力的工作。即便企业在人才培养上投入大量精力,也可能面临人才跳槽的风险,导致得失不平衡,从而不够重视这一领域。然而,人才的获取并非一蹴而就,仅在需要人才时才采取市场招聘的方式获取人才,可能难以及时找到合适的人才。此外,有些人才并不容易通过市场直接招聘到,更需要在企业内部进行培养。考虑到核心知识大多内含于企业高层次的人才中,构建尖端的人才结构是培养技术核心能力的必要前提。企业的管理层人才、研发层人才以及一

线员工，都在承担着传递企业核心知识的重要任务和功能。因此，为加快技术核心能力的形成，企业必须要阶段性地审视自身的人才结构是否与企业发展路径相匹配，是否能够成功为企业获取核心竞争优势，重视人才系统的建设，避免出现人才供应不能满足企业运营和发展需要的情况。

人才被视为企业向前发展的关键动力，因此，将人才培养纳入企业长远战略规划是必要的。企业的领导层应根据企业的实际情况、行业的发展前景及国家的政策方向，制定科学合理的人才培养制度。这样的制度应该是有计划且有目标的，旨在为企业的长远发展培养出优秀的后备人才。在制定人才培养制度时，需要考虑不同岗位所需的技术及承担的职责的差异。管理层应提前进行充分规划，以便有针对性地进行培训。此外，企业不仅应为员工提供有针对性的培训，使得人才培养更具有针对性，还应创造一个有助于留住人才的环境，并提供相应的报酬，这有助于将企业人才培养的风险降到最低。科学的人力资源管理可以有效调动员工的积极性，而员工的工作积极性直接影响其工作效率。高积极性的员工能够高效地完成工作，而低积极性的员工则不仅工作效率低下，工作质量也会受到影响。完善的人力资源管理可以最大限度地激发员工的工作热情，提高工作效率，这对于企业来说，不仅能够节约人力资源成本，还能够促进企业的可持续发展，具有重要意义。

四、促进知识分布改进的对策建议

（一）改进企业内部知识分布，增强企业创新能力

实证结果可知，企业内部知识分布对企业技术核心能力的形成起着显著的正向作用，改进企业内部知识的分布情况，有利于优化企业资源的内部配置，增强创新的可能性。

企业可以增强内部知识分布的密度，缩短部门之间、员工之间的知识距离。在企业内部，分布在一个部门领域的知识越多，完成某一个技术的任务就越顺利，知识资源越多、越密集，部门或组织要达到一个目标就变得容易，因为它需要的知识资源很容易获取，遇到的技术难题也容易解决。部门与部门之间、员工与员工之间的知识距离相差太大，也不利于技术及知识方面的转移。缩短知识距离，在组织内部进行信任度建设，是知识转移管理中核心问题。塑造成功的组织文化可以显著提高员工之间的信任程度，从而促进个人内在知识不断转化为组织内的共享知识。当一个企业拥有鼓励开发、包容多元及共同愿景的文化时，能够激发员工为实现组织共同目标而努力。在这种有益的组织文化中，员工愿意自发

地奉献和投入，与其他组织成员共享知识。与此同时，组织也应加强培养员工自身素质的努力，提升员工的整体素质，使得组织内的员工感到彼此是值得信任的。尽管在知识背景差异较大的组织中，员工可能拥有不同的专业背景和对事物的理解，但这并不妨碍建立起员工之间的信任机制。随着员工之间交流的加深，原本存在的交流困难会逐渐减轻，从而有助于实现知识的转移和共享。

企业可以促进员工间的交流，同时适当降低员工知识的差异性。员工之间存在知识背景差异，如果差异过大员工之间的交流存在困难，使得很难达成共识。通过增加组织例会频率，提供基础知识教育及建立组内沟通平台，企业可以有效地促进员工内部知识的高效转移。这些措施有助于加强员工之间的交流与合作，提升整体组织的知识传递效果。同时，企业应该把握内部知识的差异性，提升内部知识储备，增强企业吸收、整合与消化能力，寻找并确定内部知识差异性的平衡点，避免过高的内部差异性导致企业管理成本的过快上升，使得创新成果产出的"不经济"。因此，一方面企业可以为员工学习创造良好的学习环境，完善相关规章制度，引导、激励知识型员工更有效地学习，构建组织学习平台，如提供在线学习课程、咨询热线等多元化平台供员工选择和使用；另一方面企业也要鼓励员工在学习过程中勇于表达自己的观点，倾听和接受别人的创新想法，并通过思考转化成自己的知识，降低员工间知识分布的差异性。

企业在推动员工创新和知识共享方面，应当着重完善组织体制并构建新的激励模式。传统的"金字塔"式组织结构存在过多的管理层次，这使得员工之间的沟通和交流变得困难，导致许多员工的建议和想法无法得到重视。为适应知识经济时代，企业应构建有利于知识管理和创新的组织结构，强调对知识创新和共享的物质与精神奖励及支持。激励机制同样是影响员工创新的重要因素。不同的激励模式直接影响员工之间的团结和奉献精神，从而影响着信任度的建立。因此，企业需要建立新的激励模式，既包括传统的物质激励和精神激励，又涵盖环境激励。环境激励指的是在组织内营造一种以人为本、人性化的环境，能够激发个体成员的自愿合作、奉献、信任和忠诚，从而促进团队合作。通过建立新的激励模式，企业可以提高员工之间的信任度，发挥员工的合作奉献和团队精神。通过优化组织结构，创造合适的激励机制，以及营造人性化的工作环境，企业可以在知识经济时代中更好地引导员工参与创新和知识共享，进而增进员工之间的信任感，推动整体团队的协作与发展。

（二）改善企业外部知识分布，建立知识良性循环系统

从实证结果可知，企业外部知识分布对企业技术核心能力的形成起着显著的负向作用，一方面是企业外部知识分布较多，容易使企业产生路径依赖，另一方

面促进外部知识有效获取的相关机制不够完善。

企业建立创新机制。创新是企业的灵魂和生机所在,在企业不断发展的过程中,技术和管理的不断创新是必不可少的。技术的高、精、尖是企业取得成功的重要因素,它直接影响产品的质量和市场竞争力,同时也决定了企业的高效率运营。企业通过建立创新机制,促进外部获取知识的创新与转化,发挥新知识的作用,帮助企业进行技术突破,提高了外部知识获取的有效性。建立反馈机制,一方面是建立企业内部对外部知识有效性的及时反馈,有利于筛选出所需知识,减少知识赘余;另一方面,企业从外部不同组织中获取知识,特别是从高等院校与科研院所,它们所提供的知识可以转化企业所需的技术,而企业也应及时向高等院校、科研院所进行反馈,明确自身所需的知识,有助于高等院校、科研院所与企业建立起一个具有正确反馈机制和良性循环的运行系统。

组织间建立科学、公正、合理的利益分配机制。从外部获取知识是组织间相互进行的过程,对于最终获取的创新成果进行利益分配需要有制度化的手段。制度化是合理利益分配的规范需要:一是合同管理。合同管理是相对科学的管理办法,有助于确保各方的权益不受损害,提供了重要的法律保障。随着我国知识产权保护和专利技术的保护制度越来越严格、科学、规范,企业也必须适应这种形势发展的需要,进一步加强制度化建设,将一些利益问题用合同的形式加以确立和保护。二是完善规章。建立和健全一系列规章制度,其中包括合理利益分配的内容,有助于避免不必要的矛盾和纠纷,使得组织能够集中精力,提高工作效率。此外,完善的规章制度还有助于在人员流动过程中防止技术泄密问题的发生,保护企业核心技术和知识资产的安全。

建立与社会发展相适应的同步协调机制。企业从外部获取知识也具有相应的风险,可能会面临着较大的交流成本,企业可以通过加强与政府和金融机构等的合作,在资金信贷优惠政策方面争取更多的理解和支持,给企业在人事制度、财务、管理、职务晋升、生活待遇等方面更多的自主权,促进企业的发展。以大数据、人工智能为代表的数字技术高度发展,使组织间的学习和交流方式发生了很大的变化,通过网络形式,就可以实现合作组织间的学习交流,进行经验知识的探讨,同时,通过网络便捷地获取大部分的显性知识。因此,企业应该建立自己的数字化知识管理系统,既方便获取外部知识,对外部知识进行分析和筛选,也可以得出新知识在企业内部应该运用的位置,发挥新知识的作用。

五、促进知识水平提高的对策建议

（一）加强企业主导逻辑，实现企业创新发展

从实证结果可知，企业主导逻辑水平对企业技术核心能力的形成起着显著的正向作用，采取相关措施加强企业主导逻辑水平，有利于提升企业的反应能力，增强创新的可能性。企业拥有的主导逻辑将从不同方面，影响企业对所获取信息进行的分析过滤。企业主导逻辑形成之后，通过提出问题和提供明确或含蓄的解决问题的方案，影响企业的经营管理决策。经过主导逻辑的筛选后，企业环境同企业的使命、实力一起，形成了企业战略的基础。企业主导逻辑的识别与选择，主要是针对企业对政策环境的反应能力、核心技术的难以模仿程度、员工对核心价值观认同程度、企业组织结构、制度规范及创新机制的完善情况以及企业对市场环境的反应能力。

提升战略洞察力，识别外部环境中潜在的新机会，及时进行主导逻辑的更新。许多企业缺乏对自身所持战略和发展逻辑的清晰认知，导致情境与主导逻辑不平衡适配。为了有效助力企业发展，企业应以战略目标为导向，深入分析当前的发展瓶颈和未来的发展方向，同时根据内外部环境的变化对其进行优化和整合，以最大限度地把控风险。

对员工的监督制度建设应落实到位，其直接关系到企业内部管理的执行效果。企业应及时对管理中发现的问题进行分析反馈并采取相应措施，结合企业实际情况，确保岗位职责分配得当，确保员工在实施过程中尽责尽职。这有助于避免不必要的风险问题对企业产生消极影响，确保问题得到及时解决，同时要求员工端正工作态度，以稳步提高企业的经济效益。

企业一方面应识别企业知识水平所属类型及创新所需知识的缺陷，有针对性地进行改进和优化；另一方面，企业应根据自身需求加强知识结构的建设，增加知识投入，如购买专利技术、进行员工培训、引入新系统等，以提升知识水平，确保拥有充足的创新资源。这些举措都有助于企业建立更坚实的知识基础，推动创新和持续发展。

（二）改善企业人力资源状况，构建科学管理体系

从实证结果可知，企业人力资源水平对企业技术核心能力的形成起着显著的正向作用。人力资源水平是人力资源能力的具体表现形式，企业人力资源水平对企业的应变、竞争、成长发展、创新等活动，以及各种技术手段的运用，都起到

了决定性的作用。企业人力资源状况主要包含人的能动性和知识含量两个方面，可以从招聘培训的投入、员工对企业人力资源工作的满意程度、员工的受教育程度和技能水平等方面具体考虑。

提高企业管理人员的专业能力。企业的管理层在做出决策时需要具备精准的分析能力，以在激烈的行业竞争中抢占先机。因此，企业管理者应当重点思考如何提升自身的专业能力。他们需要保持良好的知识储备，能够在关键时刻提供有价值的见解，并了解企业内部的组织结构和员工特长，以便进行有效的人员调配，实现人力资源的优化配置。通过减少成本和提高效益，实现经济效益的最大化，为企业创造更多收益。此外，放权并提拔技术型人才也是重要的，这有助于在激发员工潜力的同时，提升整体管理水平，实现更大的突破。

严格进行人力资源规划。人力资源规划是一个动态的过程，需要根据企业的发展目标和前景进行不断调整。企业应当分析在不同发展阶段实现目标所需的人力资源，并确定不同类别人才在不同阶段所占比例。在进行充分分析后，企业可以根据发展趋势，在保持正常运转的前提下，整合人力资源，使其处于最有利于发展的状态。这样的规划有助于确保企业在不同阶段都拥有适当的人才配置，以更好地应对市场挑战，保持竞争力。

适时进行员工培训。知识的有效组合也能有效地提高企业的知识水平，知识的载体中最具能动性的就是人员。企业的知识有很大一部分依附于企业员工这个载体上。企业可以定期或不定期地对企业员工进行培训，提高他们应用知识的技能，并用外部或内部激励的方式提高员工在工作中自觉运用知识的频率，从而提高知识的应用效率。当企业对人员进行搭配组合时，同时也是在对知识进行组合。

（三）加快信息化建设，实现资源优化配置

从实证结果可知，企业信息化水平对企业技术核心能力的形成具有不显著的正向作用，这是由于信息化水平需要通过企业人与物的共同作用，才能发挥真正的作用。企业信息化能使企业在沟通上具备更好的结构，从战略高度对整个网络的知识分配加以规划，从整体上促进知识的共享、利用、创造。企业信息化是影响知识水平的物质基础，是企业不断加大信息资源投入、开发和应用的过程，主要由信息化设备投资占企业全部投资的比例、企业信息化应用水平、企业为保证信息化顺利实施而制定的制度完善程度和落实程度、企业实施信息化培训费用占企业全部培训费用的比例、员工对信息化系统的利用率等因素构成。

企业应健全多渠道企业信息化投入机制，增加信息化的投资。企业信息化建设是一项复杂而又庞大的系统工程，需要大量的资金进行软硬件设备的投资和大量的人力、物力。企业应该加大企业自身信息化建设资金投入，合理统筹规划企业资金使用和管理，安排出专门的信息化建设资金，为信息化建设项目提供资金支持。

增强企业信息化建设的针对性，形成企业信息化发展新格局。企业在进行信息化建设时，可以设立专门的部门，负责统一管理和规划信息化建设，从而确保信息化项目的针对性和有效性。此外，企业应该在信息化建设之前，由企业管理者带头，与第三方信息咨询机构合作，对企业的各个方面进行综合分析，包括经营体制、战略、管理、技术、人力资源、文化、竞争地位和行业环境等。通过这样的分析，企业可以更好地了解自身的发展状况，实现准确的定位。在确认了企业的定位后，信息化建设应该与内部需求相结合，关注建设的方针、阶段、范围和深度。企业需要考虑自身的发展条件、基础和特色，将信息化建设与企业发展战略相一致，以提高企业的核心竞争力为目标，确保信息化的投入与产出相匹配，从而使企业能够在信息化的支持下实现更好的发展。

（四）加强技术的创新与应用，塑造自身发展优势

行业技术轨道的发展代表了影响企业知识水平的外在环境条件，企业采用哪种学习方法、哪种技术战略，都与行业技术轨道的互动有关，正是技术轨道决定了技术发展可能的方向和强度，使得行业所处的技术轨道对企业的技术发展有深远的影响，从而也反映了企业知识水平的发展。

重视知识创新能力，提高企业知识水平。企业发展进入成熟阶段后，行业内企业分工格局逐渐形成，企业数量趋于饱和，内部关系更加复杂，知识的共享和转移得到了更大的关注和实践。然而，正是伴随着知识的共享和转移，企业间的知识水平差距逐渐减小。虽然这种现象有助于行业内的整体知识水平提升，但同时也带来了一些问题。首先，企业的产品趋同性开始显现，互补性逐渐减弱，这可能会导致市场竞争的剧烈程度降低。其次，内部竞争逐渐加剧，企业之间争夺有限的市场份额和资源，可能会影响到合作和创新的氛围，从而阻碍知识水平的持续发展。为提升或维持行业内地位，企业需要获取更多的知识资源，重视知识创新能力，积极促进企业开展知识研发，创造新的知识，提高网络的知识水平以填补知识缺口，保证企业知识水平高于所在行业内众多竞争者。

充分利用内外部资源，不断地提高知识吸收能力。当企业要通过技术引进的方式来改进企业的工艺时，这些技术中所包含的知识将对企业的知识水平起到显著的影响。通过强大的吸收能力，企业能够更快速地提升自身的技术水平和能力。这种能力使企业能够不仅积极地融合外部资源，还能够通过内外部知识的互动，实现技术的跨越和创新的跃升。因此，吸收能力的提升成为企业创新过程中

不可或缺的一环，为企业持续的竞争优势和技术进步提供了有力的支持。

六、促进知识流动提速的对策建议

（一）提升知识转移能力，实现知识有效传递

从实证结果可知，知识转移能力对企业技术核心能力的形成起着显著的正向作用，企业知识转移能力的高低，决定了知识传送和吸收的效果，对知识的积累和创新有重要的影响。知识转移能力主要由知识源和知识受体决定，知识源是指要转移知识的拥有者，知识受体是指知识流动的接受主体。知识存量的多少、知识水平的高低决定了知识源和知识受体间的"知识势差"，这种"知识势差"导致了知识的流动。

企业加强与外部企业的合作伙伴关系，加深彼此的了解，以提升其输出意愿和输出能力。"知识势差"导致了知识的流动，但知识流动并非自发行为，知识输出企业的主观意识和转移输出能力对知识流动速度有着重要影响。知识输出企业的主观意愿指知识拥有者公开、传授和共享自身知识的意愿程度。对于知识的传播者而言，知识的流动会造成在某些知识领域丧失其领先地位，出现知识的不对称性。对知识的接受者而言，由于存在知识不对称，使得知识供应者与知识接受者存在知识梯度，造成知识流动的阻碍。知识流动意愿高的成员将更加积极、认真和努力地参与知识流动，从而提高知识流动水平，因为主观努力也会使知识流动的效果更好，即通过知识流动带来的知识增量和扩散情况会更好，知识流动的有效运作依靠流动双方的意愿。知识输出能力包括了知识源的知识基础和知识转移经验，即企业对知识的掌握程度及对知识的编码、表达和应用能力。企业丰富的经验有助于知识转移双方的合作，好的知识源应具有较强的知识转移输出能力，如根据知识接受企业的特征对知识进行适当分解的能力，能选择合适的方式转移知识的能力等。输出能力强的企业，在如何选择适宜的输出模式上会更有经验，能够使知识源与知识接受企业之间的交流更为顺畅，从而减少知识流动过程中的沟通障碍，并将各成员间的误会和冲突降至最小。

企业要充分了解新知识对于其业务的价值，以提升其吸收意愿，通过培训或教育某些相关信息或技能，以提升企业对新知识的接受能力。知识接受企业的吸收意识越薄弱，就会有更多的知识难以转移。知识接受企业的吸收能力也会影响到知识流动，通常情况下，企业必须具有某些典型的相关信息或技能，以便自己能够利用被转移的知识，或者说，知识接受企业在知识领域里必须有相应的先期经验，否则，这些知识将难以有效转移。随着企业先前经验的减少，知识的转移

难度增加。企业的吸收能力弱化，也会导致其能够吸收的知识量减少。此外，企业的吸收能力还影响其是否能够识别外部信息的价值。这取决于企业已有的知识存量，这些知识将引导企业的行为，而且往往会受到路径依赖的影响。因此，企业在搜寻新知识时，往往会基于其已有的知识基础。

企业要建立企业间的沟通渠道，以尽可能缩小企业之间的文化距离、空间距离和知识距离。源于文化差异的冲突和误解，常常会导致知识流动不畅和学习效率下降，会影响到双方合作，从而影响知识转移。地理上的距离越近，知识的流动也就越容易产生，这也是为什么硅谷、中关村等的高新技术企业都会集中地临近大学和科研机构等。知识源与知识受体的知识距离是指他们在知识基础上的差距，两者落差越大，知识越不容易转移，反之，两者知识水平越接近，越容易转移。企业之间的文化距离、空间距离、知识距离越大，知识转移的难度越高，由此而导致的粘滞知识越多。

（二）促进先进性知识流动，提升行业技术领先性

知识的先进性是指某些知识或技术在行业中具有显著的优势，代表着行业的发展方向，具有新颖性、创造性和实用性，反映了知识的创新性是否在行业中处于领先水平。知识的先进性越强，就越具有发展前景，难以想象企业的竞争优势和发展战略会建立在即将被淘汰的陈旧技术之上。但从实证结果可知，知识的先进性对企业技术核心能力的形成起着不显著的正向作用，究其原因：一是越是先进的知识，其复杂程度越高，风险越大，转化为技术核心能力的难度就越大；二是如果先进性的知识并不是企业所需或不为企业很好地利用，那么先进性的知识也很难转化为企业的技术核心能力。

企业应提升对先进知识的识别能力。企业只有不断识别出对于企业有用的先进知识，才有可能将这些知识转化利用，从而提高自身技术核心能力。一方面，构建企业的先进知识识别体系，有助于企业识别出提升技术核心能力所必需的那些先进知识。另一方面，先进知识的识别是企业知识资源整合过程中的一个重要环节，也是企业利用知识实现技术创新的前提条件，知识识别能力越强，企业对创新知识的整合能力也就越强，那么企业的技术核心能力也会相应提高。企业不能一味地追求先进性的知识，而是在追求知识先进性的同时，考虑这些知识是否是企业所需要的，能否有效利用并发挥价值。

企业应提升对先进知识的获取能力。企业在精准识别先进知识是否是企业所需之后，就需要依靠企业的知识获取能力，吸收这些对企业有用的先进知识。在如今充满动态变化的环境下，随着生产知识和工艺技术的快速发展，企业只有持续地从外部获取新知识，并将其注入生产活动中，才能不断提升技术核心能力，

从而在竞争激烈的市场中保持领先地位。相反，如果企业停滞不前，无法高效地获取所需的先进知识，将会导致生产效率停滞不前，最终被市场淘汰。

企业应提升对先进知识的利用能力。拥有先进知识并不足以带来竞争优势，关键在于如何将其利用起来。知识利用是企业内部不同知识主体将吸收的先进知识结合起来，创造最终产品和服务的过程。然而，这个过程常常伴随着试错，在运用新知识的过程中，企业可能会发现知识体系在某些方面不适应企业的发展需求，需要进行调整和完善。通过不断地试错，企业的知识体系逐渐成熟，技术核心能力也会不断提升。

（三）促进互补性知识的流动，实现技术创新的突破

知识流动的互补性既是知识的主要特征，也是知识流动的重要影响因素。从实证结果可知，知识的互补性对企业技术核心能力的形成起着显著的正向作用。互补性的知识是由显性知识和隐性知识构成，且隐性知识占了很大部分。由于隐性知识的重要性，企业应注意促进隐性知识的流动。

企业应提高对隐性知识重要性和复杂性的认识。企业要根据自身的具体情况，设立知识主管、知识工程师等知识管理人员，并建立专门的知识管理机构。这些机构的主要职责是高效地进行隐性知识的间接性管理，以促进企业内部隐性知识的流动和转化，进而提升企业的创新能力和竞争力。在推动隐性知识的流动和转化过程中，企业需要采取物质和精神相结合的激励措施。对于那些为企业贡献隐性知识的个人、团队、部门，应给予适当的物质和精神激励，以激发其分享和转移隐性知识的积极性。企业应充分认识员工隐性知识的独特和专有性，建立起一套公正的"按知识贡献分配"的物质激励制度，通过利益的驱动，促使隐性知识在企业内部自由地流动和转化。

企业应利用先进适用的技术手段和方式，促进隐性知识流动与转化。互联网、人工智能、神经网络等相关技术的合理利用对于隐性知识流动与转化产生积极影响。实践证明，经过一系列科学的管理程序，能把小部分的隐性知识逐步显性化，进行编码，编制成工作指南、管理制度、操作规范和员手册等工作文件形式，从而在更大的范围内加快企业隐性知识的流动与转化。

企业应选择适合于隐性知识流动的方式。恰当的方式能够加速隐性知识流动，如企业可以将拥有特殊知识与能力的一些人组成各种项目小组，让其在互动场所中彼此相互启发，将隐性知识转变为显性知识。此外，企业在加快企业内部隐性知识流动与转化的同时，还应当广泛地与外部进行知识交流，通过引进智力、借用"外脑"、购买技术诀窍、交流管理经验、派人去学艺等方式，获取外部隐性知识。

(四) 优化知识流动的外部环境，畅通知识流动渠道

企业知识资源的积累对技术核心能力的形成有着积极的影响，而这一过程又受到了良好的外部环境的推动，使得企业知识流动更加顺畅。从实证结果可知，知识流动的外部环境对企业技术核心能力的形成起着显著的正向作用。企业文化、组织结构、信息技术是推动知识流动的三个基本环境因素，共同构成了企业技术创新中知识流动的动力系统。

构建开放、鼓励知识共享的企业文化。企业文化在很大程度上影响着员工的行为方式和价值观，进而影响着知识交流的效率。价值观是一种隐性的、难以改变的企业文化要素，它潜移默化地指导员工的思维方式和行为动机，从而影响着知识流动的态度和效果。在企业文化的引导下，员工的知识交流行为会有显著不同。举例来说，如果企业倡导竞争并实行严格的淘汰机制，员工可能会因为担心知识被他人利用而避免分享，导致知识交流的低效甚至停滞。相反，如果企业重视员工综合素质，鼓励团队合作，员工会更愿意与同事分享知识，因为他们不会感到知识共享对个人利益造成威胁。因此，在企业文化中树立鼓励知识共享的价值观是促进知识流动的重要手段。当员工感知到知识共享被认同和奖励，他们会更愿意与其他人分享自己的专业知识和经验。这种文化氛围将推动知识在企业内部的流动，促进创新和技术的进步，进而提升企业的竞争力和发展前景。

建立柔性化、扁平式的组织结构。传统的组织结构通常采用层级管理体系，其特点是等级分明、官僚主义严重，这种结构常常阻碍员工之间的积极知识获取和交流，从而影响了组织的创新能力。为了有效地促进知识的流动，建立柔性化、扁平式的组织结构变得至关重要。在这种结构中，企业成员之间的地位更为平等，层级层次相对减少，这有助于减少彼此之间的交流隔阂。建立起一种强调问题解决和协作的文化，可以促进成员之间的联系和知识流动。一个关键的概念是"联结网络"，即在组织中建立起一种紧密联系的网络，使不同成员之间的知识能够顺畅地流动。这种联结网络可以通过跨部门项目组、定期的跨职能会议及数字化协作工具来实现。通过这种网络，成员之间可以共享各自的知识和经验，有效地解决问题，完成各自的任务。

合理利用信息技术，提升知识流动的效率。有效的知识流动确保了需要知识的个体能够及时获取所需的信息，同时也能够将自己所掌握的知识迅速传播出去。特别在技术创新的过程中，及时获取必要的知识对于提高效率和质量至关重要。然而，若在庞大的知识海洋中漫无目标地搜寻所需信息，将导致效率低下。信息技术可以改变这种状况，建立互联网搜索引擎等工具，为知识库绘制一张电子地图，标记了专家、专利成果、外部知识等信息的位置。这使得员工在需要特

定知识时能够快速定位，无须费时费力地在信息汪洋中寻找。这种便捷性极大地提高了知识的流动效率，使知识在企业内部能够更加快速地传播和共享，从而提高了知识流动的效率。信息技术手段也为员工间的交流提供了可能，当企业员工产生创新灵感或打算提出合理化建议时，通过网络与其他员工共享，同时对他人提出的观点借助网络吸收和借鉴，消除了人与人在面对面交流时产生的"界面障碍"，从而取得更好的效果。

第十章 研究结论与展望

第一节 研究结论

技术核心能力是企业在吸收、运用和更新知识的过程中逐渐形成的独特能力，企业知识状态的优化是企业技术核心能力形成和发展的关键因素。本书从分析我国企业技术核心能力发展现状、形成的重要性和面临的机遇与挑战出发，以企业知识的属性、技术核心能力理论等相关文献研究为基础，系统探究了企业知识状态的内涵及其知识属性构成要素，深入分析了知识状态与技术核心能力的关系和演化过程，详细阐述了知识状态下技术核心能力的形成过程与要素。结合文献研究、理论分析和企业现场调研等方式，构建知识状态对企业技术核心能力影响的概念模型并开展实证分析。通过理论分析和实证研究，构建企业技术核心能力的发展体系，为企业技术核心能力形成和成长提供较为完整和可操作的理论与技术方法。本书具体的研究结论主要包括以下五个方面。

一是，本书以企业知识的特征和作用为切入点，提出并界定了企业知识状态，并对企业知识状态的构成和基本属性进行了深入研究。企业知识主要包括隐性知识和显性知识，其中隐性知识具有默会性、个体性、内嵌性和稳定性等特征，显性知识具有易获得性、客观存在性、静态存在性和可共享性等特征。从生产函数和企业利润最大化的分析角度对知识作用机理进行剖析，得出了企业知识投入的转化率高，其生产效率也越高；知识作为企业一种重要的生产要素，已成为企业获取利润的重要来源。在此基础上，提出企业知识状态这一概念并对其进行界定，认为企业知识状态是对企业知识的整体描述，由企业知识存量、知识结构、知识分布、知识水平和知识流动五个基本属性构成，企业知识状态是企业竞争优势的源泉，能够用来解释企业技术核心能力形成的微观机理。通过对知识属性的定义、特征、要素构成及要素间关系的进一步分析，发现各个属性间既有区别，又紧密联系，表现出静态和动态的结合。同时，企业知识状态的各种属性相互影响，改变其中一个知识属性，往往会直接或间接地影响其他知识属性，只有合理配置才能充分发挥出每一个属性的作用。所以，企业技术核心能力的形成和提升实际上取决于这些属性的共同作用。

二是，本书基于技术核心能力的定义和内涵，从核心能力和技术能力的角度分析了技术核心能力的知识本质，认为核心技术能力的核心部分是核心技术知识。在此基础上，分析了知识属性与技术核心能力的关系。知识存量是技术核心能力形成的重要源泉，其中以人为载体的知识存量是最为关键的因素，以物为载体的知识存量是基础，以组织结构为载体的知识存量是保障，而市场知识存量的影响较小。知识结构是技术核心能力壮大的重要基础，知识结构与知识吸收能力及知识创造能力之间存在紧密的联系，从而影响技术核心能力的形成与提升。知识分布是技术核心能力提升的重要推力，知识分布的密度、距离、差异性及存在方式等特性，影响知识转移效率的高低，进而对技术核心能力产生影响。知识水平是技术核心能力更新的重要条件，当企业的知识水平达到较高程度，通常能为企业获取长期技术竞争优势提供基础，是企业向高层次技术水平发展的必要条件。知识流动是技术核心能力运作的重要体现，技术知识的流入与流出、数量的多少、流动的速度、流动的阻力等因素，都对技术核心能力的提升产生影响。技术核心能力的形成和提升是知识状态五个属性共同作用的结果，其本质就是企业知识状态的提升过程，而知识状态的提升又表现为五个属性的优化。本书将技术核心能力的演化过程分为孕育、成长、成熟、衰退或革新阶段，技术核心能力的形成和提升，分别对应成长阶段和革新阶段，这两个阶段是企业知识状态变化最大和最多的阶段，新知识不断涌现，知识存量大幅度增加，知识结构也发生变动，知识水平不断提高，知识在相关部门、相关人员中分布扩散，知识大量快速流动。可见，知识状态与技术核心能力的演化密不可分。

三是，本书认为企业技术核心能力由企业的知识状态所决定，企业技术核心能力形成的根本途径是企业进行知识创新和知识积累。技术核心能力形成的过程体现了知识"激活—创新—沉淀"三阶段的过程。激活阶段是技术核心能力形成的启动阶段，在激活阶段，企业在原有技术基础上进行积极创新，促进新的知识与原有知识相互作用和有机整合，不断产生新的知识，增加企业知识存量，并不断改善企业知识状态。创新阶段形成和提升技术核心能力的关键阶段，在创新阶段，企业通过研发、整合、扩散等多种方式不断创造新的知识和新的技术，将创新成果在企业内部及相关部门进行积累和扩散，并从中获取核心技术知识，即形成新的元素知识、架构知识和有效知识，使企业原有知识状态得到完善。沉淀阶段是技术核心能力形成的积累阶段，在沉淀阶段，创新阶段产生的新知识不断积累并沉淀下来，延续到企业未来的研发、生产和营销等经营活动中，使得企业的知识水平提高到一个新的台阶，知识分布和知识结构得到改善，知识状态进一步优化，从而使企业技术核心能力得以巩固和提升。企业技术核心能力的形成主要受到以下五类要素的影响：技术存量、研发能力、整合能力、扩散能力及延续能力。原有技术存量是技术核心能力形成的基础和源泉；研发能力有助企业获得技术核心能力的内核，即核心技术；整合能力是形成技术核心能力的关键力量；扩散能力是技术核心能力的动态性成长能力，对技术核心能力的动态演进具有至关重要的促进作用；延续能力是继续维持和提升企业技术核心能力的基础和推动力。

四是，本书通过相关文献研究和理论分析，构建了本书的研究模型，研究了知识存量、知识结构、知识分布、知识水平及知识流动对技术核心能力的影响，采用结构方程模型进行检验，最终部分假设得到了验证。在知识存量方面，以人为载体的知识存量对技术核心能力有正向影响。从知识存量的载体角度，高素质的人才拥有隐性的不能言传的独特经验和技能，不会轻易在市场中获取，已成为企业重要的知识资源，对技术核心能力的提升具有显著正促进作用；在知识分布方面，内部横向与纵向知识分布对企业技术核心能力有正向影响，外部知识分布对企业技术核心能力有负向影响。企业内部的知识分布越合理，知识间的交流会越频繁，传播与利用知识的效率会越高，越利于企业技术核心能力的形成；而企业外部知识分布越多，企业从外部获取知识的次数越多，不利于企业进行自身的知识创新，同时也花费较多的交流成本，对自身技术核心能力的增强产生负面影响。在知识水平方面，人力资源水平与主导逻辑水平对企业技术核心能力有正向影响。人力资源是企业生产经营活动的基础，其水平的提升为企业带来了高质量的员工和丰富的知识经验，而主导逻辑水平体现了企业对信息的处理和适应能力，其水平越高，企业动态调整能力越强，可以帮助企业适应不同的内外部环境，两者都促进技术核心能力的形成。在知识流动方面，知识转移能力、知识先进性及鼓励知识流动的外部环境对企业技术核心能力有正向影响。知识转移能力越强，企业的知识传送和吸收能力就越强，有助于企业实现知识的积累和创新。互补性知识是企业所缺少的在现有经验领域之外的知识，其有利于培育差异化竞争力，对技术核心能力具有正向显著作用。较好的外部环境，促进了企业知识流动的顺利进行，帮助企业积累知识资源，对技术核心能力的形成具有正向显著作用。

五是，本书根据企业知识状态、技术核心能力的分析和实证研究结论，提出知识存量、知识结构、知识分布、知识水平和知识流动等构成知识状态的属性，并直接决定着企业技术核心能力的形成；通过构建企业知识状态的优化体系，支持企业技术核心能力的形成和发展。首先，分别针对五个知识状态，分析了其在支持企业技术核心能力的形成和发展中的重要性，并据此提出知识存量增长、知识结构改善、知识分布改进、知识水平提升和知识流动提速相应的实现路径。其次，从五个知识状态的整体出发，分析了知识存量、知识结构、知识分布、知识水平和知识流动的属性的共同作用，提出了知识状态的整体互动，能够使技术核心能力在不同发展阶段实现提升与进一步发展，构建了企业技术核心能力发展体系。技术核心能力的发展过程包括孕育、成长、成熟、衰退或革新阶段，在不同的发展阶段，企业技术核心能力体现出不同的知识状态，企业可以通过不同措施加强知识存量、知识结构、知识分布、知识水平和知识流动间的互动，从而帮助知识状态整体优化，促进技术核心能力的持续提升。最后，基于以上分析，提出相应对策建议。

第二节 不足与展望

本书在深入探讨知识与企业知识、企业知识属性、企业技术核心能力，以及知识与技术核心能力之间关系的基础上，分析企业知识状态及其构成，探索知识状态与技术核心能力的关系，明晰技术核心能力的形成与要素，并采用结构方程方法，运用调研数据，实证检验知识状态对技术核心能力的影响，最后结合理论与实证研究结论，构建了企业技术核心能力的发展体系。但囿于研究问题的复杂性，本书研究中还存在一些不足之处，可在今后的研究中进一步深化。

一是，本书所收集的调研数据多是横截面数据，对于测量指标的构建具有一定的局限。基于文献研究与企业的调研数据构建的测量指标，适用于企业某个时间节点或者时间段，但不一定具有动态发展性。这方面的研究，可通过对某些企业进行长时期跟踪调研，验证测量指标的合理性；或者可以补充相关案例研究，通过案例分析，检验知识状态对技术核心能力所存在的影响，加强实证结果的可靠性与说服力。

二是，可以进一步研究不同阶段知识状态对技术核心能力的影响。企业技术核心能力的发展包括孕育、成长、成熟、衰退或革新等阶段，在这些不同阶段中，企业所需要的知识属性可能会有所不同，在本书的实证部分，并没有探究不同阶段各个知识属性对技术核心能力的影响。后续研究可以结合企业调研数据及企业内部运营等相关数据，划分技术核心能力发展的不同时期，同时收集不同时期的各个知识属性的数据，构建实证模型进行检验。

三是，可以更详细地探究知识状态对技术核心能力的影响。本书将技术核心能力作为一个整体，把知识状态分为五个知识属性进行研究，而实际上技术核心能力也是一个比较复杂与抽象的概念，其也包含有不同的构成要素，如吸收能力、研发能力、技术创新能力等。后续的研究工作，可以把技术核心能力也进行更为详细的拆分，探究各个知识属性对于技术核心能力中的哪一个组成部分影响最大，并在更广泛的行业与区域进行实证研究。

参 考 文 献

阿瑟·刘易斯.1996.经济增长理论[M].周师铭,沈丙杰,沈伯根,译.北京:商务印书馆.
艾明晔,宋加升.1999.快速反应能力是增强制造企业竞争力的关键[J].科技与管理,(2):20-23.
安妮.布鲁金.1998.第三类资源—智力资本及其管理[M].赵吉平译.大连:东北财经大学业出版社.
安同良.2004.企业技术能力发展论:经济转型过程中中国企业技术能力实证研究[M].北京:人民出版社.
彼得·F·德鲁克.1999.知识管理[M].杨开峰译.北京:中国人民大学出版社,1999.
蔡虹,高杰,许晓雯.2004.R&D投资经济效果的实证研究[J].科学学研究,(1):53-58.
蔡宁伟,王欢,张丽华.2015.企业内部隐性知识如何转化为显性知识?——基于国企的案例研究[J].中国人力资源开发,331(13):35-50.
曹明华.2004.论企业中知识分布和权力分配[J].贵州大学学报(社科版),22(4):49-52.
曹平,陆松,梁明柳.2021.知识管理基础、产业竞争优势和创新能力——以中国和东盟信息技术上市公司为例[J].科技管理研究,41(7):171-183.
曹兴,陈琦.2009.异质性、技术核心能力与高技术企业成长[J].科学学与科学技术管理,30(4):130-135.
曹兴,陈琦,郭然.2010.高技术企业成长模式重构及实现方式[J].管理学报,2010,7(4):570-576.
曹兴,郭志玲.2009.企业知识存量增长与技术核心能力提升的作用分析[J].科学决策,(8):41-47.
曹兴,李瑞,程小平,等.2006.企业知识结构及其优化机制[J].科学管理研究,(6):69-73.
曹兴,李小娟,张亮.2009a.企业知识状态与技术核心能力形成的微观机制[J].湘潭大学学报(哲学社会科学版),2009,33(5):76-81.
曹兴,罗会华.2005.企业知识状态:企业竞争优势的一种理论解析[J].中国软科学,2005(11):124-129.
曹兴,伍励,张亮.2009b.企业知识状态属性的测度指标分析[J].科学决策,(9):44-51.
曹兴,向志恒.2007.技术核心能力形成的企业知识结构分析[J].科学学与科学技术管理,(8):97-101.
曹兴,许媛媛.2004.基于知识的企业技术核心能力管理模式[J].中国软科学,(10):

72-76.

曹兴，杨威，彭耿，等．2009c．企业知识状态属性与企业技术核心能力关系的实证研究［J］．中国软科学，（3）：144-154，185．

曹兴，易文华，郭然．2008．企业知识状态属性的内涵、结构及其相互作用关系［J］．中国软科学，（5）：102-108．

曹兴，曾智莲．2008．知识分布及其对企业知识转移的影响分析［J］．科学学研究，（2）：344-349．

曹兴，张亮．2009．企业技术核心能力的动态循环过程及其优化研究［J］．科学管理研究，27（3）：34-38．

曹兴，张亮，李小娟．2009d．企业知识水平构成及其提升机制研究［J］．科学学与科学技术管理，30（10）：127-132．

曹兴，张岩．2017．知识状态、双元学习对创新网络核心企业形成的影响研究［J］．湖南社会科学，（6）：115-123．

曹英姿，洪华．2004．培育快速反应能力提高企业竞争优势［J］．现代管理科学，（5）：50-51．

常玉，王莉，李雪玲．2011．市场知识与技术知识协同的影响因素研究［J］．科技进步与对策，28（6）：138-141．

陈峰．2019．论国家关键核心技术竞争情报［J］．情报杂志，38（11）：1-5．

陈海声，曹梁斌．2012．R&D投入与企业业绩关系研究［J］．财会通讯，（15）：78-80．

陈建先．2005．论人力资源能力建设与核心能力［J］．重庆工商大学学报（社会科学版），22（4）：59-63．

陈建勋，凌媛媛，王涛．2011．组织结构对技术创新影响作用的实证研究［J］．管理评论，23（7）：62-71．

陈颉．2004．虚拟企业的知识分布与管理［J］．郑州航空工业管理学院学报，4（4）：24-26．

陈晶璞，宋之杰．2001．企业核心能力评价指标体系研究［J］．燕山大学学报（哲学社会科学版），（4）：83-85．

陈娟，王文平．2008．竞争性知识传播网络的影响因素及结构特征研究［J］．科学学与科学技术管理，（11）：87-91．

陈丽芝．2006．基于知识系统工程的企业集群核心能力培育［D］．南京：南京航空航天大学硕士学位论文．

陈良民．2009．基于企业创新网络的知识流动研究［D］．沈阳：辽宁大学博士学位论文．

陈亮，陈忠，韩丽川，等．2009．基于社会网络分析的企业员工知识存量测度及实证研究［J］．管理工程学报，23（4）：49-53，68．

陈培祯，李健，曾德明．2021．知识替代性和互补性对企业新产品开发数量的影响［J］．管理科学，34（4）：89-100．

陈萍．2007．社会网络中企业知识资源的互补性［J］．图书与情报，（5）：52-54．

陈琦．2007．知识状态与企业成长的微观机制研究［J］．企业家天地下半月刊（理论版），（2）：73-75．

陈清爽，蒋丽梅.2019.高新技术企业知识产权管理模式探究——基于竞争力视角［J］.科技管理研究，39（1）：170-176.

陈通，程国平.2001.企业知识管理主体解析［J］.中国软科学，(3)：76-78.

陈伟，杨佳宁，康鑫.2011.企业技术创新过程中知识转移研究——基于信息论视角［J］.情报杂志，30（12）：120-124，76.

陈岩，张红霞，王琦.2018.知识资源对企业创新影响的实证研究［J］.科研管理，39（11）：61-68.

陈燕子.2009.某企业的核心技术发展趋势研究［J］.科技纵横，(12)：106.

陈晔武，朱文峰.2005.企业隐性知识的分类、转化及管理研究［J］.情报杂志，(3)：95-99.

陈颖翔.2004.基于知识的企业核心能力分析与构建［J］.统计与决策，(9)：140-141.

陈玉川，赵喜仓.2008.企业创新能力知识支撑体系的构建［J］.科技管理研究，(5)：239-241，253.

程德俊，陶向南.2001.知识的分布与组织结构的变革［J］.南开管理评论，(3)：28-32.

程刚，吴娣妹.2018.科技型中小企业知识创新的知识服务模式研究［J］.情报理论与实践，41（4）：38-43.

程雅馨，程延园，何勤.2022.殊途同归：人工智能技术应用企业价值创造模式与机制研究——基于知识基础观视角［J］.科技管理研究，42（15）：173-187.

储节旺，郭春侠.2010.企业核心竞争力特性与知识管理流程的关系研究［J］.情报理论与实践，33（3）：5-9.

慈向阳，阮永平.2006.企业的核心知识能力与企业异质性研究［J］.情报科学，(3)：445-450.

崔贺珵，李随成.2019.买方驱动知识转移活动与供应商合作创新态度［J］.科学学研究，37（6）：1079-1090.

崔勇.2010.知识管理提升核心竞争力［J］.企业管理，(1)：37-38.

邓波.2003.论基于核心能力的多元化战略目标行业选择［J］.中山大学学报报丛，23（5）：137-141.

邓修权，吴旸，上官春霞，等.2003.核心能力构成要素的调查分析——基于中国期刊全文数据库［J］.科研管理，(2)：109-115.

邓智瀚.2020.组织创新与技术创新匹配视角下的当前高端装备制造企业的管理突破［J］.科学管理研究，38（6）：78-84.

邓仲华，陈远，郭梁.2006.提升企业知识存量的有效模式——E-learning建构研究［J］.中国图书馆学报，(2)：37-41.

丁宝军，朱桂龙.2008.基于知识结构的R&D投入与技术创新绩效关系的实证分析［J］.科学学与科学技术管理，(9)：29-34.

丁孝智，王利伟，孙延艳.2010.基于实证的广州房地产业竞争力研究［J］.肇庆学院学报，31（3）：47-54.

丁秀好，黄瑞华，任素宏.2009.知识流动状态下自主创新的知识产权风险与防范研究［J］.

科学学与科学技术管理，(9)：72-76.

董保宝，葛宝山，王侃.2011.资源整合过程、动态能力与竞争优势：机理与路径［J］.管理世界，(3)：92-101.

董广茂，简兆权，王毅.2010.企业间知识转移创新性质的分析——知识结构的视角［J］.研究与发展管理，22(6)：1-7，14.

董睿，张海涛.2022.复杂网络视角下创新生态系统知识转移建模及仿真研究［J］.软科学，(6)：122-129.

董雅丽，刘壮.2008.战略联盟基础上的企业核心能力提升研究［J］.科技管理研究，(10)：145-147.

杜纲，程继川，陈卫东.2000.企业核心能力分析及其评价方法研究［J］.天津大学学报（社会科学版），(1)：56-60.

杜静.2003.基于知识整合的企业技术能力提升机理和模式研究［D］.杭州：浙江大学硕士学位论文.

杜静，魏江.2004.知识存量的增长机理分析［J］.科学学与科学技术管理，(1)：24-27.

杜楠，王大本，邢明强.2018.科技型中小企业技术创新驱动因素作用机理［J］.经济与管理，32(2)：81-88.

杜跃平，高雄，赵红菊.2004.路径依赖与企业顺沿技术轨道的演化创新［J］.研究与发展管理，16(4)：52-57.

段福兴，张建东，程钧谟.2005.企业知识创新能力模糊评价体系研究［J］.华东经济管理，19(5)：106-108.

樊星，路世昌.2008.产业集群互补性知识超边际模型研究［J］.科技管理研究，(6)：492-494.

范丹宇.2006.创新系统中知识流动的影响因素［J］.技术经济与管理研究，(2)：17-19.

方凌云.2001.企业之间知识流动的方式及其测度研究［J］.科研管理，22(1)：74-78.

冯博，樊治平，王建宇.2005.组织知识存量的有效性分析［J］.东北大学学报（社会科学版），(4)：260-262，266.

冯长利，张明月，刘洪涛，等.2015.供应链知识共享与企业绩效关系研究——供应链敏捷性的中介作用和环境动态性的调节作用［J］.管理评论，27(11)：181-191.

傅家骥.1998.技术创新学［M］.北京：清华大学出版社.

高继平，丁堃，滕立，等.2011.专利—论文混合共被引网络下的知识流动探析［J］.科学学研究，29(8)：1184-1189，1146.

高太山，柳卸林.2016.企业国际研发联盟是否有助于突破性创新？［J］.科研管理，37(1)：48-57.

高巍，毕克新.2011.信息化水平对制造业企业工艺创新能力作用的实证研究［J］.软科学，25(10)：6-11，16.

高霞，其格其，曹洁琼.2019.产学研合作创新网络开放度对企业创新绩效的影响［J］.科研管理，40(9)：231-240.

葛秋萍，余青.2014.知识转移效用下沉睡知识激活的障碍因素研究［J］.科技进步与对策，

31（15）：139-142.

耿小庆．2008．组织知识创新与企业能力成长研究［D］．天津：天津大学博士学位论文．

耿新，彭留英．2004．企业知识的分类、分布与转化机制研究——系统化视角下对 SECI 模型的一个扩展［J］．管理科学，（4）：43-48.

顾新，李久平，王维成．2006．知识流动、知识链与知识链管理［J］．软科学，（2）：10-12，16.

关宏超．2005．企业多元化与核心能力的互动互适机制［J］．商场现代化，（445）：203.

管洲．2006．基于知识资源竞争的学习型产业集群研究［J］．企业研究，（1）：74-76.

郭斌．1998．基于核心能力的企业组合创新理论与实证研究［D］．杭州：浙江大学博士学位论文．

郭斌，蔡宁．2001．企业核心能力审计：指标体系与测度方法［J］．系统工程理论与实践，（9）：7-15.

郭慧，李南．2011．SECI 螺旋的知识量和知识水平研究［J］．价值工程，30（8）：210-211.

郭建杰，谢富纪．2022．知识流动对企业创新的影响研究——以 ICT 产业为例［J］．科技管理研究，42（19）：137-144.

海本禄，张流洋，张古鹏．2017．基于环境动荡性的联盟知识转移与企业创新绩效关系研究［J］．中国软科学，323（11）：157-164.

郝英杰，潘杰义，赵飞．2016．产学合作知识转移对高新技术企业自主创新能力影响［J］．科技管理研究，36（16）：17-21.

何柳．2004．基于知识管理的企业核心能力研究［D］．武汉：武汉理工大学硕士论文．

和矛，李飞．2006．行业技术轨道的形成及其性质研究［J］．科研管理，27（1）：35-39.

贺小刚．2007．战略人力资源管理与高科技企业核心能力的关系研究［J］．科研管理，28（1）：132-139.

贺正楚，罗静，潘为华．2022．企业合作文化、知识流动对创新绩效的影响［J］．湖南大学学报（社会科学版），36（3）：57-64.

洪江涛，杨晓雁，陈俊芳．2013．知识管理、知识竞争力与核心竞争力关系的实证研究［J］．上海交通大学学报，47（3）：444-449.

侯杰泰，温忠麟，马什赫伯特．2004．结构方程模型检验：拟合指数与卡方准则［J］．心理学报，（2）：186-194.

侯伦，唐小我．2001．企业信息化及其指标体系探讨［J］．电子科技大学学报（社科版），（3）：38-44.

胡延平，刘晓敏．2008．联盟中隐性知识转移、联盟控制方式与企业内部创新［J］．科技管理研究，28（12）：18-20.

华才．2001．日本国际化企业的人才战略［J］．中国人才，（9）：10-12.

华连连，张悟移．2010．知识流动及相关概念辨析［J］．情报杂志，29（10）：112-117.

黄鲁成，杨学君．2014．新兴技术与新兴产业协同演化规律探析［J］．科技进步与对策，31（3）：72-78.

黄谦．2008．基于隐性知识管理的组织结构变革研究［D］．成都：西南财经大学硕士学位论文．

黄玮强, 庄新田, 姚爽. 2012. 集群创新合作网络的自组织演化模型及其仿真研究 [J]. 管理学报, (10): 1475-1483.

黄文峰. 2003. 我国企业技术核心能力实证研究 [J]. 科技与管理, (5): 36-39.

惠增良. 2007. 基于核心能力的多元化目标行业选择研究 [D]. 广州: 广东工业大学硕士学位论文.

霍春辉, 芮明杰. 2008. 可持续竞争优势理论的反思与整合 [J]. 学术月刊, (2): 94-100.

季丹, 郭政. 2012. 企业内部知识分布不均衡性形成机制研究 [J]. 科技进步与对策, 29 (24): 147-150.

季玉群, 黄鹂. 2004. 知识型企业核心能力分析及其综合评价研究 [J]. 科研管理, (7): 37-41.

贾慧英, 王宗军, 曹祖毅. 2019. 探索还是利用? 探索与利用的知识结构与演进 [J]. 科研管理, 40 (8): 113-125.

贾生华, 邬爱其. 2003. 企业成长的知识结构模型及其启示 [J]. 科研管理, (2): 83-88.

贾卫峰, 楼旭明, 党兴华, 等. 2018. 基于知识匹配视角的技术创新网络中核心企业成长研究 [J]. 管理学报, 15 (3): 375-381.

简兆权, 毛蕴诗. 2003. 动态核心能力的形成及其更新机制研究 [J]. 科学学与科学技术管理, (7): 114-117.

蹇明, 付茂林, 赵勇. 2004. 基于企业核心能力的技术创新及模式选择 [J]. 经济师, (11): 12-13.

姜春, 李诗涵, 程龙. 2023. 知识资本国际研究: 理论溯源、研究主题与中国展望 [J]. 科技进步与对策, (1): 1-11.

姜照华, 隆连堂. 2004. 产业集群条件下知识供应链与知识网络的动力学模型 [J]. 科学学与科学技术管理, (7): 55-60.

姜忠辉, 赵迪, 孟朝月, 等. 2023. 绿色人力资源管理对绿色技术创新的影响——绿色动态能力与组织调节定向的中介及调节作用 [J]. 科技进步与对策, 40 (10): 25-35.

蒋含明. 2019. 外商直接投资知识溢出、信息化水平与技术创新能力 [J]. 江西财经大学学报, (1): 34-42.

金小波. 2006. 基于企业核心能力的财务管理能力研究 [J]. 商场现代化, (11): 357.

靖培栋, 康仲远. 2000. 关于科技文献增长的数学模型 [J]. 情报学报, (9): 90-95.

孔庆景. 2010. 研发对企业业绩影响的实证研究——基于A股上市公司 [J]. 财会通讯, (18): 63-66.

孔昕源. 2009. 汽车制造行业工人知识互补性测量研究 [D]. 长春: 吉林大学硕士学位论文.

黎永泰, 黎伟. 2006. 企业文化对企业生存方式和核心能力的决定作用 [J]. 郑州大学学报 (哲学社会科学版), 39 (4): 58-61.

李柏洲, 赵健宇, 袭希, 等. 2015. 基于本体论的团队虚拟知识流抽取模型研究 [J]. 系统工程理论与实践, 35 (6): 1509-1519.

李龙一. 2001. 基于技术创新视角的企业核心能力培育 [J]. 科技进步与对策, (5): 22-24.

李率锋. 2004. 试论企业技术管理中的知识特征 [J]. 市场周刊, (6): 77-78.

李率锋 . 2007. 企业技术知识管理研究［D］. 南京：东南大学硕士学位论文 .

李梅，柳士昌 . 2012. 对外直接投资逆向技术溢出的地区差异和门槛效应——基于中国省际面板数据的门槛回归分析［J］. 管理世界，（1）：21-32，66.

李培培 . 2007. 中国企业在技术联盟中的学习研究［D］. 北京：北京交通大学硕士学位论文 .

李书学，冯胜利 . 2014. 我国企业提升技术核心能力的四大策略［J］. 学术交流，（1）：94-97.

李顺才，常荔，邹珊刚 . 2001. 企业知识存量的多层次灰关联评价［J］. 科研管理，（3）：73-78.

李顺才，周智皎，邹珊刚 . 1999. 企业核心能力：特征、构成及其发展策略［J］. 科技进步与对策，（5）：89-90.

李顺才，周智皎，邹珊刚 . 2000. 基于知识流的企业核心能力形成模式研究［J］. 华中理工大学学报（社会科学版），（4）：91-93.

李顺才，邹珊刚 . 2003. 知识流动机理的三维分析模式［J］. 研究与发展管理，（2）：39-43.

李苏 . 2006. 论知识分布及其决定因素对企业组织层级的影响［J］. 宁夏大学学报（自然科学版），（4）：311-313.

李晓宇，陈国卿 . 2019. 信息技术投入、技术创新动态能力与企业绩效关系研究［J］. 科技进步与对策，36：100-107.

李焱 . 2007. 知识共享中激励因素的实证研究［D］. 上海：上海交通大学硕士学位论文 .

李怡靖 . 2004. 企业核心能力理论回顾［J］. 经济问题探索，（1）：50-52.

李义强 . 2009. 企业信息化提升核心竞争力的途径初探［J］. 新乡教育学院学报，22（4）：37-38.

李勇，史占中，屠梅曾 . 2006. 知识网络与企业动态能力［J］. 情报科学，（3）：434-437.

李玉华 . 2015. 信息技术应用下组织文化对企业竞争力和持续性竞争优势及绩效的影响［J］. 中国市场，26：157-162.

李元旭，唐林芳 . 1999. 发展核心能力的有效途径——知识联盟管理［J］. 财经问题研究，（12）：3-6.

李玥，张雨婷，郭航，等 . 2017. 知识整合视角下企业技术创新能力评价［J］. 科技进步与对策，34（1）：131-135.

李振球 . 2001. 技术创新：提升企业核心竞争力的重要途径［J］. 经济管理，（20）：32-34.

李钟石，蔡珉官 . 2012. 基于企业社交网络的企业核心竞争力构建研究［J］. 延边大学学报（社会科学版），54（4）：135-140，144.

梁广华 . 2009. 企业动态核心能力的形成——一种基于柔性战略的视角［J］. 华东经济管理，23（1）：87-90.

梁平汉，曹春方 . 2022. 基因距离、隐性知识与跨国知识流动［J］. 浙江工商大学学报，（4）：123-141.

梁雯，凌珊 . 2015. 基于企业文化与动态能力的企业竞争优势重构研究［J］. 商业研究，（3）：130-137.

廖列法，王刊良 . 2009. 基于多 Agent 仿真的组织学习与知识水平关系研究［J］. 管理科学，

22（1）：59-68.

林筠，杨雪，李随成.2008.隐性知识交流和转移与企业技术创新关系的实证研究［J］.科研管理，（5）：16-23，34.

林莉.2008.基于知识联盟企业核心能力超越的内在机理［J］.工业技术经济，10（27）：117-120.

林昭文，张同建.2009.基于知识转化的我国东西部企业核心能力形成比较分析［J］.管理世界（月刊），（2）：178-179.

刘昌年，梅强.2006.我国高技术企业基于技术轨道的自主创新能力提升途径研究［J］.科学管理研究，24（5）：5-8.

刘东.2005.企业边界的多种变化原因［J］.中国工业经济，（3）：92-99.

刘凤朝，孙沛竹，朱姗姗.2022.企业知识基础对自我网络节点动态的影响——行业技术变化的调节作用［J］.科学学与科学技术管理，43（8）：156-172.

刘凤芹，苏美丽.2022.战略性新兴产业突破性创新路径：技术并购还是自主研发［J］.科学学与科学技术管理，43（8）：117-136.

刘刚，李佳，刘静.2016.核心能力困境、组织僵化与动态核心能力的构建——基于知识管理的视角［J］.北京交通大学学报（社会科学版），15（2）：43-51.

刘国华.2002.论知识流动系统的建立［J］.经济问题，（9）：2-5.

刘冀生，吴金希.2002.论基于知识的企业核心竞争力与企业知识链管理［J］.清华大学学报（哲学社会科学版），（1）：68-72.

刘柯杰.2002.知识外溢、产业聚集与地区高科技产业政策选择［J］.生产力研究，（1）：97-98，106.

刘克，郭晓立，刘若维.2002.改善外部环境，促进民营企业核心能力的形成［J］.当代经济研究，（3）：31-32.

刘蕾，于干千.2005.论企业核心业务的知识流动［J］.科技进步与对策，2005（7）：117-120.

刘立，党兴华.2014.企业知识价值性、结构洞对网络权力影响研究［J］.科学学与科学技术管理，35（6）：164-171.

刘清华.2006.企业内知识分布不均衡以及由此产生的知识管理要求［J］.华东经济管理，20（11）：104-105.

刘文，罗永泰.2008.资本构成的演变：从知识资本到隐性人力资本［J］.现代管理科学，（7）：25-27，38.

刘闲月，孙锐，赵大丽.2014.网络结构对集群知识分布与企业创新的影响［J］.科技管理研究，34（22）：141-144.

刘啸.2012.企业文化到核心竞争力的三个阶段和两次升华［J］.北京工商大学学报（社会科学版），27（3）：60-64.

刘阳，过仕明，李臣，等.2016.企业自主创新过程中的知识信息创造力研究［J］.情报科学，34（6）：77-81，92.

刘治江.2007.学习与创新：企业核心能力的本源［J］.经济问题，（3）：59-61.

卢艳秋，宋昶，王向阳.2021.双元创新平衡战略下的企业知识耦合［J］.图书情报工作，65（15）：61-70.

鹿盟，霍国庆，申爱华.2007.资源、核心竞争力和持续竞争优势：我国手机制造业的实证分析［J］.当代经济管理，（2）：38-41.

路金芳.2006.技术创新与企业核心能力［J］.市场研究，（1）：49-51.

吕萍.2011.知识来源和创新联系的地理分布对创新绩效的影响研究［J］.财经研究，37（6）：90-102.

吕欣.2009.模块化网络组织的价值创新机制研究［J］.科技和产业，9（2）：58-62.

罗世鹏，赵嵩正，殷茗.2006.基于知识联盟的企业核心能力发展模型框架［J］.科技进步与对策，23（9）：129-131.

罗险峰，胡逢树.2000.不同生命周期阶段的企业创新行为及风险分析［J］.科技进步与对策，（12）：60-61.

罗宣，薛靖.2006.基于知识结构的跨国公司子公司成长战略研究［J］.国际贸易研究，（11）：87-91.

罗正清，金生.2009.面向技术创新的组织知识存量测度研究［J］.科技进步与对策，26（23）：142-146.

骆以云，李海东.2011.企业成长的知识存量模型及其启示［J］.情报理论与实践，34（1）：18-22.

马成樑.2003.从企业内部知识分布不均衡看"授权与控制悖论"［J］.当代财经，（7）：71-72.

马鸿佳.2008.创业环境、资源整合能力与过程对新创企业绩效的影响研究［D］.长春：吉林大学博士学位论文.

马璐.2004.基于知识结构竞争优势的企业成长［J］.中国流通经济，（10）：33-36.

马勤.2009.企业知识分布的不均衡性对知识管理的影响［J］.中国集体经济，（15）：74-75.

马庆国.2002.管理统计：数据获取、统计原理、SPSS工具与应用研究［M］.北京：科学出版社.

马荣康，王艺棠.2020.知识组合多样性、新颖性与突破性发明形成［J］.科学学研究，38（2）：313-322.

马淑文.2008.基于自主创新的企业知识结构演化机制研究［J］.技术经济，（6）：32-35.

马歇尔.2007.经济学原理［M］.北京：中国社会科学出版社.

马永红，张帆.2017.转移企业结网策略、网络结构与知识水平——基于环境不确定性视角［J］.中国管理科学，25（2）：187-196.

迈克尔·波兰尼.2000.个人知识［M］.许泽民译.贵阳：贵州人民出版社.

迈克尔·波特.1997.竞争优势［M］.陈小悦译.北京：华夏出版社.

毛文娟，矶边刚彦.2010.环境经营业绩导向的企业内部能力分析［J］.华东经济管理，24（9）：84-88.

毛蕴诗，蓝定.2006.技术进步与行业边界模糊——企业战略反应与政府相关政策［J］.中山大学学报（社会科学版），46（4）：109-113.

茅宁莹．2005．企业知识吸收能力的分析框架和发展方向探析［J］．现代管理科学，5（9）：45-47．

梅德强，龙勇．2010．不确定性环境下创业能力与创新类型关系研究［J］．科学学研究，28（9）：1413-1421．

梅姝娥，仲伟俊．2000．企业核心能力形成过程中信息系统技术的应用［J］．管理科学学报，（3）：39-43．

梅小安．2004．企业知识资本管理机理及其绩效评价研究［D］．武汉理工大学博士学位论文．

孟庆军．1999．企业人员流失如何化险为夷——浅谈人力资源动态风险管理［J］．中外管理，（8）：28-30．

孟庆伟，刘铁忠．2004．从共享到原创：自主性技术创新中的知识演化［J］．科学学研究，（1）：104-107．

奈斯比特，阿布尔丹．1987．展望90年代：西方企业和社会新动向［M］．方宝定，刘伟平，张安迪，译．北京：国际文化出版公司．

牛雁翎，张少杰．2005．小型科技公司核心技术能力构建的关键问题——石家庄高新技术开发区某民营通信制造企业案例研究［J］．河北师范大学学报（哲学社会科学版），（4）：58-64．

欧阳青燕，邵云飞，陈新有．2009．技术能力对产业创新的影响——以东方汽轮机厂为例［J］．技术经济，28（1）：23-26，52．

潘李鹏，池仁勇．2018．基于内部网络视角的企业知识结构与创新研究——"发散为王，还是收敛制胜？"［J］．科学学研究，36（2）：288-295．

庞景安．1999．科学计量研究方法论［M］．北京：科学技术文献出版社．

庞庆华．2007．企业信息化水平的一种集成评价方法［J］．统计与决策，（2）：154-155．

彭正龙，何培旭．2015．企业战略导向的权变选择及差别绩效效应：探索性/利用性学习的中介作用和产业类型的调节作用［J］．管理评论，27（5）：121-134，187．

秦德智，秦超，蒋成程．2013．企业文化软实力与技术核心能力研究［J］．科技进步与对策，30（14）：95-98．

秦德智，赵德森，姚岚．2015．企业文化、技术创新能力与企业成长——基于资源基础理论的视角［J］．学术探索，188（7）：128-132．

秦国华．2010．西藏上市公司实现可持续发展的对策研究［J］．中国集体经济，（8）：43-45．

邱洋冬．2022．数字化变革与企业创新——知识来源视角［J］．兰州学刊，（7）：58-79．

任嘉雪．2007．基于知识的企业核心能力研究［D］．武汉：武汉理工大学硕士学位论文．

任伶．2008．合作创新中知识转移与企业核心能力发展关系探究［J］．工业技术经济，11（27）：58-59．

任敏．2012．信息技术应用与组织文化变迁——以大型国企C公司的ERP应用为例［J］．社会学研究，27（6）：101-124，243-244．

阮平南，顾春柳．2017．技术创新合作网络知识流动的微观作用路径分析——以我国生物医药领域为例［J］．科技进步与对策，34（17）：22-27．

芮明杰．1999．管理学现代的观点［M］．上海：上海人民出版社．

芮明杰，陈娟. 2006. 高新技术企业知识体系的构建与管理［M］. 上海：上海财经大学出版社.

芮明杰，方统法. 2003. 知识与企业持续竞争优势［J］. 复旦学报（自然科学版），（5）：721-727.

单薇. 2002. 利用模糊综合评价实现企业知识水平的量化分析［J］. 数学的实践与认识，32（2）：206-210.

沈丹，梁战平. 2008. 制造企业知识库现状及发展探讨［J］. 情报科学，26（12）：1778-1782.

石惠，甘仞初. 2007. 高技术企业核心技术能力易逝性研究［J］. 科技管理研究，（3）：96-99.

石书玲. 2009. 知识联盟中共有知识分享与私有知识保护影响因素研究［J］. 科学学研究，（增刊2）：416-420.

时培芬. 2008. 影响企业核心能力的决定因素［J］. 企业活力，（12）：26-27.

宋天和，莫祎. 2008. 知识资本撑起核心竞争力［J］. 企业研究，（01）：38-40.

宋耘，王婕. 2020. 网络特征和知识属性对企业创新绩效的影响［J］. 管理科学，33（3）：63-77.

苏道明，吴宗法，刘臣. 2017. 外部知识搜索及其二元效应对创新绩效的影响［J］. 科学学与科学技术管理，38（8）：109-121.

孙红霞，生帆，李军. 2016. 基于动态能力视角的知识流动过程模型构建［J］. 图书情报工作，60（14）：39-46.

孙静娟，陈笑. 2009. 我国知识水平测度及对经济增长的贡献分析［J］. 数量经济技术经济研究，26（8）：71-82，134.

孙晓琳，姚波，孙晓燕. 2003. 知识分布和决策权匹配性的动态分析［J］. 中国统计，（12）：28-30.

孙耀吾，秦毓，贺石中. 2018. 高技术中小企业知识搜索对创新能力的影响［J］. 科学学研究，36（3）：550-557，576.

覃大嘉，刘人怀，杨东进，等. 2017. 动态核心能力在反向国际化品牌战略中的作用［J］. 管理科学，30（2）：27-38.

覃荔荔，王道平，曾德明，等. 2010. 研发联盟知识存量增长机理与模拟仿真初探［J］. 现代财经，30（1）：47-52.

汤超颖，刘丽，李美智. 2020. 企业内外部知识分布与二元学习平衡——基于中国创新型企业的实证研究［J］. 管理评论，32（6）：82-92.

汤治成. 2022. 科技创新竞争促进的中国高科技产业集群［J］. 自然辩证法通讯，44（5）：97-104.

唐小我，慕银平，马永开. 2005. 柯布-道格拉斯生产函数条件下成本函数的进一步分析［J］. 中国管理科学，（4）：1-6.

田庆锋，杨清，刘辉. 2020. IJVs非正式控制、知识转移与技术创新能力研究［J］. 科研管理，41（1）：119-129.

万幼清，邓明然. 2007. 基于知识视角的产业集群协同创新绩效分析［J］. 科学学与科学技术管理，（4）：88-91.

汪应洛，李勖.2002.知识的转移特性研究［J］.系统工程理论与实践，（10）：8-11.

王斌.2014.知识网络中知识存量离散性演化机理研究［J］.科学学与科学技术管理，35（11）：57-68.

王斌.2019.知识网络中知识存量分布演化过程研究——以河南省巩义市耐火材料知识网络为例［J］.技术经济与管理研究，276（7）：37-42.

王斌，郭清琳.2020.焦点企业知识存量对联盟组合分裂断层的影响——知识转移效率的中介作用［J］.科技进步与对策，37（5）：151-160.

王德胜.2012.企业文化、企业能力与持续竞争优势［J］.东岳论丛，33（7）：153-159.

王冬玲.2020.合作伙伴多元化、外部知识环境特征与企业创新绩效的关系研究［J］.预测，39（3）：18-26.

王飞.2009.产学合作创新知识转移过程及影响因素研究［D］.内蒙古：内蒙古工业大学硕士学位论文.

王国红，周建林，邢蕊.2015.社会资本、联合价值创造与创新孵化绩效关系研究［J］.预测，（3）：34-39.

王海芳.2007.组织控制与企业知识结构关联性研究［J］.新疆财经学院学报，（3）：21-24，32.

王宏起，杨仲基，武建龙，等.2018.战略性新兴产业核心能力形成机理研究［J］.科研管理，39（2）：143-151.

王江，金占明.2004.隐含经验类知识：企业持续竞争优势的源泉［J］.南开管理评论，（5）：91-95.

王金凤，王孟琪，冯立杰.2020.外部知识异质性、知识多元化与突破式创新绩效——基于企业生命周期视角［J］.软科学，34（12）：14-19.

王娟茹，赵嵩正，杨瑾.2004.企业知识集成模式研究［J］.预测，（1）：66-70.

王君，樊治平.2002.一种基于有向无环图的组织知识度量模型［J］.系统工程，（05）：22-27.

王琳，吴红.2008.企业如何构建高绩效的团队型组织［J］.企业科技与发展，（24）：27-31.

王明华，王长征.2004.市场知识能力与企业竞争优势［J］.中国软科学，（10）：88-91，87.

王双.2018.创新驱动背景下高新技术企业知识管理模式评价体系研究［J］.理论学刊，（4）：47-54.

王思明.2021.基于企业核心能力的企业员工激励机制研究［J］.中国软科学，（S1）：253-259.

王秀方.2014.企业的技术核心能力在于文化的支撑力［J］.社会科学战线，（7）：271-272.

王秀红，王高平.2005.企业知识存量的模糊多层次评价模型研究［J］.情报杂志，（8）：8-10.

王毅.2002a.企业技术核心能力提高途径及其决策框架［J］.科技管理研究，（1）：9-13.

王毅.2002b.企业技术核心能力增长：以华北制药、长虹为例［J］.科研管理，（3）：1-6.

王毅.2002c.我国企业核心能力实证研究［J］.管理科学学报，（2）：74-82.

王毅, 陈劲. 1999. 基于知识的核心能力: CTHIO 五要素论 [J]. 现代管理科学, (6): 15-16.

王毅, 吴贵生. 2001. 产学研合作中粘滞知识的成因与转移机制研究 [J]. 科研管理, (6): 114-121.

王永龙. 2005. 企业技术创新扩散机制及其效率分析 [J]. 科技与管理, (4): 115-117.

王智勇, 李瑞. 2021. 人力资本、技术创新与地区经济增长 [J]. 上海经济研究, 394 (7): 55-68.

卫武, 韩翼. 2012. 各主体层次知识资本化模式: 多重案例研究 [J]. 科研管理, 33 (8): 72-79, 89.

卫武, 张鹏程, 刘明霞. 2012. 不同主体层次中组织的知识转化二维结构: 前因变量与企业绩效的影响 [J]. 南开管理评论, 15 (2): 108-120.

魏江. 1997. 企业技术能力: 增长过程, 机理与模式 [D]. 杭州: 浙江大学博士学位论文.

魏江. 1999a. 基于创新项目组合的企业技术核心能力培育模式研究 [J]. 科技进步与对策, (6): 20-22.

魏江. 1999b. 基于知识的核心能力载体和特征 [J]. 科研管理, (2): 56-61.

魏江. 1999c. 企业核心能力的内涵与本质 [J]. 管理工程学报, (1): 59-61, 5.

魏江. 2000. 提高企业技术创新能力的支持系统研究 [J]. 科技进步与对策, (9): 49-51.

魏江. 2002. 组织技术存量激活过程和机理研究 [J]. 管理工程学报, (3): 74-77.

魏江, 王铜安. 2006. 个体、群组、组织间知识转移影响因素的实证研究 [J]. 科学学研究, (1): 21-28.

魏江, 许庆瑞. 1996. 企业技术能力与技术创新能力的协调性研究 [J]. 科学管理研究, (4): 15-21.

魏江, 张帆. 2007. 基于动态能力观的企业科技人员知识存量激活模式研究 [J]. 科研管理, (1): 42-46.

魏玲, 郭新朋. 2018. 知识存量的动态量化测度研究 [J]. 科技进步与对策, 35 (5): 120-125.

魏凌云. 2007. ZT 集团公司中层管理人员素质测评方案的设计与实施 [D]. 成都: 西南财经大学硕士学位论文.

吴翠花, 张永云, 张雁敏. 2015. 组织控制、知识创造与技术创新关系研究 [J]. 科研管理, 36 (12): 29-38.

吴价宝. 2003. 基于组织学习的企业核心能力形成机理 [J]. 中国软科学, (11): 65-70.

吴隽, 汪烈鑫, 王铁男. 2003. 基于知识利用状况分析的知识管理策略选择 [J]. 中国软科学, (8): 79-83.

吴庆松, 陈韶荣, 瞿艳平. 2018. 知识转移与企业技术创新绩效: 心理资本的中介作用 [J]. 商业经济与管理, 318 (4): 39-48.

吴先明, 高厚宾, 邵福泽. 2018. 当后发企业接近技术创新的前沿: 国际化的"跳板作用" [J]. 管理评论, 30 (6): 40-54.

吴小桔, 吴洁, 盛永祥, 等. 2015. 交互视角下的知识流动与企业动态能力关系研究——以苹果公司为例［J］．科技管理研究，35（18）：130-134，151．

吴勇慧．2004．组织内个体层面知识转移的影响因素研究［D］．杭州：浙江大学硕士学位论文．

吴玉浩，姜红，孙舒榆．2019．协同视角下知识创新成果与技术标准转化的机理研究［J］．科学管理研究，37（2）：7-11．

席运江，党延忠．2007．基于加权超网络模型的知识网络鲁棒性分析及应用［J］．系统工程理论与实践，（4）：134-140，159．

相丽玲，张云芝．2018．基于集合论的不同社会形态下信息、知识与数据关系新解［J］．情报科学，36（9）：39-45．

谢斌，许治，陈朝月，等．2021．技术创新激励政策会影响企业创新战略决策吗？——基于微观创新调查数据的实证分析［J］．科学学与科学技术管理，42（11）：56-76．

谢洪明，吴隆增，王成．2007．组织学习、知识整合与核心能力的关系研究［J］．科学学研究，（2）：312-318．

谢卫红，屈喜凤，李忠顺，等．2014．产品模块化对技术创新的影响机理研究：基于组织结构的中介效应［J］．科技管理研究，34（16）：1-7．

辛冲，李明洋，吴怡雯．2022．企业知识基础与创新生态系统价值共创［J］．研究与发展管理，34（2）：79-90．

辛德强，党兴华，魏龙．2017．双元导向创新独占机制、知识流动与联盟绩效［J］．科学学研究，35（6）：931-939．

邢成．2010．浅析企业文化对企业核心能力的作用与提升［J］．管理探索，（8）：8-9．

徐彪，张骁．2011．组织知识、学习导向与新产品创新绩效［J］．管理科学，24（4）：32-40．

徐飞，陈洁，郑菁菁．2005．上海民营高科技企业核心技术竞争力成因研究［J］．科研管理，（2）：113-119．

徐建中，朱美荣．2012．SECI知识转化模型对企业技术核心能力提升的作用机制研究［J］．图书情报工作，56（2）：82-86．

徐金发，刘翌．2022．母子公司之间知识流动的决定因素研究［J］．科研管理，23（2）：122-126．

徐金雷．2018．技术的默会知识及其实践培育［J］．华东师范大学学报（教育科学版），36（6）：19-28，154．

徐宁，姜楠楠，张晋．2019．股权激励对中小企业双元创新战略的影响研究［J］．科研管理，40（7）：163-172．

徐晓钰，李玲．2009．企业信息化过程中知识转移能力研究［J］．科技和产业，8（4）：62-65．

徐紫嫣．2023．人力资本积累与服务业劳动生产率关系探究——基于服务消费与技术创新的双重视角［J］．改革，348（2）：105-117．

许芳，徐国虎．2003．知识管理中的知识流动分析［J］．情报科学，（5）：548-551．

许金花，戴媛媛，李善民，等．2021．控制权防御是企业创新的"绊脚石"吗？［J］．管理科学学报，24（7）：21-48．

许强，施放.2004.从知识结构观点看母子公司关系［J］.科技进步与对策，(5)：92-94.
许小虎，项保华.2005.社会网络中的企业知识吸收能力分析［J］.经济问题探索，(10)：18-22.
许学国，梅冰青，吴耀威.2016.基于知识属性与场论的空间知识辐射效应研究——以长三角地区为例［J］.科技进步与对策，33(2)：142-147.
许渊.2007.中小物流企业绩效评价研究［D］.广州：暨南大学硕士学位论文.
许媛媛.2004.基于企业家精神的企业技术核心能力发展体系研究［D］.长沙：中南大学硕士学位论文.
许照成，侯经川.2020.知识优势对企业竞争力的作用机理研究［J］.科技管理研究，40(21)：134-142.
薛求知，李亚新.2007.子公司在跨国公司知识创新及流动体系中的角色［J］.研究与发展管理，(3)：1-8.
薛求知，阎海峰.2001.跨国公司全球学习——新角度审视跨国公司［J］.南开管理评论，(2)：36-39，69.
阳志梅.2009.知识状态与集群企业竞争力提升的微观机制［J］.商业研究，(5)：78-80.
杨海生，贾佳，周永章.2006.不确定条件下环境政策的时机选择［J］.数量经济技术经济研究，(1)：69-76.
杨红娟.2007.基于中小企业核心能力提升的信息化建设［J］.商场现代化，(27)：84-85.
杨隽，向琴，弋亚群.2010.基于信息技术(IT)的企业核心能力构建研究［J］.情报杂志，29(S2)：135-138.
杨鹏.2007.我国区域R&D知识存量的经济计量研究［J］.科学学研究，25(3)：461-466.
杨莎莎，李琳，伍紫君，等.2018.客户参与、动态能力与企业技术创新绩效：一个基于被调节的中介模型检验［J］.上海对外经贸大学学报，25(3)：51-60.
杨亚平.2006.基于隐性知识转化的企业技术能力演进分析［J］.工业技术经济，(8)：22-25.
杨震宁，侯一凡.2023.探究企业存续之谜——创新意愿、核心能力与创新环境的综合作用［J］.经济管理，45(3)：63-86.
杨治成，谭娟.2022.基于系统动力学的新兴技术产业化影响机制研究［J］.科学管理研究，40(6)：42-49.
杨志锋，邹珊刚.2000.知识资源、知识存量和知识流量：概念、特征和测度［J］.科研管理，(4)：105-111.
杨忠，张骁.2007.关于企业中的知识——一种新的分析框架［J］.江海学刊，(3)：225-229.
姚立根，韩伯棠.2007.基于人力资本的企业核心能力构建研究［J］.科学学与科学技术管理，(6)：148-151.
姚艳虹，刘金洋，闫倩玉.2015.企业创新战略与知识特征的适配性研究［J］.华东经济管理，29(9)：107-113.
姚艳虹，孙芳琦，陈俊辉.2018.知识结构、环境波动对突破式创新的影响——知识动态能力的中介作用［J］. 科技进步与对策, 35（10）: 1-8.

姚艳虹, 谢敏, 葛哲宇. 2019. 协同网络中知识域耦合对企业二元创新的影响［J］. 华东经济管理, 33（7）: 120-127.

叶江峰, 任浩, 郝斌. 2015. 企业内外部知识异质度对创新绩效的影响: 战略柔性的调节作用［J］. 科学学研究,（4）: 574-584.

叶庆祥, 徐海洁. 2006. 基于知识溢出的集群企业创新机理研究［J］. 浙江社会科学,（1）: 67-70.

叶新凤, 常水平, 刘寅生. 2008. 浅谈我国物流企业核心能力的培养与提升［J］. 内蒙古煤炭经济,（6）: 12-15.

易法敏. 2004 核心能力导向的企业知识转移与创新研究［D］. 北京: 中国人民大学博士学位论文.

易凌峰, 欧阳硕, 梁明辉. 2015. 知识管理、组织学习、创新与企业技术核心能力的关系研究［J］. 华东师范大学学报（哲学社会科学版）, 47（3）: 119-124, 171.

易明, 占旺国, 王学东. 2010. 社会网络视角下基于生命周期的虚拟团队知识分布研究［J］. 情报科学, 28（4）: 593-597.

易显飞, 李兆友. 2005. 从两个层次把握企业技术创新的知识流动问题［J］. 科学学与科学技术管理,（5）: 81-84.

尹继东, 魏欣. 2004. 技术创新与企业核心竞争力［J］. 南昌大学学报（人文社会科学版）,（2）: 81-84.

尹育航, 阮娴静, 杨青. 2008. 基于生命周期的民营企业核心能力组合模式研究［J］. 经济理论研究,（9）: 14-16.

应力, 钱省三. 2001. 企业知识体系分析［J］. 研究与发展管理,（5）: 13-17, 47.

尤天慧, 李飞飞. 2010. 组织知识转移能力评价方法及提升策略［J］. 科技进步与对策, 27（14）: 121-124.

游达明. 2004. 基于知识的企业动态竞争优势构建理论与方法研究［D］. 长沙: 中南大学博士学位论文.

于飞. 2007. 人力资源管理评价指标体系研究与模糊评价［J］. 广西广播电视大学学报, 18（2）: 36-39.

于桂兰, 袁宁. 2005. 人力资本分享剩余索取权与控制权——基于制度演化的知识分析［J］. 吉林大学社会科学学报,（3）: 50-54.

于茂荐. 2021. 供应链创新、研发组织结构与企业创新绩效［J］. 科学学研究, 39（02）: 375-384.

于士营, 张国旺. 2008. 基于资源基础观的会计要素探讨［J］. 技术与创新管理,（3）: 248-250.

余光胜. 2000. 企业发展的知识分析［M］. 上海: 上海财经大学出版社.

余明桂, 钟慧洁, 范蕊. 2016. 业绩考核制度可以促进央企创新吗?［J］. 经济研究, 51（12）: 104-117.

余谦, 朱锐芳. 2020. 多维邻近创新网络中知识扩散模型与仿真研究［J］. 情报科学,（5）:

65-72.

郁义鸿.2000.知识管理与组织创新［M］.上海：复旦大学出版社.

袁静,孔杰.2007.知识分类与组织知识研究［J］.管理纵横,（4）：48-50.

韵江,马春玲.2002.基于环境和核心能力的互动战略探析［J］.经济管理,（16）：46-52.

曾德明,文小科,陈强.2010.基于知识协同的供应链企业知识存量增长机理研究［J］.中国科技论坛,（2）：77-81.

曾萍,邓腾智,宋铁波.2013.制度环境、核心能力与中国民营企业成长［J］.管理学报,10（5）：663-670.

曾萍,蓝海林.2009.组织学习、知识创新与动态能力：机制和路径［J］.中国软科学,（5）：135-146.

詹文杰.2021.亚里士多德论知识和理性洞见——关于《后分析篇》Ⅱ.19的知识论阐明［J］.南昌大学学报（人文社会科学版）,52（2）：35-44.

战伟萍,沈群红,于永达.2010.技术创新与组织变革的协同作用分析——基于组织知识分布的视角［J］.中国科技论坛,（6）：31-36.

张保仓.2020.虚拟组织网络规模、网络结构对合作创新绩效的作用机制——知识资源获取的中介效应［J］.科技进步与对策,37（5）：27-36.

张朝阳,赵涛.2008.支持产品创新的企业知识结构分析［J］.科技管理研究,（6）：343-344,349.

张纯洪,刘海英.2007.企业动态核心能力的要素构成模型研究［J］.科技管理研究,（9）：193-194.

张发亮,谭宗颖.2015.知识结构及其测度研究［J］.图书馆学研究,360（13）：10-16.

张钢.2002.基于知识特性的组织网络化及其管理［J］.科学学研究,（6）：624-630.

张光磊,周和荣,廖建桥.2009.知识转移视角下的企业组织结构对技术创新的影响研究［J］.科学学与科学技术管理,（8）：78-84.

张慧军,马德辉.2006.核心能力的知识视角述评［J］.情报杂志,（4）：41-43,47.

张吉昌,龙静,陈锋.2022.大数据能力、知识动态能力与商业模式创新——创新合法性的调节效应［J］.经济与管理,（5）：19-28.

张杰,刘东.2007.产业技术轨道与集群创新动力的互动关系研究［J］.科学学研究,25（5）：858-863.

张俊娟,李景峰.2010.基于时间与空间互补性的企业知识演进分析［J］.科技进步与对策,27（9）：123-127.

张克群,张文,汪程.2022.知识组合新颖性、网络特征与核心发明人关系研究［J］.情报杂志,41（1）：185-191.

张磊,郭东强.2010.虚拟企业知识状态的特性和演变机理研究［J］.科技管理研究,30（20）：153-156,160.

张莉,和金生.2009.知识距离与组织内知识转移效率［J］.现代管理科学,192（3）：43-44.

张龙,刘洪.2003.企业吸收能力影响因素研究述评［J］.生产力研究,（3）：292-294.

张璐, 王岩, 苏敬勤, 等. 2022. 资源基础理论: 发展脉络、知识框架与展望 [J]. 南开管理评论, (1): 1-22.

张苗苗. 2017. 互联网社交情境下组织内部知识网络特征、个人知识组织化与组织绩效的关系研究 [J]. 经营与管理, (12): 94-98.

张娜娜, 苏敏艳, 郑慧凌, 等. 2019. 技术并购对医药企业创新绩效的影响: 基于吸收能力和动态能力的分析 [J]. 科技管理研究, 39 (21): 147-153.

张庆普, 李志超. 2023. 企业隐性知识的流动与转化 [J]. 中国软科学, (1): 88-92.

张庆普, 张伟. 2013. 知识溢出条件下组织内个体知识生产活动的知识投入研究 [J]. 运筹与管理, 22 (1): 221-229.

张睿, 于渤, 赖胜才. 2010. 技术联盟组织间知识转移动因与类型研究 [J]. 情报杂志, 29 (1): 143-146.

张少杰, 宿慧爽, 李京文. 2007a. FDI 企业隐性知识流动研究 [J]. 情报科学, 25 (4): 490-493, 631.

张少杰, 汤中彬, 黄永生. 2007b. 基于 H-S-C 的企业知识存量增长途径分析 [J]. 情报杂志, (10): 27-29.

张少杰, 汤中彬, 鲁艳丽. 2008. 企业知识存量影响因素及增长途径分析 [J]. 图书馆理论与实践, (1): 34-36.

张树满, 原长弘. 2022. 制造业领军企业如何培育关键核心技术持续创新能力? [J]. 科研管理, 43 (4): 103-110.

张同健. 2007. 我国电力企业信息化建设与核心能力形成相关性实证研究 [J]. 山东科技大学学报 (社会科学版), 9 (3): 56-60.

张同健. 2008. 我国煤矿企业信息化建设与核心能力形成相关性实证研究 [J]. 襄樊职业技术学院学报, 7 (2): 40-43.

张同建. 2010. 互惠性偏好、知识转移与核心能力培育的相关性研究 [J]. 研究与发展管理, 22 (4): 47-52.

张望军, 彭剑锋. 2001. 中国企业知识型员工激励机制实证分析 [J]. 科研管理, (11): 90-96.

张文彬. 2012. 基于企业核心竞争力的管理人员能力素质模型研究 [J]. 人力资源管理, (11): 142-144.

张祥建, 徐晋. 2004. 基于知识的企业核心能力分析与培育 [J]. 情报科学, 22 (6): 653-656.

张晓玲, 王文平, 陈森发. 2006. 关于企业知识结构体系的构成、演化与组织学习的研究 [J]. 大连理工大学学报 (社会科学版), 27 (4): 24.

张昕, 李廉水. 2007. 生产地区性集中、知识溢出与我国创新的空间分布——以电子及通讯设备制造业为例 [J]. 科学学与科学技术管理, (9): 55-58.

张燕航. 2015. 技术轨道理论视角的技术创新混沌模型 [J]. 技术经济与管理研究, 231 (10): 8-12.

张应青, 范如国, 罗明. 2018. 知识分布、衰减程度与产业集群创新模式的内在机制研究

［J］．中国管理科学，26（12）：186-196．

张永云，郭鹏利，张生太．2021．失败学习与商业模式创新关系：知识管理与环境动态性的影响［J］．科研管理，42（11）：90-98．

张玉臣，王芳杰．2019．研发联合体：基于交易成本和资源基础理论视角［J］．科研管理，40（08）：1-11

张玉珍，包虹．2006．基于知识创新的知识运动机制研究［J］．现代情报，（7）：2-4．

张媛媛．2020．关键核心技术自主可控如何实现［J］．人民论坛，（16）：58-59．

张宗臣，苏敬勤．2001．技术平台及其在企业核心能力理论中的地位［J］．科研管理，（6）：76-81．

赵海霞，余敬．2004．企业人力资源管理的评价指标体系［J］．经济论坛，（2）：61-63．

赵健，尤建新，张同建，等．2010．基于技术创新能力成长视角的东西部企业隐性知识转化效应比较分析［J］．管理评论，22（12）：104-111．

赵奇平，赵宏中．2001．影响知识存量与流量的相关因素分析［J］．武汉理工大学学报，（2）：92-94．

赵涛，艾宏图．2004．产业集群环境下的知识创新体系研究［J］．科学管理研究，（1）：16-19．

赵晓庆．2004．我国企业技术能力提高的外部知识源研究［J］．科学学研究，22（4）：399-404．

赵炎，叶舟，韩笑．2022．创新网络技术多元化、知识基础与企业创新绩效［J］．科学学研究，40（9）：1698-1709．

赵艺璇，成琼文．2021．知识网络嵌入、知识重组与企业中心型创新生态系统价值共创［J］．经济与管理研究，42（10）：88-107．

郑小勇．2019．知识网络中心势越高，越有产品创新能力吗？——基于商业集团成员企业间知识网络的研究［J］．研究与发展管理，31（6）：104-114．

周丹，魏江．2011．知识型服务活动与制造企业技术能力结构：互补性与辅助性维度的影响［J］．研究与发展管理，23（5）：30-40．

周贵川，何亚惠，罗文雪，等．2021．公私合作技术创新网络创新绩效影响因素元分析［J］．科技进步与对策，38（13）：1-10．

周建，周蕊．2006．论战略联盟中的知识转移［J］．科学学与科学技术管理，（5）：84-89．

周健明，刘云枫，陈明．2016．知识隐藏、知识存量与新产品开发绩效的关系研究［J］．科技管理研究，36（4）：162-168．

周晓东，项保华．2003．复杂动态环境、动态能力及战略与环境的匹配关系［J］．经济管理，（20）：18-20．

朱方伟，宋昊阳，蒋梦颖．2015．项目导向型企业个人知识组织化过程研究［J］．科技进步与对策，32（20）：141-148．

朱桂龙，周全．2006．企业技术创新战略选择机理与模式研究［J］．科技管理研究，（3）：51-53．

朱洪军，徐玖平．2008．企业文化、知识共享及核心能力的相关性研究［J］．科学学研究，26

（4）：820-826.

朱晶．2021．科学合作中的网络认识论：科学家的社会交互如何影响认知交互［J］．社会科学，489（5）：122-130.

朱瑜，王雁飞，蓝海林．2007．组织学习、组织创新与企业核心能力关系研究［J］．科学学研究，25（3）：536-540.

祝爱民，于丽娟．2006．核心能力的刚性与柔性及其平衡［J］．科学学与科学技术管理，（2）：144-149.

庄明浩．2009．基于技术轨道理论的技术跨越分析——以光伏产业为例［D］．长春：吉林大学硕士学位论文．

Adner R. 2002. When are technologies disruptive? A demand-based view of the emergence of competition［J］. Strategic Management Journal, 23（8）：667-688.

Ahuja G, Soda G, Zaheer A. 2012. The genesis and dynamics of organizational networks［J］. Organization Science, 23（2）：434-448.

Aladwani A M. 2002. An integrated performance model information systems projects［J］. Journal of Management Information Systems, 19（1）：185-210.

Allee V. 1997. The Knowledge Evolution［M］. Burlington, MA：Elsevier.

Anand V, Clark M A, Zellmer-Bruhn M. 2003. Team knowledge structures：Matching task to information environment［J］. Journal of Managerial Issues, （1）：15-31.

Antonelli C. 2007. Models of knowledge and systems of governance［J］. Journal of Institutional Economics, 1（1）：51-73.

Arrow K J. 1971. The economic implications of learning by doing［J］. The Review of Economic Studies, 29（3）：155-173.

Badaracco J J L. 1991. Alliances speed knowledge transfer［J］. Planning Review, 19（2）：10-16.

Banerjee P. 2003. Resource dependence and core competence：Insights from Indian software firms［J］. Technovation, （23）：251-263.

Barney J. 1991. Firm resources and sustained competitive advantage［J］. Advances in Strategic Management, 17（1）：3-10.

Baum J A C, Ingram P. 1998. Survival-enhancing learning in the Manhattan hotel industry 1898-1980［J］. Management Science, 44（7）：996-1016.

Becker G S. 1964. Human Capital［M］. New York：Columbia University Press.

Berger P L, Luckmann T. 1967. The social construction of reality：A treatise in the sociology of knowledge［J］. Anchor Books, 28（1）：400-489.

Boisot M H. 1995. Is your firm a creative destroyer? Competitive learning and knowledge flows in the technological strategies of firms［J］. Research Policy, 24（4）：489-506.

Bosworth D, Rogers M. 2001. Market value, R&D and intellectual property：An empirical analysis of large australian firms［J］. Economic Record, 77（239）：323-337.

Brogaard L. 2017. The impact of innovation training on successful outcomes in public-private partnerships［J］. Public Management Review, 19（8）：1184-1205.

Cassiman B, Veugelers R. 2006. In search of complementarity in innovation strategy: Internal R&D and external knowledge acquisition [J]. Management Science, 52 (1): 68-82.

Civi E. 2000. Knowledge management as a competitive asset: A review [J]. Marketing Intelligence & Planning, 18 (4): 166-174.

Cohen W M, Levinthal D A. 1990. Absorptive capacity: A new perspective on learning and innovation [J]. Administrative Science Quarterly, 35 (1): 128-152.

Coombs R. 1996. Core competencies and the strategic management of R&D [J]. R&D Management, 26 (4): 345-355.

Cox J J, Turner G. 2005. If management requires measurement how may we cope with knowledge? [J]. Singapore Management Review, 24 (3): 101-111.

Cummings J L, Teng B S. 2003. Transferring R&D knowledge: The key factors affecting knowledge transfer success [J]. Journal of Engineering and Technology Management, 20 (1-2): 39-68.

Davenport T H, Prusak L. 1998. Working knowledge: How organizations manage what they know [M]. Harvard Business Press.

De Carolis D M, Deeds D L. 1999. The impact of stocks and flows of organizational knowledge on firm performance: An empirical investigation of the biotechnology industry [J]. Strategic Management Journal, 20 (10): 953-968.

Diana R. 2001. Reciprocity and shared knowledge structures in the Prisoner's Dilemma game [J]. Journal of Conflict Resolution, 45 (5): 621-635.

Dierickx I, Cool K. 1989. Asset stock accumulation and sustainability of competitive advantage [J]. Management Science, 35 (12): 1504-1511.

Dorsey D W, Campbell G E, Foster L L, et al. 1999. Assessing knowledge structures: Relations with experience and posttraining performance [J]. Human Performance, 12 (1): 31-57.

Dosi G. 1982. Technological paradigms and technological trajectories: A suggested interpretation of the determinants and directions of technical change [J]. Research Policy, 11 (3): 147-162.

Durand T. 1997. Strategizing for innovation: Competence analysis in assessing strategic change [A] // Heene A, SanchezR. Competence-Based Strategic Management [M]. New York: John Wiley & Sons.

Duysters G, Kok G, Vaandrager M. 1999. Crafting successful strategic technology partnerships [J]. R&D Management, 29 (4): 343-351.

Dyer J H, Nobeoka K. 2000. Creating and managing a high-performance knowledge-sharing network: The Toyota case [J]. Strategic Management Journal, 21 (3): 345-367.

EI-Sayed Abou-Zeid. 2022. An ontology-based approach to inter-organizational knowledge transfer [J]. Journal of Global Information Technology Management, 5 (3): 32-47.

Eriksen, B, Amit, R. 1996. Competitive Advantage and the Concept of Core Competence [A] //Foss N J, Knudsen C. Towards a Competence Theory of the Firm [M]. London: Routledge.

Figueiredo P N. 2002. Does technological learning pay off? Inter-firm differences in technological capability-accumulation paths and operational performance improvement [J]. Research Policy, 31

(1): 73-94.

Garud R, Nayyar P R. 1994. Transformative capability: Continual structuring by inter temporal technology transfer [J]. Strategic Management Journal, 15 (5): 365-385.

Gabriel Szulanski. 1996. Exploring internal stickiness: Impediments to the transfer of best practice within the firm [J]. Strategic Management Journal, 17: 27-43.

Galbraith J K. 1967. The New Industrial State [M]. New York: Princeton University Press.

Grant R M. 1996a. Prospering in dynamically-competitive environments: Organizational capability as knowledge integration [J]. Organization Science, 7 (4): 375-388.

Grant R M. 1996b. Toward a knowledge-based theory of the firm [J]. Strategic Management Journal, 17 (S2): 109-122.

Griliches Z. 1979. Issues in assessing the contribution of research and development to productivity growth [J]. The Bell Journal of Economics, 10 (1): 92-116.

Guenzi P, Georges L, Pardo C. 2007. The impact of strategic account managers' behaviors on relational outcomes: An empirical study [J]. Industrial Marketing Management, 8 (3): 123-131.

Gupta S, Woodside A, Dubelaar C, et al. 2009. Diffusing knowledge-based core competencies for leveraging innovation strategies: Modelling outsourcing to knowledge process organizations (KPOs) in pharmaceutical networks [J]. Industrial Marketing Management, (38): 219-227.

Hall R, Andriani P. 2003. Managing knowledge associated with innovation [J]. Journal of Business Research, 56 (2): 145-152.

Hamel G. 1991. Competition for competence and interpartner learning within international strategic alliance [J]. Strategic Management Journal, 12: 83-103.

Hamel G. 1994. The concept of core competence [J]. Competence-Based Competition, 5 (1): 11-33.

Hamel G, Prahalad C K. 1990. The core competence of the corporation [J]. Harvard Business Review, 68 (3): 79-91.

Han B H, Mary D. 2004. The value-relevance of R&D and advertising expenditures: Evidence from Korea [J]. International Journal of Accounting, (2): 155-173.

Han Y J. 2007. Measuring industrial knowledge stocks with patents and papers [J]. Journal of Informetrics, (1): 269-276.

Hansen M T. 1999. The search-transfer problem: The role of weak ties in sharing knowledge across organization subunits [J]. Administrative Science Quarterly, 44 (1): 82-111.

Hayek F A. 1945. American economic association [J]. The American Economic Review, 35 (4): 519-530.

He Z L, Wong P K. 2012. Reaching out and reaching within: A study of the relationship between innovation collaboration and innovation performance [J]. Industry and Innovation, 19 (7): 539-561.

Henderson R M, Clark K B. 1990. Architectural innovation: The reconfiguration of existing product technologies and the failure of established firms [J]. Administrative Science Quarterly, 35 (1):

9-30.

Henderson R M, Cockburn I. 1995. Measuring competence? Exploring firm effects in pharmaceutical research [J]. Strategic Management Journal, 15: 63-84.

Howells J, James A, Malik K. 2003. The sourcing of technological knowledge: distributed innovation processes and dynamic change [J]. R&D Management, 33 (4): 395-409.

Huang K F. 2010. Technology competencies in competitive environment [J]. Journal of Business Research, 64 (2): 172-179.

Hunter S T, Bedell-Avers K E, Hunsicker C M, et al. 2008. Applying multiple knowledge structures in creative thought: Effects on idea generation and problem-solving [J]. Creativity Research Journal, 20 (2): 137-154.

Huong N T, Katsuhiro U, Chi D H. 2011. Knowledge transfer in offshore outsourcing: A case study of Japanese and Vietnamese software companies [J]. Journal of Global Information Management, 19 (2): 27-44.

Ikujiro N. 1991. The knowledge-creating company [J]. Harvard Business Review, (11): 94-104.

Jaworski B J, Kohli A K. 1993. Market orientation: antecedents and consequences [J]. Journal of Marketing, 57 (3): 53-70.

Jenkins M, Floyd S. 2001. Trajectories in the evolution of technology: A multi-level study of competition in formula 1 racing. [J]. Organization Studies, 22 (6): 945-969.

Joo T W. 2010. Theories and Models Corporate Governance [D]. Davis: School of Law University of California, Davis.

Joshi G, Dhar R L. 2020. Green training in enhancing green creativity via green dynamic capabilities in the Indian handicraft sector: The moderating effect of resource commitment [J]. Journal of Cleaner Production, 267: 121-146.

Jung H J, Lee J J. 2016. The quest for originality: A new typology of knowledge search and breakthrough inventions [J]. Academy of Management Journal, 59 (5): 1725-1753.

Kelley H H. 1973. The processes of causal attribution [J]. American Psychologist,, 28 (2): 107-128.

Kianto A, Sáenz J, Aramburu N. 2017. Knowledge-based human resource management practices, intellectual capital and innovation [J]. Journal of Business Research, 81: 11-20.

Kim J Y, Steensma H K, Heidl R A. 2021. Clustering and connectedness: How inventor network configurations within incumbent firms influence their assimilation and absorption of new venture technologies [J]. Academy of Management Journal, 64 (5): 1527-1552.

Kim L. 1997. Imitation to Innovation: The Dynamics of Korea's Technological Learning [M]. Boston: Harvard Business Press.

Klaus R. 2006. Redefining innovation- eco- innovation research and the contribution from ecological economics [J]. Ecological Economics, 32 (2): 319-332.

Kleinknecht A, Van Montfort K, Brouwer E. 2002. The non-trivial choice between innovation indicators [J]. Economics of Innovation and New Technology, 11 (2): 109-121.

Knudsen M P. 2007. The relative importance of interfirm relationships and knowledge transfer for new product development success [J]. Journal of Product Innovation Management, 24 (2): 117-138.

Kogut B, Zander U. 1993. Knowledge of the firm and the evolutionary theory of the multinational corporation [J]. Journal of International Business Studies, 24: 625-645.

Kwan M M, Cheung P K. 2006. The knowledge transfer process: From field studies to technology development [J]. Journal of Database Management, 17 (1): 16-33.

Lach S. 1995. Patents and productivity growth at the industry level: A first look [J]. Economic Letter, 49: 101-108.

Lall S. 1992. Technological capabilities and industrialization [J]. World Development, 20 (2): 165-186.

Laursen K, Mahnke V, Vejrup-Hansen P. 1999. Firm Growth from a Knowledge Structure Perspective [R]. Copenhagen: Department of Industrial Economics and Strategy, Copenhagen Business School.

Lenox M. 2002. Managers and the role of heterogeneous expectations in the internal diffusion of knowledge [R]. Working Paper. Stem School of Business, New York University.

Leonard N, Insch G S. 2005. Tacit knowledge in academia: A proposed model and measurement scale [J]. The Journal of Psychology, 139 (6): 495-512.

Leonard-Barton D. 1992. Core capabilities and core rigidities: A paradox in managing new product development [J]. Strategic Management Journal, 13 (S1): 111-125.

Leonard-Barton D. 1995. Wellsprings of Knowledge: Building and Sustaining the Sources of Innovation [M]. Boston: Harvard Business Press.

Li T, Calantone R J. 1998. The impact of market knowledge competence on new product advantage: Conceptualization and empirical examination [J]. Journal of Marketing, 62 (4): 13-29.

Lin M, Li N. 2010. Scale-free network provides an optimal pattern for knowledge transfer [J]. Physica A: Statistical Mechanics and its Applications, 389: 473-480.

Lubit R. 2001. Tacit knowledge and knowledge management: The keys to sustainable competitive advantage [J]. Organizational Dynamics, 29 (4): 164-178.

Lyles M A, Schwenk C R. 1992. Top management, strategy and organizational knowledge structures [J]. Journal of Management Studies, 29 (2): 155-174.

MacCallum R C, Browne M W, Sugawara H M. 1996. Power analysis and determination of sample size for covariance structure modeling [J]. Psychological Methods, 1 (2): 130.

Malipiero A, Munari F, Sobrero M. 2005. Focal firms as technological gatekeepers within industrial districts: knowledge creation and dissemination in the Italian packaging machinery industry [R]. Danish Research Unit for Industrial Dynamics Working Paper.

Malone D. 2002. Knowledge management: A model for organizational learning [J]. International Journal of Accounting Information Systems, 3 (2): 111-123.

Mansfield E. 1980. Basic research and productivity increase in manufacturing [J]. American Economic Review, 70 (5): 863-873.

Markides C C, Williamson P J. 1994. Related diversification, core competences and corporate performance [J]. Strategic Management Journal, 15 (S2): 149-165.

Mazloomi H, Jolly D. 2008. Knowledge transfer in alliances: Determinant factors [J]. Journal of Knowledge Management, 12 (1): 37-50.

McDermott C, Coates T. 2007. Competencies in breakthrough product development: A comparative study of two material processing projects [J]. IEEE Transactions on Engineering Management, 54 (2): 340-350.

Meyer M H, Utterback J M. 1993. The product family and the dynamics of core capability [J]. Sloan Management Review, 34 (SI): 29-47.

Michèle Bretona, Désiré Vencatachellumb, Georges Zaccourc. 2006. Dynamic R&D with strategic behavior [J]. Computers & Operations Research, 33: 426-437.

Monck C S P. 1988. Science Parks and the Growth of High Technology Firms [M]. Beckenham: Croom Helm.

Morgan N A, Vorhies D W, Schlegelmilch B B. 2006. Resource-performance relationships in industrial export ventures: The role of resource inimitability and substitutability [J]. Industrial Marketing Management, 35 (5): 621-633.

Nakamura A, Nakamura M. 2004. Firm performance, knowledge transfer and international joint ventures [J]. International Journal of Technology Management, 27 (8): 731-746.

Nonaka I. 1991. The knowledge-creating company [J]. Harvard Business Review, (11): 94-104.

Nonaka I. 1994. A dynamic theory of organizational knowledge creation [J]. Organization Science, 5 (1): 14-37.

Nonaka I, Takeuchi H. 1995. The Knowledge-Creating Compan [M]. New York: Oxford University Press.

Nonaka I, Umemoto K, Senoo D. 1996. From intormation processing to knowedge creation: A paradigm shift in business management [J]. Technology in Society, 18 (2): 203-218.

Nunnally J C. 1967. Psychometric Thoery [M]. New York: McGraw-Hill.

Nunnally J C, Bernstein I H. 1978. Mcgraw-Hill Series in Psychology [M]. New York: McGraw-Hill.

OECD. 1996. Industrial Competitiveness: Benchmarking Business Environments in the Global Economy [R]. Pairs: OECD Industry Committee.

Oliver C. 1997. Sustainable competitive advantage: Combining institutional and resource-based views [J]. Strategic Management Journal, 18 (9): 697-713.

Ordóñez de Pablos P. 2004. Measuring and reporting structural capital: Lessons from European learning firms [J]. Journal of Intellectual Capital, 5 (4): 629-647.

Pak Y S, Park Y R. 2004. A framework of knowledge transfer in cross-border joint ventures: an empirical test of the Korean context [J]. Management International Review, 44 (4): 417-434.

Park G, Park Y. 2006. On the measurement of patent stock as knowledge indicators [J]. Technological Forecasting and Social Change, 73 (7): 793-812.

Patel P, Pavitt K. 1997. The technological competencies of the world's largest firms: complex and path-dependent, but not much variety [J]. Research Policy, 26 (2): 141-156.

Penrose E. 2009. The Theory of the Growth of the Firm [M]. Oxford: Oxford University Press.

Phene A, Fladmoe-Lindquist K, Marsh L. 2006. Breakthrough innovations in the U. S. biotechnology industry: The effects of technological space and geographic origin [J]. Strategic Management Journal, 27 (4): 369-388.

Phene A, Madhok A, Liu K. 2005. Knowledge transfer within the multinational firm: What drives the speed of transfer? [J]. MIR: Management International Review, 45 (2): 53-74.

Polanyi B M. 1958. Personal Knowledge: Towards a Powt-Critical Philosophy [M]. Chicago: University of Chicago Press.

Porter M E. 1980. Competitive Advantage: Creating and Sustaining Superior Performance [M]. New York: The Free.

Prahalad C K, Bettis R A. 1986. The dominant logic: A new linkage between diversity and performance [J]. Strategic Management Journal, 7 (6): 485-501.

Prahalad C K, Hamel G. 1990. The core competence of the corporation [J]. Harvard Business Review, (66): 79-91.

Prescott E C, Vis Nayyarscher M. 1980. Organization capital [J]. Journal of Political Economy, 88 (3): 446-461.

Price D J. 1986. Little Science, Big Science and Beyond [M]. New York: Columbia University Press.

Price J L. 1989. The impact of turnover on the organization [J]. Work and Occupations, 16 (4): 461-473.

Price J L, Mueller C W. 1981. A causal model of turnover for nurses [J]. The Academy of Management Journal, 24 (3): 543-565.

Reitzig M. 2003. What determines patent value?: Insights from the semiconductor industry [J]. Research Policy, 32 (1): 13-26.

Reyder F. 1994. Little Science, Big Science [M]. New York: Columbia University Press.

Robert M. 1996. Grant. Prospering in Dynamically-Competitive Environments: Organizational Capability as Knowledge Integration [J]. Organization Science, 7 (4): 375-387.

Romer P M. 1986. Increasing returns and long-run growth [J]. Journal of Political Economy, 94 (5): 1002-1037.

Rosenberg N, Nathan R. 1982. Inside the Black Box: Technology and Economics [M]. Cambridge University Press.

Rosnberg N. 1982. Inside the Black Box: Technology and Economics [M]. Cambridge: Cambridge University Press.

Rothaermel F T. 2001. Complementary assets, strategic alliances, and the incumbent's advantage: an empirical study of industry and firm effects in the biopharmaceutical industry [J]. Research Policy, 30 (8): 1235-1251.

Scherer F. 1982. Interindustry technology flows and productivity growth [J]. Review of Economics and Statistics, 64: 627-634.

Schlegelmilch B B, Chini T C. 2003. Knowledge transfer between marking functions in multinational companies: a conceptual model [J]. International Business Review, 12: 215-232.

Schulz M. 2001. The uncertain relevance of newness: organizational learning and knowledge flow [J]. Academy of Management Journal, 44 (4): 661-681.

Shannon C E. 2001. A mathematical theory of communication [J]. ACM SIGMOBILE Mobile Computing and Communications Review, 5 (1): 3-55.

Sirmoon D G, Hitt M A, Ireland R D. 2007. Managing firm resources in dynamic environments to create value: Looking inside the black box [J]. Academy of Management Review, 32 (1): 273-292.

Song W, Yu H, Xu H. 2021. Effects of green human resource management and managerial environmental concern on green innovation [J]. European Journal of Innovation Management, 24 (3): 951-967.

Spender J C. 1994. Organizational knowledge, collective practice and Penrose rents [J]. International Business Review, 3 (4): 353-367.

Stewart F. 1984. Facilitating Indigenous Technical Change in Third World Countries [A] //Fransman M, King K. Technological Capacity in the Third World [M]. London: Macmillan.

Stewart T. 1994. Your company's most valuable asset: Intellectual capital [J]. Fortune, 11: 368-383.

Stone R B, Tumer I Y, Van Wie M J. 2006. The funct ionfailure design method [J]. Journal of Mechanical Design, 127 (5): 397-407.

Szulanski G. 1996. Exploring internal stickiness: Impediments to the transfer of best practice within the firm [J]. Strategic Management Journal, 17 (S2): 27-43.

Teece D J. 1992. Competition, cooperation and innovation [J]. Journal of Economic Behavior and Organization, (18): 1-25.

Teece D J. 1998. Capturing value from knowledge assets: The new economy, markets for know-how, and intangible assets [J]. California Management Review, 40 (3): 55-79.

Teece D J, Pisano G, Shuen A. 1997. Dynamic capabilities and strategic management [J]. Strategic Management Journal, 18 (7): 509-533.

Teece D, Rumelt R, Dosi G, et. al. 1994. Understanding corporate coherence [J]. Journal of Economic Behavior and Organization, 23 (1), 1-30

van der Spek R, Spijkervet A. 1997. Knowledge management: dealing intelligently with knowledge [M]. New York: CRC Press.

Vasudeva G, Anand J. 2011. Unpacking absorptive capacity: A study of knowledge utilization from alliance portfolios [J]. Academy of Management Journal, 54 (3): 611-623.

Wang Y G, LoH P, Yang Y H. 2004. The constituents of core competencies and firm performance: Evidence from high-technology firms in China [J]. Journal of Engineering and Technology Management, 21 (4): 249-280.

Wernerfelt B. 1984. A resource-based view of the firm [J]. Strategic Management Journal, 5 (2): 171-180.

Wersching K. 2006. Agglomeration in an innovative and differentiated industry with heterogeneous knowledge spillovers [J]. Journal of Economic Interaction and Coordination, (2): 1-25.

Wolfe C, Loraas T. 2008. Knowledge sharing: The effects of incentives, environment, and person [J]. Journal of Information Systems, 22 (2): 53-76.

Wu L Y. 2010. Applicability of the resource-based and dynamic-capability views under environmental volatility [J]. Journal of Business Research, 63 (1): 27-31.

Wu W W. 2009. Exploring core competencies for R&D technical professionals [J]. Expert Systems with Applications, (36): 9574-9579.

Yayavaram S. 2008. Component change and architectural Change in the search for firms'technological innovations [J]. Academy of Management Proceedings, (1): 1-6.

Zhang J H. 2005. Dialectic view on learning organization and its growing process [J]. Proceedings of the 3rd International Symposium on Soft Science, (1): 953-960.

Zhuge H. 2002. A knowledge flow model for peer-to-peer team knowledge sharing and management [J]. Expert Systems with Applications, 23 (1): 23-30.

后　　记

　　企业技术核心能力的形成是多要素作用、阶段性、系统性动态发展过程，在这个过程中，知识成为企业最重要的核心资源，并决定企业的竞争优势。此外，来源于企业的独特性知识如何帮助提升企业技术核心能力也一直是理论与实践界共同关注的重要问题。针对以上问题，2005年笔者非常荣幸地获得了国家自然科学基金项目"基于知识状态的企业技术核心能力形成与发展机制研究"（项目编号：70572061）资助。

　　在项目研究期间，笔者与研究团队经过四年多的研究，分析了企业技术核心能力的发展现状，论证了技术核心能力对企业发展的重要性，基于对企业知识内涵与特征的分析，首次提出并界定了企业知识状态的概念，详细阐述了企业知识状态的内涵与构成，探究构成企业知识状态的知识属性间的相互作用关系，深入剖析知识存量、知识结构、知识水平、知识分布和知识流动五个知识属性对技术核心能力形成与发展的重要影响，进一步明确了技术核心能力形成的三阶段中所需的不同知识状态情况，从而对企业技术核心能力进行全面、系统和深入的创新性诠释，构建了技术核心能力优化体系，提出了相应的政策建议。以上部分研究成果于2012年获得了湖南省第十一届哲学社会科学优秀成果二等奖。但此项目研究所带来的影响远远不止课题四年研究时间，围绕项目研究所形成的一些观点和认识，对我们后续进行的众多研究产生深远影响，先后主持的教育部高校博士点基金课题"基于技术核心能力的高技术企业成长模式"、教育部新世纪优秀人才计划项目"技术联盟知识转移行为研究"、国家自然科学基金项目"新兴技术多核心创新网络形成及企业成长机制研究"及"新兴技术创新网络液态化及其跨界创新研究"等。

　　本书是笔者所获取的第一个国家自然科学基金项目的成果，在项目结束后，就对研究内容进行了初步整理与汇总，但由于后续又开展了多个项目的研究，且后续研究的项目也与本项目有一定的联系，因而暂时搁置对其研究内容的梳理。直到现在，所承担的这些项目都有所产出，也暂告一个段落，回顾这些项目的研究内容，认为一些观点和提法具有一定的创新和研究价值，因此又重新开展本书内容的梳理与修改，最终形成本书的内容，既是希望研究内容对其他学者有所帮助，也是为了这个具有重要意义的课题画上圆满的句号。

后　记

　　在项目研究期间，围绕该项目的研究，笔者及研究团队多次就研究的阶段性成果开展内部讨论和外部学习，并且多次邀请相关领域专家进行座谈交流，在《中国软科学》《科学学研究》等期刊上发表了 20 余篇相关的学术论文，培养了博士研究生和硕士研究生 10 多名。

　　本书在研究期间和最终书稿形成阶段，笔者的研究团队付出了辛勤劳动，在这里表示衷心的感谢！在前期研究中，陈琦、彭耿、张亮、李小娟、宋娟、罗会华、张伟等博士研究生，李瑞、向志恒、曾智莲、谭滔、李玲、易文华、郭然、梁轲、伍励、杨威、徐焕均、郭志玲等硕士研究生，参与了项目的研究工作，并撰写了本书部分章节内容。马慧、杨春白雪、许羿等博士研究生，赵倩可、王浩然、刘新琨、宗晨晓、张伟文、廖丽莎等硕士研究生，在本书后期修改和完善中做出了大量辛勤的劳动。同时还要感谢笔者团队中的其他教师、研究生对本书研究所做的辛苦工作。

　　感谢湖南第一师范学院商学院、中南大学商学院等，在本书的研究过程和出版中所提供的无私帮助。

　　课题在研究期间和结题评审中得到了很多专家的宝贵意见，这让我们在后期的文稿修改完善中获益良多。此外，在本书的撰写过程中，参阅了大量国内外学者的文献成果，在此，对文献作者表示诚挚的谢意，引用资料在参考文献中进行了列举，如有遗漏，敬请谅解。

曹　兴
2023 年 8 月于长沙